U0936006

大连统计年鉴

DALIAN STATISTICAL YEARBOOK

2015

大连市统计局
国家统计局大连调查队 编

Dalian Municipal Bureau of Statistics
NBS Survey Corps of Dalian

中国统计出版社
China Statistics Press

图书在版编目（CIP）数据

大连统计年鉴. 2015 / 大连市统计局, 国家统计局大连调查队编.
-- 北京 : 中国统计出版社, 2015.9
ISBN 978-7-5037-7588-8

Ⅰ. ①大…
Ⅱ. ①大… ②国…
Ⅲ. ①统计资料 - 大连市 - 2015 - 年鉴
Ⅳ. ①C832.313-54
中国版本图书馆CIP数据核字(2015)第204940号

大连统计年鉴—2015

作　　者/ 大连市统计局 国家统计局大连调查队
责任编辑/ 袁成亮
责任校对/ 袁成亮
装帧设计/ 佟 纪
出版发行/ 中国统计出版社
地　　址/ 北京市丰台区西三环南路甲6号 邮政编码/100073
电　　话/ 邮购（010）63376909 书店（010）68783171
网　　址/ http://csp.stats.gov.cn
印　　刷/大连飞驰印务有限公司
经　　销/ 新华书店
开　　本/ 890 × 1240mm 1/16
字　　数/ 1000 千字
印　　张/ 39
版　　别/ 2015 年 9 月第 1 版
版　　次/ 2015 年 9 月第 1 次印刷
定　　价/ 280.00 元

本书附同版本CD-ROM一张，光盘内容以书面文字为准。
如有印装差错，由本社发行部调换。

《大连统计年鉴》编辑委员会

编　者　说　明

一、《大连统计年鉴—2015》（简称本年鉴）是一部信息高度密集的资料性年刊。本年鉴系统收录了大连市 2014 年度经济、社会各方面的统计数据，以及改革开放以来相关年份的主要统计数据。

二、本年鉴主要内容包括统计公报、统计数据表以及附录三部分。其中统计数据表分为 14 篇，即：1. 综合；2. 人口就业与劳动报酬；3. 固定资产投资、房地产开发与建筑业；4. 农业；5. 工业；6. 重点服务业与运输邮电业；7. 国内贸易；8. 外经、外贸与旅游业；9. 财政与金融；10. 城市公用事业；11. 能源；12. 科教文卫体与其他社会事业；13. 物价与居民收支；14. 区市县主要经济指标。

三、为方便读者正确使用本年鉴统计资料，多数篇末附有主要统计指标解释，并在附录中选载了国家和辽宁省 2014 年统计公报等相关统计资料。

四、本年鉴的统计数据主要源于统计年报，部分来自定期抽样调查或部门统计。凡在标题处未列年份的表式，所列资料均为 2014 年统计数据。部分数据的合计值或相对值由于单位取舍不同而产生的计算误差，均未做机械调整。

五、本年鉴所使用的度量衡单位均采用国际统一标准计量单位。国民经济行业分类、登记注册类型、产品目录等内容，均按国家统一制定、颁发的标准及规定执行。

六、本年鉴统计数据表中的符号使用说明：“空格”表示该项统计指标数据不足本表最小单位数、数据不详或该项无数据；“#”表示其中的主要项。

八、本年鉴在编辑出版过程中，得到各方面大力支持，在此一并表示感谢。

目　　录

农 业

工 业

重点服务业与运输邮电业

国内贸易

外经、外贸与旅游业

财政与金融

城市公用事业

能　源

科教文卫体与其他社会事业

物价与居民收支

区市县主要经济指标

附　录

2014年大连市国民经济和社会发展统计公报

大　连　市　统　计　局

（2015年3月19日）

根据年快报统计，现将2014年大连市国民经济和社会发展情况公报如下：

2014年，大连市委、市政府团结带领全市人民，全面贯彻党的十八大和十八届三中、四中全会及习近平总书记系列重要讲话精神，积极应对错综复杂的经济形势和下行压力，坚持稳中求进的总基调，科学统筹稳增长、促改革、调结构、惠民生和防风险，全市经济社会在新常态下平稳运行。

一、综　合

经济总量：初步核算，全年地区生产总值[1]7655.6亿元，比上年增长5.8%。其中，第一产业增加值441.8亿元，增长2.9%；第二产业增加值3696.5亿元，增长5%；第三产业增加值3517.2亿元，增长7%。三次产业结构由上年的6:49:45调整为5.8:48.3:45.9，对经济增长的贡献率分别为2.8%、44.8%和52.4%。人均生产总值109939元，按年平均汇率折算为17996美元。

财政税收：全年公共财政收入780.8亿元，比上年下降8.2%。其中，市本级296.9亿元，增长4.7%；县区级483.9亿元，下降14.6%。公共财政支出989.5亿元，比上年下降8.7%，其中教育、社会保障、医疗卫生、住房保障等民生方面的支出686.2亿元，占全部支出的69.3%。地税局组织各项税收603.8亿元，比上年下降10%；国税局组织各项税收543.6亿元，增长2.8%；海关代征税收449.8亿元，下降3.4%。

价格指数：全年居民消费价格比上年上涨2%，其中消费品价格上涨2%，服务项目价格上涨2%（见表1）。工业生产者出厂价格比上年下降2.4%。工业生产者购进价格比上年下降2.4%。

表1　居民消费价格总指数

指　　标	以上年同期价格为100	指　　标	以上年同期价格为100
居民消费价格总指数（%）	102.0	家庭设备用品及维修服务	101.1
其中：消费品价格指数	102.0	医疗保健及个人用品	101.3
服务项目价格指数	102.0	交通和通信	100.7
其中：食品	102.5	娱乐教育文化用品及服务	102.4
烟酒及用品	100.6	居住	101.4
衣着	103.9		

二、农　业

农业生产：全年农林牧渔及服务业总产值 880 亿元，比上年增长 3.2%。其中，农业产值 212.3 亿元，下降 7.4%；林业产值 8.8 亿元，增长 7.1%；牧业产值 228.8 亿元，增长 2.7%；渔业产值 361.4 亿元，增长 9.9%；农林牧渔服务业产值 68.7 亿元，增长 8.2%。

农牧渔产品产量：全年粮食总产量 110.2 万吨，平均每亩单产 269.7 公斤，分别比上年下降 31.3% 和 30.2%；水果总产量 161.9 万吨，下降 19.9%；蔬菜总产量 238.3 万吨，下降 6.6%；肉产量 81.4 万吨，下降 0.2%；蛋产量 26.1 万吨，下降 7.6%；奶产量 5.8 万吨，下降 25.4%；地方水产品总产量 237.5 万吨，增长 3.0%，其中海参和杂色蛤产量分别为 5.2 万吨和 55.8 万吨，分别增长 1.6% 和 10.3%。

林业：全年植树 1.23 亿株，造林 60.3 万亩。绿化各类道路 1800 多公里，绿化各类园区 70 余个，绿化企事业单位 700 多个；绿化村屯、社区 155 个。新发展干杂果经济林 3.1 万亩，实施疏林地补植 13 万亩，开展闭坑矿山生态治理 1608 亩。育苗面积 4081 公顷，生产苗木 2.19 亿株。森林覆盖率达到 41.5%，林木绿化率达到 49.15%。

现代农业：全年启动 10 个都市农业园区建设。新发展设施农业 10.2 万亩。新发展果树 10.1 万亩，创建国家级水果标准园 4 个，创建市级精品果园 15 个。创建国家级粮食高产示范片 15 个。创建国家级蔬菜标准园 2 个，新建省级工厂化蔬菜等育苗中心 5 个。新建畜禽标准化养殖场 73 处，创建国家级畜禽养殖标准化示范场 5 处，建设省级现代畜牧业示范区 1 个。新认证无公害农产品（含水产品）111 个、绿色食品 48 个、有机食品 3 个，新登记地理标志农产品 2 个，“三品一标”有效认证（登记）总数达到 1290 个。新认定省级名牌农产品 13 个、市级 27 个，累计达到 94 个，其中省级 37 个。新增市级以上农业龙头企业 33 家，其中省级农业龙头企业 13 家。引进推广新品种、新技术 50 项，培训农民 52 万人次。新发展农民专业合作社 399 家。农机总动力达到 378.3 万千瓦，主要农作物耕种收综合机械化水平达到 75.6%。

水务建设：新建农村饮水安全工程 44 项。新建各类水源工程 1638 项，新增调蓄水能力 321 万立方米；新增节水灌溉面积 14.42 万亩。建设设施农业大区、都市型现代农业示范园区高效节水灌溉系统 50 个。完成重点河道生态工程建设任务 5 项，治理河道 18.9 公里。水土保持治理面积 34.2 万亩，营造水土保持林 14 万亩。除险加固小型水库 12 座。

三、工　业

工业生产：全年全部工业增加值 3248.6 亿元，比上年增长 4.9%。规模以上工业（下同）增加值 [2] 3017.2 亿元，比上年增长 4.3%。按轻重工业分，重工业 2279.8 亿元，增长 8.1%；轻工业 737.4 亿元，下降 8%。按经济类型分，国有控股工业 659.2 亿元，增长 4.8%；民营控股工业 1850.9 亿元，下降 2.5%；外商控股工业 507.1 亿元，增长 0.4%。销售产值 10537.7 亿元，比上年下降 2.7%。工业产品销售率 95.6%，比上年下降 0.2 个百分点。主营业务收入 9948.7 亿元，比上年下降 4.9%；利税总额 876.7 亿元，下降 1.2%；利润总额 399.7 亿元，下降 4.6%。主要工业产品产量有升有降（见表 2）。

表2　主要工业产品产量

产品名称	单　位	绝对数	比上年增长%
啤酒	千升	448906	-10.0
软饮料	万吨	28.2	6.4
服装	万件	9249	-11.6
橡胶轮胎外胎	万条	973.7	14.3
水泥	万吨	1375.7	3.0
原油加工量	万吨	2266.2	-2.1
平板玻璃	万重量箱	621	-1.9
煤气生产量	万立方米	28582.8	0.9
金属切削机床	台	49413	-0.4
滚动轴承	万套	9894	-26.5
金属轧制设备	万吨	1.35	2.5
起重机	万吨	10.9	7.4
改装汽车	辆	378	-46.7
程控交换机	万线	62.7	7.4
铁路机车	辆	485	11.0
民用钢制船舶	万载重吨	107.8	-66.3
打印机	万台	77.2	0.4
数字激光音、视盘机	万台	199.5	-5.7
发电量	亿千瓦时	342.3	23.4

产业集群：全年组织实施工业项目1356个，总投资2195.8亿元。比亚迪电动大巴、比克动力电池等781个项目开工建设。19个省重点产业集群销售收入全部超百亿元，其中超500亿元的6个。高新园区软件、大孤山石化和金州新区装备3个产业集群销售收入均超千亿元。金州新区智能装备制造产业集聚区成为本市第5个国家新型工业化示范基地。

四、建筑业和房地产开发

建筑业：全年资质以上建筑业总产值2087.7亿元，比上年下降8.7%。其中，公有制企业359.2亿元，下降11.8%，拉动资质以上建筑业总产值下降2.1个百分点；非公有制企业1728.5亿元，下降8.1%，拉动资质以上建筑业总产值下降6.6个百分点。全年房屋施工面积10965.6万平方米，比上年下降2.1%。

房地产开发：全年房地产开发施工面积6279.7万平方米，比上年下降1.8%；竣工面积726.3万平方米，下降30.6%。商品房销售额687.9亿元，下降31.9%，其中住宅销售额598.4亿元，下降31%。商品房销售面积746.4万平方米，下降38.9%，其中住宅销售面积670.7万平方米，　下降39.2%。

五、固定资产投资

投资总量：全年固定资产投资（不含农户，下同）6773.6亿元[3]，比上年增长4.6%。其中，建设项目投资5344.3亿元，增长12.1%；房地产开发投资1429.3亿元，下降16.4%。按产业划分，第一产业投资

233.4 亿元，增长 7.5%；第二产业投资 2195.8 亿元，增长 5%，其中工业投资 2195.8 亿元，增长 9.3%；第三产业投资 4344.4 亿元，增长 4.2%。

基础设施建设：城市地铁 1、2 号线一期全线开通试运行。南部滨海大道及东段桥隧、金普城际铁路及延伸线、快轨三号线改造、丹大快铁、渤海大道一期等建设工程稳步推进，东港、梭鱼湾、新机场商务区基础设施配套工程顺利实施。东联路交中华路立交桥竣工通车，维修改造香周路和甘海路重点路段以及 17 条主次干路、149 条街巷路，疏港路拓宽改造工程前期工作有序推进。城市建设“五个一”工程新增停车泊位 20300 个。实施 302 万平方米老旧住宅建筑保温和供热系统改造及小区环境整治，惠及 4.96 万户家庭。新增供热面积 264 万平方米，改造供热旧管网 361 公里。解决 3811 户煤气配套历史遗留问题；煤气供应总量达到 2.84 亿立方米，比上年增长 11%。统筹推进县城建设“三个一”工程和宜居乡村建设，15 个小城镇五项基础设施建设项目全部完工。

六、国内贸易

消费品市场：全年社会消费品零售总额 2828.4 亿元，比上年增长 12%。其中，批发业零售额 319.5 亿元，增长 10.4%；零售业零售额 2227.7 亿元，增长 12%；住宿业零售额 34.3 亿元，增长 7.4%；餐饮业零售额 246.9 亿元，增长 14%。在限额以上批发和零售业零售额中，通过互联网实现的零售额增长 165%；中西药品类增长 18.2%，服装鞋帽针纺织品类增长 6.2%，五金电料类增长 27.2%，石油及制品类增长 13.1%。销售汽车 19.2 万辆，销售额 319.4 亿元，分别比上年增长 6.4% 和 6%。其中新车 13.5 万辆，销售额 256.6 亿元，分别增长 7.4% 和 3.4%。

商贸设施建设：辽渔国际水产品市场、亿合城商业综合体、亿丰汽车广场等大型城乡商品交易市场建成开业。西安路中央大道旅游文化购物中心、恒隆广场加快推进，柏威年·大连购物中心项目落成。重点推进 10 条特色商业街、5 个农村商贸中心和 20 个农村适度规模超市改造建设。

七、对外经济

利用外资：全年新批准外商投资企业 223 家，注册外资金额 102.7 亿美元。新批投资总额 1000 万美元以上的外资项目 50 个，其中投资超亿美元的项目 3 个。新引进世界 500 强投资项目 6 个。实际使用外资 140 亿美元（其中外商直接投资 25 亿美元），比上年增长 3%。香港、日本、美国、新加坡、英属维尔京群岛分列实际投资来源地的前 5 位。

对外贸易：全年大连地区（含中央、省公司）进出口总额按人民币计算为 4044.38 亿元，比上年下降 5.4%。其中，进口 2184.24 亿元，增长 12%；出口 1860.14 亿元，下降 20%。按美元计算进出口总额为 657.74 亿美元，比上年下降 4.4%。其中，进口 355.49 亿美元，增长 13.2%；出口 302.25 亿美元，下降 19.3%。大连市自营进出口总额（下同）645.78 亿美元，增长 7.1%（全口径下降 4.5%）。其中，进口 350.96 亿美元，增长 13.6%；出口 294.82 亿美元，增长 0.3%（全口径下降 19.8%）。机电产品出口 134.1 亿美元，下降 9.2%，占 45.5%。一般贸易出口 118.46 亿美元，增长 25.5%，占 40.2%（见表 3）。民营企业出口 93.67 亿美元，增长 23.9%，占 31.8%。日本、东盟、欧盟、美国、韩国、香港是六大主要出口市场。

表 3　自营进出口额完成情况

指　　标	绝对数（亿美元）	比上年增长（%）
进出口总额	645.78	7.1
进口额	350.96	13.6
其中：一般贸易	156.67	14.5
加工贸易	119.54	5.0
其中：机电产品	75.38	11.3
高新技术产品	29.08	5.1
出口额	294.82	0.3
其中：一般贸易	118.46	25.5
加工贸易	158.98	-12.0
其中：机电产品	134.10	-9.2
高新技术产品	28.84	-7.1

对外合作：全年核准境外投资项目 99 个，中方总投资额 28.5 亿美元，比上年增长 15%。对外承包工程营业额 10.94 亿美元，增长 12%；劳务人员实际收入总额 1.96 亿美元，增长 2%。

服务外包：全年在线登记离岸服务外包合同金额 22.62 亿美元；执行金额 18.14 亿美元，比上年增长 10.9%。截至年末，全市拥有服务外包企业 1066 家，从业人员 13.8 万人。

八、交通、邮电和旅游

交通运输：全年运输企业客货换算周转量 8417.8 亿吨公里，比上年增长 2.5%。货物周转量 8335.9 亿吨公里，增长 2.5%；旅客周转量 205.3 亿人公里，增长 8.2%（见表 4）。

沿海港口货物吞吐量 4.2 亿吨，比上年增长 3.9%。其中，外贸吞吐量 1.25 亿吨，增长 6.5%；集装箱吞吐量 1013.2 万标箱，增长 1.2%。空港旅客吞吐量 1355.1 万人次，下降 3.8%；纯货邮吞吐量 13.35 万吨，增长 0.8%。

表 4　货物、旅客周转量及港口货物吞吐量

指　　标	单　　位	绝对数	比上年增长%
货物周转量	亿吨公里	8335.9	2.5
其中：公路	亿吨公里	386.0	10.2
水运	亿吨公里	7783.0	2.5
民航	亿吨公里	0.9	12.4
旅客周转量	亿人公里	205.3	8.2
其中：公路	亿人公里	57.4	3.8
水运	亿人公里	5.6	0.6
民航	亿人公里	74.5	14.3
港口货物吞吐量	亿吨	4.2	3.9
港口集装箱吞吐量	万标箱	1013.2	1.2

航运、物流中心建设：全年实施港航建设项目58项，完成固定资产投资138亿元。《大连港长兴岛港区总体规划（修订）》和《大连港皮口港区规划方案》获批。三大核心港区实施建设项目29项，大窑湾北岸汽车码头7号泊位完成水工主体建设，长兴岛港区葫芦山湾南防波堤工程按计划推进，太平湾港区航道和北防波堤工程等有序进行。长山群岛陆岛交通体系建设进展顺利，皮口新客运大楼建成投入使用、广鹿乡财神岛陆岛码头竣工，长海县、庄河、普兰店市等区域10余项陆岛建设项目全面启动。新增3条固定时刻集装箱班列线路和2个内陆干港，固定班列线路达到17条，东北腹地大中型内陆干港达到16个，过境班列集装箱量增长近两倍。全年铁海联运量达到32万标箱，增长10.3%。

通过中国物流与采购联合会评审的A级物流企业达到25家、全省现代物流示范企业达33家，3家物流企业入选中国物流与采购联合会全国首届农产品冷链批发市场50强。大连保税物流园区在2014年度全国优秀物流园区评比中排名第三。铁海联运物联网国家示范工程加快建设，制定了7项物流信息化标准草案和4项仓储标准草案。冷链物流长足发展，毅都集发、獐子岛等项目相继运营或扩建，冷藏能力达到36万吨。全市现有海运航线110条，其中外贸航线82条，内贸航线28条。大连周水子国际机场全年航班起降11.43万架次；航线总数达到180条，其中，国内航线158条，国际和地区航线22条，与6个国家、3个地区的101个国内外城市通航。

太平湾港口岸开放已进入辽宁省政府审批阶段，大连空港口岸获批国家进境水果检验指定口岸，大窑湾集装箱口岸实施“三统一、一优化”物流功能布局调整。大连港国际旅检通道启动X光机“一机两屏”查验，实现关检“信息互换、监管互认、执法互助”；“一次申报、一次查验、一次放行”的通关模式在全国率先实现。大连海关“一站式”通关服务中心（港湾）正式启用，长兴岛海关正式开关受理业务，大连口岸通关服务中心挂牌。

邮电通信：全年电信业务总量122.4亿元，比上年增长13.3%；邮政业务总量13.9亿元，增长20.5%。年末固定电话用户239.9万户，下降5.1%；移动电话用户848.6万户，下降6.6%。年末（固定）互联网宽带接入用户132.2万户，增长2.1%。

旅游：全年接待国内游客5619.8万人次，比上年增长7.4%；接待海外过夜游客96.6万人次，增长1.6%。旅游总收入993.6亿元，增长10.3%。其中，国内旅游收入965.3亿元，增长10.4%；旅游外汇收入4.6亿美元，增长1.8%。截至年末，全市拥有旅游星级宾馆（饭店）156家；旅行社398家，其中出境旅行社52家；国家A级旅游景区（点）49个，增加4个，其中5A 级2个，4A 级16个。

会展：全年举办展会95个，比上年增长2%。1万平方米以上展会42个，其中2万平方米以上展会16个。展出面积110万平方米，增长5%。展会共设展位35948个，其中境外参展展位3552个；参展企业21955家，其中境外参展企业1950家；参展商近11万人，其中境外参展商近万人；参观人数830万人次，其中境外参观人数4.5万人次。大连软交会成为业界公认的“中国软件第一展”。大连游艇展成为中国北方游艇水上第一展。大连进出口商品交易会获得“2013—2014年度中国十佳创新特色展会”。本市先后荣获“2013年度中国会展产业年度评选活动最具影响力会展城市—金手指奖”、“2013—2014年度中国最佳会展城市奖”、“2014年度优秀会展城市奖”等称号。

九、金融

截至年末，全市共有各类金融和融资服务类机构701家，其中，外资机构60家，法人机构23家，全国性金融市场1家。全市金融业总资产2.16万亿元，金融中心指数排名保持全国副省级城市第7位、东北首位。金融营业网点3000余个，从业人员7万余人。

银行：全市银行机构本外币各项存款年末余额12153亿元，比年初增加199.4亿元，其中人民币各项存款余额11613.8亿元，比年初增加132亿元。城乡居民本外币储蓄存款余额4758.5亿元，比年初增加189.3亿元。本外币各项贷款余额10959.4亿元，比年初增加755.5亿元，其中人民币各项贷款余额9926.4亿元，比年初增加799.1亿元。不良贷款率1.86%。全年全市银行间外汇市场共开放245场，办理外汇交易625笔，成交金额折合94.9亿美元。全年跨境人民币结算473.4亿元，比上年增长71.9%。

保险：全年保险业原保险保费收入[4]199.3亿元，比上年增长13.2%。其中，财产险71.9亿元，增长13%；人身险127.4亿元，增长13.4%。支付各类保险赔款及给付61.3亿元，增长1.9%。其中，财产险32.1亿元，下降0.1%；人身险29.2亿元，增长4.3%。全市保险深度（保费收入占GDP比重）2.6%；保险密度（人均保费收入）2853元/人。

证券：全年证券交易所各类有价证券成交金额26182.4亿元，比上年增长88.2%。其中，A股成交金额8852.2亿元，增长47.7%；债券现货及回购成交额16888.6亿元，增长119.4%；基金成交金额404.3亿元，增长163%。截至年末，共有证券资金账户数159.95万户，比上年末增加52.75万户。全市共有上市企业49家，其中境内上市26家，境外上市21家，境内外同时上市1家；股票50只。境内上市企业中，有A股公司23家，B股公司2家，发行A+H股两种股票公司1家，发行A+B股两种股票公司1家。

期货：全年期货成交量7.7亿手（单边），比上年增长9.9%，占全国期货市场的30.7%；成交额41.5万亿元（单边），下降12%，占全国期货市场的14.2%。拥有会员单位170家，其中经纪公司会员155家，自营会员15家；投资者开户数199.1万户，增长12.1%。年内成功上市聚丙烯和玉米淀粉2个期货新品种，交易品种达到16个。焦炭、铁矿石等8个品种夜盘交易上线，线型低密度聚乙烯在天津东疆实现保税交割。

其他金融业：新设盛邦城镇化基金等股权投资机构14家，新增股权投资规模41.7亿元，全市77家股权投资机构总规模达到421.7亿元，完成投资25.7亿元，比上年增长3倍。在深市成功发行全省首只中小企业私募债。全年47家次企业债券融资665.3亿元，增长22.7%。新设东北亚石化交易中心。全市22家交易场所交易额达到14123亿元，增长5.2倍。全市79家小额贷款公司累计发放小额贷款10330笔、152.6亿元，年末贷款余额78.3亿元，增长15.5%。全市122家融资担保公司累计融资担保额300.4亿元，年末在保责任余额281亿元。新设典当机构11家，总数达到83家。新设第三方支付机构5家，总数达到 17家。

十、 科技和质量技术监督

高新技术产业：全年高新技术产业产值 2783 亿元，比上年增长 12%。新认定高新技术企业 132 家、技术先进型服务企业 9 家，总数分别达到 477 家和 112 家。全年技术交易合同成交额 111 亿元，增长 23%，其中，本地登记技术合同交易额 67 亿元，增长 27%。组建了先进制造与智能控制、重大技术装备等十大产业技术研究院，新认定市级工程技术研究中心 27 家和重点实验室 26 家。梳理出 31 个技术创新链和 107 个创新点，凝练 38 个重大关键技术攻关方向。本市获批国家高端轴承高新技术产业化基地和数控机床、核电装备国家火炬特色产业基地。

自主创新：取得 DMTO 甲醇制烯烃技术、航母阻拦装置用高速大载荷轴承关键技术、BT3500 型半潜式海洋钻井支持平台设计建造技术等一批重要科技成果。建成开通全市首个科技创新资源综合服务平台——“科技指南针”，已发展 1481 家会员单位。开展智慧城市、科技文化融合试点示范建设，推进科技金融对接，新认定 10 家科技金融特色机构。成功举办首届大连市科技创业大赛，推荐的科技项目包揽第二届辽宁省创新创业大赛企业组和团队组一等奖，获第三届中国创新创业大赛电子信息行业总决赛第三名。深入推进创业导师 1162 工程，启动“科技创新助力团”活动。大连创业工坊被认定为全国首批创新型孵化器，大连双 D 高科获评科技创业孵化链条建设示范单位。实施科技创新人才培育计划，首次评选出 11 名“杰出青年科技人才”和 104 名“青年科技之星”。全年 10 人入选国家创新人才推进计划，大连化物所入选创新人才培养示范基地。新认定省级科普基地 5 家、市级科普基地 5 家，市级以上科普基地达到 75 家，其中国家级 13 家，省级 36 家。

知识产权：全年发明专利申请 5329 件，有效发明专利拥有量 6380 件，分别比上年下降 61.7% 和增长 13.9%；每万人口发明专利拥有量达到 9.5 件，位列辽宁省首位。9 个项目获 2014 年度国家科学技术奖励，其中大连化物所主持完成的“甲醇制取低碳烯烃（DMTO）技术”获国家技术发明奖一等奖。成功举办第九届中国国际专利技术与产品交易会，实现交易额 33.8 亿元，创历史新高。开通大连市知识产权综合服务平台，开展专利“护航”专项行动，推进专利保险试点工作。

质量技术监督：监督抽查食品相关产品 132 批次，合格率为 93.9%；风险监测 120 批次，合格率为 98.3%。监督抽查生产和生活资料类产品 746 批次，合格率为 92.1%。年内国家、辽宁省分别监督抽查本市生产企业 23 批次和产品 344 批次，合格率分别为 91.3% 和 93.9%。监督抽查定量包装商品净含量 125 批次，净含量标注合格率为 92.8%，净含量检验合格率为 73.6%。专项监督检查“电子计价秤”2336 台件。开展特种设备“六打六治”打非治违专项行动，检查特种设备 978 台。参与制（修）订国家标准 16 项。管理备案企业标准 389 项。截止年末，已有 12 个全国标准化技术组织落户，制（修）订国家标准、行业标准、省地方标准和农业技术规范数分别达到 310 项、350 项、220 项和 161 项，其中省地方标准数量和承担单位数量连续五年居辽宁省首位。全市近 90% 的规模以上工业企业获得管理体系认证证书，现有有效强制性产品认证证书 1538 张。

名牌产品：截至年末，全市共有中国名牌 20 个、辽宁名牌 138 个，辽宁省省长质量奖企业 6 家，数量均位居辽宁省首位。年内，吉润企业集团有限公司的“吉润+图形”商标、大连华阳密封股份有限公司的“HY及图（指定颜色）”商标、大连万达商业股份有限公司的“万达及图”商标被国家工商总局依法认定为中国驰名商标，累计中国驰名商标82个。

十一、教　育

全市普通高等学校30所，中等职业学校79所，普通高中79所，九年义务教育阶段学校771所，幼儿园1272所。各级各类学校（含幼儿园）共有在校生107.3万人。

基础教育：全市学前3年幼儿入园率97.3%，小学学龄人口净入学率99.8%，初中学龄人口净入学率99.9%，高中阶段教育毛入学率98.5%。义务教育阶段在校生43.8万人，其中外来务工人员随迁子女10.2万人；普通高中在校生9.5万人。

中等职业教育：中等职业学校在校生7万人，其中普通中等专业学校2.4万人，职业中专（职业高中）及成人中专2.6万人，技工学校2万人。各类中等职业学校毕业生2.2万人。在校生千人以上规模的中等职业学校25所。

普通高等教育：在连普通高等院校（含高等职业院校）本、专科在校生28.6万人，其中市属高等院校普通本、专科2.7万人。在连普通高等院校和研究所博士、硕士研究生4万人。普通高等教育机构博士毕业生842人，硕士毕业生10836人，本科毕业生5.1万人，专科毕业生1.5万人。

成人教育：成人高等院校在校生5.6万人，其中独立设置的成人高等学校1.6万人，普通高校成人教育学院4万人。高等教育自学考试15.6万科次，年内获得本、专科毕业证书6307人。教育部门批准的民办非学历培训机构1120个，结业人数23.7万人，在学人数25.9万人。

中小学教师：小学专任教师学历达标率为99.8%，其中专科及以上学历达到92.9%；初中专任教师学历达标率为99.8%，其中本科及以上学历达到86.3%；普通高中专任教师学历达标率为99.3%。

办学设施：全市新建、扩建中小学校舍47.2万平方米，中小学校舍建设投入13.7亿元。小学、初中、高中生均校舍面积分别达到7.7平方米、13.9平方米和20.4平方米。

十二、文　化

截至年末，全市公共图书馆13个（其中国家一级馆11个），文化艺术馆12个，国有博物馆10个，纪念馆2个，美术馆1个，市直专业艺术表演团体4个，艺术表演场馆6个。

艺术创作演出：全年新创作作品5部，演出67场。专业艺术院团全年演出879场，其中国外演出115场。“五进”公益性演出200场。组织“快乐周末”公益性艺术赏析普及活动30场。成功举办第五届“亿达之声—大连夏季国际艺术节”，圆满完成天津达沃斯年会“大连之夜”文化晚宴演出任务、央视“空中剧院大连行”等活动。全年艺术创作演出及理论研究，共获国家级奖项4个、大区级奖项21个、省级奖项63个。人民文化俱乐部、宏济大舞台举办演出334场。

社会文化活动：组织开展第25届大连国际服装节群众文化“五要”活动和第九个“文化遗产日”宣传活动。举办100场政府购买民营文艺院团惠民公益演出。

新闻出版（版权）管理：年末全市有报纸5种，期刊54种，出版社（含音像出版社）6家。成功举办第五届大连读书月活动。建成200个社区书屋。政府机关软件正版化工作通过国家和辽宁省检查验收。

广播影视：全年新增数字高清电视用户15万户，有线电视用户总规模215万户，其中有线数字电视终端用户204万户。农村有线电视网络新建杆路26公里，敷设光缆1299公里、电缆704公里。为农民放映公益电影14722场，观众242多万人次。新增银幕16块、座位2751个。放映电影35.3万场（次），观众1068万人次，电影票房3.36亿元，分别比上年增长13.2%、25.9%和30.1%。

文博工作：截至年末，全市有国家级文物保护单位35处、省级文物保护单位84处、市级文物保护单位109处、县（区）级文物保护单位176处。有13家国有博物馆、纪念馆免费向社会开放。公益性博物馆、纪念馆举办展览62个，参观总人数181万人次。

文化市场管理：全年出动执法人员8万人次，检查经营场所3万家次，收缴非法出版物20多万张（册），取缔违法游商摊点3400多处。

十三、卫　生

截至年末，全市共有各类卫生机构2583个，其中医院123个，卫生院95个，社区卫生服务中心（站）119个。实有床位42201张。卫生工作人员56372人，其中卫生技术人员46097人。每千人口医疗机构床位数6.88张、执业（助理）医师3.02人、注册护士3.51人。全市总诊疗量2809.2万人次；医疗机构平均病床使用率81.69%。人均期望寿命81.41岁；孕产妇死亡率为10.08/10万，婴儿死亡率为3.21‰。

医药卫生体制改革：全年共投入基本公共卫生服务经费2.66亿元，基本公共卫生服务人均补助标准提高到40元。182个基层医疗卫生机构实施基本药物制度，其中政府兴办的114个已全部实施。为541.5万名城乡居民建立了健康档案，为城乡53.7万名65岁以上老年人进行了健康体检。

妇幼健康服务：开展免费计划生育手术服务1.7万例和免费B超检测服务87.2万人次。为1.3万名农村孕产妇发放住院分娩补助646.6万元，为2.7万名农村妇女进行了“两癌”筛查。为7万余名新生儿进行免费“两病”筛查和听力筛查，筛查率达到99%。为30.3万名适龄儿童进行免费健康体检，完成适龄儿童牙齿氟化物防龋9.6万人次、窝沟封闭4.7万余人。建立全国第一个完全由政府出资的先天性心脏病患儿医疗救助项目。

医学科研：全年组织申报科研课题251项，其中50项列入市级科研计划。组织科技成果验收70项，13项科研成果获省科技进步奖，其中一等奖1项、二等奖5项、三等奖8项。13所医疗机构与53所国内外一流医疗机构建立协作合作关系。引进高端医学人才53人，完成引智项目520人次。

新型农村合作医疗：截至年末，202.5万名农民参加新型农村合作医疗，参合率为99%；新农合最低筹资标准由上年的400元/人·年提高到520元/人·年，统筹区域内最高支付限额提高到15万元。

十四、体　育

群众体育：全年举办国际徒步大会、乒乓球冠军赛、万人太极拳展演、马术、全民健身日等示范性健身活动千余项。培训三级以上社会体育指导员3700人，累计达到16445人。为39个行政村新建篮球场地，维护更换170个农民体育工程篮球场地设施，全市农民体育健身工程覆盖率达到100%。为100个体育健身活动室配备器材，建成200条健身路径、19个健身广场和5个体育公园，全市健身活动室和健身路径累计数量分别达到1124个和3194条。在全市范围内完成“十分钟体育生活圈”建设，每天定时定点参加健身活动的市民达到60余万人次。

竞技体育：全年大连籍运动员参加国际大赛获得金牌6枚、银牌2枚、铜牌3枚。举办第27届“金石滩杯”大连国际马拉松赛，参赛人数14980人。承办全国帆船帆板锦标赛暨亚运会选拔赛、棒球锦标赛、棒球AA锦标赛、棒球AAA锦标赛、少年儿童垒球锦标赛、李宁全国10公里路跑联赛·大连站比赛、首届“环渤海杯”帆船拉力赛。组织958名运动员参加辽宁省第十二届运动会，获得金牌647枚、奖牌1033枚、总分10731分，均列全省第一位。市足球运动学校、业余体校、航海学校、甘井子区体校、金州新区体校、瓦房店市体校共6家被评为“全国高水平体育后备人才基地”。本年度向省专业运动队输送运动员44人，向省级运动学校输送运动员34人。授予国家二级运动员262名、二级裁判员400名。

体育产业：体育彩票投注站达到1265家，实现销售额16.7亿元，从业人员3.8万人。体育消费50.8亿元，人均体育消费758元。出台《大连市体育经营活动管理条例》。大连武术文化博物馆获批中国武术推广基地，金州新区棒球场获批中国棒球训练基地，旅顺曲棍球场获批中国曲棍球训练基地，瓦房店将军石帆船帆板基地获批中国帆船帆板训练基地。全国第六次体育场地普查结果显示，全市共有各类体育场地9571个、体育场馆6481个，体育场地面积2276.2万平方米、用地面积3330.7万平方米，人均体育场地面积2.47平方米（不含海浴面积）。

十五、环境保护

环境质量：全年市区空气中二氧化硫（SO_2）、二氧化氮（NO_2）均达到国家二级标准（GB3095-2012年平均，下同），可吸入颗粒物（PM_{10}）年均值超出二级标准0.21倍，$PM_{2.5}$超出二级标准0.51倍，空气质量指数（AQI）二级以上（优良）天数282天，其中一级（优）天数69天。城市水源地碧流河水库、英那河水库、转角楼水库水质达标率为100%。碧流河、英那河各断面水质符合相应功能区标准，近岸海域功能区水质达标率为100%。区域环境噪声均值范围为50.1-55.5分贝，城市功能区噪声总达标率为90.2%。

建设项目管理：新批建设项目3087个，项目投资总额3884.3亿元，其中环保投资153亿元，占3.9%；验收竣工项目1722个，项目投资总额570亿元，其中环保投资15.1亿元，占2.6%。

污染减排：完成化学需氧量、氨氮、二氧化硫和氮氧化物四项主要污染物的减排任务。寺儿沟污水处理厂于年内形成减排能力，累计建成29座污水处理厂，污水处理能力131.5万吨/日。实施重点污染企业的远程、实时监控，已安装废水、废气自动监控系统190套。

环境污染防治：年内完成143家企业的强制清洁生产审核工作。实施脱硫脱硝等蓝天工程项目95项，累计完成211项。印发《大连市大气污染防治行动计划实施方案》。补充完善入海排污口电子档案建设，逐步实现信息化管理。新建水源地防护设施19处，农村生活污水处理设施10套及其配套管网67公里，农村分散式污水处理设施446套，新增农村生活污水处理能力559吨/日。建设农村生活垃圾转运站4座，生活垃圾收集点5712个，新增垃圾处理量210吨／日。完成英那河水库饮用水源一级保护区围网封闭55公里。全市累计持有有效排污许可证企业4539家。

十六、人口和就业

人口和计划生育：年末户籍人口594.3万人，比上年末净增2.9万人。在户籍人口中，出生人口6.6万人，净迁入人口0.9万人。人口出生率为11.09‰，死亡率为7.73‰，人口自然增长率为3.36‰，出生人口性别比107，处于正常范围内。符合政策生育率为98.9%，综合避孕率为71.12%，晚婚率为94.22%。批准4418对“单独”夫妻再生育申请。累计投入2.1亿元，33.9万人享受到计划生育各项奖励扶助政策。为1.3万名计划生育独生子女伤残死亡家庭成员投保住院护理补贴保险，1586人次获得总计338.8万元赔付。为2.2万人提供免费孕前优生健康检查。

企业注册登记：全年新注册登记各类企业27310户，注册资本（金）折人民币1333.4亿元，分别比上年增长69.9%和112.8%。其中，新设立外商投资企业406户（其中法人企业216户），下降2%，投资总额27.1亿美元，下降24.6%，注册资本（金）21.3亿美元，下降23.3%，外方认缴出资额18.2亿美元，下降25.3%；内资企业1674户，增长22.3%，注册资本（金）223.5亿元，增长19.1%；私营企业25230户，增长76.6%，注册资本（金）960.9亿元，增长292.6%，从业人员45.6万人（其中投资者4.6万人），增长130.5%。新登记个体工商户55327户，增长0.4%、资金额39.5亿元，增长7.9%；从业人员9.1万人，增长9.8%。

城镇就业：全年实现城镇新增就业22.5万人，其中稳定就业15.1万人，城镇登记失业率为2.65%。创业就业3.5万人；扶持创业带头人2672人，带动就业1.9万人。为6.8万名“4050”灵活就业人员发放社保补贴4亿元，为2.2万名公益性岗位人员支付岗位工资和社会保险补贴3.9亿元。参加职业培训7.3万人，参加职业技能鉴定人数10万人，5.1万人获得职业资格证书。

十七、人民生活和社会保障

居民收入：城镇常住居民年人均可支配收入33591元，比上年增长8.7%；年人均消费支出27482元，增长7.4%。农村常住居民年人均可支配收入13547元，比上年增长9.7%；年人均消费支出8830元，增长8.1%。

房改资金：全年归集房改资金171.9亿元，比上年增长10.1%，其中住房公积金170.8亿元，增长10.3%。运用房改资金216.4亿元，下降14.3%，其中发放住房公积金贷款3.1万户、105.2亿元，均下降24.6%；发放保障性住房项目贷款1.6亿元；提取使用住房公积金108.5亿元。截至年末，累计归集房改资金1248.9亿元，余额538.4亿元，其中住房公积金1086亿元，余额463.2亿元。累计运用房改资金1497.4亿元，其中住房公积金贷款713.3亿元；累计发放保障性住房项目贷款30.5亿元；累计提取使用住房公积金622.8亿元。

社会保障：截至年末，基本养老保险参保人数194.5万人，征缴养老保险费229.8亿元，分别比上年末增长1.1%和1.4%，其中企业参保人数182.9万人，征缴保险费 208.3亿元，分别增长1.4%和0.5%。87.5

万名离退休人员全部按时足额领取了基本养老金。连续第10年提高退休人员养老金，月人均养老金达到2100元。失业保险参保人数143.7万人，增长0.7%；征缴保险费14亿元，下降18.6%；年内享受失业保险待遇5.9万人。医疗保险参保人数505.4万人，征缴保险费102.8亿元，分别增长4.3%和6.3%。工伤保险参保人数255.5万人，增长6.5%；征缴保险费3.9亿元，下降26.8%，年内享受工伤保险待遇人数16.3万人次。生育保险参保人数152.6万人，增长8%；征缴保险费2.3亿元，下降39.3%，年内享受生育保险待遇人数6.3万人次。征缴采暖费补贴专项资金7.5亿元，为42.3万名企事业单位离退休人员发放采暖费补贴6亿元。全市131.9万人参加了城乡居民社会养老保险，基础养老金统一提高至每人每月180元。

社会救助：提高城乡居民最低生活保障和农村五保对象集中供养标准。提标后，城市低保标准达到每人每月570元，农村低保标准达到每人每月410元（金州新区、普湾新区）、340元（瓦房店市、庄河市、长海县），农村五保对象集中供养和分散供养标准分别达到每人每月620元、570元。截至年末，全市城乡低保对象6.88万户、11.58万人，其中城市5.22万人、农村6.36万人（含五保1.15万人）。全年累计发放城乡低保金和农村五保供养资金4.76亿元。投入临时救助、医疗救助等专项救助资金2.05亿元，保障各类困难群众38万人次。投入9750万元实施新一轮农村困难群众危房改造，1500户居民入冬前全部迁入新居。全年累计募集慈善款物3.08亿元，救助困难群众50余万人次。

社会福利：截至年末，全市共有城乡社区养老服务中心255个。各类收养性社会服务机构320个，提供收养服务床位4.1万张，收养各类人员2.5万人。发放90周岁及以上老年人生活补贴5098.75万元。销售社会福利彩票17.2亿元，筹集福彩公益金5.12亿元。

注：

[1] 地区生产总值、各产业及行业增加值绝对数按现价计算，增长速度按不变价格计算；根据第三次全市经济普查结果和国家统计局2012年制定的《三次产业划分规定》对相关数据进行了修订，第一产业中的“农林牧渔服务业”、第二产业中的“开采辅助活动”和“金属制品、机械和设备修理业”增加值计入“第三产业”中。

[2] 规模以上工业统计范围为年主营业务收入2000万元及以上的工业法人企业。

[3] 固定资产投资统计的起点为500万元及以上项目。

[4] 原保险保费收入是指保险企业确认的原保险合同保费收入。

综　合

责任编辑

李雪芬　刘　艳　袁勇超

武文静　文　枫

王年新　耿　英

1-1 地区生产总值

年　份	GDP				
		第一产业	第二产业		
				工业	建筑业
1978	42.1	6.8	27.7	26.8	0.9
1979	43.8	8.1	27.3	26.4	0.9
1980	48.4	7.7	30.9	29.5	1.4
1981	48.3	7.8	29.9	28.5	1.4
1982	50.5	8.5	30.2	28.3	1.9
1983	55.9	10.0	32.9	30.9	2.0
1984	64.9	11.7	37.4	34.2	3.2
1985	78.4	10.8	45.6	41.7	3.9
1986	98.5	16.7	53.4	48.7	4.7
1987	123.1	19.2	67.6	61.2	6.5
1988	160.9	24.1	88.5	80.1	8.4
1989	173.6	19.3	96.7	86.8	9.9
1990	191.0	23.9	98.7	88.4	10.3
1991	219.1	31.7	101.2	91.5	9.7
1992	270.6	32.8	124.3	109.5	14.8
1993	375.1	47.1	167.9	146.4	21.5
1994	513.3	55.9	249.1	225.4	23.7
1995	635.0	72.9	293.2	263.4	29.8
1996	716.0	87.6	321.6	289.8	31.8
1997	806.9	94.1	362.3	331.6	30.7
1998	893.1	107.0	387.4	357.9	29.5
1999	963.5	109.1	420.8	387.4	33.3
2000	1062.0	111.8	464.3	423.9	40.4
2001	1173.9	118.6	508.7	460.3	48.4
2002	1334.0	127.0	578.0	521.1	56.9
2003	1546.7	145.3	675.2	599.4	75.8
2004	1850.4	162.1	837.9	722.0	115.9
2005	2119.8	178.9	977.7	833.3	144.4
2006	2541.7	208.6	1193.8	1019.3	174.5
2007	3078.8	247.3	1449.6	1251.6	198.0
2008	3803.3	289.1	1843.5	1609.9	233.5
2009	4349.5	313.4	2127.2	1873.4	253.9
2010	5158.2	345.1	2610.0	2295.0	315.0
2011	6150.6	395.7	3204.2	2816.0	388.2
2012	7002.8	451.4	3634.8	3207.4	427.4
2013	7267.0	438.2	3558.7	3126.6	465.7
2014	7655.6	441.8	3697.4	3240	482.9

注：2013 年数据已经根据第三次经济普查结果进行了调整。由于 2009-2012 年为第二次至第三次经济普查中间年，数据也应根据此次修订结果进行回归，但根据省统计局要求该调整尚未进行。

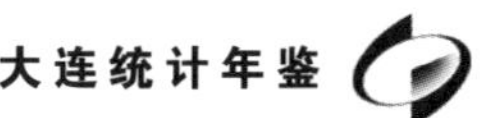

（按当年价格计算，1978-2014年）

单位：亿元

第三产业	交通运输仓储邮电业	批发零售和餐饮业	金融业	房地产业	其他服务业	人均地区生产总值（元）
7.6	2.6	1.7	1.6	0.5	1.2	943
8.4	2.9	1.9	1.7	0.5	1.4	970
9.8	3.4	2.3	2.0	0.6	1.5	1065
10.6	3.7	3.2	1.3	0.7	1.7	1048
11.8	4.1	2.7	2.4	0.7	1.9	1081
13.0	4.7	2.8	2.2	0.8	2.5	1181
15.8	6.2	3.6	2.5	0.8	2.7	1354
22.0	7.6	5.1	3.8	1.5	4.0	1624
28.4	9.0	7.4	5.7	1.0	5.3	2019
36.2	11.8	8.5	7.7	1.7	6.5	2484
48.3	15.4	11.2	10.0	2.3	9.4	3199
57.6	18.1	10.5	17.2	2.3	9.5	3403
68.4	22.3	13.4	17.0	2.4	13.3	3703
86.2	26.4	18.8	20.6	2.7	17.7	4222
113.5	30.9	29.7	24.4	4.8	23.7	5193
160.1	35.4	51.1	27.0	12.0	34.6	7145
208.3	45.7	65.9	26.2	18.1	52.4	9704
268.9	54.4	92.9	28.3	21.0	72.3	11913
306.8	59.9	104.4	43.0	22.3	77.2	13358
350.5	70.8	117.8	44.6	21.3	96.1	14971
398.7	79.8	132.2	46.5	37.9	102.3	16484
433.6	89.8	142.8	46.5	37.7	116.8	17701
485.9	103.1	158.1	46.6	42.5	135.6	19366
546.6	117.2	174.3	46.9	52.6	155.6	21225
629.0	135.2	194.9	49.3	54.8	194.8	23979
726.2	169.2	221.0	51.6	56.4	228.0	27669
850.4	174.9	253.0	55.9	57.5	309.1	32984
963.3	206.6	261.7	62.4	68.1	364.5	34380
1139.3	243.0	282.3	95.5	80.2	438.3	40625
1381.9	298.2	302.2	122.8	142.4	516.3	48316
1670.7	301.9	373.5	178.0	180.2	637.1	58907
1908.9	326.2	397.7	217.9	178.4	788.7	66497
2203.1	367.1	469.1	264.9	196.4	905.6	77704
2550.7	409.8	567.7	326.0	189.9	1057.3	91295
2916.6	435.8	680.4	445.4	250.3	1104.7	102922
3270.1	431.6	841.5	516.2	388.7	1021.1	105053
3516.4	471.3	913.7	569.2	395.3	1103.5	109939

1-2 地区生产总值

年份	GDP	第一产业	第二产业	工业	建筑业
1979	107.8	119.1	102.1	101.6	112.7
1980	113.4	114.9	110.1	107.6	152.2
1981	94.7	81.6	94.5	94.8	91.6
1982	106.2	102.2	103.2	101.3	126.7
1983	109.2	111.0	107.0	108.5	91.8
1984	115.1	101.8	119.5	118.5	131.1
1985	109.2	103.6	108.3	107.6	115.7
1986	116.3	124.0	115.6	113.1	139.5
1987	113.3	102.0	115.2	116.6	104.0
1988	113.3	106.0	116.5	118.3	100.1
1989	104.6	87.0	109.0	108.9	110.0
1990	104.1	118.2	100.2	100.9	93.4
1991	105.6	109.0	100.6	98.6	122.9
1992	117.5	106.1	118.3	119.1	111.4
1993	119.9	125.2	125.9	125.2	132.6
1994	117.3	100.8	123.7	125.6	106.5
1995	115.3	114.4	118.5	120.2	99.6
1996	112.0	112.0	115.0	116.8	92.5
1997	110.1	106.6	111.0	111.9	96.0
1998	110.1	112.7	109.7	110.4	95.9
1999	110.4	101.4	112.1	112.1	112.1
2000	110.9	103.9	111.5	110.7	130.2
2001	110.9	103.9	111.1	110.4	118.7
2002	113.8	107.5	113.5	113.3	116.3
2003	115.1	113.5	115.6	113.9	131.6
2004	116.2	109.4	118.4	115.5	142.5
2005	114.2	111.7	115.5	114.6	121.8
2006	116.3	110.2	115.4	115.3	116.0
2007	117.3	110.3	118.0	119.5	109.3
2008	116.5	108.1	119.7	122.3	103.5
2009	115.0	107.8	115.9	116.5	111.4
2010	115.2	106.0	120.1	120.2	119.1
2011	113.5	106.5	118.6	118.6	118.8
2012	110.3	105.1	110.6	110.7	110.1
2013	109.0	104.8	109.3	110.0	104.7
2014	105.8	102.9	105.1	104.7	105.8

注：本表按不变价计算。

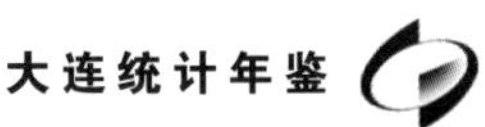

指 数（上年 =100，1979-2014 年）

单位：%

第三产业	交通运输仓储邮电业	批发零售和餐饮业	金融业	房地产业	其他服务业	人均地区生产总值（元）
109.5	107.1	111.1	109.5	109.5	110.2	106.6
118.5	119.5	113.7	118.3	118.3	122.2	112.4
107.5	142.7	101.3	77.9	157.5	115.6	93.4
113.8	115.3	115.3	114.7	114.7	110.5	104.6
111.3	111.6	111.7	110.8	114.7	110.8	107.9
117.7	119.1	119.0	118.7	114.7	114.9	113.9
113.7	115.3	115.3	114.7	114.7	109.6	108.3
113.2	115.3	115.3	114.7	114.7	107.6	115.1
117.0	119.2	116.0	118.2	118.2	113.9	111.7
112.6	121.8	121.8	102.1	102.1	104.6	111.5
106.5	105.0	105.0	110.2	110.2	106.0	103.1
104.3	103.0	103.0	105.3	105.3	106.3	102.9
111.2	109.4	109.4	119.4	119.4	105.7	105.0
121.4	106.9	137.8	112.9	148.6	130.1	117.9
110.5	94.8	141.9	87.5	188.6	100.5	117.6
115.4	118.0	115.9	90.9	141.7	123.5	116.4
110.8	110.7	120.0	94.4	94.5	114.4	113.9
107.1	103.9	110.5	124.2	103.9	96.8	111.3
109.9	116.0	112.2	99.9	73.6	119.2	109.8
109.9	101.3	115.1	104.0	142.9	106.1	109.9
111.2	109.0	104.8	109.4	110.0	104.7	109.1
112.2	110.9	113.0	101.6	119.2	115.5	110.2
112.2	114.6	111.2	101.2	116.7	113.9	110.2
115.5	114.8	113.0	105.6	104.4	125.4	113.3
114.9	121.4	114.1	104.1	104.0	116.8	114.5
115.5	125.0	112.8	106.3	103.7	116.2	116.0
113.4	113.8	114.0	112.6	114.0	112.6	113.8
118.4	125.0	113.0	137.1	142.7	111.8	114.8
117.8	108.4	113.2	130.6	130.9	116.4	115.3
114.8	105.4	109.0	139.5	116.5	116.7	115.0
115.3	106.9	118.2	121.7	100.0	119.6	113.5
111.5	111.1	114.3	115.2	106.2	110.3	113.5
108.5	106.6	113.7	106.3	90.2	111.3	111.8
110.6	109.0	114.0	135.0	121.4	100.6	109.2
108.7	107.1	108.4	114.4	107.6	107.6	108.2
106.9	109.2	107.2	111.3	99.5	107.3	105.1

1-3 行政区划基本情况

地　　区		街道、乡镇名称
中山区		青泥洼桥街道、人民路街道、昆明街道、桂林街道、海军广场街道、葵英街道、桃源街道、老虎滩街道、东港街道
西岗区		八一路街道、白云街道、人民广场街道、北京街道、站北街道、日新街道、香炉礁街道
沙河口区		李家街道、春柳街道、马栏街道、兴工街道、中山公园街道、南沙街道、白山路街道、黑石礁街道、星海湾街道
甘井子区	甘井子区管辖	甘井子街道、椒金山街道、周水子街道、兴华街道、中华路街道、泉水街道、南关岭街道、机场街道、泡崖街道、红旗街道、辛寨子街道、大连湾街道、革镇堡街道、营城子街道
	高新园区管辖	凌水街道
旅顺口区	旅顺口区管辖	登峰街道、市场街道、得胜街道、光荣街道、水师营街道、铁山街道、江西街道、双岛湾街道、北海街道、三涧堡街道、长城街道、龙头街道
	高新园区管辖	龙王塘街道
金州区	金州新区管辖	登沙河街道、光明街道、拥政街道、友谊街道、中长街道、站前街道、先进街道、大魏家街道、杏树街道、七顶山街道、向应街道、华家街道、马桥子街道、海青岛街道、董家沟街道、湾里街道、大孤山街道、金石滩街道、得胜街道、大李家街道
	保税区管辖	大窑湾街道、二十里堡街道、亮甲店街道
瓦房店市	瓦房店市管辖	太阳街道、祝华街道、岗店街道、新华街道、共济街道、岭东街道、文兰街道、铁东街道、九龙街道、老虎屯镇、得利寺镇、松树镇、仙浴湾镇、万家岭镇、许屯镇、谢屯镇、李官镇、永宁镇、复州城镇、红沿河镇、瓦窝镇、元台镇、驼山乡、土城乡、闫店乡、西杨乡、赵屯乡、杨家满族乡、三台满族乡、泡崖乡
	长兴岛管辖	长兴岛街道、交流岛街道
普兰店市	普兰店市管辖	大刘家街道、杨树房街道、皮口街道、城子坦街道、唐家房街道、大谭街道、莲山街道、双塔镇、安波镇、四平镇、沙包镇、星台镇、同益乡、墨盘乡、乐甲满族乡
	普湾新区管辖	太平街道、南山街道、丰荣街道、铁西街道、复州湾街道、三十里堡街道、石河街道、炮台街道
庄河市	庄河市管辖	城关街道、新华街道、兴达街道、昌盛街道、栗子房镇、青堆镇、王家镇、荷花山镇、城山镇、仙人洞镇、徐岭镇、光明山镇、大营镇、长岭镇、黑岛镇、吴炉镇、大郑镇、蓉花山镇、塔岭镇、鞍子山乡、石城乡、太平岭满族乡、桂云花满族乡、步云山乡、兰店乡
	花园口管辖	明阳街道
长海县		大长山岛镇、獐子岛镇、小长山乡、广鹿乡、海洋乡

注：本表数据由市民政局提供。

1-3 续表 1

单位：个

地　　区	街道办事处	居民委员会	乡政府	镇政府	村民委员会
大连市	107	683	20	35	919
中 山 区	9	51			
西 岗 区	7	45			
沙河口区	9	89			
甘井子区	14	139			42
旅顺口区	12	16			64
金州新区	20	96			125
普湾新区（普兰店市）	15	105	3	5	151
保 税 区	3	3			22
高新园区	2	21			8
长 兴 岛	2	1			18
花 园 口	1				16
瓦房店市	9	56	8	13	246
庄 河 市	4	54	6	15	204
长 海 县		7	3	2	23

注：本表数据由市民政局提供。

1-4　土地面积及各区（市）县户籍户数、人口、人口密度

地　　区	土地面积（平方公里）	户数（户）	人口（人）	人口密度（人/平方公里）
大连市	12573.85	2130337	5942995	473
市区小计	2414.96	1143532	3042789	1260
中山区	40.10	137123	361386	9012
西岗区	23.94	115146	296712	12394
沙河口区	34.71	241154	654005	18842
甘井子区	451.52	308513	829620	1837
旅顺口区	512.15	89013	222281	434
金州区	1352.54	252583	678785	502
县（市）小计	10158.89	986805	2900206	285
瓦房店市	3576.40	353330	1000985	280
普兰店市	2769.90	322612	923145	333
庄河市	3655.70	284799	903662	247
长海县	156.89	26064	72414	462

1-5 平均气温

单位：℃

地　区	全年	1月	2月	3月	4月	5月	6月	7月	8月	9月	10月	11月	12月
大 连 市	12.4	-0.4	-1.3	6.0	13.0	17.3	21.8	24.3	24.9	20.8	14.3	8.0	-0.5
瓦房店市	10.9	-4.2	-3.0	4.6	12.9	17.0	22.1	24.2	24.4	19.2	12.6	5.1	-4.3
金州新区	12.1	-1.1	-1.6	5.7	12.9	17.1	22.0	24.5	25.0	20.8	14.2	7.6	-1.4
普湾新区	10.9	-4.3	-3.0	4.3	12.6	17.0	22.3	24.8	24.6	19.2	12.9	5.0	-4.4
长 海 县	11.2	-1.6	-1.8	4.1	10.4	14.6	20.0	23.0	24.4	20.7	14.7	8.2	-1.7
庄 河 市	10.2	-4.8	-3.1	4.0	11.2	16.0	21.5	24.0	24.1	18.9	12.5	4.5	-6.0
旅顺口区	12.0	-0.2	-1.3	5.4	11.8	16.5	21.0	23.8	24.5	20.5	14.6	8.0	

注：本表数据由市气象局提供。

1-6 降水量

单位：毫米

地　区	全年	1月	2月	3月	4月	5月	6月	7月	8月	9月	10月	11月	12月
大 连 市	436.5	1.5	7.7	1.2	16.8	73.0	48.6	127.8	63.2	28.1	25.1	39.1	4.4
瓦房店市	354.4	1.6	3.7	0.6	13.5	53.6	60.7	53.7	60.3	73.3	19.5	11.7	2.2
金州新区	305.5	0.8	6.5	2.3	8.3	54.5	16.1	71.8	39.5	41.1	30.3	33.5	0.8
普湾新区	369.1	0.8	4.3	1.9	10.5	59.1	46.1	84.1	69.3	43.4	28.2	20.2	1.2
长 海 县	365.7	3.2	2.8	0.3	11.7	85.6	23.1	117.4	32.9	36.1	21.1	30.9	0.6
庄 河 市	517.7	3.6	3.0	2.2	14.2	101.4	47.7	118.7	72.1	107.7	31.5	14.7	0.9
旅顺口区	375.8	0.2	7.4		11.7	60.1	36.8	145.1	13.9	32.0	25.3	41.4	1.9

注：本表数据由市气象局提供。

1-7 日照时数

单位：小时

地 区	全年	1月	2月	3月	4月	5月	6月	7月	8月	9月	10月	11月	12月
大连市	2694.4	176.1	173.2	266.1	251.3	300.0	231.7	229.3	249.1	247.3	220.3	171.8	178.2
瓦房店市	2673.0	174.3	167.9	260.0	250.6	279.4	229.7	217.1	251.4	250.5	213.9	183.1	195.1
金州新区	2557.8	184.7	120.6	253.9	245.0	257.1	229.6	233.4	241.4	235.9	209.2	169.7	177.3
普湾新区	2437.0	173.9	151.1	247.1	228.3	247.4	209.0	193.9	224.5	228.2	202.7	149.0	181.9
长海县	2670.5	201.7	162.9	238.3	234.6	258.3	222.2	212.8	245.9	253.6	234.6	193.7	211.9
庄河市	2818.5	210.0	170.9	237.2	258.7	276.2	242.0	249.2	282.8	287.3	217.3	188.8	198.1
旅顺口区	2532.1	189.0	140.9	248.2	231.5	285.1	229.6	193.1	265.5	214.6	216.3	164.6	153.7

注：本表数据由市气象局提供。

1-8 平均风速

单位：米/秒

地 区	全年	1月	2月	3月	4月	5月	6月	7月	8月	9月	10月	11月	12月
大连市	3.1	3.7	3.7	3.5	3.0	3.4	2.6	2.7	2.3	2.6	3.5	2.7	3.3
瓦房店市	2.7	2.4	2.7	3.0	2.8	3.5	2.7	2.8	2.3	2.0	2.5	2.4	3.0
金州新区	3.8	4.1	4.3	4.5	3.8	4.7	3.7	3.8	2.9	3.2	3.5	3.3	4.2
普湾新区	2.7	2.6	2.5	3.0	3.2	3.7	2.6	2.7	2.2	1.9	2.5	2.3	2.9
长海县	3.4	3.9	3.7	3.4	3.1	3.6	2.7	3.1	2.7	3.2	4.3	3.7	4.0
庄河市	2.5	2.5	2.4	2.8	2.7	3.3	2.4	2.3	2.0	2.1	2.4	2.3	2.7
旅顺口区	3.2	3.7	3.2	3.5	3.1	3.7	2.5	2.6	2.5	2.9	3.5	3.1	4.0

注：本表数据由市气象局提供。

1-9 平均气压

单位：百帕

地　区	全年	1月	2月	3月	4月	5月	6月	7月	8月	9月	10月	11月	12月
大连市	1006.0	1014.5	1016.6	1009.0	1006.3	997.8	995.7	995.3	998.0	1003.7	1009.3	1011.5	1014.2
瓦房店市	1002.6	1011.0	1013.1	1005.5	1002.7	994.2	992.3	992.2	994.8	1000.4	1006.0	1007.9	1010.6
金州新区	1006.1	1014.7	1016.7	1009.2	1006.5	997.9	995.8	995.5	998.1	1003.8	1009.4	1011.6	1014.3
普湾新区	1015.8	1025.1	1027.2	1019.2	1016.0	1007.1	1004.8	1004.4	1007.1	1013.2	1019.1	1021.5	1024.8
长海县	1012.4	1021.3	1023.2	1015.6	1012.8	1004.2	1001.9	1001.7	1004.2	1009.9	1015.7	1017.8	1020.9
庄河市	1012.6	1021.7	1023.4	1015.8	1012.9	1004.4	1002.1	1001.9	1004.3	1009.9	1015.8	1017.8	1020.9
旅顺口区	1009.4	1018.0	1020.1	1012.4	1009.6	1000.9	998.9	998.5	1001.2	1007.0	1012.7	1015.0	1017.9

注：本表数据由市气象局提供。

1-10 大风日数

单位：天

地　区	全年	1月	2月	3月	4月	5月	6月	7月	8月	9月	10月	11月	12月
大连市	23	6	4	2	2	2				2	4		1
瓦房店市	15	3		1		3	1			2	2	1	2
金州新区	21	3	2	1	2	3		1		2	3	1	3
普湾新区	3	1		1		1							
长海县	22	4	3	1	1	2		2		2		2	5
庄河市													
旅顺口区	26	3	5	2	2	4				3	4	1	2

注：本表数据由市气象局提供。

1-11 极端气温情况

单位：℃

指　标	大连市	瓦房店市	金州新区	普湾新区	长海县	庄河市	旅顺口区
极端最高	33.5	34.7	34.2	35.9	32.7	34.2	33.2
极端最低	-10.3	-15.7	-11.7	-16.0	-10.2	-16.8	-11.2
无霜期（天）	245	198	246	226	273	190	267

注：本表数据由市气象局提供。

1-12 社会经济发展主要指标

指　　标		2013年	2014年
一、人口和土地面积			
年末户籍人口总数	万人	591.4	594.3
#市区人口	万人	301.2	304.3
人口自然增长率	‰	0.2	3.4
年末户籍总户数	万户	211.8	213.0
市辖区	个	6	6
市辖县（市）	个	4	4
土地面积	平方公里	12574	12574
#建成区土地面积	平方公里	396	396
二、从业人员			
年末城镇非私营单位从业人员	万人	131.4	121.3
第一产业	万人	0.5	0.5
第二产业	万人	72.3	62.9
第三产业	万人	58.6	57.9
年末城镇非私营单位在岗职工人数	万人	125.1	114.7
#国有单位	万人	29.5	28.6
城镇集体单位	万人	3.4	2.7
其他单位	万人	92.2	83.5
#外商投资单位	万人	33.1	31.2
港澳台投资单位	万人	6.2	6.2
年末乡村从业人员	万人	133.3	131.9
三、地区生产总值			
地区生产总值（当年价格）	亿元	7267.0	7655.6
#第一产业	亿元	438.2	441.8
第二产业	亿元	3558.7	3697.4
第三产业	亿元	3270.1	3516.4
#工业	亿元	3126.6	3240.0
建筑业	亿元	465.7	482.9
交通运输、仓储及邮政业	亿元	431.6	471.3
批发和零售业	亿元	783.8	850.8
住宿和餐饮业	亿元	57.7	62.9
金融业	亿元	516.2	569.2
房地产业	亿元	388.7	395.3
营利性服务业	亿元	497.5	529.4
非营利性服务业	亿元	523.7	574.1
人均生产总值	元	105053	109939

注：1. 2013年生产总值已经根据第三次经济普查结果进行了调整。
　　2. 人均生产总值按年平均常住人口计算。

1-12 续表 1

指　标		2013 年	2014 年
四、固定资产投资			
固定资产投资额	亿元	6478.1	6773.6
# 第一产业	亿元	217.1	233.4
第二产业	亿元	2091.8	2195.8
第三产业	亿元	4169.1	4344.4
# 城镇投资	亿元	5843.6	
建设项目	亿元	4133.3	5344.3
房地产开发	亿元	1710.4	1429.3
农村非农户投资	亿元	634.5	
五、农林牧渔业			
1. 农林牧渔及服务业总产值（当年价格）	亿元	872.4	880.0
农业	亿元	233.9	212.3
林业	亿元	8.1	8.8
牧业	亿元	229.1	228.8
渔业	亿元	337.0	361.4
农林牧渔服务业	亿元	64.3	68.7
2. 农林牧渔业劳动力	万人	57.7	57.4
3. 农作物播种面积	万公顷	32.9	32.3
# 粮食作物	万公顷	27.7	27.2
4. 农业生产条件			
农用机械总动力	万千瓦	367.1	378.3
化肥施用量（折纯）	万吨	16.7	16.5
5. 主要产品产量			
粮食	万吨	160.4	110.2
# 谷物	万吨	140.8	99.4
蔬菜	万吨	255.1	238.3
水果	万吨	202.3	161.9
肉类	万吨	81.6	81.4
禽蛋	万吨	28.2	26.1
水产品	万吨	233.8	239.6
# 地方	万吨	230.5	237.5
大牲畜年底存栏	万头	33.7	30.6
六、规模以上工业			
1. 工业总产值（当年价格）	亿元	11521.6	10652.0
（1）按经济类型划分			
# 国有企业	亿元	158.4	141.9
集体企业	亿元	70.0	67.5
外商及港澳台投资企业	亿元	3622.1	3376.1
# 国有及控股企业	亿元	3010.7	2769.8

注：自 2014 年起，固定资产投资统计取消城乡分组。

1-12 续表 2

指　　标		2013 年	2014 年
（2）按轻重工业分			
轻工业	亿元	2857.1	2417.1
重工业	亿元	8664.5	8234.9
（3）按企业规模分			
大型企业	亿元	3819.6	4219.1
中型企业	亿元	4123.5	3217.0
小型企业	亿元	3522.4	3042.9
微型企业	亿元	56.1	172.9
2. 主要经济指标			
企业单位数	个	3101	2844
资产总计	亿元	9816.4	9632.9
流动资产合计	亿元	5089.4	5040.4
主营业务收入	亿元	10875.4	9870.3
利税总额	亿元	1232.7	900.0
盈亏相抵后利润总额	亿元	594.0	426.6
从业人员平均人数	人	958425	939299
七、建筑业			
企业单位数	个	1644	1621
建筑业总产值	亿元	2287.4	2087.7
房屋建筑施工面积	万平方米	11206.0	10543.4
# 新开工面积	万平方米	5733.7	5181.0
房屋建筑竣工面积	万平方米	4940.3	3686.4
年末从业人员数	万人	51.5	55.9
利税总额	亿元	120.2	90.8
八、交通运输、邮电及用电量			
客运总量	万人次	13293	13581
# 铁路	万人次	2299	2214
公路	万人次	10058	10354
水运	万人次	435	430
民航	万人次	501	583
货运总量	万吨	41970	44735
# 铁路	万吨	2393	2334

注：2013 年客货运量数据根据交通部门专项调查重新进行修定。

1-12 续表 3

指　　标		2013 年	2014 年
公路	万吨	26276	28800
水运	万吨	12116	12518
民航	万吨	5.2	5.8
管道	万吨	1179	1078
旅客周转量	亿人公里	189.0	205.4
货物周转量	亿吨公里	8154.8	8335.7
民用汽车拥有量	辆	1026029	1149344
沿海港口旅客吞吐量	万人次	606	582
沿海港口货物吞吐量	万吨	40746	42337
空港旅客吞吐量	万人次	1408	1355
空港纯货邮吞吐量	万吨	13.2	13.3
邮电业务总量	亿元	119.0	134.8
移动电话期末用户	万户	909	849
固定电话期末用户	万户	253	240
（固定）互联网宽带接入用户	万户	130	132
全年用电量	亿千瓦时	302.0	310.5
# 工业用电	亿千瓦时	196.5	202.6
城乡居民生活用电	亿千瓦时	39.9	40.7
九、国内贸易			
社会消费品零售总额	亿元	2526.5	2828.4
批发业	亿元	289.3	319.5
零售业	亿元	1988.7	2227.7
住宿业	亿元	31.9	34.3
餐饮业	亿元	216.6	246.9
十、外经外贸和国际旅游			
1. 外贸进出口总额（按经营所在地）	亿美元	688.2	657.7
进口	亿美元	313.9	355.5
出口	亿美元	374.4	302.2
2. 外贸自营进出口总额	亿美元	676.5	645.9
进口	亿美元	309.0	351.0
出口	亿美元	367.5	294.9
3. 新批利用外商直接投资项目	个	240	223
实际利用外商直接投资额	亿美元	136	140
4. 对外承包工程及劳务合作			
合同额	亿美元	11.64	9.43
营业额	亿美元	11.69	12.90

1-12 续表 4

指　　标		2013 年	2014 年
5.接待海外旅游者	万人次	119.0	96.6
旅游外汇收入	亿美元	8.13	4.60
十一、财政、金融			
公共财政收入	亿元	850.2	780.9
#各项税收	亿元	677.8	615.3
公共财政支出	亿元	1083.5	989.5
金融机构本外币存款年末余额	亿元	11953.6	12153.0
#城乡居民储蓄存款余额	亿元	4569.2	4758.5
金融机构本外币贷款年末余额	亿元	10185.0	10959.4
金融机构人民币存款年末余额	亿元	11481.7	11613.8
#城乡居民储蓄存款余额	亿元	4483.8	4666.7
金融机构人民币贷款年末余额	亿元	9108.6	9926.4
保险业原保险保费收入	亿元	176.0	199.3
保险业务已决赔款及给付	亿元	60.1	61.3
证券成交金额	亿元	13915.6	26182.4
股票成交额	亿元	6016.4	8869.0
十二、市政公用事业(市区)			
供水综合生产能力	万立方米/日	163	163
供水总量	万立方米	40972	39210
煤气供气总量	万立方米	25523	25903
液化石油气供气总量	万吨	15.83	15.81
燃气普及率	%	99.98	99.63
园林绿地面积	公顷	18301	18341
建成区绿化覆盖率	%	44.75	44.84
公共汽（电）车运营车辆	辆	5037	5155
出租车数量	辆	10693	11193
十三、价格指数(上年=100)			
居民消费价格指数	%	102.5	102.0
工业生产者出厂价格指数	%	97.96	97.64
工业生产者购进价格指数	%	97.73	97.64
十四、人民生活			
城镇非私营单位在岗职工平均工资	元	59061	63611
城镇常住居民人均可支配收入	元	30903	33591
城镇常住居民人均消费支出	元	23071	24782
农村常住居民人均可支配收入	元	12348	13547
农村常住居民人均消费支出	元	8168	8830

注：1. 2014 年旅游数据口径进行了调整。
2. 原保险保费收入是指保险企业确认的原保险合同保费收入。
3. 可支配收入和消费支出数据自 2013 年起为新口径数据。

1-13 总 产 出

指　　标	按当年价格计算		按不变价格计算			
	绝对额（万元）		绝对额（万元）		以上年为 100 的指数（%）	
	本年	上年	本年	上年	本年	上年
总产出	269083311	227491983	255068943	212668413	119.9	109.0
农、林、牧、渔业	8800166	8688037	7636501	7364256	103.7	104.8
农业	2123311	2306480	1841553	1955046	94.1	104.8
林业	87715	80746	76075	68443	111.1	104.8
畜牧业	2288056	2297885	1984437	1947760	101.8	104.8
渔业	3613690	3356827	3117938	2845353	110.1	104.8
农、林、牧、渔服务业	687394	646098	616497	547654	112.6	104.8
工业	178482849	134745102	173804664	129816789	133.9	110.1
采矿业	478849	625872	465806	602980	77.3	110.0
制造业	175829143	131939072	171223238	127113390	134.6	110.1
#金属制品、机械和设备修理业	1615189	1313259	1571195	1265227	124.2	110.0
电力、燃气及水的生产和供应业	2174858	2180158	2115620	2100418	100.8	110.0
建筑业	20965917	20373657	20355259	19389485	105.0	104.7
房屋建筑业	12461739	13249189	12098775	12609172	96.0	104.7
土木工程建筑业	3656726	3562403	3550219	3390317	104.7	104.7
建筑安装业	2603109	2230910	2527290	2123144	119.1	104.7
建筑装饰和其他建筑业	2244344	1331155	2178975	1266852	172.0	104.7
批发和零售业	10670649	11027279	9357613	9759405	95.9	108.6
批发业	6398849	7005960	5573911	6164050	90.4	108.8
零售业	4271800	4021319	3783702	3595355	105.2	108.3
交通运输、仓储和邮政业	15664231	18225988	13985920	16272519	85.9	107.1
铁路运输业	610272	570689	544886	509522	106.9	107.1
道路运输业	4402638	4614053	3930927	4119517	95.4	107.1
水上运输业	6585551	7447672	5879956	6649427	88.4	107.1
航空运输业	385424	416960	344129	372270	92.4	107.1

注：由于尚未根据第三次经济普查结果调整 2012 年可比价，因此 2013 年行业大类不变价指数采用行业门类替代。

1-13 续表 1

指　　标	按当年价格计算		按不变价格计算			
	绝对额（万元）		绝对额（万元）		以上年为 100 的指数（%）	
	本年	上年	本年	上年	本年	上年
管道运输业	19114	20377	17066	18193	93.8	107.1
装卸搬运和运输代理业	2506094	3869042	2237584	3454357	64.8	107.1
仓储业	981524	1091073	876361	974131	90.0	107.1
邮政业	173614	196122	155013	175101	88.5	107.1
住宿和餐饮业	1315239	1624490	1071405	1394262	76.8	104.7
住宿业	368182	392443	287418	328761	87.4	102.4
餐饮业	947056	1232047	783987	1065501	73.5	105.4
信息传输、软件和信息技术服务业	4986008	5105511	4512224	4644031	97.2	107.6
电信、广播电视和卫星传输服务	1382219	1087645	1250877	989335	126.5	107.6
互联网和相关服务	305824	287392	276763	261415	105.9	107.6
软件和信息技术服务业	3297965	3730474	2984584	3393282	88.0	107.6
金融业	8420556	7926310	7160337	6678750	107.2	114.4
货币金融服务	6773847	6293256	5760074	5302730	108.6	114.4
资本市场服务	858415	881876	729945	743073	98.2	114.4
保险业	742110	709008	631046	597414	105.6	114.4
其他金融业	46185	42170	39273	35533	110.5	114.4
房地产业	5393528	5519963	4427317	4593406	96.4	107.6
房地产开发经营业	2878689	3035847	2511945	2674022	92.0	108.5
物业管理业	429864	580067	375099	524103	71.9	108.9
房地产中介服务业	161199	186344	140662	168365	83.9	108.9
自有房地产经营活动	1872859	1671924	1355180	1185552	114.3	105.0
其他房地产业	50917	45781	44430	41364	107.9	108.9
租赁和商务服务业	3855298	4196925	3381841	3755119	90.1	116.8
租赁业	596282	1008446	523055	902288	58.0	116.8
商务服务业	3259016	3188479	2858786	2852831	100.2	116.8
科学研究和技术服务业	2219827	1977473	1928607	1717733	112.3	103.7

1-13 续表 2

指　标	按当年价格计算		按不变价格计算			
	绝对额（万元）		绝对额（万元）		以上年为 100 的指数 (%)	
	本年	上年	本年	上年	本年	上年
研究和试验发展	252692	244275	219541	212189	103.4	103.7
专业技术服务业	1783014	1519477	1549100	1319894	117.3	103.7
科技推广和应用服务业	184121	213722	159966	185650	86.1	103.7
水利、环境和公共设施管理业	371568	391486	322822	340065	94.9	103.7
水利管理业	29687	34313	25792	29806	84.8	103.7
生态保护和环境治理业	40750	57543	35404	49984	69.4	103.7
公共设施管理业	301131	299631	261626	260275	98.5	103.7
居民服务、修理和其他服务业	807420	841858	708264	753236	94.0	116.8
居民服务业	610170	629084	535237	562861	97.0	116.8
机动车、电子产品和日用产品修理业	132689	134918	116394	120715	98.3	116.8
其他服务业	64562	77856	56633	69660	82.9	116.8
教育	1934279	2127609	1680521	1848148	89.1	103.7
卫生和社会工作	2264601	1633464	1967507	1418909	138.7	103.7
卫生	2126427	1509384	1847461	1311127	138.1	103.7
社会工作	138174	124080	120047	107782	109.2	103.7
文化、体育和娱乐业	489671	555040	429536	496611	86.5	116.8
新闻和出版业	120184	105857	105425	94714	113.5	116.8
广播、电视、电影和影视录音制作业	91325	134002	80110	119896	68.2	116.8
文化艺术业	54035	62084	47399	55548	87.0	116.8
体育	32018	41697	28086	37308	76.8	116.8
娱乐业	192109	211399	168516	189146	90.9	116.8
公共管理、社会保障和社会组织	2441504	2531792	2338605	2425690	96.4	101.4
第一产业	8112772	8041939	7020004	6816603	103.0	104.8
第二产业	197833578	153802823	192588728	147938469	130.2	109.4
第三产业	63136961	65647221	55460210	57913341	95.8	108.4

1-14 按当年价格计算的地区生产总值构成项目

单位：万元

指　　标	增加值	劳动者报酬	生产税净额	固定资产折旧	营业盈余
地区生产总值	76555762	28798809	16772151	9067289	21917514
农、林、牧、渔业	4796738	4556901			239837
农业	1284555	1220327			64228
林业	44923	42677			2246
畜牧业	903406	858236			45170
渔业	2185416	2076145			109271
农、林、牧、渔服务业	378438	359516			18922
工业	32400487	8922815	11858728	4013562	7605382
采矿业	94692	37063	-91527	11418	137738
制造业	31487913	8693046	11855734	3754016	7185117
#金属制品、机械和设备修理业	256018	94986	56250	45411	59371
电力、燃气及水的生产和供应业	817883	192706	94521	248128	282527
建筑业	4829078	2347926	754317	324203	1402631
房屋建筑业	2785963	1383491	462728	147680	792064
土木工程建筑业	903523	451618	132003	61148	258754
建筑安装业	527123	247457	83438	29963	166264
建筑装饰和其他建筑业	612469	265360	76149	85412	185549
批发和零售业	8507534	2488771	1439652	960252	3618859
批发业	5581446	1860356	1178985	384801	2157304
零售业	2926088	628415	260667	575450	1461555
交通运输、仓储和邮政业	4712954	1753768	309858	775980	1873348
铁路运输业	305136	152568		152568	
道路运输业	2045505	718336	86175	134943	1106051
水上运输业	1434224	478298	54131	286695	615099
航空运输业	164686	81701	33805	47582	1598

1-14 续表 1　　单位：万元

指　　标	增加值	劳动者报酬	生产税净额	固定资产折旧	营业盈余
管道运输业	24478	3095	630	15718	5034
装卸搬运和运输代理业	438381	197567	76097	84316	80400
仓储业	215189	46388	55196	50166	63439
邮政业	85356	75814	3824	3992	1726
住宿和餐饮业	629401	186859	49368	66437	326736
住宿业	181914	61475	17048	30687	72705
餐饮业	447486	125384	32321	35750	254031
信息传输、软件和信息技术服务业	2202782	1119442	403980	270844	408516
电信、广播电视和卫星传输服务	792460	95617	170924	197277	328642
互联网和相关服务	162999	72984	132485	10313	-52783
软件和信息技术服务业	1247323	950841	100570	63254	132657
金融业	5691830	1038919	618377	145950	3888584
货币金融服务	4610728	957171	466367	131771	3055420
资本市场服务	694800	77929	93684	13727	509460
保险业	344495		54304		290191
其他金融业	41808	3819	4023	452	33514
房地产业	3952642	419806	941742	1328787	1262307
房地产开发经营业	1942348	311353	904419	122032	604543
物业管理业	309423	70153	3612	9845	225813
房地产中介服务业	116033	26307	1354	3692	84680
自有房地产经营活动	1548107	8222	24153	1180212	335520
其他房地产业	36731	3771	8205	13005	11750
租赁和商务服务业	2318688	1082519	207975	493563	534632
租赁业	398947	109710	11309	107129	170798
商务服务业	1919741	972808	196665	386434	363834
科学研究和技术服务业	876565	608614	62959	66004	138988

1-14 续表 2

单位：万元

指　　标	增加值	劳动者报酬	生产税净额	固定资产折旧	营业盈余
研究和试验发展	154137	135404	5450	5307	7976
专业技术服务业	613977	419604	53876	52925	87571
科技推广和应用服务业	108451	53606	3632	7771	43441
水利、环境和公共设施管理业	232288	148637	32224	26293	25133
水利管理业	25910	17634	77	7089	1109
生态保护和环境治理业	24661	21600	143	1120	1798
公共设施管理业	181718	109403	32005	18084	22226
居民服务、修理和其他服务业	452704	134493	19742	37950	260519
居民服务业	344077	109162	17178	34197	183540
机动车、电子产品和日用产品修理业	61822	14533	1677	2226	43385
其他服务业	46805	10797	887	1527	33594
教育	1718132	1407533	8601	241922	60076
卫生和社会工作	1216828	998539	10820	58018	149452
卫生	1111069	893124	10749	58001	149194
社会工作	105759	105415	71	17	258
文化、体育和娱乐业	319777	151979	45532	39368	82898
新闻和出版业	52889	32648	13132	3321	3788
广播、电视、电影和影视录音制作业	67493	45445	6829	1333	13885
文化艺术业	38351	26926	1300	5293	4832
体育	23728	13583	2427	3015	4704
娱乐业	137316	33377	21845	26405	55689
公共管理、社会保障和社会组织	1697334	1431287	8274	218157	39616
第一产业	4418300	4197385			220915
第二产业	36973547	11175755	12556795	4292355	8948642
第三产业	35163915	13425668	4215356	4774934	12747957

1-15 按不变价格计算的地区生产总值

指　　标	绝对额（万元）		以上年为 100 的指数（%）	
	本年	上年	本年	上年
地区生产总值	70477401	66629537	105.8	109.0
农、林、牧、渔业	4161597	4031211	103.2	104.8
农业	1114098	1187398	93.8	104.8
林业	38962	33685	115.7	104.8
畜牧业	783526	756562	103.6	104.8
渔业	1885605	1736539	108.6	104.8
农、林、牧、渔服务业	339406	317026	107.1	104.8
工业	31550795	30122794	104.7	110.0
采矿业	92113	150766	61.1	110.0
制造业	30663076	29327142	104.6	110.0
#金属制品、机械和设备修理业	249045	323387	77.0	110.0
电力、燃气及水的生产和供应业	795606	644885	123.4	110.0
建筑业	4688425	4432269	105.8	104.7
房屋建筑业	2704818	2818923	96.0	104.7
土木工程建筑业	877207	837698	104.7	104.7
建筑安装业	511770	429931	119.0	104.7
建筑装饰和其他建筑业	594630	345717	172.0	104.7
批发和零售业	7453639	6936868	107.4	108.6
批发业	4861886	4471255	108.7	108.8
零售业	2591752	2465613	105.1	107.4
交通运输、仓储和邮政业	4207995	3853675	109.2	107.1
铁路运输业	272443	255482	106.6	107.1
道路运输业	1826344	1699969	107.4	107.1
水上运输业	1280557	1105929	115.8	107.1
航空运输业	147041	123991	118.6	107.1

注：由于尚未根据第三次经济普查结果调整 2012 年可比价，因此行业大类发展速度采用行业门类替代。

1-15 续表 1

指　　标	绝对额（万元）		以上年为 100 的指数（%）	
	本年	上年	本年	上年
管道运输业	21855	22468	97.3	107.1
装卸搬运和运输代理业	391412	383112	102.2	107.1
仓储业	192133	181354	105.9	107.1
邮政业	76211	81370	93.7	107.1
住宿和餐饮业	512445	494893	103.5	104.7
住宿业	142010	137942	102.9	102.4
餐饮业	370436	356951	103.8	106.5
信息传输、软件和信息技术服务业	1993468	1799166	110.8	107.6
电信、广播电视和卫星传输服务	717159	563311	127.3	107.6
互联网和相关服务	147510	143473	102.8	107.6
软件和信息技术服务业	1128799	1092381	103.3	107.6
金融业	4839992	4349528	111.3	114.4
货币金融服务	3920687	3483086	112.6	114.4
资本市场服务	590816	559403	105.6	114.4
保险业	292938	276131	106.1	114.4
其他金融业	35551	30908	115.0	114.4
房地产业	3218391	3234354	99.5	107.6
房地产开发经营业	1694893	1852265	91.5	108.9
物业管理业	270002	278448	97.0	108.9
房地产中介服务业	101251	101997	99.3	108.9
自有房地产经营活动	1120193	979978	114.3	105.0
其他房地产业	32052	21667	147.9	108.9
租赁和商务服务业	2033937	1995250	101.9	116.8
租赁业	349954	324924	107.7	116.8
商务服务业	1683983	1670326	100.8	116.8
科学研究和技术服务业	761568	718669	106.0	103.7

1-15 续表 2

指　　标	绝对额（万元）		以上年为 100 的指数（%）	
	本年	上年	本年	上年
研究和试验发展	133916	121856	109.9	103.7
专业技术服务业	533429	509590	104.7	103.7
科技推广和应用服务业	94223	87223	108.0	103.7
水利、环境和公共设施管理业	201814	190928	105.7	103.7
水利管理业	22511	20516	109.7	103.7
生态保护和环境治理业	21425	19198	111.6	103.7
公共设施管理业	157878	151214	104.4	103.7
居民服务、修理和其他服务业	397108	408898	97.1	116.8
居民服务业	301822	311438	96.9	116.8
机动车、电子产品和日用产品修理业	54229	55844	97.1	116.8
其他服务业	41057	41616	98.7	116.8
教育	1492730	1316921	113.3	103.7
卫生和社会工作	1057192	915705	115.5	103.7
卫生	965307	829139	116.4	103.7
社会工作	91885	86567	106.1	103.7
文化、体育和娱乐业	280506	276997	101.3	116.8
新闻和出版业	46394	48051	96.6	116.8
广播、电视、电影和影视录音制作业	59204	56357	105.1	116.8
文化艺术业	33641	37500	89.7	116.8
体育	20814	21957	94.8	116.8
娱乐业	120453	113131	106.5	116.8
公共管理、社会保障和社会组织	1625799	1551412	104.8	101.4
第一产业	3822191	3714184	102.9	104.8
第二产业	35990174	34230938	105.1	109.3
第三产业	30665036	28684414	106.9	108.7

主要统计指标解释

【国内生产总值（GDP）】指按市场价格计算的一个国家（或地区）所有常住单位在一定时期内生产活动的最终成果。对于一个地区来说，称为地区生产总值或地区 GDP。国内生产总值有三种表现形态，即价值形态、收入形态和产品形态。从价值形态看，它是所有常住单位在一定时期内生产的全部货物和服务价值超过同期投入的全部非固定资产货物和服务价值的差额，即所有常住单位的增加值之和；从收入形态看，它是所有常住单位在一定时期内创造并分配给常住单位和非常住单位的初次收入之和；从产品形态看，它是所有常住单位在一定时期内最终使用的货物和服务价值与货物和服务净出口价值之和。在实际核算中，国内生产总值有三种计算方法，即生产法、收入法和支出法。三种方法分别从不同的方面反映国内生产总值及其构成。其计算方法分别为：（1）生产法：增加值 = 总产出 - 中间投入；（2）收入法：增加值 = 劳动报酬 + 生产税净额 + 固定资产折旧 + 营业盈余；（3）支出法：地区生产总值 = 最终消费支出 + 资本形成总额 + 货物和服务净流出。

【总产出】是指一定时期内一个国家（或地区）常住单位的所有货物和服务的价值，既包括新增价值，也包括转移价值。它反映常住单位生产活动的总规模。总产出按生产者价格计算。

【增加值】是指常住单位生产过程创建的新增价值和固定资产的转移价值。

【劳动者报酬】是指劳动者因从事生产活动所获得的全部报酬。它包括劳动者获得的各种形式工资、奖金和津贴，既包括货币形式的，也包括实物形式的，它还包括劳动者所享受的公费医疗和医药卫生费、上下班交通补贴和单位支付的社会保险费等。

【生产税净额】是指生产税减生产补贴后的差额。生产税指政府对生产单位生产、销售和从事经营活动以及从事生产活动使用某些生产要素，如固定资产、土地、劳动力所征收的各种税、附加费和规费。

【固定资产折旧】是指一定时期内为弥补固定资产损耗，按照核定的固定资产折旧率提取的固定资产折旧，或按国民经济核算统一规定的折旧率虚拟计算的固定资产折旧。它反映了固定资产在当期生产中的转移价值。

【营业盈余】是指常住单位创造的增加值扣除劳动者报酬、生产税净额和固定资产折旧后的余额。它相当于企业的营业利润加上生产补贴，但要扣除从利润中开支的工资和福利等。

人口就业与劳动报酬

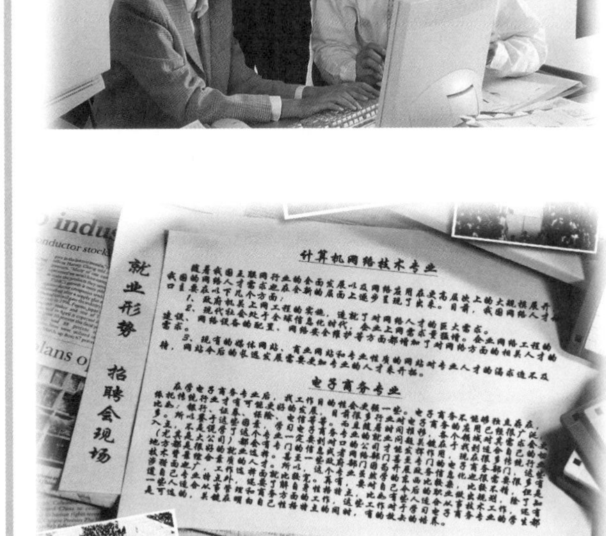

大连统计年鉴 2015

责任编辑

付晓昱　韩乐华

唐　平　李仲壬

牟　萍

2-1 城镇非私营单位从业人员期末人数（1978-2014年）

单位：人

年份	从业人员				
	总计				#在岗职工
	合计	国有	城镇集体	其他	
1978	771755	583459	188296		771755
1979	875510	628088	247422		875510
1980	967127	675807	291320		967127
1981	1032455	714254	318201		1032455
1982	1075750	735565	340185		1075750
1983	1102283	741448	360835		1102283
1984	1135022	729707	397802	7513	1135022
1985	1167679	758716	401793	7170	1167679
1986	1214161	795841	409715	8605	1214161
1987	1261975	828237	422334	11404	1261975
1988	1299664	854454	424991	20219	1299664
1989	1316189	864038	417595	34556	1316189
1990	1328671	881611	405886	41174	1328671
1991	1352577	907170	393969	51438	1352577
1992	1371977	913698	393010	65269	1371977
1993	1360482	892026	389003	79453	1360482
1994	1427294	895879	398818	132597	1351386
1995	1375120	888143	349114	137863	1308991
1996	1216913	804634	262710	149569	1151146
1997	1110325	736242	211939	162144	1053925
1998	1047666	631039	162315	254312	1005610
1999	983541	544017	123130	316394	938384
2000	929624	496899	96687	336038	887643
2001	897745	475125	77152	345468	855370
2002	845880	411883	55255	378742	792606
2003	871973	381281	53260	437432	818490
2004	896073	354807	47165	494101	820384
2005	877801	312979	34830	529992	806963
2006	897662	325499	33400	538763	812857
2007	883138	316186	25908	541044	791254
2008	950066	287337	26155	636574	851876
2009	939724	285712	23324	630688	850483
2010	941911	285907	24449	631555	871718
2011	1098148	303978	28862	765308	1044607
2012	1114876	315548	26339	772989	1067340
2013	1314051	307055	35378	971618	1251468
2014	1212869	297044	28093	887732	1147373

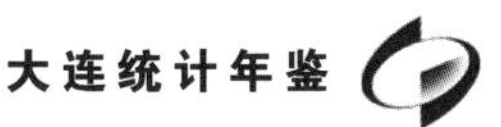

2-2 城镇非私营单位从业人员平均人数（1978-2014 年）

单位：人

年份	从业人员				
	总计				# 在岗职工
	合计	国有	城镇集体	其他	
1978	778785	587784	191001		778785
1979	868790	621444	247346		868790
1980	925686	659447	266239		925686
1981	999830	693407	306423		999830
1982	1058014	728832	329182		1058014
1983	1109977	759470	350507		1109977
1984	1120422	720258	392925	7239	1120422
1985	1153902	747376	399878	6648	1153902
1986	1185361	776623	401059	7679	1185361
1987	1238541	812998	416212	9331	1238541
1988	1273228	838488	416705	18035	1273228
1989	1303577	856546	416889	30142	1303577
1990	1305524	871975	395580	37969	1305524
1991	1334389	896898	390479	47012	1334389
1992	1359617	912427	386088	61102	1359617
1993	1363081	904387	387575	71119	1363081
1994	1420863	896722	397928	126213	1347689
1995	1384718	901465	350458	132795	1315810
1996	1216913	804634	262710	149569	1151146
1997	1119786	746981	213063	159742	1062174
1998	1072004	651412	164108	256484	1027528
1999	1014489	566700	129676	318113	968644
2000	945210	510323	101336	333551	902481
2001	909742	480230	78273	351239	867275
2002	857154	421447	55809	379898	802898
2003	874595	388431	53170	432994	821282
2004	892239	358514	47717	486008	818657
2005	860583	314569	34858	511156	788111
2006	892081	324274	32978	534829	805552
2007	874294	315450	26299	532545	784163
2008	954826	285076	27767	641983	850666
2009	929378	285481	23518	620379	846886
2010	931898	284459	23524	623915	862865
2011	1086045	302298	28279	755468	1034161
2012	1117461	312096	25607	779758	1069913
2013	1317772	302314	35631	979827	1257534
2014	1220974	297904	28283	894787	1155480

2-3 城镇非私营单位从业人员工资总额（1978-2014年）

单位：千元

年份	从业人员				
	总计				#在岗职工
	合计	国有	城镇集体	其他	
1978	498937	403404	95533		498937
1979	588770	463860	124910		588770
1980	732620	558240	174380		732620
1981	792238	584826	207412		792238
1982	849368	619042	230326		849368
1983	918616	661226	257390		918616
1984	1073904	730012	337637	6255	1073904
1985	1319228	881838	430659	6731	1319228
1986	1595185	1105138	479814	10233	1595185
1987	1893721	1321575	556820	15326	1893721
1988	2391926	1692602	664761	34563	2391926
1989	2923535	2063253	791407	68875	2923535
1990	3294122	2354779	829365	109978	3294122
1991	3711082	2625957	911289	173836	3711082
1992	4450383	3149374	1040465	260544	4450383
1993	5642292	3978695	1272645	390952	5642292
1994	8141161	5464108	1715294	961759	7835740
1995	9075513	6151296	1694842	1229375	8715779
1996	9630872	6567627	1593184	1470061	9225569
1997	9808098	6591728	1475692	1740678	9390485
1998	9933445	6131334	1114764	2687347	9529877
1999	10523121	5787579	948649	3786893	10064595
2000	11195135	6063560	820404	4311171	10740692
2001	12220309	6751135	688625	4780549	11702074
2002	13141171	6779331	558382	5803458	12464665
2003	15250063	7570830	624969	7054264	14422148
2004	17315213	8069845	611990	8633378	16142980
2005	18570734	8022829	471438	10076467	17227437
2006	21152887	8925849	547257	11679781	19494336
2007	24218906	10125779	503426	13589701	22136696
2008	31569014	11951886	756266	18860862	29182727
2009	35115481	13774111	605514	20735856	32830386
2010	40923485	15763622	709251	24450612	38498297
2011	53428987	18580287	1019172	33829528	51428605
2012	60780108	20472443	1079072	39228593	58653150
2013	77006238	20143321	1669195	55193722	74271389
2014	76722869	20943590	1102264	54677015	73500703

2-4 城镇非私营单位从业人员平均工资（1978-2014年）

单位：元/人

年 份	从业人员				
	总 计				#在岗职工
	合 计	国 有	城镇集体	其 他	
1978	641	686	500		641
1979	678	746	505		678
1980	791	847	655		791
1981	792	843	677		792
1982	803	849	700		803
1983	828	871	734		828
1984	958	1014	859	864	958
1985	1143	1180	1077	1012	1143
1986	1346	1423	1196	1333	1346
1987	1529	1626	1338	1642	1529
1988	1879	2019	1595	1916	1879
1989	2243	2409	1898	2285	2243
1990	2523	2701	2097	2897	2523
1991	2781	2928	2334	3698	2781
1992	3273	3452	2695	4264	3273
1993	4139	4399	3284	5497	4139
1994	5730	6093	4311	7620	5814
1995	6554	6824	4836	9258	6624
1996	7914	8162	6064	9829	8014
1997	8759	8824	6926	10897	8841
1998	9266	9412	6793	10478	9275
1999	10373	10213	7316	11904	10390
2000	11844	11882	8096	12925	11901
2001	13433	14058	8798	13611	13493
2002	15331	16086	10005	15276	15525
2003	17437	19491	11754	16292	17561
2004	19406	22509	12825	17764	19719
2005	21579	25504	13525	19713	21859
2006	23712	27526	16595	21838	24200
2007	27701	32099	19142	25518	28230
2008	33063	41925	27236	29379	34306
2009	37784	48249	25747	33424	38766
2010	43914	55416	30150	39189	44617
2011	49196	61463	36040	44780	49730
2012	54391	65597	42140	50309	54820
2013	58437	66630	46847	56330	59061
2014	62837	70303	38973	61106	63611

2-5 城镇非私营单位

项　　目	单位数（个）	从业人员期末人数	# 女性	# 非全日制	从　　业
					1. 在岗职工
总　　计	**8431**	**1212869**	**471240**	**16984**	**1016741**
一、按经济类型分组					
国有单位合计	3202	297044	131607	6798	268243
城镇集体单位合计	352	28093	8580	536	25785
其他单位合计	4877	887732	331053	9650	722713
二、按执行会计标准类别分组					
企　　业	5691	1001163	366510	11244	819775
事　　业	1916	149783	85188	4979	138560
机　　关	742	57895	16788	744	54718
民间非营利组织	81	3957	2744	17	3617
其　　他	1	71	10		71
三、按国民经济行业分组 (GB/T4754-2011)					
（一）农、林、牧、渔业	53	5234	1571	207	4452
农　　业	12	633	160	6	497
林　　业	6	186	73	17	186
畜 牧 业	4	57	23		57
渔　　业	16	4172	1259	184	3533
农、林、牧、渔服务业	15	186	56		179
（二）采 矿 业	4	2050	223		2050
非金属矿采选业	3	2042	223		2042
开采辅助活动	1	8			8
（三）制 造 业	1793	488288	180720	2175	413678
农副食品加工业	163	41054	18941	168	32645
食品制造业	46	6895	2544	427	4861
酒、饮料和精制茶制造业	12	4179	1289		4148

注：表 2-5、2-6、2-7、2-8 统计范围均为城镇非私营单位。

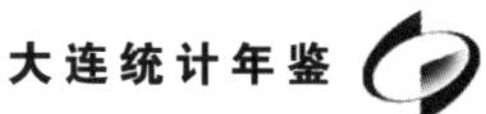

从业人员和工资

人　员（人）							
			从业人员平均人数				
2. 劳务派遣人员	在岗+劳务	3. 其他从业人员		1. 在岗职工	2. 劳务派遣人员	在岗+劳务	3. 其他从业人员
130632	**1147373**	**65496**	**1220974**	**1018479**	**137001**	**1155480**	**65494**
17372	285615	11429	297904	266300	20416	286716	11188
1047	26832	1261	28283	25810	1257	27067	1216
112213	834926	52806	894787	726369	115328	841697	53090
124121	943896	57267	1011267	823134	130743	953877	57390
4760	143320	6463	148584	137710	4501	142211	6373
1742	56460	1435	57510	54368	1748	56116	1394
9	3626	331	3539	3193	9	3202	337
	71		74	74		74	
656	5108	126	5562	4730	693	5423	139
34	531	102	657	514	32	546	111
	186		186	186		186	
	57		53	53		53	
622	4155	17	4471	3789	661	4450	21
	179	7	195	188		188	7
	2050		2087	2087		2087	
	2042		2079	2079		2079	
	8		8	8		8	
57702	471380	16908	493503	413722	61491	475213	18290
7279	39924	1130	42972	33878	7834	41712	1260
103	4964	1931	7252	4934	101	5035	2217
20	4168	11	4226	4196	19	4215	11

2-5 续表 -1

项　目	单位数（个）	从业人员期末人数	# 女性	# 非全日制	1. 在岗职工
		从　业			
纺织业	30	3930	2883	4	3647
纺织服装、服饰业	135	41375	29728	529	35884
皮革、毛皮、羽毛及其制品和制鞋业	17	2853	1635		2771
木材加工和木、竹、藤、棕、草制品业	52	7692	3500		7151
家具制造业	33	14351	5503		13667
造纸和纸制品业	17	1773	567	4	1612
印刷和记录媒介复制业	36	2710	1108	5	2450
文教、工美、体育和娱乐用品制造业	22	2423	1061		2316
石油加工、炼焦和核燃料加工业	7	8926	1575		7890
化学原料和化学制品制造业	94	12185	3516	127	11234
医药制造业	15	3012	1506		2766
橡胶和塑料制品业	87	13925	6528	103	12164
非金属矿物制品业	74	9165	2141		7428
黑色金属冶炼和压延加工业	55	37388	5380	15	32785
有色金属冶炼和压延加工业	11	802	162		802
金属制品业	114	16916	3475	121	15504
通用设备制造业	263	76347	23024	415	62555
专用设备制造业	128	44870	11087	112	34784
汽车制造业	69	29777	8010	43	24639
铁路、船舶、航空航天和其他运输设备制造业	84	36225	5606	1	32572
电气机械和器材制造业	97	24878	13784	7	22678
计算机、通信和其他电子设备制造业	54	34892	21100	60	25920
仪器仪表制造业	51	6326	3665	34	5634
其他制造业	7	1438	1022		1311
废弃资源综合利用业	4	341	126		341
金属制品、机械和设备修理业	16	1640	254		1519
（四）电力、热力、燃气及水生产和供应业	58	15861	3881	6	14516
电力、热力生产和供应业	38	7872	1581	6	7032
燃气生产和供应业	7	3015	827		2576
水的生产和供应业	13	4974	1473		4908
（五）建筑业	525	124447	15019	2034	88384
房屋建筑业	140	70957	6943	1275	48049

人　员（人）							
			从业人员平均人数				
2. 劳务派遣人员	在岗＋劳务	3. 其他从业人员		1. 在岗职工	2. 劳务派遣人员	在岗＋劳务	3. 其他从业人员
156	3803	127	3979	3658	195	3853	126
3761	39645	1730	41503	36264	3751	40015	1488
38	2809	44	2793	2705	44	2749	44
505	7656	36	8028	7352	637	7989	39
594	14261	90	14517	13696	730	14426	91
147	1759	14	1803	1628	162	1790	13
167	2617	93	2769	2470	191	2661	108
70	2386	37	2578	2469	74	2543	35
1035	8925	1	9032	7948	1083	9031	1
547	11781	404	12312	11334	667	12001	311
217	2983	29	3017	2764	224	2988	29
1571	13735	190	14193	12338	1660	13998	195
697	8125	1040	9545	7601	762	8363	1182
4414	37199	189	37524	32901	4410	37311	213
	802		771	771		771	
1122	16626	290	16927	15414	1263	16677	250
7963	70518	5829	78109	62668	8742	71410	6699
9310	44094	776	44052	33629	9210	42839	1213
4465	29104	673	29140	23608	4814	28422	718
2081	34653	1572	35677	32105	2195	34300	1377
1979	24657	221	25101	22787	2096	24883	218
8768	34688	204	35964	25847	9913	35760	204
521	6155	171	6331	5602	557	6159	172
119	1430	8	1426	1314	104	1418	8
	341		336	336		336	
53	1572	68	1626	1505	53	1558	68
998	15514	347	15914	14628	1147	15775	139
696	7728	144	7794	6836	853	7689	105
260	2836	179	3094	2831	252	3083	11
42	4950	24	5026	4961	42	5003	23
27040	115424	9023	127953	92269	27300	119569	8384
19816	67865	3092	71772	50452	17957	68409	3363

2-5 续表 -2

项　　目	单位数（个）	从业			
		从业人员期末人数	# 女性	# 非全日制	1. 在岗职工
土木工程建筑业	103	25661	4229	344	21589
建筑安装业	156	18461	2233	164	12476
建筑装饰和其他建筑业	126	9368	1614	251	6270
（六）批发和零售业	862	52047	26552	2035	37866
批发业	593	15374	6402	108	13855
零售业	269	36673	20150	1927	24011
（七）交通运输、仓储和邮政业	364	65221	17971	208	55146
铁路运输业	2	2106	474		1676
道路运输业	110	17047	4913		15974
水上运输业	40	22814	4002	8	20353
航空运输业	7	7655	2563		4795
管道运输业	1	81	8		78
装卸搬运和运输代理业	138	8219	3063	141	7455
仓 储 业	54	2777	789	5	2197
邮政业	12	4522	2159	54	2618
（八）住宿和餐饮业	215	20446	10900	318	17048
住宿业	145	14733	7556	159	12221
餐饮业	70	5713	3344	159	4827
（九）信息传输、软件和信息技术服务业	232	60006	30206	43	57489
电信、广播电视和卫星传输服务	14	7013	3274		5844
互联网和相关服务	7	466	189		410
软件和信息技术服务业	211	52527	26743	43	51235
（十）金融业	196	57636	35332	3087	37327
货币金融服务业	122	29665	17156	1951	28037
资本市场服务业	32	1777	763	74	1576
保险业	38	25955	17364	1062	7573
其他金融业	4	239	49		141
（十一）房地产业	755	46959	18513	398	37316
# 房地产开发经营	513	18836	6383	99	17557
物业管理	176	22812	9600	257	14549
房地产中介服务	15	3266	1615	42	3239
（十二）租赁和商务服务业	388	27421	7726	260	24157

人　员（人）							
2. 劳务派遣人员	在岗＋劳务	3. 其他从业人员	从业人员平均人数	1. 在岗职工	2. 劳务派遣人员	在岗＋劳务	3. 其他从业人员
2080	23669	1992	27983	21986	4452	26438	1545
3356	15832	2629	18442	12713	3123	15836	2606
1788	8058	1310	9756	7118	1768	8886	870
10024	47890	4157	52538	38333	10059	48392	4146
1009	14864	510	15709	14080	1092	15172	537
9015	33026	3647	36829	24253	8967	33220	3609
9011	64157	1064	65820	55186	9524	64710	1110
430	2106		2067	1652	415	2067	
685	16659	388	17101	16028	681	16709	392
2040	22393	421	23089	20626	2033	22659	430
2856	7651	4	7685	4746	2935	7681	4
3	81		81	78	3	81	
668	8123	96	8449	7424	906	8330	119
429	2626	151	2833	2151	521	2672	161
1900	4518	4	4515	2481	2030	4511	4
2282	19330	1116	20861	17419	2381	19800	1061
1608	13829	904	15102	12598	1664	14262	840
674	5501	212	5759	4821	717	5538	221
1921	59410	596	60156	57406	2203	59609	547
1169	7013		7026	5634	1392	7026	
55	465	1	423	390	32	422	1
697	51932	595	52707	51382	779	52161	546
1999	39326	18310	56520	35954	3054	39008	17512
1292	29329	336	29509	26811	2343	29154	355
55	1631	146	1811	1611	55	1666	145
554	8127	17828	24982	7393	577	7970	17012
98	239		218	139	79	218	
6396	43712	3247	47606	37666	6642	44308	3298
900	18457	379	19104	17689	936	18625	479
5461	20010	2802	23269	14853	5664	20517	2752
8	3247	19	3251	3223	8	3231	20
2627	26784	637	26941	23666	2640	26306	635

2-5 续表 -3

项　　目	单位数（个）	从业人员期末人数	# 女性	# 非全日制	1. 在岗职工
		从　业			
租赁业	13	455	70		373
商务服务业	375	26966	7656	260	23784
（十三）科学研究、技术服务业	387	21256	7140	115	18655
研究和试验发展	32	3291	1047		2737
专业技术服务业	290	16522	5569	104	14507
科技推广和应用服务业	65	1443	524	11	1411
（十四）水利、环境和公共设施管理业	133	14623	6144	478	11553
水利管理业	42	1203	278	85	1201
生态保护和环境治理业	11	741	264	69	662
公共设施管理业	80	12679	5602	324	9690
（十五）居民服务、修理和其他服务业	92	3189	1384	27	2856
居民服务业	50	2411	1035	26	2142
机动车、电子产品和日用产品修理业	35	407	123	1	357
其他服务业	7	371	226		357
（十六）教育	901	85159	50889	2452	80320
# 初等教育	318	20375	14296	547	19920
中等教育	308	29314	17919	758	28312
高等教育	37	26614	12552	927	23934
（十七）卫生和社会工作	295	45919	32237	1801	42657
卫生	242	44414	31371	1790	41405
社会工作	53	1505	866	11	1252
（十八）文化、体育和娱乐业	154	11117	5245	365	8817
新闻和出版业	19	3345	1399	112	2324
广播、电视、电影和影视录音制作业	20	2297	1019	103	1503
文化艺术业	80	2698	1386	150	2398
体育	26	1297	637		1204
娱乐业	9	1480	804		1388
（十九）公共管理、社会保障和社会组织	1024	65990	19587	975	62454
# 中国共产党机关	63	2051	524	19	2013
国家机构	853	61669	18051	915	58251
人民政协、民主党派	11	412	114		412
社会保障	28	989	531	25	961
群众社团、社会团体和其他成员组织	69	869	367	16	817

人　员（人）							
2. 劳务派遣人员	在岗＋劳务	3. 其他从业人员	从业人员平均人数	1. 在岗职工	2. 劳务派遣人员	在岗＋劳务	3. 其他从业人员
81	454	1	462	377	84	461	1
2546	26330	636	26479	23289	2556	25845	634
1628	20283	973	21314	18612	1617	20229	1085
248	2985	306	3289	2736	262	2998	291
1355	15862	660	16584	14465	1336	15801	783
25	1436	7	1441	1411	19	1430	11
1723	13276	1347	14722	11527	1828	13355	1367
2	1203		1208	1206	2	1208	
	662	79	735	649		649	86
1721	11411	1268	12779	9672	1826	11498	1281
207	3063	126	3192	2881	202	3083	109
160	2302	109	2415	2168	155	2323	92
39	396	11	408	358	39	397	11
8	365	6	369	355	8	363	6
1571	81891	3268	83711	79124	1373	80497	3214
4	19924	451	19913	19477	9	19486	427
130	28442	872	29040	28096	122	28218	822
1281	25215	1399	26358	23839	1111	24950	1408
921	43578	2341	45421	42246	894	43140	2281
797	42202	2212	43916	40998	769	41767	2149
124	1376	129	1505	1248	125	1373	132
1891	10708	409	11524	8912	1911	10823	701
988	3312	33	3551	2509	1002	3511	40
667	2170	127	2269	1479	669	2148	121
143	2541	157	2759	2460	144	2604	155
72	1276	21	1278	1187	74	1261	17
21	1409	71	1667	1277	22	1299	368
2035	64489	1501	65629	62111	2042	64153	1476
22	2035	16	2040	2003	22	2025	15
1981	60232	1437	61301	57912	1988	59900	1401
	412		410	410		410	
13	974	15	998	962	13	975	23
19	836	33	880	824	19	843	37

2-5 续表 1

项　目	工　资					
	从业人员工资总额	1. 在岗职工工资总额	基本工资	绩效工资	工资性津贴和补贴	其他工资
总　计	**76722869**	**66871452**	**36540245**	**17552318**	**9257661**	**3521228**
一、按经济类型分组						
国有单位合计	20943590	19606347	6784748	5213134	6150804	1457661
城镇集体单位合计	1102264	1008147	705336	186772	100115	15924
其他单位合计	54677015	46256958	29050161	12152412	3006742	2047643
二、按执行会计标准类别分组						
企　业	62340346	53028900	32395084	14664888	3678607	2290321
事　业	10637684	10215383	2902788	2703230	3601908	1007457
机　关	3587697	3482462	1152979	151849	1962052	215582
民间非营利组织	150910	138475	86263	29864	14480	7868
其　他	6232	6232	3131	2487	614	
三、按国民经济行业分组 (GB/T4754-2011)						
（一）农、林、牧、渔业	285213	248178	158765	57382	31022	1009
农　业	30706	25669	18281	6980	338	70
林　业	10305	10305	2895	2045	5364	1
畜 牧 业	1296	1296	1296			
渔　业	228819	197045	133364	45276	18082	323
农、林、牧、渔服务业	14087	13863	2929	3081	7238	615
（二）采 矿 业	93608	93608	43614	37076	11238	1680
非金属矿采选业	93311	93311	43317	37076	11238	1680
开采辅助活动	297	297	297			
（三）制 造 业	27056321	23144991	13702775	6869430	1519186	1053600
农副食品加工业	1775605	1422117	1038361	298131	33283	52342
食品制造业	303973	194091	148362	24108	18328	3293
酒、饮料和精制茶制造业	221094	220099	135972	66990	13667	3470

总　额　（千元）			平均工资（元）				
2. 劳务派遣人员工资总额	在岗＋劳务	3. 其他从业人员工资总额	从业人员平均工资	1. 在岗职工	2. 劳务派遣人员	在岗＋劳务	3. 其他从业人员
6629251	**73500703**	**3222166**	**62837**	**65658**	**48388**	**63611**	**49198**
951567	20557914	385676	70303	73625	46609	71701	34472
63926	1072073	30191	38973	39060	50856	39608	24828
5613758	51870716	2806299	61106	63682	48676	61626	52859
6359166	59388066	2952280	61646	64423	48639	62260	51442
207027	10422410	215274	71594	74180	45996	73288	33779
62822	3545284	42413	62384	64054	35939	63178	30425
236	138711	12199	42642	43368	26222	43320	36199
	6232		84216	84216		84216	
32373	280551	4662	51279	52469	46714	51734	33540
1150	26819	3887	46737	49940	35938	49119	35018
	10305		55403	55403		55403	
	1296		24453	24453		24453	
31223	228268	551	51178	52004	47236	51296	26238
	13863	224	72241	73739		73739	32000
	93608		44853	44853		44853	
	93311		44883	44883		44883	
	297		37125	37125		37125	
2633853	25778844	1277477	54825	55943	42833	54247	69846
304363	1726480	49125	41320	41978	38852	41390	38988
3896	197987	105986	41916	39337	38574	39322	47806
655	220754	340	52318	52454	34474	52373	30909

2-5 续表 1-1

项　　目	工　　资					
	从业人员工资总额	1. 在岗职工工资总额	基本工资	绩效工资	工资性津贴和补贴	其他工资
纺织业	148031	136478	92991	21184	6936	15367
纺织服装、服饰业	1656207	1445837	1065641	265469	61688	53039
皮革、毛皮、羽毛及其制品和制鞋业	133632	124403	93328	4555	856	25664
木材加工和木、竹、藤、棕、草制品业	364243	342592	274569	57633	9847	543
家具制造业	755180	719555	627466	38932	19821	33336
造纸和纸制品业	77324	70339	54953	15081	54	251
印刷和记录媒介复制业	123439	107770	64975	21554	15823	5418
文教、工美、体育和娱乐用品制造业	104267	98825	78354	3351	972	16148
石油加工、炼焦和核燃料加工业	966126	892916	315147	385202	176025	16542
化学原料和化学制品制造业	669587	625949	398251	159434	34779	33485
医药制造业	171206	156614	109604	24585	9507	12918
橡胶和塑料制品业	780112	689484	519459	88442	45238	36345
非金属矿物制品业	482343	369723	264764	67013	9055	28891
黑色金属冶炼和压延加工业	1892249	1695931	777934	707138	184102	26757
有色金属冶炼和压延加工业	44533	44533	30902	7745	4453	1433
金属制品业	743132	683111	423211	163531	85764	10605
通用设备制造业	4565067	3730606	2316981	944465	225380	243780
专用设备制造业	3181473	2562624	1140288	1199308	120350	102678
汽车制造业	1880879	1574243	1026158	362524	70260	115301
铁路、船舶、航空航天和其他运输设备制造业	2592387	2403581	821687	1373855	121077	86962
电气机械和器材制造业	1237604	1101698	656430	227776	141466	76026
计算机、通信和其他电子设备制造业	1692255	1290812	941337	244565	86789	18121
仪器仪表制造业	349431	309419	197830	69437	16131	26021
其他制造业	55521	49042	36623	3554	373	8492
废弃资源综合利用业	21764	21764	14188	5492	1712	372
金属制品、机械和设备修理业	67657	60835	37009	18376	5450	
（四）电力、热力、燃气及水生产和供应业	1087137	1050745	440874	517848	67192	24831
电力、热力生产和供应业	591158	566831	242011	272902	30978	20940
燃气生产和供应业	195912	185619	41262	113871	27080	3406
水的生产和供应业	300067	298295	157601	131075	9134	485
（五）建筑业	6684460	4616419	3360618	918047	203972	133782
房屋建筑业	3698326	2244500	1857207	256954	55238	75101

总　额　（千元）			平均工资（元）					
2. 劳务派遣人员工资总额	在岗+劳务	3. 其他从业人员工资总额	从业人员平均工资	1. 在岗职工	2. 劳务派遣人员	在岗+劳务	3. 其他从业人员
6487	142965	5066	37203	37309	33267	37105	40206
143816	1589653	66554	39906	39870	38341	39726	44727
1602	126005	7627	47845	45990	36409	45837	173341
20902	363494	749	45372	46598	32813	45499	19205
30331	749886	5294	52020	52538	41549	51982	58176
6208	76547	777	42886	43206	38321	42764	59769
11132	118902	4537	44579	43632	58283	44683	42009
3358	102183	2084	40445	40026	45378	40182	59543
71924	964840	1286	106967	112345	66412	106836	1286000
23713	649662	19925	54385	55228	35552	54134	64068
12000	168614	2592	56747	56662	53571	56430	89379
66328	755812	24300	54965	55883	39957	53994	124615
31216	400939	81404	50534	48641	40966	47942	68870
174455	1870386	21863	50428	51546	39559	50130	102643
	44533		57760	57760		57760	
47332	730443	12689	43902	44318	37476	43799	50756
369004	4099610	465457	58445	59530	42210	57409	69482
522157	3084781	96692	72221	76203	56695	72009	79713
241222	1815465	65414	64546	66683	50108	63875	91106
104676	2508257	84130	72663	74866	47688	73127	61097
90195	1191893	45711	49305	48348	43032	47900	209683
320919	1611731	80524	47054	49940	32374	45071	394725
18744	328163	21268	55194	55234	33652	53282	123651
4699	53741	1780	38935	37323	45183	37899	222500
	21764		64774	64774		64774	
2519	63354	4303	41609	40422	47528	40664	63279
32788	1083533	3604	68313	71831	28586	68687	25928
21843	588674	2484	75848	82919	25607	76561	23657
9991	195610	302	63320	65567	39647	63448	27455
954	299249	818	59703	60128	22714	59814	35565
1758349	6374768	309692	52242	50032	64408	53315	36938
1336116	3580616	117710	51529	44488	74406	52341	35001

2-5 续表 1-2

项　　目	从业人员工资总额	工　资				
		1. 在岗职工工资总额	基本工资	绩效工资	工资性津贴和补贴	其他工资
土木工程建筑业	1545737	1291728	788572	373334	92987	36835
建筑安装业	993124	765666	480856	231289	37739	15782
建筑装饰和其他建筑业	447273	314525	233983	56470	18008	6064
（六）批发和零售业	2970249	2392318	1412639	843142	93643	42894
批发业	1172674	1048013	657338	313896	47490	29289
零售业	1797575	1344305	755301	529246	46153	13605
（七）交通运输、仓储和邮政业	5385701	4735390	2505844	1506026	407278	316242
铁路运输业	181600	157018	8257	88634	60127	
道路运输业	919151	877513	388488	277895	92562	118568
水上运输业	2292171	2087132	1344222	631549	101354	10007
航空运输业	879418	698517	232663	203860	98440	163554
管道运输业	7955	7606	7606			
装卸搬运和运输代理业	647405	590257	362400	172741	37908	17208
仓 储 业	170584	138245	85375	43130	7334	2406
邮政业	287417	179102	76833	88217	9553	4499
（八）住宿和餐饮业	814817	686415	524842	112445	39807	9321
住宿业	620807	517193	384258	95458	30847	6630
餐饮业	194010	169222	140584	16987	8960	2691
（九）信息传输、软件和信息技术服务业	5604453	5340396	4143406	436195	374620	386175
电信、广播电视和卫星传输服务	574597	489034	166828	212227	62302	47677
互联网和相关服务	27370	25715	15079	6919	3488	229
软件和信息技术服务业	5002486	4825647	3961499	217049	308830	338269
（十）金融业	6016495	5057400	2486076	2119426	314127	137771
货币金融服务业	4158330	3979711	1868407	1759717	274617	76970
资本市场服务业	321338	315358	192554	82832	16325	23647
保险业	1519057	748561	417951	270754	22710	37146
其他金融业	17770	13770	7164	6123	475	8
（十一）房地产业	2510076	2225632	1743399	333062	113928	35243
#房地产开发经营	1409783	1345466	1120019	155272	45180	24995
物业管理	787976	570990	487168	43598	32492	7732
房地产中介服务	189370	188595	81774	99550	6076	1195
（十二）租赁和商务服务业	1352900	1230774	869962	179660	99911	81241

总　额　（千元）			平均工资（元）				
2. 劳务派遣人员工资总额	在岗＋劳务	3. 其他从业人员工资总额	从业人员平均工资	1. 在岗职工	2. 劳务派遣人员	在岗＋劳务	3. 其他从业人员
203271	1494999	50738	55238	58752	45658	56547	32840
126668	892334	100790	53851	60227	40560	56348	38676
92294	406819	40454	45846	44187	52202	45782	46499
418218	2810536	159713	56535	62409	41576	58079	38522
62380	1110393	62281	74650	74433	57125	73187	115980
355838	1700143	97432	48809	55428	39683	51178	26997
599555	5334945	50756	81825	85808	62952	82444	45726
24582	181600		87857	95047	59234	87857	
32257	909770	9381	53748	54749	47367	54448	23931
179790	2266922	25249	99275	101189	88436	100045	58719
179353	877870	1548	114433	147180	61108	114291	387000
349	7955		98210	97513	116333	98210	
47895	638152	9253	76625	79507	52864	76609	77756
27077	165322	5262	60213	64270	51971	61872	32683
108252	287354	63	63658	72189	53326	63701	15750
97190	783605	31212	39059	39406	40819	39576	29418
76467	593660	27147	41108	41054	45954	41625	32318
20723	189945	4065	33688	35101	28902	34298	18394
156994	5497390	107063	93165	93029	71264	92224	195728
85563	574597		81782	86800	61468	81782	
1647	27362	8	64704	65936	51469	64839	8000
69784	4895431	107055	94911	93917	89582	93852	196071
194608	5252008	764487	106449	140663	63722	134639	43655
150472	4130183	28147	140917	148436	64222	141668	79287
1785	317143	4195	177437	195753	32455	190362	28931
38351	786912	732145	60806	101253	66466	98734	43037
4000	17770		81514	99065	50633	81514	
184020	2409652	100424	52726	59089	27706	54384	30450
35079	1380545	29238	73795	76062	37478	74123	61040
147658	718648	69328	33864	38443	26070	35027	25192
125	188720	650	58250	58515	15625	58409	32500
100926	1331700	21200	50217	52006	38230	50623	33386

2-5 续表 1-3

项　目	工　资					
	从业人员工资总额	1. 在岗职工工资总额	基本工资	绩效工资	工资性津贴和补贴	其他工资
租赁业	32550	28165	12607	12597	2003	958
商务服务业	1320350	1202609	857355	167063	97908	80283
（十三）科学研究、技术服务业	1918607	1773636	647308	553141	535945	37242
研究和试验发展	286853	260244	53151	89424	116501	1168
专业技术服务业	1538123	1420779	555200	437436	394649	33494
科技推广和应用服务业	93631	92613	38957	26281	24795	2580
（十四）水利、环境和公共设施管理业	634663	549516	239091	115953	172725	21747
水利管理业	65561	65514	17530	16495	29960	1529
生态保护和环境治理业	37440	36057	12842	10287	11912	1016
公共设施管理业	531662	447945	208719	89171	130853	19202
（十五）居民服务、修理和其他服务业	134993	123574	73752	21098	18668	10056
居民服务业	106801	97397	58152	18410	14614	6221
机动车、电子产品和日用产品修理业	13418	11776	7685	939	3135	17
其他服务业	14774	14401	7915	1749	919	3818
（十六）教育	5978654	5804426	1788617	1181284	2087271	747254
#初等教育	1243175	1232297	350180	267072	555846	59199
中等教育	1946483	1884667	581381	391385	820909	90992
高等教育	2343755	2263439	698212	439298	550181	575748
（十七）卫生和社会工作	3499354	3335414	928796	1410849	818812	176957
卫生	3413795	3260077	906562	1379422	801087	173006
社会工作	85559	75337	22234	31427	17725	3951
（十八）文化、体育和娱乐业	641387	525960	178385	123959	156810	66806
新闻和出版业	220844	184299	39988	45382	47744	51185
广播、电视、电影和影视录音制作业	180196	123490	37063	30151	52659	3617
文化艺术业	139241	127309	43498	28780	46619	8412
体育	50780	48881	29269	9436	8226	1950
娱乐业	50326	41981	28567	10210	1562	1642
（十九）公共管理、社会保障和社会组织	4053781	3936660	1291482	216295	2191506	237377
#中国共产党机关	134428	132021	34696	5419	82978	8928
国家机构	3771631	3659408	1216236	200170	2019766	223236
人民政协、民主党派	35087	35087	7864	127	24803	2293
社会保障	58966	57948	15756	8610	32333	1249
群众社团、社会团体和其他成员组织	53669	52196	16930	1969	31626	1671

总　　额　　（千元）			平均工资（元）					
2. 劳务派遣人员工资总额	在岗＋劳务	3. 其他从业人员工资总额	从业人员平均工资	1. 在岗职工	2. 劳务派遣人员	在岗＋劳务	3. 其他从业人员
4357	32522	28	70455	74708	51869	70547	28000
96569	1299178	21172	49864	51638	37781	50268	33394
92190	1865826	52781	90016	95295	57013	92235	48646
11475	271719	15134	87216	95118	43798	90633	52007
80079	1500858	37265	92747	98222	59939	94985	47593
636	93249	382	64976	65636	33474	65209	34727
48881	598397	36266	43110	47672	26740	44807	26530
47	65561		54272	54323	23500	54272	
	36057	1383	50939	55558		55558	16081
48834	496779	34883	41604	46314	26744	43206	27231
8129	131703	3290	42291	42893	40243	42719	30183
6331	103728	3073	44224	44925	40845	44653	33402
1450	13226	192	32887	32894	37179	33315	17455
348	14749	25	40038	40566	43500	40631	4167
53212	5857638	121016	71420	73359	38756	72768	37653
432	1232729	10446	62430	63269	48000	63262	24464
6556	1891223	55260	67028	67080	53738	67022	67226
41292	2304731	39024	88920	94947	37167	92374	27716
52169	3387583	111771	77043	78952	58355	78525	49001
49616	3309693	104102	77735	79518	64520	79242	48442
2553	77890	7669	56850	60366	20424	56730	58098
93072	619032	22355	55657	59017	48703	57196	31890
31594	215893	4951	62192	73455	31531	61490	123775
54446	177936	2260	79416	83496	81384	82838	18678
4732	132041	7200	50468	51752	32861	50707	46452
1377	50258	522	39734	41180	18608	39856	30706
923	42904	7422	30190	32875	41955	33028	20168
72724	4009384	44397	61768	63381	35614	62497	30079
765	132786	1642	65896	65912	34773	65573	109467
70831	3730239	41392	61526	63189	35629	62274	29545
	35087		85578	85578		85578	
578	58526	440	59084	60237	44462	60027	19130
550	52746	923	60988	63345	28947	62569	24946

2-6 国有单位

项　　目	单位数（个）	从业人员期末人数	# 女性	# 非全日制	从　　业 1. 在岗职工
I. 国有单位合计	**3202**	**297044**	**131607**	**6798**	**268243**
一、按隶属关系分组					
中　　央	176	49616	14853	362	43919
省、自治区、直辖市	110	38233	18938	968	31791
地　　区	768	82352	37188	1491	74888
县及县以下	2025	111269	55195	3552	104318
其　　他	123	15574	5433	425	13327
二、按执行会计标准类别分组					
企　　业	574	90669	30323	1102	76007
# 地　　方	451	57692	21422	775	47153
事　　业	1872	147978	84196	4952	137130
# 地　　方	1844	136859	79945	4919	127121
机　　关	742	57895	16788	744	54718
# 地　　方	718	52380	15092	742	49667
民间非营利组织	14	502	300		388
三、按国民经济行业分组（同总计分组）					
（一）农、林、牧、渔业	24	897	247	23	760
农　　业	7	579	139	6	449
林　　业	4	178	73	17	178
畜 牧 业	1				
农、林、牧、渔服务业	12	140	35		133
（二）采 矿 业					
（三）制 造 业	46	19839	4405	5	16438
农副食品加工业	1	4365	1184		2433

从 业 人 员 和 工 资

人　员（人）							
			从业人员平均人数				
2. 劳务派遣人员	在岗＋劳务	3. 其他从业人员		1. 在岗职工	2. 劳务派遣人员	在岗＋劳务	3. 其他从业人员
17372	**285615**	**11429**	**297904**	**266300**	**20416**	**286716**	**11188**
4776	48695	921	49663	43334	5429	48763	900
5232	37023	1210	37955	31438	5135	36573	1382
4198	79086	3266	84923	74970	6760	81730	3193
2294	106612	4657	110146	103506	2229	105735	4411
872	14199	1375	15217	13052	863	13915	1302
10954	86961	3708	93115	75240	14245	89485	3630
7275	54428	3264	59857	46766	9912	56678	3179
4668	141798	6180	146779	136306	4415	140721	6058
4010	131131	5728	135800	126400	3766	130166	5634
1742	56460	1435	57510	54368	1748	56116	1394
1303	50970	1410	52089	49419	1301	50720	1369
8	396	106	500	386	8	394	106
32	792	105	918	774	30	804	114
32	481	98	592	455	30	485	107
	178		178	178		178	
	133	7	148	141		141	7
3194	19632	207	20418	16727	3334	20061	357
1932	4365		4586	2512	1901	4413	173

2-6 续表 -1

项　　目	单位数（个）	从　　业			
		从业人员期末人数	# 女性	# 非全日制	1. 在岗职工
食品制造业	1	12	3		12
纺织业	1	139	80		139
皮革、毛皮、羽毛及其制品和制鞋业	1	6	2		6
印刷和记录媒介复制业	6	389	60	5	350
石油加工、炼焦和核燃料加工业	2	2685	448		1851
化学原料和化学制品制造业	5	3734	873		3701
非金属矿物制品业	5	702	149		600
金属制品业	5	533	105		524
通用设备制造业	4	1019	328		1019
汽车制造业	1	331	67		295
铁路、船舶、航空航天和其他运输设备制造业	9	5114	897		4810
电气机械和器材制造业	1	3	1		3
计算机、通信和其他电子设备制造业	2	409	122		328
仪器仪表制造业	1	74	27		67
金属制品、机械和设备修理业	1	324	59		300
（四）电力、热力、燃气及水生产和供应业	21	3535	1053	6	3224
电力、热力生产和供应业	14	1769	359	6	1464
水的生产和供应业	7	1766	694		1760
（五）建筑业	35	8933	1342	483	5799

人　员（人）							
			从业人员平均人数				
2. 劳务派遣人员	在岗＋劳务	3. 其他从业人员		1. 在岗职工	2. 劳务派遣人员	在岗＋劳务	3. 其他从业人员
	12		12	12		12	
	139		139	139		139	
	6		6	6		6	
4	354	35	388	347	6	353	35
834	2685		2804	1920	884	2804	
26	3727	7	3751	3719	25	3744	7
42	642	60	737	639	38	677	60
	524	9	685	676		676	9
	1019		1013	1013		1013	
36	331		444	301	143	444	
238	5048	66	5082	4803	235	5038	44
	3		3	3		3	
77	405	4	403	303	97	400	3
5	72	2	74	67	5	72	2
	300	24	291	267		267	24
216	3440	95	3425	3221	149	3370	55
216	1680	89	1656	1457	149	1606	50
	1760	6	1769	1764		1764	5
1555	7354	1579	11011	5787	3906	9693	1318

2-6 续表 -2

项　　目	单位数（个）	从业			
		从业人员期末人数	# 女性	# 非全日制	1. 在岗职工
房屋建筑业	7	1099	139	153	564
土木工程建筑业	19	6571	1047	322	4482
建筑安装业	5	1151	139		663
建筑装饰和其他建筑业	4	112	17	8	90
（六）批发和零售业	67	2845	1266	45	2436
批发业	45	1916	618	45	1702
零售业	22	929	648		734
（七）交通运输、仓储和邮政业	85	15595	3935	62	12197
道路运输业	35	3149	860		2811
水上运输业	10	5371	348		4804
航空运输业	1	477	140		418
装卸搬运和运输代理业	8	819	229	9	755
仓 储 业	23	1512	264	5	1040
邮政业	8	4267	2094	48	2369
（八）住宿和餐饮业	47	2781	1279	12	2093
住宿业	44	2688	1226	12	2055
餐饮业	3	93	53		38
（九）信息传输、软件和信息技术服务业	37	1320	491		1306
电信、广播电视和卫星传输服务	8	346	104		344
互联网和相关服务	3	112	38		112
软件和信息技术服务业	26	862	349		850
（十）金融业	62	13250	7839	230	12535
货币金融服务业	46	11846	7148	230	11705
资本市场服务业	8	466	183		455
保险业	7	936	506		373
其他金融业	1	2	2		2
（十一）房地产业	68	2489	1040	42	2380
# 房地产开发经营	14	202	56		188
物业管理	21	1084	483		1026
房地产中介服务	1	51	20	42	51
（十二）租赁和商务服务业	146	10141	1826	129	9354
租赁业	1	4	1		3

人　员（人）							
			从业人员平均人数				
2. 劳务派遣人员	在岗+劳务	3. 其他从业人员		1. 在岗职工	2. 劳务派遣人员	在岗+劳务	3. 其他从业人员
	564	535	1192	572		572	620
1176	5658	913	8547	4437	3526	7963	584
365	1028	123	1132	660	366	1026	106
14	104	8	140	118	14	132	8
328	2764	81	2870	2448	339	2787	83
165	1867	49	1940	1719	172	1891	49
163	897	32	930	729	167	896	34
2891	15088	507	15754	12119	3111	15230	524
96	2907	242	3167	2830	96	2926	241
450	5254	117	5418	4844	449	5293	125
59	477		467	409	58	467	
48	803	16	824	759	49	808	16
340	1380	132	1615	1041	432	1473	142
1898	4267		4263	2236	2027	4263	
469	2562	219	2890	2240	444	2684	206
437	2492	196	2798	2204	413	2617	181
32	70	23	92	36	31	67	25
13	1319	1	1282	1268	13	1281	1
2	346		345	343	2	345	
	112		101	101		101	
11	861	1	836	824	11	835	1
138	12673	577	13222	11834	773	12607	615
127	11832	14	11784	11008	759	11767	17
9	464	2	467	456	9	465	2
2	375	561	969	368	5	373	596
	2		2	2		2	
51	2431	58	2492	2379	57	2436	56
	188	14	202	188		188	14
24	1050	34	1073	1014	27	1041	32
	51		54	54		54	
612	9966	175	9638	8853	611	9464	174
	3	1	4	3		3	1

2-6 续表 -3

项　　目	单位数（个）	从业			
		从业人员期末人数	# 女性	# 非全日制	1. 在岗职工
商务服务业	145	10137	1825	129	9351
（十三）科学研究、技术服务业	240	9586	3205	82	8359
研究和试验发展	23	3085	988		2537
专业技术服务业	166	5459	1811	71	4809
科技推广和应用服务业	51	1042	406	11	1013
（十四）水利、环境和公共设施管理业	99	10282	4240	268	8371
水利管理业	38	1098	250	85	1096
生态保护和环境治理业	8	675	253	69	596
公共设施管理业	53	8509	3737	114	6679
（十五）居民服务、修理和其他服务业	40	978	321	4	835
居民服务业	33	823	265	3	689
机动车、电子产品和日用产品修理业	4	122	49	1	121
其他服务业	3	33	7		25
（十六）教育	809	79384	46925	2394	75113
# 初等教育	312	19866	13917	547	19426
中等教育	293	27477	16754	742	26675
高等教育	30	25764	12087	916	23228
（十七）卫生和社会工作	241	41610	29494	1776	38804
卫生	196	40244	28712	1765	37637
社会工作	45	1366	782	11	1167
（十八）文化、体育和娱乐业	117	7633	3126	262	5829
新闻和出版业	12	2672	949	112	1766
广播、电视、电影和影视录音制作业	9	1709	662		1087
文化艺术业	78	2619	1339	150	2365
体育	14	537	153		536
娱乐业	4	96	23		75
（十九）公共管理、社会保障和社会组织	1018	65946	19573	975	62410
# 中国共产党机关	63	2051	524	19	2013
国家机构	850	61634	18044	915	58216
人民政协、民主党派	11	412	114		412
社会保障	28	989	531	25	961
群众社团、社会团体和其他成员组织	66	860	360	16	808

人　员（人）							
2. 劳务派遣人员	在岗+劳务	3. 其他从业人员	从业人员平均人数	1. 在岗职工	2. 劳务派遣人员	在岗+劳务	3. 其他从业人员
612	9963	174	9634	8850	611	9461	173
734	9093	493	9616	8398	722	9120	496
248	2785	300	3086	2539	262	2801	285
461	5270	189	5480	4837	441	5278	202
25	1038	4	1050	1022	19	1041	9
931	9302	980	10367	8439	919	9358	1009
2	1098		1102	1100	2	1102	
	596	79	669	583		583	86
929	7608	901	8596	6756	917	7673	923
137	972	6	993	855	132	987	6
129	818	5	839	710	124	834	5
	121	1	120	119		119	1
8	33		34	26	8	34	
1533	76646	2738	78356	74371	1335	75706	2650
4	19430	436	19430	19009	9	19018	412
115	26790	687	27233	26482	107	26589	644
1281	24509	1255	25502	23168	1111	24279	1223
847	39651	1959	41178	38450	826	39276	1902
723	38360	1884	39814	37287	701	37988	1826
124	1291	75	1364	1163	125	1288	76
1656	7485	148	7889	6070	1673	7743	146
906	2672		2882	1968	914	2882	
622	1709		1714	1085	629	1714	
107	2472	147	2680	2427	108	2535	145
	536	1	513	512		512	1
21	96		100	78	22	100	
2035	64445	1501	65585	62067	2042	64109	1476
22	2035	16	2040	2003	22	2025	15
1981	60197	1437	61266	57877	1988	59865	1401
	412		410	410		410	
13	974	15	998	962	13	975	23
19	827	33	871	815	19	834	37

2-6 续表 1

项　　目	工　　资					
	从业人员工资总额	1. 在岗职工工资总额	基本工资	绩效工资	工资性津贴和补贴	其他工资
I　国有单位合计	**20943590**	**19606347**	**6784748**	**5213134**	**6150804**	**1457661**
一、按隶属关系分组						
中　　央	4594197	4294520	1957850	1124133	825362	387175
省、自治区、直辖市	3173548	2852514	732085	1146629	663271	310529
地　　区	5789110	5345965	1622380	1584460	1847255	291870
县及县以下	6493793	6298514	2072574	1127267	2681195	417478
其　　他	892942	814834	399859	230645	133721	50609
二、按执行会计标准类别分组						
企　　业	6774003	5958019	2753262	2362880	605000	236877
#地　　方	3751669	3178552	1262154	1366992	360551	188855
事　　业	10557989	10144951	2870134	2693146	3576694	1004977
#地　　方	9405097	9033543	2479159	2576800	3292959	684625
机　　关	3587697	3482462	1152979	151849	1962052	215582
#地　　方	3169016	3079107	1077281	139956	1665087	196783
民间非营利组织	23901	20915	8373	5259	7058	225
三、按国民经济行业分组(同总计分组)						
(一)农、林、牧、渔业	46949	41979	19914	10957	10770	338
农　　业	26694	21948	14726	6980	172	70
林　　业	10115	10115	2834	1918	5363	
畜 牧 业						
农、林、牧、渔服务业	10140	9916	2354	2059	5235	268
(二)采 矿 业						
(三)制 造 业	1378260	1199640	433333	618739	102483	45085
农副食品加工业	283424	195353	51756	124864	14359	4374

总额（千元）			平均工资（元）				
2. 劳务派遣人员工资总额	在岗＋劳务	3. 其他从业人员工资总额	从业人员平均工资	1. 在岗职工	2. 劳务派遣人员	在岗＋劳务	3. 其他从业人员
951567	**20557914**	**385676**	**70303**	**73625**	**46609**	**71701**	**34472**
263955	4558475	35722	92507	99103	48619	93482	39691
270139	3122653	50895	83613	90735	52607	85381	36827
319898	5665863	123247	68169	71308	47322	69324	38599
68722	6367236	126557	58956	60852	30831	60219	28691
28853	843687	49255	58681	62430	33433	60631	37830
684411	6642430	131573	72749	79187	48046	74230	36246
459634	3638186	113483	62677	67967	46371	64190	35698
204142	10349093	208896	71931	74428	46238	73543	34483
179464	9213007	192090	69257	71468	47654	70779	34095
62822	3545284	42413	62384	64054	35939	63178	30425
48322	3127429	41587	60838	62306	37142	61661	30378
192	21107	2794	47802	54184	24000	53571	26358
1090	43069	3880	51143	54236	36333	53568	34035
1090	23038	3656	45091	48237	36333	47501	34168
	10115		56826	56826		56826	
	9916	224	68514	70326		70326	32000
165361	1365001	13259	67502	71719	49598	68043	37140
84762	280115	3309	61802	77768	44588	63475	19127

2-6 续表 1-1

项　目	工　资					
	从业人员工资总额	1. 在岗职工工资总额	基本工资	绩效工资	工资性津贴和补贴	其他工资
食品制造业	494	494	143	159	121	71
纺织业	4616	4616	1660	2458	498	
皮革、毛皮、羽毛及其制品和制鞋业	294	294	294			
印刷和记录媒介复制业	19392	17461	10585	1398	5137	341
石油加工、炼焦和核燃料加工业	245965	187136	60057	87726	37501	1852
化学原料和化学制品制造业	195505	194704	44968	114616	12259	22861
非金属矿物制品业	27993	24829	18540	4183	1937	169
金属制品业	36974	36382	10392	21108	4596	286
通用设备制造业	85100	85100	81060	813	717	2510
汽车制造业	25506	20876	6655	12761	1460	
铁路、船舶、航空航天和其他运输设备制造业	405408	392836	119398	242278	18955	12205
电气机械和器材制造业	120	120	60	53	7	
计算机、通信和其他电子设备制造业	23203	17692	14199	2257	820	416
仪器仪表制造业	6370	6160	5000	600	560	
金属制品、机械和设备修理业	17896	15587	8566	3465	3556	
（四）电力、热力、燃气及水生产和供应业	222832	217299	95541	101791	9517	10450
电力、热力生产和供应业	146549	141097	52514	70204	8414	9965
水的生产和供应业	76283	76202	43027	31587	1103	485
（五）建筑业	613245	380998	174527	133103	49583	23785

总　额　（千元）			平均工资（元）				
2. 劳务派遣人员工资总额	在岗＋劳务	3. 其他从业人员工资总额	从业人员平均工资	1. 在岗职工	2. 劳务派遣人员	在岗＋劳务	3. 其他从业人员
	494		41167	41167		41167	
	4616		33209	33209		33209	
	294		49000	49000		49000	
190	17651	1741	49979	50320	31667	50003	49743
58829	245965		87719	97467	66549	87719	
687	195391	114	52121	52354	27480	52188	16286
1332	26161	1832	37982	38856	35053	38643	30533
	36382	592	53977	53820		53820	65778
	85100		84008	84008		84008	
4630	25506		57446	69355	32378	57446	
9667	402503	2905	79773	81790	41136	79893	66023
	120		40000	40000		40000	
5094	22786	417	57576	58389	52515	56965	139000
170	6330	40	86081	91940	34000	87917	20000
	15587	2309	61498	58378		58378	96208
4468	221767	1065	65060	67463	29987	65806	19364
4468	145565	984	88496	96841	29987	90638	19680
	76202	81	43122	43198		43198	16200
175221	556219	57026	55694	65837	44859	57384	43267

2-6 续表 1-2

项　目	工　资					
	从业人员工资总额	1. 在岗职工工资总额	基本工资	绩效工资	工资性津贴和补贴	其他工资
房屋建筑业	65284	43548	22160	11958	5743	3687
土木工程建筑业	496434	303246	129122	111286	42793	20045
建筑安装业	45305	28865	20498	7807	560	
建筑装饰和其他建筑业	6222	5339	2747	2052	487	53
（六）批发和零售业	259702	236391	86623	129981	7326	12461
批发业	212186	200538	66233	119392	2641	12272
零售业	47516	35853	20390	10589	4685	189
（七）交通运输、仓储和邮政业	1109714	929064	619042	246902	56518	6602
道路运输业	141921	133886	41791	54006	35802	2287
水上运输业	500919	465100	413300	47230	4481	89
航空运输业	42798	40914	31410	8568	936	
装卸搬运和运输代理业	59170	56676	34048	21716	912	
仓 储 业	96851	72572	32631	34523	4846	572
邮政业	268055	159916	65862	80859	9541	3654
（八）住宿和餐饮业	153103	123131	59587	44235	16079	3230
住宿业	149901	122121	58577	44235	16079	3230
餐饮业	3202	1010	1010			
（九）信息传输、软件和信息技术服务业	130229	128439	69789	24214	33330	1106
电信、广播电视和卫星传输服务	35420	34980	7019	8085	19388	488
互联网和相关服务	9507	9507	5580	1661	2056	210
软件和信息技术服务业	85302	83952	57190	14468	11886	408
（十）金融业	1770202	1702590	773633	742765	134431	51761
货币金融服务业	1556705	1503001	651224	694079	123888	33810
资本市场服务业	167718	167351	107018	33834	9324	17175
保险业	45669	32128	15366	14830	1164	768
其他金融业	110	110	25	22	55	8
（十一）房地产业	151631	147297	61977	44067	39645	1608
# 房地产开发经营	18027	16254	8838	5979	1147	290
物业管理	44686	43425	23348	9870	10100	107
房地产中介服务	2906	2906	764		2142	
（十二）租赁和商务服务业	355769	336781	195314	32652	56280	52535
租赁业	120	92	92			

总 额 （千元）			平均工资（元）				
2. 劳务派遣人员工资总额	在岗+劳务	3. 其他从业人员工资总额	从业人员平均工资	1. 在岗职工	2. 劳务派遣人员	在岗+劳务	3. 其他从业人员
	43548	21736	54768	76133		76133	35058
162972	466218	30216	58083	68345	46220	58548	51740
11680	40545	4760	40022	43735	31913	39518	44906
569	5908	314	44443	45246	40643	44758	39250
19187	255578	4124	90489	96565	56599	91704	49687
8984	209522	2664	109374	116660	52233	110800	54367
10203	46056	1460	51092	49181	61096	51402	42941
167910	1096974	12740	70440	76662	53973	72027	24313
3870	137756	4165	44812	47310	40313	47080	17282
31005	496105	4814	92455	96016	69053	93729	38512
1884	42798		91645	100034	32483	91645	
2004	58680	490	71808	74672	40898	72624	30625
21008	93580	3271	59970	69714	48630	63530	23035
108139	268055		62879	71519	53349	62879	
22313	145444	7659	52977	54969	50255	54189	37180
21011	143132	6769	53574	55409	50874	54693	37398
1302	2312	890	34804	28056	42000	34507	35600
1592	130031	198	101583	101293	122462	101507	198000
440	35420		102667	101983	220000	102667	
	9507		94129	94129		94129	
1152	85104	198	102036	101883	104727	101921	198000
53080	1755670	14532	133883	143873	68668	139262	23629
52529	1555530	1175	132103	136537	69208	132194	69118
309	167660	58	359139	366998	34333	360559	29000
242	32370	13299	47130	87304	48400	86783	22314
	110		55000	55000		55000	
1761	149058	2573	60847	61916	30895	61190	45946
	16254	1773	89243	86457		86457	126643
682	44107	579	41646	42825	25259	42370	18094
	2906		53815	53815		53815	
14621	351402	4367	36913	38041	23930	37130	25098
	92	28	30000	30667		30667	28000

2-6 续表 1-3

项　　目	工　　资					
	从业人员工资总额	1. 在岗职工工资总额	基本工资	绩效工资	工资性津贴和补贴	其他工资
商务服务业	355649	336689	195222	32652	56280	52535
（十三）科学研究、技术服务业	747669	682832	180753	219292	262339	20448
研究和试验发展	275829	249391	43071	88764	116388	1168
专业技术服务业	410983	373435	120153	114223	122114	16945
科技推广和应用服务业	60857	60006	17529	16305	23837	2335
（十四）水利、环境和公共设施管理业	462245	414253	145417	96440	161702	10694
水利管理业	62066	62019	15746	15835	28909	1529
生态保护和环境治理业	33147	31764	9332	9846	11673	913
公共设施管理业	367032	320470	120339	70759	121120	8252
（十五）居民服务、修理和其他服务业	55617	50529	17984	11848	15092	5605
居民服务业	49231	44503	15975	10770	12166	5592
机动车、电子产品和日用产品修理业	4651	4639	1603	334	2689	13
其他服务业	1735	1387	406	744	237	
（十六）教育	5667604	5549381	1648571	1116992	2044659	739159
#初等教育	1216863	1206418	339830	263386	546386	56816
中等教育	1782101	1764247	524045	357750	793226	89226
高等教育	2313477	2235502	679017	434123	548496	573866
（十七）卫生和社会工作	3281738	3138008	823361	1331510	811233	171904
卫生	3201399	3066447	803744	1300630	794062	168011
社会工作	80339	71561	19617	30880	17171	3893
（十八）文化、体育和娱乐业	485446	393221	88778	91509	149332	63602
新闻和出版业	158085	130665	18580	20662	42195	49228
广播、电视、电影和影视录音制作业	157016	103762	20737	28395	51926	2704
文化艺术业	136093	125487	41676	28780	46619	8412
体育	24750	24728	6720	8820	7285	1903
娱乐业	9502	8579	1065	4852	1307	1355
（十九）公共管理、社会保障和社会组织	4051635	3934514	1290604	216137	2190485	237288
#中国共产党机关	134428	132021	34696	5419	82978	8928
国家机构	3769756	3657533	1215629	200012	2018745	223147
人民政协、民主党派	35087	35087	7864	127	24803	2293
社会保障	58966	57948	15756	8610	32333	1249
群众社团、社会团体和其他成员组织	53398	51925	16659	1969	31626	1671

总　额　（千元）			平均工资（元）				
2. 劳务派遣人员工资总额	在岗＋劳务	3. 其他从业人员工资总额	从业人员平均工资	1. 在岗职工	2. 劳务派遣人员	在岗＋劳务	3. 其他从业人员
14621	351310	4339	36916	38044	23930	37132	25081
40885	723717	23952	77753	81309	56627	79355	48290
11475	260866	14963	89381	98224	43798	93133	52502
28774	402209	8774	74997	77204	65247	76205	43436
636	60642	215	57959	58714	33474	58254	23889
22880	437133	25112	44588	49088	24897	46712	24888
47	62066		56321	56381	23500	56321	
	31764	1383	49547	54484		54484	16081
22833	343303	23729	42698	47435	24900	44742	25709
4896	55425	192	56009	59098	37091	56155	32000
4548	49051	180	58678	62680	36677	58814	36000
	4639	12	38758	38983		38983	12000
348	1735		51029	53346	43500	51029	
48501	5597882	69722	72331	74618	36330	73942	26310
432	1206850	10013	62628	63466	48000	63458	24303
3076	1767323	14778	65439	66621	28748	66468	22947
41292	2276794	36683	90717	96491	37167	93776	29994
49839	3187847	93891	79696	81613	60338	81165	49364
47286	3113733	87666	80409	82239	67455	81966	48010
2553	74114	6225	58900	61531	20424	57542	81908
85238	478459	6987	61535	64781	50949	61792	47856
27420	158085		54853	66395	30000	54853	
53254	157016		91608	95633	84665	91608	
3641	129128	6965	50781	51705	33713	50938	48034
	24728	22	48246	48297		48297	22000
923	9502		95020	109987	41955	95020	
72724	4007238	44397	61777	63391	35614	62507	30079
765	132786	1642	65896	65912	34773	65573	109467
70831	3728364	41392	61531	63195	35629	62280	29545
	35087		85578	85578		85578	
578	58526	440	59084	60237	44462	60027	19130
550	52475	923	61307	63712	28947	62920	24946

2-7 城镇集体单位

项目	单位数（个）	从业人员期末人数			从业
			# 女性	# 非全日制	1. 在岗职工
Ⅱ 城镇集体单位合计	**352**	**28093**	**8580**	**536**	**25785**
一、按执行会计标准类别分组					
企　业	298	26212	7402	506	24231
事　业	42	1506	879	27	1237
民间非营利组织	12	375	299	3	317
二、按国民经济行业分组（同总计分组）					
（一）农、林、牧、渔业	6	322	53		321
农　业	1	16	10		16
林　业	1	6			6
渔　业	2	254	22		253
农、林、牧、渔服务业	2	46	21		46
（二）采矿业					
（三）制造业	83	8337	4071	14	7833
农副食品加工业	2	72	8	10	43
皮革、毛皮、羽毛及其制品和制鞋业	1	61	46		61
木材加工和木、竹、藤、棕、草制品业	1	16	2		
印刷和记录媒介复制业	8	81	31		76
文教、工美、体育和娱乐用品制造业	1	4	2		4
化学原料和化学制品制造业	3	85	40		85
橡胶和塑料制品业	4	34	8		34
非金属矿物制品业	8	318	109		318
金属制品业	9	153	26		99
通用设备制造业	19	698	187	4	561
专用设备制造业	3	25	8		20
汽车制造业	1	2			2
铁路、船舶、航空航天和其他运输设备制造业	11	2200	359		1985

从业人员和工资

人　　员（人）							
			从业人员平均人数				
2. 劳务派遣人员	在岗+劳务	3. 其他从业人员		1. 在岗职工	2. 劳务派遣人员	在岗+劳务	3. 其他从业人员
1047	**26832**	**1261**	**28283**	**25810**	**1257**	**27067**	**1216**
954	25185	1027	26409	24256	1170	25426	983
92	1329	177	1504	1242	86	1328	176
1	318	57	370	312	1	313	57
	321	1	333	332		332	1
	16		26	26		26	
	6		6	6		6	
	253	1	254	253		253	1
	46		47	47		47	
226	8059	278	8484	8044	197	8241	243
	43	29	73	44		44	29
	61		40	40		40	
		16	16				16
5	81		81	78	3	81	
	4		4	4		4	
	85		95	95		95	
	34		46	46		46	
	318		332	332		332	
41	140	13	153	103	37	140	13
54	615	83	708	599	43	642	66
	20	5	24	19		19	5
	2		5	5		5	
126	2111	89	2212	2027	114	2141	71

2-7 续表 -1

项　目	单位数（个）	从　业			
		从业人员期末人数	# 女性	# 非全日制	1. 在岗职工
电气机械和器材制造业	2	900	197		890
计算机、通信和其他电子设备制造业	2	3490	2972		3490
仪器仪表制造业	5	125	56		92
金属制品、机械和设备修理业	3	73	20		73
（四）电力、热力、燃气及水生产和供应业	1	16	5		16
电力、热力生产和供应业	1	16	5		16
（五）建筑业	37	8498	887	489	7611
房屋建筑业	15	6104	425	354	5646
土木工程建筑业	6	1053	258		971
建筑安装业	13	1223	198	81	952
建筑装饰和其他建筑业	3	118	6	54	42
（六）批发和零售业	57	701	280	1	670
批发业	35	440	196	1	433
零售业	22	261	84		237
（七）交通运输、仓储和邮政业	11	620	102		601
道路运输业	8	413	67		413
航空运输业	1	34	6		15
装卸搬运和运输代理业	1	27	3		27
仓 储 业	1	146	26		146
（八）住宿和餐饮业	24	999	572		858
住宿业	18	832	462		695
餐饮业	6	167	110		163
（九）信息传输、软件和信息技术服务业					
（十）金融业	1	205	96		194
货币金融服务业	1	205	96		194
（十一）房地产业	16	743	294		733

人　员（人）							
2. 劳务派遣人员	在岗＋劳务	3. 其他从业人员	从业人员平均人数	1. 在岗职工	2. 劳务派遣人员	在岗＋劳务	3. 其他从业人员
	890	10	1007	997		997	10
	3490		3488	3488		3488	
	92	33	127	94		94	33
	73		73	73		73	
	16		16	16		16	
	16		16	16		16	
254	7865	633	8499	7369	513	7882	617
	5646	458	6153	5432	263	5695	458
64	1035	18	1056	976	62	1038	18
178	1130	93	1209	924	178	1102	107
12	54	64	81	37	10	47	34
	670	31	717	684		684	33
	433	7	454	446		446	8
	237	24	263	238		238	25
16	617	3	635	614	17	631	4
	413		426	424	1	425	1
16	31	3	34	15	16	31	3
	27		27	27		27	
	146		148	148		148	
118	976	23	1008	864	118	982	26
118	813	19	841	701	118	819	22
	163	4	167	163		163	4
11	205		237	226	11	237	
11	205		237	226	11	237	
	733	10	747	736		736	11

2-7 续表 -2

项　目	单位数（个）	从业人员期末人数	#女性	#非全日制	1. 在岗职工
		从　业			
#房地产开发经营	2	6	3		6
物业管理	13	709	281		699
(十二)租赁和商务服务业	40	4754	474		4471
租赁业	3	20	7		20
商务服务业	37	4734	467		4451
(十三)科学研究、技术服务业	12	390	129		331
专业技术服务业	9	325	106		266
科技推广和应用服务业	3	65	23		65
(十四)水利、环境和公共设施管理业	4	122	40		122
水利管理业	2	83	21		83
公共设施管理业	2	39	19		39
(十五)居民服务、修理和其他服务业	5	316	207		304
居民服务业	2	176	85		170
机动车、电子产品和日用产品修理业	2	10	2		4
其他服务业	1	130	120		130
(十六)教育	26	1134	818	30	1011
#初等教育	3	249	177		234
中等教育	5	250	143	16	225
高等教育	2	190	102	11	152
(十七)卫生和社会工作	25	878	540	2	663
卫生	21	791	482	2	621
社会工作	4	87	58		42
(十八)文化、体育和娱乐业	1	23	5		11
体育	1	23	5		11
(十九)公共管理、社会保障和社会组织	3	35	7		35
国家机构	3	35	7		35

人　员（人）							
2. 劳务派遣人员	在岗＋劳务	3. 其他从业人员	从业人员平均人数	1. 在岗职工	2. 劳务派遣人员	在岗＋劳务	3. 其他从业人员
	6		6	6		6	
	699	10	711	700		700	11
262	4733	21	4716	4448	247	4695	21
	20		25	25		25	
262	4713	21	4691	4423	247	4670	21
57	388	2	395	336	57	393	2
57	323	2	331	272	57	329	2
	65		64	64		64	
	122		123	123		123	
	83		84	84		84	
	39		39	39		39	
6	310	6	316	304	6	310	6
	170	6	176	170		170	6
6	10		10	4	6	10	
	130		130	130		130	
19	1030	104	1138	1015	19	1034	104
	234	15	248	233		233	15
	225	25	247	226		226	21
	152	38	202	158		158	44
74	737	141	861	653	68	721	140
74	695	96	774	611	68	679	95
	42	45	87	42		42	45
4	15	8	23	11	4	15	8
4	15	8	23	11	4	15	8
	35		35	35		35	
	35		35	35		35	

2-7 续表 1

项目	工资					
	从业人员工资总额	1. 在岗职工工资总额	基本工资	绩效工资	工资性津贴和补贴	其他工资
Ⅱ 城镇集体单位合计	**1102264**	**1008147**	**705336**	**186772**	**100115**	**15924**
一、按执行会计标准类别分组						
企 业	1018633	934184	672184	175837	73314	12849
事 业	71248	63912	26940	9278	25214	2480
民间非营利组织	12383	10051	6212	1657	1587	595
二、按国民经济行业分组(同总计分组)						
(一)农、林、牧、渔业	10734	10716	7215	1149	2004	348
农 业	499	499	499			
林 业	165	165	36	127	1	1
渔 业	6123	6105	6105			
农、林、牧、渔服务业	3947	3947	575	1022	2003	347
(二)采矿业						
(三)制造业	327130	311375	183604	78503	45346	3922
农副食品加工业	3943	2300	1700			600
皮革、毛皮、羽毛及其制品和制鞋业	1062	1062	1062			
木材加工和木、竹、藤、棕、草制品业	301					
印刷和记录媒介复制业	2442	2373	2361		12	
文教、工美、体育和娱乐用品制造业	138	138	138			
化学原料和化学制品制造业	3515	3515	3315		200	
橡胶和塑料制品业	1219	1219	1219			
非金属矿物制品业	8456	8456	8116			340
金属制品业	6196	4046	4046			
通用设备制造业	26340	23336	17046	3359	1912	1019
专用设备制造业	725	579	354	150		75
汽车制造业	155	155	155			
铁路、船舶、航空航天和其他运输设备制造业	115340	108017	61907	36088	8589	1433

总　额　（千元）			平均工资（元）				
2. 劳务派遣人员工资总额	在岗＋劳务	3. 其他从业人员工资总额	从业人员平均工资	1. 在岗职工	2. 劳务派遣人员	在岗＋劳务	3. 其他从业人员
63926	**1072073**	**30191**	**38973**	**39060**	**50856**	**39608**	**24828**
60997	995181	23452	38571	38514	52134	39140	23858
2885	66797	4451	47372	51459	33547	50299	25290
44	10095	2288	33468	32215	44000	32252	40140
	10716	18	32234	32277		32277	18000
	499		19192	19192		19192	
	165		27500	27500		27500	
	6105	18	24106	24130		24130	18000
	3947		83979	83979		83979	
8550	319925	7205	38558	38709	43401	38821	29650
	2300	1643	54014	52273		52273	56655
	1062		26550	26550		26550	
		301	18813				18813
69	2442		30148	30423	23000	30148	
	138		34500	34500		34500	
	3515		37000	37000		37000	
	1219		26500	26500		26500	
	8456		25470	25470		25470	
1635	5681	515	40497	39282	44189	40579	39615
1551	24887	1453	37203	38958	36070	38765	22015
	579	146	30208	30474		30474	29200
	155		31000	31000		31000	
5295	113312	2028	52143	53289	46447	52925	28563

2-7 续表 1-1

项　　目	工　资					
	从业人员工资总额	1. 在岗职工工资总额	基本工资	绩效工资	工资性津贴和补贴	其他工资
电气机械和器材制造业	35873	35638		35183		455
计算机、通信和其他电子设备制造业	113209	113209	79038	491	33680	
仪器仪表制造业	5401	4517	1904	2474	139	
金属制品、机械和设备修理业	2815	2815	1243	758	814	
（四）电力、热力、燃气及水生产和供应业	579	579	410	169		
电力、热力生产和供应业	579	579	410	169		
（五）建筑业	277175	241807	218008	13214	7547	3038
房屋建筑业	185251	167836	160360	4428	1534	1514
土木工程建筑业	30923	27005	19212	4118	2866	809
建筑安装业	58796	45670	37175	4668	3112	715
建筑装饰和其他建筑业	2205	1296	1261		35	
（六）批发和零售业	24706	23231	18480	1991	2631	129
批发业	16380	16167	13197	1429	1518	23
零售业	8326	7064	5283	562	1113	106
（七）交通运输、仓储和邮政业	33453	31826	16951	14505	91	279
道路运输业	22791	22641	8385	13886	91	279
航空运输业	3876	2399	1780	619		
装卸搬运和运输代理业	600	600	600			
仓 储 业	6186	6186	6186			
（八）住宿和餐饮业	31663	25720	20501	3981	435	803
住宿业	26619	20788	16598	3149	435	606
餐饮业	5044	4932	3903	832		197
（九）信息传输、软件和信息技术服务业						
（十）金融业	30670	30262	11874	15092	3296	
货币金融服务业	30670	30262	11874	15092	3296	
（十一）房地产业	29940	29571	23358	4636	1319	258

总　额　（千元）			平均工资（元）				
2. 劳务派遣人员工资总额	在岗＋劳务	3. 其他从业人员工资总额	从业人员平均工资	1. 在岗职工	2. 劳务派遣人员	在岗＋劳务	3. 其他从业人员
	35638	235	35624	35745		35745	23500
	113209		32457	32457		32457	
	4517	884	42528	48053		48053	26788
	2815		38562	38562		38562	
	579		36188	36188		36188	
	579		36188	36188		36188	
23252	265059	12116	32613	32814	45326	33628	19637
9590	177426	7825	30107	30898	36464	31155	17085
3363	30368	555	29283	27669	54242	29256	30833
10000	55670	3126	48632	49426	56180	50517	29215
299	1595	610	27222	35027	29900	33936	17941
	23231	1475	34457	33963		33963	44697
	16167	213	36079	36249		36249	26625
	7064	1262	31658	29681		29681	50480
1430	33256	197	52682	51834	84118	52704	49250
80	22721	70	53500	53399	80000	53461	70000
1350	3749	127	114000	159933	84375	120935	42333
	600		22222	22222		22222	
	6186		41797	41797		41797	
5272	30992	671	31412	29769	44678	31560	25808
5272	26060	559	31652	29655	44678	31819	25409
	4932	112	30204	30258		30258	28000
408	30670		129409	133903	37091	129409	
408	30670		129409	133903	37091	129409	
	29571	369	40080	40178		40178	33545

2-7 续表 1-2

项目	工资					
	从业人员工资总额	1. 在岗职工工资总额	基本工资	绩效工资	工资性津贴和补贴	其他工资
#房地产开发经营	180	180	180			
物业管理	27665	27296	22098	3689	1251	258
(十二)租赁和商务服务业	178152	161573	137371	7875	12429	3898
租赁业	1104	1104	1055	23	26	
商务服务业	177048	160469	136316	7852	12403	3898
(十三)科学研究、技术服务业	58243	52434	15985	34005	2386	58
专业技术服务业	55716	49907	13869	33899	2081	58
科技推广和应用服务业	2527	2527	2116	106	305	
(十四)水利、环境和公共设施管理业	3608	3608	1538	1010	1059	1
水利管理业	2737	2737	1026	660	1051	
公共设施管理业	871	871	512	350	8	1
(十五)居民服务、修理和其他服务业	9961	9546	8807	680	59	
居民服务业	5009	4801	4742		59	
机动车、电子产品和日用产品修理业	272	65	65			
其他服务业	4680	4680	4000	680		
(十六)教育	48432	45438	21584	5696	16408	1750
#初等教育	14349	13916	3695	2320	7887	14
中等教育	13916	12725	4082	2029	5732	882
高等教育	6988	6616	5554	177	818	67
(十七)卫生和社会工作	34858	27976	18480	4108	4084	1304
卫生	31889	26091	17133	3937	3717	1304
社会工作	2969	1885	1347	171	367	
(十八)文化、体育和娱乐业	1085	610	563			47
体育	1085	610	563			47
(十九)公共管理、社会保障和社会组织	1875	1875	607	158	1021	89
国家机构	1875	1875	607	158	1021	89

总　额　（千元）			平均工资（元）				
2. 劳务派遣人员工资总额	在岗＋劳务	3. 其他从业人员工资总额	从业人员平均工资	1. 在岗职工	2. 劳务派遣人员	在岗＋劳务	3. 其他从业人员
	180		30000	30000		30000	
	27296	369	38910	38994		38994	33545
15998	177571	581	37776	36325	64769	37821	27667
	1104		44160	44160		44160	
15998	176467	581	37742	36281	64769	37787	27667
5760	58194	49	147451	156054	101053	148076	24500
5760	55667	49	168326	183482	101053	169201	24500
	2527		39484	39484		39484	
	3608		29333	29333		29333	
	2737		32583	32583		32583	
	871		22333	22333		22333	
207	9753	208	31522	31401	34500	31461	34667
	4801	208	28460	28241		28241	34667
207	272		27200	16250	34500	27200	
	4680		36000	36000		36000	
599	46037	2395	42559	44767	31526	44523	23029
	13916	433	57859	59725		59725	28867
	12725	1191	56340	56305		56305	56714
	6616	372	34594	41873		41873	8455
2330	30306	4552	40485	42842	34265	42033	32514
2330	28421	3468	41200	42702	34265	41857	36505
	1885	1084	34126	44881		44881	24089
120	730	355	47174	55455	30000	48667	44375
120	730	355	47174	55455	30000	48667	44375
	1875		53571	53571		53571	
	1875		53571	53571		53571	

2-8 其他单位

项　　目	单位数（个）	从业人员期末人数	从　业		
			#女性	#非全日制	1. 在岗职工
Ⅲ　其他单位合计	**4877**	**887732**	**331053**	**9650**	**722713**
一、按登记注册类型分组					
（一）内资	3066	497596	155351	6079	393213
股份合作	232	11204	3194	133	10296
联营	13	1935	622		1841
#国有联营	5	134	36		87
集体联营	2	17	4		17
有限责任公司	2336	368972	101428	3634	300693
#国有独资	77	36633	9691	39	34109
股份有限公司	362	109328	46807	2276	74585
其他	123	6157	3300	36	5798
（二）港、澳、台商投资	428	63676	28791	494	53426
（三）外商投资	1383	326460	146911	3077	276074
二、按执行会计标准类别分组					
企　业	4819	884282	328785	9636	719537
事　业	2	299	113		193
民间非营利组织	55	3080	2145	14	2912
其　他	1	71	10		71
三、按国民经济行业分组（同总计分组）					
（一）农、林、牧、渔业	23	4015	1271	184	3371
农　业	4	38	11		32
林　业	1	2			2
畜 牧 业	3	57	23		57
渔　业	14	3918	1237	184	3280
农、林、牧、渔服务业	1				
（二）采 矿 业	4	2050	223		2050
非金属矿采选业	3	2042	223		2042
开采辅助活动	1	8			8

从业人员和工资

人员（人）							
2. 劳务派遣人员	在岗+劳务	3. 其他从业人员	从业人员平均人数	1. 在岗职工	2. 劳务派遣人员	在岗+劳务	3. 其他从业人员
112213	**834926**	**52806**	**894787**	**726369**	**115328**	**841697**	**53090**
68289	461502	36094	500887	398462	67452	465914	34973
266	10562	642	10729	9859	289	10148	581
46	1887	48	1986	1892	46	1938	48
46	133	1	134	87	46	133	1
	17		17	17		17	
53699	354392	14580	371568	304872	51824	356696	14872
1952	36061	572	36595	34126	1923	36049	546
14259	88844	20484	110483	76125	15274	91399	19084
19	5817	340	6121	5714	19	5733	388
8451	61877	1799	65345	54156	9204	63360	1985
35473	311547	14913	328555	273751	38672	312423	16132
112213	831750	52532	891743	723638	115328	838966	52777
	193	106	301	162		162	139
	2912	168	2669	2495		2495	174
	71		74	74		74	
624	3995	20	4311	3624	663	4287	24
2	34	4	39	33	2	35	4
	2		2	2		2	
	57		53	53		53	
622	3902	16	4217	3536	661	4197	20
	2050		2087	2087		2087	
	2042		2079	2079		2079	
	8		8	8		8	

2-8 续表 -1

项目	单位数（个）	从业			
		从业人员期末人数	# 女性	# 非全日制	1. 在岗职工
（三）制 造 业	1664	460112	172244	2156	389407
农副食品加工业	160	36617	17749	158	30169
食品制造业	45	6883	2541	427	4849
酒、饮料和精制茶制造业	12	4179	1289		4148
纺织业	29	3791	2803	4	3508
纺织服装、服饰业	135	41375	29728	529	35884
皮革、毛皮、羽毛及其制品和制鞋业	15	2786	1587		2704
木材加工和木、竹、藤、棕、草制品业	51	7676	3498		7151
家具制造业	33	14351	5503		13667
造纸和纸制品业	17	1773	567	4	1612
印刷和记录媒介复制业	22	2240	1017		2024
文教、工美、体育和娱乐用品制造业	21	2419	1059		2312
石油加工、炼焦和核燃料加工业	5	6241	1127		6039
化学原料和化学制品制造业	86	8366	2603	127	7448
医药制造业	15	3012	1506		2766
橡胶和塑料制品业	83	13891	6520	103	12130
非金属矿物制品业	61	8145	1883		6510
黑色金属冶炼和压延加工业	55	37388	5380	15	32785
有色金属冶炼和压延加工业	11	802	162		802
金属制品业	100	16230	3344	121	14881
通用设备制造业	240	74630	22509	411	60975
专用设备制造业	125	44845	11079	112	34764
汽车制造业	67	29444	7943	43	24342
铁路、船舶、航空航天和其他运输设备制造业	64	28911	4350	1	25777
电气机械和器材制造业	94	23975	13586	7	21785
计算机、通信和其他电子设备制造业	50	30993	18006	60	22102
仪器仪表制造业	45	6127	3582	34	5475
其他制造业	7	1438	1022		1311
废弃资源综合利用业	4	341	126		341
金属制品、机械和设备修理业	12	1243	175		1146
（四）电力、热力、燃气及水生产和供应业	36	12310	2823		11276
电力、热力生产和供应业	23	6087	1217		5552

人　员（人）							
2. 劳务派遣人员	在岗＋劳务	3. 其他从业人员	从业人员平均人数	1. 在岗职工	2. 劳务派遣人员	在岗＋劳务	3. 其他从业人员
54282	443689	16423	464601	388951	57960	446911	17690
5347	35516	1101	38313	31322	5933	37255	1058
103	4952	1931	7240	4922	101	5023	2217
20	4168	11	4226	4196	19	4215	11
156	3664	127	3840	3519	195	3714	126
3761	39645	1730	41503	36264	3751	40015	1488
38	2742	44	2747	2659	44	2703	44
505	7656	20	8012	7352	637	7989	23
594	14261	90	14517	13696	730	14426	91
147	1759	14	1803	1628	162	1790	13
158	2182	58	2300	2045	182	2227	73
70	2382	37	2574	2465	74	2539	35
201	6240	1	6228	6028	199	6227	1
521	7969	397	8466	7520	642	8162	304
217	2983	29	3017	2764	224	2988	29
1571	13701	190	14147	12292	1660	13952	195
655	7165	980	8476	6630	724	7354	1122
4414	37199	189	37524	32901	4410	37311	213
	802		771	771		771	
1081	15962	268	16089	14635	1226	15861	228
7909	68884	5746	76388	61056	8699	69755	6633
9310	44074	771	44028	33610	9210	42820	1208
4429	28771	673	28691	23302	4671	27973	718
1717	27494	1417	28383	25275	1846	27121	1262
1979	23764	211	24091	21787	2096	23883	208
8691	30793	200	32073	22056	9816	31872	201
516	5991	136	6130	5441	552	5993	137
119	1430	8	1426	1314	104	1418	8
	341		336	336		336	
53	1199	44	1262	1165	53	1218	44
782	12058	252	12473	11391	998	12389	84
480	6032	55	6122	5363	704	6067	55

2-8 续表 -2

项　　目	单位数（个）	从业			
		从业人员期末人数	# 女性	# 非全日制	1. 在岗职工
燃气生产和供应业	7	3015	827		2576
水的生产和供应业	6	3208	779		3148
（五）建筑业	453	107016	12790	1062	74974
房屋建筑业	118	63754	6379	768	41839
土木工程建筑业	78	18037	2924	22	16136
建筑安装业	138	16087	1896	83	10861
建筑装饰和其他建筑业	119	9138	1591	189	6138
（六）批发和零售业	738	48501	25006	1989	34760
批发业	513	13018	5588	62	11720
零售业	225	35483	19418	1927	23040
（七）交通运输、仓储和邮政业	268	49006	13934	146	42348
铁路运输业	2	2106	474		1676
道路运输业	67	13485	3986		12750
水上运输业	30	17443	3654	8	15549
航空运输业	5	7144	2417		4362
管道运输业	1	81	8		78
装卸搬运和运输代理业	129	7373	2831	132	6673
仓 储 业	30	1119	499		1011
邮政业	4	255	65	6	249
（八）住宿和餐饮业	144	16666	9049	306	14097
住宿业	83	11213	5868	147	9471
餐饮业	61	5453	3181	159	4626
（九）信息传输、软件和信息技术服务业	195	58686	29715	43	56183
电信、广播电视和卫星传输服务	6	6667	3170		5500
互联网和相关服务	4	354	151		298
软件和信息技术服务业	185	51665	26394	43	50385
（十）金融业	133	44181	27397	2857	24598
货币金融服务业	75	17614	9912	1721	16138
资本市场服务业	24	1311	580	74	1121
保险业	31	25019	16858	1062	7200
其他金融业	3	237	47		139
（十一）房地产业	671	43727	17179	356	34203
# 房地产开发经营	497	18628	6324	99	17363
物业管理	142	21019	8836	257	12824

人　员（人）							
			从业人员平均人数				
2. 劳务派遣人员	在岗+劳务	3. 其他从业人员		1. 在岗职工	2. 劳务派遣人员	在岗+劳务	3. 其他从业人员
260	2836	179	3094	2831	252	3083	11
42	3190	18	3257	3197	42	3239	18
25231	100205	6811	108443	79113	22881	101994	6449
19816	61655	2099	64427	44448	17694	62142	2285
840	16976	1061	18380	16573	864	17437	943
2813	13674	2413	16101	11129	2579	13708	2393
1762	7900	1238	9535	6963	1744	8707	828
9696	44456	4045	48951	35201	9720	44921	4030
844	12564	454	13315	11915	920	12835	480
8852	31892	3591	35636	23286	8800	32086	3550
6104	48452	554	49431	42453	6396	48849	582
430	2106		2067	1652	415	2067	
589	13339	146	13508	12774	584	13358	150
1590	17139	304	17671	15782	1584	17366	305
2781	7143	1	7184	4322	2861	7183	1
3	81		81	78	3	81	
620	7293	80	7598	6638	857	7495	103
89	1100	19	1070	962	89	1051	19
2	251	4	252	245	3	248	4
1695	15792	874	16963	14315	1819	16134	829
1053	10524	689	11463	9693	1133	10826	637
642	5268	185	5500	4622	686	5308	192
1908	58091	595	58874	56138	2190	58328	546
1167	6667		6681	5291	1390	6681	
55	353	1	322	289	32	321	1
686	51071	594	51871	50558	768	51326	545
1850	26448	17733	43061	23894	2270	26164	16897
1154	17292	322	17488	15577	1573	17150	338
46	1167	144	1344	1155	46	1201	143
552	7752	17267	24013	7025	572	7597	16416
98	237		216	137	79	216	
6345	40548	3179	44367	34551	6585	41136	3231
900	18263	365	18896	17495	936	18431	465
5437	18261	2758	21485	13139	5637	18776	2709

2-8 续表-3

项　　目	单位数（个）	从业人员期末人数	#女性	#非全日制	从　　业 1. 在岗职工
房地产中介服务	14	3215	1595		3188
（十二）租赁和商务服务业	202	12526	5426	131	10332
租赁业	9	431	62		350
商务服务业	193	12095	5364	131	9982
（十三）科学研究、技术服务业	135	11280	3806	33	9965
研究和试验发展	9	206	59		200
专业技术服务业	115	10738	3652	33	9432
科技推广和应用服务业	11	336	95		333
（十四）水利、环境和公共设施管理业	30	4219	1864	210	3060
水利管理业	2	22	7		22
生态保护和环境治理业	3	66	11		66
公共设施管理业	25	4131	1846	210	2972
（十五）居民服务、修理和其他服务业	47	1895	856	23	1717
居民服务业	15	1412	685	23	1283
机动车、电子产品和日用产品修理业	29	275	72		232
其他服务业	3	208	99		202
（十六）教育	66	4641	3146	28	4196
#初等教育	3	260	202		260
中等教育	10	1587	1022		1412
高等教育	5	660	363		554
（十七）卫生和社会工作	29	3431	2203	23	3190
卫生	25	3379	2177	23	3147
社会工作	4	52	26		43
（十八）文化、体育和娱乐业	36	3461	2114	103	2977
新闻和出版业	7	673	450		558
广播、电视、电影和影视录音制作业	11	588	357	103	416
文化艺术业	2	79	47		33
体育	11	737	479		657
娱乐业	5	1384	781		1313
（十九）公共管理、社会保障和社会组织	3	9	7		9
群众社团、社会团体和其他成员组织	3	9	7		9

人　员（人）							
			从业人员平均人数				
2. 劳务派遣人员	在岗＋劳务	3. 其他从业人员		1. 在岗职工	2. 劳务派遣人员	在岗＋劳务	3. 其他从业人员
8	3196	19	3197	3169	8	3177	20
1753	12085	441	12587	10365	1782	12147	440
81	431		433	349	84	433	
1672	11654	441	12154	10016	1698	11714	440
837	10802	478	11303	9878	838	10716	587
	200	6	203	197		197	6
837	10269	469	10773	9356	838	10194	579
	333	3	327	325		325	2
792	3852	367	4232	2965	909	3874	358
	22		22	22		22	
	66		66	66		66	
792	3764	367	4144	2877	909	3786	358
64	1781	114	1883	1722	64	1786	97
31	1314	98	1400	1288	31	1319	81
33	265	10	278	235	33	268	10
	202	6	205	199		199	6
19	4215	426	4217	3738	19	3757	460
	260		235	235		235	
15	1427	160	1560	1388	15	1403	157
	554	106	654	513		513	141
	3190	241	3382	3143		3143	239
	3147	232	3328	3100		3100	228
	43	9	54	43		43	11
231	3208	253	3612	2831	234	3065	547
82	640	33	669	541	88	629	40
45	461	127	555	394	40	434	121
36	69	10	79	33	36	69	10
68	725	12	742	664	70	734	8
	1313	71	1567	1199		1199	368
	9		9	9		9	
	9		9	9		9	

2-8 续表 1

项　　目	工　　资					
	从业人员工资总额	1. 在岗职工工资总额	基本工资	绩效工资	工资性津贴和补贴	其他工资
Ⅲ. 其他单位合计	**54677015**	**46256958**	**29050161**	**12152412**	**3006742**	**2047643**
一、按登记注册类型分组						
（一）内资	30372762	25427628	14742266	8181625	1719676	784061
股份合作	504763	473983	379427	77286	12164	5106
联营	101920	97603	38608	50082	6215	2698
#国有联营	9572	6569	1821	1996	2071	681
集体联营	615	615	615			
有限责任公司	20950398	17641938	10606126	5262676	1206539	566597
#国有独资	2836282	2718119	1371702	1000087	202545	143785
股份有限公司	8512407	6924312	3549201	2689097	482713	203301
其他	303274	289792	168904	102484	12045	6359
（二）港、澳、台商投资	3520057	3077636	2209497	688250	105885	74004
（三）外商投资	20784196	17751694	12098398	3282537	1181181	1189578
二、按执行会计标准类别分组						
企　　业	54547710	46136697	28969638	12126171	3000293	2040595
事　　业	8447	6520	5714	806		
民间非营利组织	114626	107509	71678	22948	5835	7048
其　　他	6232	6232	3131	2487	614	
三、按国民经济行业分组（同总计分组）						
（一）农、林、牧、渔业	227530	195483	131636	45276	18248	323
农　　业	3513	3222	3056		166	
林　　业	25	25	25			
畜 牧 业	1296	1296	1296			
渔　　业	222696	190940	127259	45276	18082	323
农、林、牧、渔服务业						
（二）采 矿 业	93608	93608	43614	37076	11238	1680
非金属矿采选业	93311	93311	43317	37076	11238	1680
开采辅助活动	297	297	297			

总　额　（千元）			平均工资（元）				
2. 劳务派遣人员工资总额	在岗＋劳务	3. 其他从业人员工资总额	从业人员平均工资	1. 在岗职工	2. 劳务派遣人员	在岗＋劳务	3. 其他从业人员
5613758	**51870716**	**2806299**	**61106**	**63682**	**48676**	**61626**	**52859**
3447921	28875549	1497213	60638	63814	51117	61976	42811
10744	484727	20036	47047	48076	37176	47766	34485
2985	100588	1332	51319	51587	64891	51903	27750
2985	9554	18	71433	75506	64891	71835	18000
	615		36176	36176		36176	
2680856	20322794	627604	56384	57867	51730	56975	42200
97932	2816051	20231	77505	79650	50927	78117	37053
752157	7676469	835938	77047	90960	49244	83989	43803
1179	290971	12303	49546	50716	62053	50754	31709
350021	3427657	92400	53869	56829	38029	54098	46549
1815816	19567510	1216686	63259	64846	46954	62631	75421
5613758	51750455	2797255	61170	63757	48676	61684	53001
	6520	1927	28063	40247		40247	13803
	107509	7117	42947	43090		43090	40902
	6232		84216	84216		84216	
31283	226766	764	52779	53941	47184	52896	31833
60	3282	231	90077	97636	30000	93771	57750
	25		12500	12500		12500	
	1296		24453	24453		24453	
31223	222163	533	52809	53999	47236	52934	26650
	93608		44853	44853		44853	
	93311		44883	44883		44883	
	297		37125	37125		37125	

2-8 续表 1-1

项目	工资					
	从业人员工资总额	1. 在岗职工工资总额	基本工资	绩效工资	工资性津贴和补贴	其他工资
（三）制 造 业	25350931	21633976	13085838	6172188	1371357	1004593
农副食品加工业	1488238	1224464	984905	173267	18924	47368
食品制造业	303479	193597	148219	23949	18207	3222
酒、饮料和精制茶制造业	221094	220099	135972	66990	13667	3470
纺织业	143415	131862	91331	18726	6438	15367
纺织服装、服饰业	1656207	1445837	1065641	265469	61688	53039
皮革、毛皮、羽毛及其制品和制鞋业	132276	123047	91972	4555	856	25664
木材加工和木、竹、藤、棕、草制品业	363942	342592	274569	57633	9847	543
家具制造业	755180	719555	627466	38932	19821	33336
造纸和纸制品业	77324	70339	54953	15081	54	251
印刷和记录媒介复制业	101605	87936	52029	20156	10674	5077
文教、工美、体育和娱乐用品制造业	104129	98687	78216	3351	972	16148
石油加工、炼焦和核燃料加工业	720161	705780	255090	297476	138524	14690
化学原料和化学制品制造业	470567	427730	349968	44818	22320	10624
医药制造业	171206	156614	109604	24585	9507	12918
橡胶和塑料制品业	778893	688265	518240	88442	45238	36345
非金属矿物制品业	445894	336438	238108	62830	7118	28382
黑色金属冶炼和压延加工业	1892249	1695931	777934	707138	184102	26757
有色金属冶炼和压延加工业	44533	44533	30902	7745	4453	1433
金属制品业	699962	642683	408773	142423	81168	10319
通用设备制造业	4453627	3622170	2218875	940293	222751	240251
专用设备制造业	3180748	2562045	1139934	1199158	120350	102603
汽车制造业	1855218	1553212	1019348	349763	68800	115301
铁路、船舶、航空航天和其他运输设备制造业	2071639	1902728	640382	1095489	93533	73324
电气机械和器材制造业	1201611	1065940	656370	192540	141459	75571
计算机、通信和其他电子设备制造业	1555843	1159911	848100	241817	52289	17705
仪器仪表制造业	337660	298742	190926	66363	15432	26021
其他制造业	55521	49042	36623	3554	373	8492
废弃资源综合利用业	21764	21764	14188	5492	1712	372
金属制品、机械和设备修理业	46946	42433	27200	14153	1080	
（四）电力、热力、燃气及水生产和供应业	863726	832867	344923	415888	57675	14381
电力、热力生产和供应业	444030	425155	189087	202529	22564	10975

总　额　（千元）			平均工资（元）				
2. 劳务派遣人员工资总额	在岗+劳务	3. 其他从业人员工资总额	从业人员平均工资	1. 在岗职工	2. 劳务派遣人员	在岗+劳务	3. 其他从业人员
2459942	24093918	1257013	54565	55621	42442	53912	71058
219601	1444065	44173	38844	39093	37013	38762	41751
3896	197493	105986	41917	39333	38574	39318	47806
655	220754	340	52318	52454	34474	52373	30909
6487	138349	5066	37348	37471	33267	37251	40206
143816	1589653	66554	39906	39870	38341	39726	44727
1602	124649	7627	48153	46276	36409	46115	173341
20902	363494	448	45425	46598	32813	45499	19478
30331	749886	5294	52020	52538	41549	51982	58176
6208	76547	777	42886	43206	38321	42764	59769
10873	98809	2796	44176	43000	59742	44369	38301
3358	102045	2084	40454	40035	45378	40191	59543
13095	718875	1286	115633	117084	65804	115445	1286000
23026	450756	19811	55583	56879	35866	55226	65168
12000	168614	2592	56747	56662	53571	56430	89379
66328	754593	24300	55057	55993	39957	54085	124615
29884	366322	79572	52607	50745	41276	49813	70920
174455	1870386	21863	50428	51546	39559	50130	102643
	44533		57760	57760		57760	
45697	688380	11582	43506	43914	37273	43401	50798
367453	3989623	464004	58303	59325	42241	57195	69954
522157	3084202	96546	72244	76229	56695	72027	79922
236592	1789804	65414	64662	66656	50651	63983	91106
89714	1992442	79197	72989	75281	48599	73465	62755
90195	1156135	45476	49878	48926	43032	48408	218635
315825	1475736	80107	48509	52589	32175	46302	398542
18574	317316	20344	55083	54906	33649	52948	148496
4699	53741	1780	38935	37323	45183	37899	222500
	21764		64774	64774		64774	
2519	44952	1994	37200	36423	47528	36906	45318
28320	861187	2539	69248	73116	28377	69512	30226
17375	442530	1500	72530	79276	24680	72940	27273

2-8 续表 1-2

项　　目	工　　资					
	从业人员工资总额	1. 在岗职工工资总额	基本工资	绩效工资	工资性津贴和补贴	其他工资
燃气生产和供应业	195912	185619	41262	113871	27080	3406
水的生产和供应业	223784	222093	114574	99488	8031	
（五）建筑业	5794040	3993614	2968083	771730	146842	106959
房屋建筑业	3447791	2033116	1674687	240568	47961	69900
土木工程建筑业	1018380	961477	640238	257930	47328	15981
建筑安装业	889023	691131	423183	218814	34067	15067
建筑装饰和其他建筑业	438846	307890	229975	54418	17486	6011
（六）批发和零售业	2685841	2132696	1307536	711170	83686	30304
批发业	944108	831308	577908	193075	43331	16994
零售业	1741733	1301388	729628	518095	40355	13310
（七）交通运输、仓储和邮政业	4242534	3774500	1869851	1244619	350669	309361
铁路运输业	181600	157018	8257	88634	60127	
道路运输业	754439	720986	338312	210003	56669	116002
水上运输业	1791252	1622032	930922	584319	96873	9918
航空运输业	832744	655204	199473	194673	97504	163554
管道运输业	7955	7606	7606			
装卸搬运和运输代理业	587635	532981	327752	151025	36996	17208
仓 储 业	67547	59487	46558	8607	2488	1834
邮政业	19362	19186	10971	7358	12	845
（八）住宿和餐饮业	630051	537564	444754	64229	23293	5288
住宿业	444287	374284	309083	48074	14333	2794
餐饮业	185764	163280	135671	16155	8960	2494
（九）信息传输、软件和信息技术服务业	5474224	5211957	4073617	411981	341290	385069
电信、广播电视和卫星传输服务	539177	454054	159809	204142	42914	47189
互联网和相关服务	17863	16208	9499	5258	1432	19
软件和信息技术服务业	4917184	4741695	3904309	202581	296944	337861
（十）金融业	4215623	3324548	1700569	1361569	176400	86010
货币金融服务业	2570955	2446448	1205309	1050546	147433	43160
资本市场服务业	153620	148007	85536	48998	7001	6472
保险业	1473388	716433	402585	255924	21546	36378
其他金融业	17660	13660	7139	6101	420	
（十一）房地产业	2328505	2048764	1658064	284359	72964	33377
#房地产开发经营	1391576	1329032	1111001	149293	44033	24705
物业管理	715625	500269	441722	30039	21141	7367

总　额　（千元）			平均工资（元）				
2. 劳务派遣人员工资总额	在岗＋劳务	3. 其他从业人员工资总额	从业人员平均工资	1. 在岗职工	2. 劳务派遣人员	在岗＋劳务	3. 其他从业人员
9991	195610	302	63320	65567	39647	63448	27455
954	223047	737	68709	69469	22714	68863	40944
1559876	5553490	240550	53429	50480	68173	54449	37300
1326526	3359642	88149	53515	45741	74970	54064	38577
36936	998413	19967	55407	58015	42750	57258	21174
104988	796119	92904	55215	62102	40709	58077	38823
91426	399316	39530	46025	44218	52423	45861	47742
399031	2531727	154114	54868	60586	41053	56360	38242
53396	884704	59404	70906	69770	58039	68929	123758
345635	1647023	94710	48876	55887	39277	51332	26679
430215	4204715	37819	85827	88910	67263	86076	64981
24582	181600		87857	95047	59234	87857	
28307	749293	5146	55851	56442	48471	56093	34307
148785	1770817	20435	101367	102777	93930	101970	67000
176119	831323	1421	115916	151597	61559	115735	1421000
349	7955		98210	97513	116333	98210	
45891	578872	8763	77341	80292	53548	77234	85078
6069	65556	1991	63128	61837	68191	62375	104789
113	19299	63	76833	78310	37667	77819	15750
69605	607169	22882	37143	37552	38266	37633	27602
50184	424468	19819	38758	38614	44293	39208	31113
19421	182701	3063	33775	35327	28310	34420	15953
155402	5367359	106865	92982	92842	70960	92020	195723
85123	539177		80703	85816	61240	80703	
1647	17855	8	55475	56083	51469	55623	8000
68632	4810327	106857	94796	93787	89365	93721	196068
141120	3465668	749955	97899	139137	62167	132459	44384
97535	2543983	26972	147013	157055	62006	148337	79799
1476	149483	4137	114301	128145	32087	124465	28930
38109	754542	718846	61358	101983	66624	99321	43789
4000	17660		81759	99708	50633	81759	
182259	2231023	97482	52483	59297	27678	54235	30171
35079	1364111	27465	73644	75966	37478	74012	59065
146976	647245	68380	33308	38075	26073	34472	25242

2-8 续表 1-3

项目	工资					
	从业人员工资总额	1. 在岗职工工资总额	基本工资	绩效工资	工资性津贴和补贴	其他工资
房地产中介服务	186464	185689	81010	99550	3934	1195
(十二)租赁和商务服务业	818979	732420	537277	139133	31202	24808
租赁业	31326	26969	11460	12574	1977	958
商务服务业	787653	705451	525817	126559	29225	23850
(十三)科学研究、技术服务业	1112695	1038370	450570	299844	271220	16736
研究和试验发展	11024	10853	10080	660	113	
专业技术服务业	1071424	997437	421178	289314	270454	16491
科技推广和应用服务业	30247	30080	19312	9870	653	245
(十四)水利、环境和公共设施管理业	168810	131655	92136	18503	9964	11052
水利管理业	758	758	758			
生态保护和环境治理业	4293	4293	3510	441	239	103
公共设施管理业	163759	126604	87868	18062	9725	10949
(十五)居民服务、修理和其他服务业	69415	63499	46961	8570	3517	4451
居民服务业	52561	48093	37435	7640	2389	629
机动车、电子产品和日用产品修理业	8495	7072	6017	605	446	4
其他服务业	8359	8334	3509	325	682	3818
(十六)教育	262618	209607	118462	58596	26204	6345
#初等教育	11963	11963	6655	1366	1573	2369
中等教育	150466	107695	53254	31606	21951	884
高等教育	23290	21321	13641	4998	867	1815
(十七)卫生和社会工作	182758	169430	86955	75231	3495	3749
卫生	180507	167539	85685	74855	3308	3691
社会工作	2251	1891	1270	376	187	58
(十八)文化、体育和娱乐业	154856	132129	89044	32450	7478	3157
新闻和出版业	62759	53634	21408	24720	5549	1957
广播、电视、电影和影视录音制作业	23180	19728	16326	1756	733	913
文化艺术业	3148	1822	1822			
体育	24945	23543	21986	616	941	
娱乐业	40824	33402	27502	5358	255	287
(十九)公共管理、社会保障和社会组织	271	271	271			
群众社团、社会团体和其他成员组织	271	271	271			

总额（千元）			平均工资（元）				
2. 劳务派遣人员工资总额	在岗+劳务	3. 其他从业人员工资总额	从业人员平均工资	1. 在岗职工	2. 劳务派遣人员	在岗+劳务	3. 其他从业人员
125	185814	650	58325	58595	15625	58487	32500
70307	802727	16252	65065	70663	39454	66084	36936
4357	31326		72346	77275	51869	72346	
65950	771401	16252	64806	70432	38840	65853	36936
45545	1083915	28780	98442	105119	54350	101149	49029
	10853	171	54305	55091		55091	28500
45545	1042982	28442	99455	106609	54350	102313	49123
	30080	167	92498	92554		92554	83500
26001	157656	11154	39889	44403	28604	40696	31156
	758		34455	34455		34455	
	4293		65045	65045		65045	
26001	152605	11154	39517	44006	28604	40308	31156
3026	66525	2890	36864	36875	47281	37248	29794
1783	49876	2685	37544	37339	57516	37813	33148
1243	8315	180	30558	30094	37667	31026	18000
	8334	25	40776	41879		41879	4167
4112	213719	48899	62276	56075	216421	56886	106302
	11963		50906	50906		50906	
3480	111175	39291	96453	77590	232000	79241	250261
	21321	1969	35612	41561		41561	13965
	169430	13328	54038	53907		53907	55766
	167539	12968	54239	54045		54045	56877
	1891	360	41685	43977		43977	32727
7714	139843	15013	42873	46672	32966	45626	27446
4174	57808	4951	93810	99139	47432	91905	123775
1192	20920	2260	41766	50071	29800	48203	18678
1091	2913	235	39848	55212	30306	42217	23500
1257	24800	145	33619	35456	17957	33787	18125
	33402	7422	26052	27858		27858	20168
	271		30111	30111		30111	
	271		30111	30111		30111	

2-9 户籍人口主要指标（1978-2014年）

年　份	总户数（万户）	总人口（万人）	出生率（‰）	死亡率（‰）	自然增长率（‰）
1978	99.9	448.3	15.9	5.2	10.7
1979	103.3	452.8	13.8	4.8	9.1
1980	107.1	458.2	14.0	5.3	8.6
1981	112.8	464.5	16.0	5.3	10.8
1982	119.1	471.7	18.6	5.3	13.3
1983	122.3	476.8	14.0	5.2	8.9
1984	126.3	480.8	11.1	5.2	5.9
1985	131.2	485.3	10.8	5.6	5.2
1986	135.2	491.6	13.9	5.3	8.7
1987	140.1	498.9	18.3	5.4	12.9
1988	145.3	506.5	16.7	5.4	11.3
1989	150.7	513.4	14.8	5.3	9.5
1990	155.6	517.8	14.1	5.7	8.3
1991	157.6	520.0	8.2	5.3	2.9
1992	162.3	522.9	9.4	5.5	3.9
1993	165.6	527.1	9.3	5.7	3.6
1994	168.4	531.5	10.4	5.9	4.5
1995	171.1	534.7	8.8	5.5	3.3
1996	173.1	537.4	8.7	6.0	2.8
1997	175.0	540.4	8.1	5.9	2.2
1998	176.7	543.2	7.2	6.1	1.1
1999	180.7	545.3	7.0	7.0	0.0
2000	184.3	551.5	8.2	6.4	1.8
2001	186.5	554.6	6.5	5.1	1.4
2002	188.9	557.9	7.2	4.5	2.6
2003	191.5	560.2	4.9	5.4	-0.5
2004	193.4	561.6	6.1	8.6	-2.5
2005	195.8	565.3	6.1	4.8	1.3
2006	198.5	572.1	5.9	4.8	1.1
2007	201.3	578.2	7.2	5.6	1.7
2008	203.4	583.3	6.9	5.6	-1.3
2009	205.6	584.8	7.0	10.4	-3.4
2010	207.6	586.4	7.0	8.2	-1.2
2011	209.2	588.5	7.7	5.5	2.2
2012	210.4	590.3	9.1	8.0	1.1
2013	211.8	591.4	8.1	7.9	0.2
2014	213.0	594.3	11.1	7.7	3.4

2-10 户籍人口主要指标

单位：人

指　　标	2013 年	2014 年	增长（%）
一、年末实有数			
总户数（户）	2118372	2130337	0.6
年末总人口	5914463	5942995	0.5
按性别分			
男	2953454	2961784	0.3
女	2961009	2981211	0.7
按地区分			
市区人口	3012367	3042789	1.0
县（市）人口	2902096	2900206	-0.1
二、人口变动情况			
1. 自然变动			
出生人口	47887	65764	37.3
出生率（‰）	8.10	11.09	
死亡人口	46804	45825	-2.1
死亡率（‰）	7.92	7.73	
自然增长率（‰）	0.18	3.36	
2. 迁移变动			
迁入人口	52064	48317	-7.2
市区人口	43667	40226	-7.9
县（市）人口	8397	8091	-3.6
迁出人口	41789	39724	-4.9
市区人口	28827	26160	-9.3
县（市）人口	12962	13564	4.6

2-11 分区（市）县户籍人口

单位：户、人

地　　区	年末总户数	年末总人口			平均人口
		合计	男	女	
大连市	**2130337**	**5942995**	**2961784**	**2981211**	**5928729.0**
中山区	137123	361386	176407	184979	360504.0
西岗区	115146	296712	145287	151425	297093.0
沙河口区	241154	654005	319966	334039	655162.5
甘井子区	308513	829620	418502	411118	818508.5
旅顺口区	89013	222281	108757	113524	221809.0
金州区	252583	678785	334484	344301	674501.0
长海县	26064	72414	36005	36409	72528.5
瓦房店市	353330	1000985	504285	496700	1000681.5
普兰店市	322612	923145	465117	458028	924894.0
庄河市	284799	903662	452974	450688	903047.0

2-12 分区（市）县户籍人口自然变动

单位：人、‰

地　区	出生		死亡		自然增加	
	人口	出生率	人口	死亡率	人口	自然增长率
大连市	**65764**	**11.09**	**45825**	**7.73**	**19939**	**3.36**
中山区	3993	11.08	2777	7.70	1216	3.38
西岗区	3298	11.10	2554	8.60	744	2.50
沙河口区	7775	11.87	4707	7.18	3068	4.69
甘井子区	12207	14.91	5224	6.38	6983	8.53
旅顺口区	2212	9.97	1731	7.80	481	2.17
金州区	8316	12.33	4452	6.60	3864	5.73
长海县	502	6.92	540	7.45	-38	-0.53
瓦房店市	10815	10.81	8874	8.87	1941	1.94
普兰店市	8415	9.10	9361	10.12	-946	-1.02
庄河市	8231	9.11	5605	6.21	2626	2.90

2-13 分区（市）县户籍人口机械变动

单位：人

地　区	迁入		迁出	
	省内迁入	省外迁入	迁往省内	迁往省外
大连市	**19129**	**29188**	**13288**	**26436**
中山区	1569	1813	361	1325
西岗区	1186	1528	378	931
沙河口区	2748	4738	1282	5651
甘井子区	5660	7992	833	7417
旅顺口区	593	1992	240	1822
金州区	3723	6684	933	4987
长海县	126	176	345	148
瓦房店市	1334	1468	2619	1517
普兰店市	922	1452	3572	1354
庄河市	1268	1345	2725	1284

注：上述各表户籍人口数据均来自大连市公安局年报。

主要统计指标解释

【从业人员期末人数】指报告期末最后一日24时在本单位工作，并取得工资或其他形式劳动报酬的人员数。该指标为时点指标，不包括最后一日当天及以前已经与单位解除劳动合同关系的人员，是在岗职工、劳务派遣人员及其他从业人员之和。从业人员不包括：

1. 离开本单位仍保留劳动关系，并定期领取生活费的人员；

2. 利用课余时间打工的学生及在本单位实习的各类在校学生；

3. 本单位因劳务外包而使用的人员，如：建筑业整建制使用的人员。

【非全日制人员】根据《中华人民共和国劳动合同法》规定，非全日制人员指以小时计酬为主，其在同一用人单位一般平均每日工作时间不超过四小时，每周工作时间累计不超过二十四小时，且劳动报酬结算支付周期最长不得超过十五日的人员。非全日制人员不包括不定时工作制人员，如：老师、编辑等不坐班人员。

【在岗职工】指在本单位工作且与本单位签订劳动合同，并由单位支付各项工资和社会保险、住房公积金的人员，以及上述人员中由于学习、病伤、产假等原因暂未工作仍由单位支付工资的人员。在岗职工还包括：

1. 应订立劳动合同而未订立劳动合同人员（如使用的农村户籍人员）；

2. 处于试用期人员；

3. 编制外招用的人员，如临时人员；

4. 派往外单位工作，但工资仍由本单位发放的人员（如挂职锻炼、外派工作等情况）。

在岗职工不包括：

1. 本单位使用的且由本单位直接支付工资的劳务派遣人员，应统计在本单位“劳务派遣人员”指标中；

2. 本单位因劳务外包而使用的人员，由承包劳务的单位统计为在岗职工。

【劳务派遣人员】根据《中华人民共和国劳动合同法》规定，指与劳务派遣单位签订劳动合同，并被劳务派遣单位派遣到实际用工单位工作，且劳务派遣单位与实际用工单位签订《劳务派遣协议》的人员。

注意：无论用工单位是否直接支付劳动报酬，劳务派遣人员均由实际用工单位填报，而劳务派遣单位（派出单位）不填报这些人员。

【其他从业人员】指在本单位工作，不能归到在岗职工、劳务派遣人员中的人员。此类人员是实际参加本单位生产或工作并从本单位取得劳动报酬的人员。具体包括：非全日制人员、聘用的正式离退休人员、兼职人员和第二职业者等，以及在本单位中工作的外籍和港澳台方人员。

【从业人员平均人数】指报告期内（年度、季度、月度）平均拥有的从业人员数。季度或年度平均人数按单位实际月平均人数计算得到，不得用期末人数替代。

1. 月平均人数是以报告月内每天实有的全部人数相加之和，除以报告月的日历日数。计算公式为：

月平均人数＝报告月内每天实有的全部人数之和 ÷ 报告月的日历日数

对人员增减变动很小的单位，其月平均人数也可以用月初人数与月末人数之和除以2求得。计算公式为：

月平均人数＝（月初人数＋月末人数）÷2

在计算月平均人数时应注意：

（1）公休日与节假日的人数应按前一天的人数计算。

（2）对新建立不满整月的单位（月中或月末建立），在计算报告月的平均人数时，应以其建立后各天实有人数之和，除以报告期日历日数求得，而不能除以该单位建立的天数。

2. 1- 本季平均人数是季报基层表中应填报的平均人数是“1- 本季平均人数”，以年初至报告季内各月平均人数之和除以报告季内月数求得。计算公式为：

一季度：1- 本季平均人数 =（1 月平均人数 +2 月平均人数 +3 月平均人数）÷3

二季度：1- 本季平均人数 =（1 月平均人数 +……+6 月平均人数）÷6

三季度：1- 本季平均人数 =（1 月平均人数 +…+9 月平均人数和）÷9

或（用本季平均人数计算）

一季度：1- 本季平均人数 =1 季度本季平均人数

二季度：1- 本季平均人数 =（1 季度本季平均人数 +2 季度本季平均人数）÷2

三季度：1- 本季平均人数 =（1 季度本季平均人数 +2 季度本季平均人数 +3 季度本季平均人数）÷3

本季平均人数以报告季内三个月的平均人数之和除以 3 求得。计算公式为：

本季平均人数 = 报告季内 3 个月平均人数之和 ÷3

3. 年平均人数是以 12 个月的平均人数相加之和除以 12 求得，或以 4 个季度的平均人数之和除以 4 求得。计算公式为：

年平均人数 = 报告年内 12 个月平均人数之和 ÷12

或：

年平均人数 = 报告年内 4 个季度平均人数之和 ÷4

在年内新成立的单位年平均人数计算方法为：从实际开工之月起到年底的月平均人数相加除以 12 个月。计算公式为：

年平均人数 =（开工之月平均人数 +…+12 月平均人数）÷12

【从业人员工资总额】指根据《关于工资总额组成的规定》（1990 年 1 月 1 日国家统计局发布的一号令）进行修订，本单位在报告期内（季度或年度）直接支付给本单位全部从业人员的劳动报酬总额。包括计时工资、计件工资、奖金、津贴和补贴、加班加点工资、特殊情况下支付的工资，是在岗职工工资总额、劳务派遣人员工资总额和其他从业人员工资总额之和。

工资总额是税前工资，包括单位从个人工资中直接为其代扣或代缴的房费、水费、电费、住房公积金和社会保险基金个人缴纳部分等。

工资总额不论是计入成本的还是不计入成本的，不论是以货币形式支付的还是以实物形式支付的，均应列入工资总额的计算范围。

【在岗职工工资总额】指本单位在报告期内直接支付给本单位全部在岗职工的劳动报酬总额。在岗职工工资总额由基本工资、绩效工资、工资性津贴和补贴、其他工资四部分组成。工资总额不包括病假、事假等情况的扣款。

各单位在填报在岗职工工资总额四项构成时，应根据实际情况调整对应项目；如不能确定调整项，可扣减基本工资项。

【基本工资】也可称为标准工资、合同工资、谈判工资。指本单位在报告期内（季度或年度）支付给本单位在岗职工的按照法定工作时间提供正常工作的劳动报酬。各单位给个人确定的底薪可作为基本工资。包括工龄工资。

基本工资不含定时、定额发放的各种奖金、各种津贴和补贴、加班工资，也不包括补发的上一季度或上一年度的基本工资。

【绩效工资】也可称为效益工资、业绩工资。指根据本单位利润增长和工作业绩定期支付给本单位在岗职工的奖金；支付给本单位从业人员的超额劳动报酬和增收节支的劳动报酬。具体包括：值加班工资、绩效奖金（如年度、季度、月度等）、全勤奖、生产奖、节约奖、劳动竞赛奖和其他名目的奖金；以及某工作事项完成后的提成工资、年底双薪等。但不包括入股分红、股权激励兑现的钱和各种资本性收益。

【工资性津贴和补贴】指本单位制定的员工相关工资政策中，为补偿本单位在岗职工特殊或额外的劳动消耗和因其他特殊原因支付的津贴，以及为保证其工资水平不受物价影响而支付的物价补贴。具体包括：补偿特殊或额外劳动消耗的津贴及岗位性津贴、保健性津贴、技术性津贴、地区津贴和其他津贴。如：过节费、通讯补贴、交通补贴、不休假补贴、无食堂补贴、单位发的可自行支配的住房补贴以及为员工缴纳的各种商业性保险等。上述各种项目既包括货币性质的，也包括实物性质的以及各种形式的充值卡、购物卡（券）等。

【其他工资】指上述基本工资、绩效工资、工资性津贴和补贴三类工资均不能包括的发给在岗职工的工资，如补发上一年度的工资等。

【劳务派遣人员工资总额】指实际用工单位（派遣人员的使用方）在一定时期内为使用劳务派遣人员而付出的劳动报酬总额，包括用工单位负担的基本工资、加班工资、绩效工资以及各种津贴、补贴等，但不包括因使用派遣人员而支付的管理费用和其他用工成本。

【其他从业人员工资总额】指本单位在报告期内直接支付给本单位其他从业人员的全部劳动报酬。

【从业人员平均工资】指本单位从业人员在报告期内平均每人所得的工资额。计算公式为：

从业人员平均工资 = 从业人员工资总额 ÷ 从业人员平均人数

【在岗职工平均工资】指本单位在岗职工在报告期内平均每人所得的工资额。计算公式为：

在岗职工平均工资 = 在岗职工工资总额 ÷ 在岗职工平均人数

【劳务派遣人员平均工资】指本单位劳务派遣人员在报告期内平均每人所得的工资额。计算公式为：

劳务派遣人员平均工资 = 劳务派遣人员工资总额 ÷ 劳务派遣人员平均人数

【其他从业人员平均工资】本单位其他从业人员在报告期内平均每人所得的工资额。计算公式为：

其他从业人员平均工资 = 其他从业人员工资总额 ÷ 其他从业人员平均人数

【单位数】根据国家统计局有关文件规定，工资统计原则上以填报基层年报表（I102-2 表）的单位作为计算单位数的依据。但是，目前有些地区的工资统计报表仍然采用由主管部门整体上报，例如县教育局将全县范围内的所有中小学统一报到当地统计局，该指标主要针对这种情况设置。单位需要填报本报表数据所包括的法人单位个数。

固定资产投资、房地产开发与建筑业

责任编辑
许　敏　　张新斌
刘严妍　　黄继东
于剑锋

3-1 全社会固定资产

年 份	全社会固定资产投资额	按隶属关系分组		按城乡分组			
		中央	地方	城镇投资			农村投资
					建设项目	房地产	
1978	28454	6204	22250	28454	28454		
1979	31194	6936	24258	31194	31194		
1980	60534	12556	47978	60534	60529		
1981	66784	13607	53177	66784	65807		
1982	75748	15144	60604	75748	75309		
1983	88661	23775	64886	84739	84258		
1984	125052	38537	86515	116219	115945		8833
1985	239158	60025	179133	220724	219883		18434
1986	317034	79663	237371	297194	296230		19840
1987	421164	112971	308193	381830	379227		39334
1988	440073	122962	317111	393153	391247		46920
1989	370504	57189	313315	313522	308157		56982
1990	445093	73488	371605	397522	349587	46718	47571
1991	606282	71378	534904	541765	477827	62771	64517
1992	935091	111515	823576	794201	657535	135592	140890
1993	2152691	325757	1826934	1770904	1360987	405385	381787
1994	2519041	239308	2279733	2185098	1528491	654057	333943
1995	2371131	264963	2106168	2078537	1344303	733054	292594
1996	2372163	305594	2066569	2075982	1429457	642025	296181
1997	2622393	531201	2091192	2334742	1691849	642334	287651
1998	2634998	614371	2020627	2243275	1614700	628575	391723
1999	2228221	450930	1777291	1830746	1152888	675750	397475
2000	2685224	350647	2334577	2314529	1242495	1068654	368289
2001	3051095	244005	2807090	2540105	1381739	1154946	514400
2002	3679483	350822	3328661	3048048	1786413	1252030	631435
2003	5069032	416145	4652887	4065425	2554062	1511363	1003607
2004	7162184	680650	6481534	5803591	3715736	2087855	1358593
2005	11104875	1063861	9754066	8568076	5914700	2653376	2536799
2006	14694899	1261384	13433515	12116882	8744534	3372348	2578017
2007	19307583	2504675	16802908	16166199	12087887	4078312	3141384
2008	25133766	2618551	22515215	21345009	16386849	4958160	3788757
2009	32735140	2955458	29779682	28276822	22487401	5789421	4458318
2010	40478904	2391834	38087070	38623835	30943633	7680202	1855069
2011	45535585	2247675	43287910	42270957	31196327	11074630	3264628
2012	56243965	1834251	54409714	50640110	36674906	13965204	5603855
2013	64781048	2729527	62051521	58436141	41332556	17103585	6344907
2014	67736333	2567668	65168665		53442980	14293353	

注：1. 从2011年开始，国家统计局调整了建设项目统计起点，由原来的50万元提高到500万元。为可比，2010年固定资产投资调整为35039195万元（不含农户数据）。
2. 2011年以后数据为固定资产投资数据（不含农户数据）。
3. 2011年全社会固定资产投资（含农户）为45800585万元；2012年全社会固定资产投资（含农户）为56540965万元；2013年65111048万元；2014年68076333万元。
4. 2014年国家统计局取消城乡分组。

投 资 （1978-2014年）

单位：万元

按产业分组				施工面积（万平方米）		竣工面积（万平方米）	
一产	二产	# 工业	三产	合计	# 住宅	合计	# 住宅
4249	15157	14908	9048	167.2	66.9	86.6	33.8
4399	14909	14195	11886	210.6	130.7	102.6	67.7
5598	36178	32437	18758	299.1	167.1	150.7	89.3
4023	40238	39162	22523	329.6	201.1	175.5	110.8
4223	37092	35836	34433	369.7	231.8	194.3	131.1
6668	37185	35957	44808	480.8	326.5	293.0	222.6
5689	46973	45916	72390	524.6	336.6	318.9	230.4
4198	112850	92134	122110	729.6	468.3	357.5	268.1
5438	134149	128721	177447	803.3	502.3	494.5	369.6
4301	195415	190879	221448	814.1	480.7	450.8	311.1
6493	232559	225547	201021	925.4	566.8	496.9	337.7
1995	151965	147226	216544	856.1	550.0	513.9	348.3
1229	218015	213669	225849	720.3	424.0	452.1	280.7
11391	361573	333181	233318	783.0	435.5	453.3	273.6
18081	467906	450729	449104	975.9	607.7	553.9	414.6
28075	1088127	1072290	1036489	1624.4	864.0	742.2	536.6
37364	1113045	1034846	1368632	1738.3	740.9	706.5	367.5
39215	864650	842529	1467266	1618.5	842.7	773.9	516.2
44980	962163	952138	1365020	1471.3	717.6	648.4	409.0
38002	979824	972894	1604567	1365.2	662.0	571.4	362.7
101358	829667	868747	1703972	1430.7	722.7	679.3	369.8
85289	550212	513604	1592720	1428.6	744.7	683.3	421.9
55629	711290	667710	1918305	1668.1	946.2	819.3	540.7
97523	1025380	989279	1928192	1701.0	1005.3	770.0	509.8
171670	1180880	1072738	2326933	2035.1	1112.0	904.5	529.1
240796	1783094	1668959	3045142	2261.3	1123.7	951.6	505.3
335316	2015508	1942376	4811360	2704.7	1043.4	1255.1	404.2
534946	3982843	3868581	6587087	3174.4	1338.1	1166.1	440.9
565265	5644962	5372608	8484672	4173.2	1879.5	1595.3	515.3
690610	7961878	7865930	10655095	5549.0	2295.0	1470.8	456.2
1322796	9941336	9805994	13869634	5755.6	3246.2	1933.7	657.3
1636468	13668059	13388644	17430613	5699.2	2882.8	1419.0	537.7
2390348	15241753	15033467	22846803	10992.5	4217.8	1510.9	528.5
1829233	13991648	13407704	29714704	10718.7	5163.1	1603.9	826.8
2042271	18440980	16787473	35760714	10294.4	4925.1	2009.8	656.0
2171463	20918251	20083065	41691334	10868.3	4979.8	1801.3	851.0
2333554	21958294	21958294	43444485	9946.5	4716.5	1461.7	588.0

3-2 建筑业主要指标（1978-2014年）

年份	企业个数（个）	建筑业总产值（万元）	施工面积（万平方米）	竣工面积（万平方米）	利润总额（万元）	平均人数（人）	增加值（万元）
1978	27	18409	148.2	78.0		35013	9000
1979	25	21355	197.0	96.8		41851	9000
1980	35	28213	223.9	115.6	2954	49582	14000
1981	50	37760	310.6	174.1	4736	95683	14000
1982	206	49917	350.3	200.4	6303	107029	19000
1983	229	60115	379.6	202.0	5701	117557	20000
1984	257	77128	446.2	245.5	8947	135653	32000
1985	292	115027	612.4	334.6	11175	158110	39000
1986	458	148649	652.7	395.9	12757	191366	47000
1987	521	187884	686.7	407.2	15696	214670	65000
1988	551	228338	775.6	435.1	15580	225729	85000
1989	453	244625	722.9	440.5	15364	205461	99000
1990	405	241560	554.3	375.3	12470	193039	103000
1991	398	307941	603.6	368.3	12446	199730	97000
1992	454	510534	971.0	524.3	20818	236000	148000
1993	507	868751	1387.3	654.1	34026	321930	217000
1994	665	1053074	1800.7	741.3	38576	281598	241900
1995	647	1057537	1509.0	636.4	33955	253772	308319
1996	623	1010655	1345.7	575.7	32807	239907	331857
1997	709	1003640	1241.2	516.7	22501	227841	323793
1998	802	963407	1265.6	550.6	-15197	222439	314441
1999	772	1218874	1447.9	683.3	28782	236780	359605
2000	692	1484049	1763.0	942.7	43123	245942	440300
2001	765	1999205	1908.8	1028.4	72714	273236	528500
2002	648	2120273	2036.2	1088.2	72516	261824	634300
2003	707	2681495	2477.1	1294.6	86122	299256	854300
2004	838	3606260	3135.8	1875.4	160765	341085	1159000
2005	938	4538201	3728.2	1960.0	217161	378279	1425784
2006	1063	5465749	4332.1	2327.4	243709	456004	1702000
2007	1102	6082489	4773.3	2112.7	283707	451257	1917141
2008	1171	7045855	5390.7	2217.4	312344	464108	2220532
2009	1300	9625919	6387.2	2989.0	510519	579675	2538642
2010	1364	13218920	8664.6	4209.2	794569	777875	3150147
2011	1515	17018187	10006.0	3834.6	927830	1031846	3881721
2012	1582	20313970	12246.5	5142.3	973546	467633	4273765
2013	1644	22874031	11206.0	4940.0	1202403	549822	4534103
2014	1621	20877308	10543.4	3686.4	908421	559334	4828928

3-3 固定资产投资完成情况

单位：万元

指　　标	合计	建设项目	房地产
总计	**67736333**	**53442980**	**14293353**
#住宅	10699083	52056	10647027
一、按隶属关系分			
中央	2567668	2117631	450037
省（自治区、直辖市）	133179	133179	
地区（州、盟、省辖市）	9368508	8178147	1190361
县（旗、县级市）	9611126	8941207	669919
其他	46055852	34072816	11983036
二、按注册类型分			
内资企业	62340637	51473880	10866757
国有企业	17763461	17538212	225249
集体企业	1141174	1141174	
股份合作企业	50227	35327	14900
联营企业	58443	58443	
国有联营企业	25503	25503	
其他联营企业	32940	32940	
有限责任公司	15006273	9171809	5834464
国有独资公司	3094839	2774179	320660
其他有限责任公司	11911434	6397630	5513804
股份有限公司	3467498	3084323	383175
私营企业	22513963	18198911	4315052
私营独资企业	4309913	4209476	100437
私营合伙企业	9708	9708	
私营有限责任公司	17722568	13679404	4043164
私营股份有限公司	471774	300323	171451
其他企业	2339598	2245681	93917
港、澳、台商投资企业	3373744	511190	2862554
合资经营企业（港或澳、台资）	1626660	105510	1521150
港、澳、台商独资经营企业	1660007	321993	1338014
港、澳、台商投资股份有限公司	54190	50800	3390
其他港、澳、台商投资企业	32887	32887	
外商投资企业	2005652	1441610	564042
中外合资经营企业	1236138	901187	334951
中外合作经营企业	8500	8500	
外资企业	735679	519633	216046

3-3　续表 1　　　　单位：万元

指　　标	合计	建设项目	房地产
外商投资股份有限公司	25335	12290	13045
其他外商投资企业			
个体经营	16300	16300	
三、按控股情况分			
国有控股	24066594	22411556	1655038
集体控股	1844593	1706691	137902
私人控股	30580563	24430967	6149596
港澳台商控股	2887029	436625	2450404
外商控股	1792894	1179348	613546
四、按三次产业分			
第一产业	2333554	2333554	
第二产业	21958294	21958294	
#工业	21958294	21958294	
第三产业	43444485	29151132	14293353
五、按行业门类和行业大类分			
农、林、牧、渔业	2333554	2333554	
采矿业	95987	95987	
制造业	20117973	20117973	
电力、热力、燃气及水生产和供应业	1744334	1744334	
批发和零售业	1072743	1072743	
交通运输、仓储和邮政业	5986513	5986513	
住宿和餐饮业	770935	770935	
信息传输、软件和信息技术服务业	843996	843996	
金融业	492733	492733	
房地产业	15464295	1170942	14293353
租赁和商务服务业	2287955	2287955	
科学研究和技术服务业	969222	969222	
水利、环境和公共设施管理业	12735566	12735566	
居民服务、修理和其他服务业	770253	770253	
教育	923859	923859	
卫生和社会工作	242899	242899	
文化、体育和娱乐业	831079	831079	
公共管理、社会保障和社会组织	52437	52437	

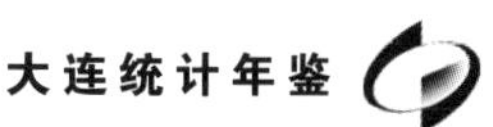

3-4 500万元以上建设项目完成情况

单位：万元

指　标	合 计	指　标	合 计
计划总投资	134174545	#旧建筑物购置费	54116
自开始建设至本年底累计完成投资（或自开始建设累计完成投资）	100878998	土地购置费	2168756
本年完成投资（或自年初累计完成投资）	53442980	本年新增固定资产	36317776
#住宅	52056	本年施工房屋面积（平方米）	36668005
建筑工程	39204610	#住宅（平方米）	758552
安装工程	4948155	本年竣工房屋面积（平方米）	7353355
设备工器具购置	6912149	#住宅	107830
#购置旧设备	58735	施工项目个数（个）	2813
用于更新的设备	1472532	#本年新开工（个）	1451
其他费用	2378066	本年投产项目个数　（个）	1964

3-5 500万元以上建设项目投资资金来源

单位：万元

指　标	合 计	指　标	合 计
一、本年资金来源合计	**56685898**	#外商直接投资	258476
上年末结余资金	3265904	自筹资金	35904479
本年资金来源小计	53419994	#企、事业单位自有资金	7495102
#国家预算内资金	3957908	其他资金来源	583044
国内贷款	12635227	**二、各项应付款合计**	2229366
利用外资	339336	#工程款	1706153

3-6 500万元以上建设项目投资分组

单位：万元

指　标	合　计	指　标	合　计
总计	**53442980**	外商投资企业	1441610
一、按隶属关系分		中外合资经营企业	901187
中央	2117631	中外合作经营企业	8500
省（自治区、直辖市）	133179	外资企业	519633
地区（州、盟、省辖市）	8178147	外商投资股份有限公司	12290
县（旗、县级市）	8941207	个体经营	16300
其他	34072816	**三、按控股情况分**	
二、按注册类型分		国有控股	22411556
内资企业	51473880	集体控股	1706691
国有企业	17538212	私人控股	24430967
集体企业	1141174	港澳台商控股	436625
股份合作企业	35327	外商控股	1179348
联营企业	58443	**四、按三次产业分**	
国有联营企业	25503	第一产业	2333554
其他联营企业	32940	第二产业	21958294
有限责任公司	9171809	#工业	21958294
国有独资公司	2774179	第三产业	29151132
其他有限责任公司	6397630	**五、按行业门类和行业大类分**	53442980
股份有限公司	3084323	农、林、牧、渔业	2333554
私营企业	18198911	农业	842943
私营独资企业	4209476	谷物种植	3500
私营合伙企业	9708	豆类、油料和薯类种植	12710
私营有限责任公司	13679404	豆类种植	6610
私营股份有限公司	300323	薯类种植	6100
其他企业	2245681	棉、麻、糖、烟草种植	22972
港、澳、台商投资企业	511190	蔬菜、食用菌及园艺作物种植	436889
合资经营企业（港或澳、台资）	105510	蔬菜种植	141237
港、澳、台商独资经营企业	321993	食用菌种植	18993
港、澳、台商投资股份有限公司	50800	花卉种植	243109
其他港、澳、台商投资企业	32887	其他园艺作物种植	33550

3-6　续表1　　　　单位：万元

指　　标	合　计	指　　标	合　计
水果种植	273481	非金属矿采选业	48987
仁果类和核果类水果种植	143749	土砂石开采	30559
葡萄种植	7680	#石灰石、石膏开采	17284
其他水果种植	122052	建筑装饰用石开采	8310
其他农业	93391	#粘土及其他土砂石开采	4965
林业	56401	石棉及其他非金属矿采选	18428
林木育种和育苗	56401	开采辅助活动	16000
林木育种	28215	制造业	20117973
林木育苗	21910	农副食品加工业	1391343
造林和更新	6276	谷物磨制	15000
畜牧业	43718	饲料加工	125846
牲畜饲养	4300	植物油加工	76064
家禽饲养	19213	食用植物油加工	62064
#鸡的饲养	18188	非食用植物油加工	14000
鸭的饲养	1025	屠宰及肉类加工	210174
狩猎和捕捉动物	7900	牲畜屠宰	990
其他畜牧业	12305	禽类屠宰	36870
渔业	876235	肉制品及副产品加工	172314
水产养殖	869584	水产品加工	759000
水产捕捞	6651	水产品冷冻加工	479252
农、林、牧、渔服务业	514257	鱼糜制品及水产品干腌制加工	58720
农业服务业	332951	水产饲料制造	53525
灌溉服务	2000	鱼油提取及制品制造	32900
农产品初加工服务	201741	其他水产品加工	134603
其他农业服务	129210	蔬菜、水果和坚果加工	74242
林业服务业	31481	蔬菜加工	23482
畜牧服务业	9325	水果和坚果加工	50760
渔业服务业	140500	其他农副食品加工	131017
采矿业	95987	淀粉及淀粉制品制造	4350
有色金属矿采选业	31000	豆制品制造	33100

3-6 续表 2

单位：万元

指　　标	合　计	指　　标	合　计
其他未列明农副食品加工	93567	果菜汁及果菜汁饮料制造	3300
食品制造业	460070	纺织业	179778
焙烤食品制造	20802	棉纺织及印染精加工	4650
糕点、面包制造	16102	丝绢纺织及印染精加工	24700
饼干及其他焙烤食品制造	4700	化纤织造及印染精加工	81011
糖果、巧克力及蜜饯制造	20240	针织或钩针编织物及其制品制造	4960
方便食品制造	50000	家用纺织制成品制造	27595
米、面制品制造	46000	毛巾类制品制造	3195
速冻食品制造	4000	其他家用纺织制成品制造	24400
罐头食品制造	202412	非家用纺织制成品制造	36862
肉、禽类罐头制造	44653	纺织服装、服饰业	303218
水产品罐头制造	51164	机织服装制造	235674
蔬菜、水果罐头制造	106595	针织或钩针编织服装制造	44944
调味品、发酵制品制造	22328	服饰制造	22600
酱油、食醋及类似制品制造	22303	皮革、毛皮、羽毛及其制品和制鞋业	21670
其他调味品、发酵制品制造	25	毛皮鞣制及制品加工	3445
其他食品制造	144288	羽毛（绒）加工及制品制造	13025
保健食品制造	31008	制鞋业	5200
冷冻饮品及食用冰制造	15400	木材加工和木、竹、藤、棕、草制品业	412979
盐加工	25900	木材加工	125754
其他未列明食品制造	71980	锯材加工	21050
酒、饮料和精制茶制造业	133477	木片加工	5304
酒的制造	119427	单板加工	95000
白酒制造	64680	其他木材加工	4400
啤酒制造	26635	人造板制造	69672
葡萄酒制造	24912	刨花板制造	4126
其他酒制造	3200	其他人造板制造	65546
饮料制造	14050	木制品制造	194353
碳酸饮料制造	4450	建筑用木料及木材组件加工	37000
瓶（罐）装饮用水制造	6300	木门窗、楼梯制造	27000

3-6 续表 3

单位：万元

指　　标	合　计	指　　标	合　计
地板制造	98453	初级形态塑料及合成树脂制造	6600
软木制品及其他木制品制造	31900	合成橡胶制造	4997
竹、藤、棕、草等制品制造	23200	合成纤维单（聚合）体制造	4669
竹制品制造	9400	其他合成材料制造	61987
藤制品制造	13800	专用化学产品制造	876964
家具制造业	463911	化学试剂和助剂制造	266457
木质家具制造	401804	专项化学用品制造	42280
其他家具制造	62107	其他专用化学产品制造	568227
造纸和纸制品业	232675	日用化学产品制造	4800
造纸	31533	医药制造业	353136
纸制品制造	201142	化学药品原料药制造	39924
纸和纸板容器制造	163449	化学药品制剂制造	73150
其他纸制品制造	37693	中药饮片加工	16000
印刷和记录媒介复制业	4880	中成药生产	33500
文教、工美、体育和娱乐用品制造业	21624	生物药品制造	185562
工艺美术品制造	21624	卫生材料及医药用品制造	5000
雕塑工艺品制造	15424	化学纤维制造业	73010
金属工艺品制造	6200	合成纤维制造	73010
石油加工、炼焦和核燃料加工业	169762	涤纶纤维制造	46450
化学原料和化学制品制造业	2688243	其他合成纤维制造	26560
基础化学原料制造	1539808	橡胶和塑料制品业	509822
无机碱制造	86048	橡胶制品业	41273
有机化学原料制造	1134477	轮胎制造	25703
其他基础化学原料制造	319283	橡胶板、管、带制造	4070
肥料制造	36747	橡胶零件制造	11500
有机肥料及微生物肥料制造	30122	塑料制品业	468549
其他肥料制造	6625	塑料薄膜制造	20700
农药制造	103018	塑料板、管、型材制造	142152
涂料、油墨、颜料及类似产品制造	48653	塑料丝、绳及编织品制造	32986
合成材料制造	78253	泡沫塑料制造	25988

3-6 续表 4 单位：万元

指　　标	合　计	指　　标	合　计
塑料包装箱及容器制造	69200	石墨及碳素制品制造	71535
日用塑料制品制造	63000	其他非金属矿物制品制造	8660
塑料零件制造	36860	黑色金属冶炼和压延加工业	655412
其他塑料制品制造	77663	炼铁	3000
非金属矿物制品业	911089	黑色金属铸造	548938
水泥、石灰和石膏制造	20361	钢压延加工	103474
石膏、水泥制品及类似制品制造	299750	有色金属冶炼和压延加工业	222141
水泥制品制造	127723	常用有色金属冶炼	69800
砼结构构件制造	63657	有色金属合金制造	48000
轻质建筑材料制造	93955	有色金属铸造	49241
其他水泥类似制品制造	14415	有色金属压延加工	55100
砖瓦、石材等建筑材料制造	251627	金属制品业	916317
粘土砖瓦及建筑砌块制造	9500	结构性金属制品制造	396091
建筑用石加工	93400	金属结构制造	375674
防水建筑材料制造	14300	金属门窗制造	20417
隔热和隔音材料制造	49614	金属工具制造	75448
其他建筑材料制造	84813	切削工具制造	57863
玻璃制造	81988	其他金属工具制造	17585
平板玻璃制造	69600	集装箱及金属包装容器制造	46866
其他玻璃制造	12388	集装箱制造	4566
玻璃制品制造	58719	金属压力容器制造	31300
玻璃仪器制造	3610	金属包装容器制造	11000
玻璃保温容器制造	709	金属丝绳及其制品制造	51663
其他玻璃制品制造	54400	建筑、安全用金属制品制造	103355
玻璃纤维和玻璃纤维增强塑料制品制造	7000	建筑、家具用金属配件制造	13300
陶瓷制品制造	103753	建筑装饰及水暖管道零件制造	7500
特种陶瓷制品制造	92773	安全、消防用金属制品制造	20400
园林、陈设艺术及其他陶瓷制品制造	10980	其他建筑、安全用金属制品制造	62155
耐火材料制品制造	7696	金属表面处理及热处理加工	91156
石墨及其他非金属矿物制品制造	80195	金属制日用品制造	9280

3-6　续表 5　　　　单位：万元

指　　标	合　计	指　　标	合　计
其他金属制品制造	142458	齿轮及齿轮减、变速箱制造	171000
锻件及粉末冶金制品制造	45758	其他传动部件制造	55900
其他未列明金属制品制造	96700	烘炉、风机、衡器、包装等设备制造	221373
通用设备制造业	4237387	烘炉、熔炉及电炉制造	75300
锅炉及原动设备制造	262821	风机、风扇制造	51578
锅炉及辅助设备制造	72152	气体、液体分离及纯净设备制造	12217
内燃机及配件制造	31850	制冷、空调设备制造	82278
汽轮机及辅机制造	42000	文化、办公用机械制造	14480
水轮机及辅机制造	23067	照相机及器材制造	4560
风能原动设备制造	29752	其他文化、办公用机械制造	9920
其他原动设备制造	64000	通用零部件制造	364628
金属加工机械制造	917497	金属密封件制造	18500
金属切削机床制造	54880	紧固件制造	31000
金属成形机床制造	167784	弹簧制造	8665
铸造机械制造	180274	机械零部件加工	289454
金属切割及焊接设备制造	29433	其他通用零部件制造	17009
机床附件制造	30057	其他通用设备制造业	153234
其他金属加工机械制造	455069	专用设备制造业	1403052
物料搬运设备制造	267705	采矿、冶金、建筑专用设备制造	82091
轻小型起重设备制造	16400	矿山机械制造	35974
起重机制造	182250	建筑工程用机械制造	27988
生产专用车辆制造	58880	冶金专用设备制造	18129
电梯、自动扶梯及升降机制造	10175	化工、木材、非金属加工专用设备制造	657137
泵、阀门、压缩机及类似机械制造	278705	炼油、化工生产专用设备制造	17720
泵及真空设备制造	129831	橡胶加工专用设备制造	103662
气体压缩机械制造	30045	塑料加工专用设备制造	96250
阀门和旋塞制造	81803	木材加工机械制造	27663
液压和气压动力机械及元件制造	37026	模具制造	333616
轴承、齿轮和传动部件制造	1756944	其他非金属加工专用设备制造	78226
轴承制造	1530044	食品、饮料、烟草及饲料生产专用设备制造	126920

3-6 续表 6

单位：万元

指　　标	合　计	指　　标	合　计
食品、酒、饮料及茶生产专用设备制造	88170	铁路专用设备及器材、配件制造	62930
烟草生产专用设备制造	8400	城市轨道交通设备制造	10970
饲料生产专用设备制造	30350	船舶及相关装置制造	854647
印刷、制药、日化及日用品生产专用设备制造	137636	金属船舶制造	156320
制浆和造纸专用设备制造	13800	娱乐船和运动船制造	161519
印刷专用设备制造	10165	船用配套设备制造	454816
照明器具生产专用设备制造	109771	船舶改装与拆除	81992
玻璃、陶瓷和搪瓷制品生产专用设备制造	3900	航空、航天器及设备制造	15066
纺织、服装和皮革加工专用设备制造	70339	航空、航天相关设备制造	9566
电子和电工机械专用设备制造	24212	其他航空航天器制造	5500
电工机械专用设备制造	19727	摩托车制造	15000
电子工业专用设备制造	4485	潜水救捞及其他未列明运输设备制造	100361
农、林、牧、渔专用机械制造	45522	电气机械和器材制造业	938973
拖拉机制造	18500	电机制造	147578
棉花加工机械制造	7500	发电机及发电机组制造	34815
其他农、林、牧、渔业机械制造	19522	电动机制造	54238
医疗仪器设备及器械制造	120910	微电机及其他电机制造	58525
假肢、人工器官及植（介）入器械制造	4000	输配电及控制设备制造	537878
其他医疗设备及器械制造	116910	变压器、整流器和电感器制造	183003
环保、社会公共服务及其他专用设备制造	138285	电容器及其配套设备制造	121664
环境保护专用设备制造	58520	配电开关控制设备制造	118424
其他专用设备制造	79765	电力电子元器件制造	96165
汽车制造业	1264115	其他输配电及控制设备制造	18622
汽车整车制造	722832	电线、电缆、光缆及电工器材制造	73067
改装汽车制造	8967	电线、电缆制造	70067
汽车零部件及配件制造	532316	其他电工器材制造	3000
铁路、船舶、航空航天和其他运输设备制造业	1127426	电池制造	48800
铁路运输设备制造	131382	家用电力器具制造	15999
铁路机车车辆及动车组制造	55452	家用制冷电器具制造	8500
铁路机车车辆配件制造	13000	其他家用电力器具制造	7499

3-6 续表 7 单位：万元

指 标	合 计	指 标	合 计
非电力家用器具制造	21900	电工仪器仪表制造	6600
照明器具制造	49460	绘图、计算及测量仪器制造	12000
电光源制造	14900	供应用仪表及其他通用仪器制造	12595
照明灯具制造	34560	专用仪器仪表制造	18000
其他电气机械及器材制造	44291	导航、气象及海洋专用仪器制造	17000
电气信号设备装置制造	28486	其他专用仪器制造	1000
其他未列明电气机械及器材制造	15805	其他仪器仪表制造业	22080
计算机、通信和其他电子设备制造业	435939	其他制造业	101826
计算机制造	65590	废弃资源综合利用业	274931
计算机零部件制造	46150	金属废料和碎屑加工处理	103147
其他计算机制造	19440	非金属废料和碎屑加工处理	171784
通信设备制造	85000	金属制品、机械和设备修理业	77762
通信系统设备制造	76200	金属制品修理	12050
通信终端设备制造	8800	铁路、船舶、航空航天等运输设备修理	58350
广播电视设备制造	24659	船舶修理	36850
雷达及配套设备制造	45180	其他运输设备修理	21500
视听设备制造	25483	其他机械和设备修理业	7362
音响设备制造	21580	电力、热力、燃气及水生产和供应业	1744334
影视录放设备制造	3903	电力、热力生产和供应业	1072688
电子器件制造	74800	电力生产	762178
半导体分立器件制造	5700	火力发电	215671
集成电路制造	60000	核力发电	433867
光电子器件及其他电子器件制造	9100	风力发电	20000
电子元件制造	18650	太阳能发电	89000
电子元件及组件制造	18500	其他电力生产	3640
印制电路板制造	150	电力供应	154479
其他电子设备制造	96577	热力生产和供应	156031
仪器仪表制造业	132005	燃气生产和供应业	194279
通用仪器仪表制造	91925	水的生产和供应业	477367
工业自动控制系统装置制造	60730	自来水生产和供应	224840

3-6 续表 8

单位：万元

指 标	合 计	指 标	合 计
污水处理及其再生利用	244997	服装零售	5646
其他水的处理、利用与分配	7530	汽车、摩托车、燃料及零配件专门零售	254320
批发和零售业	1072743	汽车零售	245640
批发业	278765	汽车零配件零售	8680
农、林、牧产品批发	14981	家用电器及电子产品专门零售	500
食品、饮料及烟草制品批发	42418	五金、家具及室内装饰材料专门零售	16829
果品、蔬菜批发	42268	货摊、无店铺及其他零售业	63769
肉、禽、蛋、奶及水产品批发	150	生活用燃料零售	8668
纺织、服装及家庭用品批发	9634	其他未列明零售业	55101
矿产品、建材及化工产品批发	60411	交通运输、仓储和邮政业	5986513
石油及制品批发	23656	铁路运输业	308000
建材批发	35200	铁路旅客运输	285000
化肥批发	1555	铁路货物运输	23000
机械设备、五金产品及电子产品批发	56299	道路运输业	1206852
汽车批发	500	城市公共交通运输	681181
其他机械设备及电子产品批发	55799	公共电汽车客运	39850
贸易经纪与代理	34400	城市轨道交通	619122
其他批发业	60622	其他城市公共交通运输	22209
再生物资回收与批发	46579	公路旅客运输	93312
其他未列明批发业	14043	道路货物运输	189772
零售业	793978	道路运输辅助活动	242587
综合零售	435491	客运汽车站	8687
百货零售	174332	公路管理与养护	222950
超级市场零售	223955	其他道路运输辅助活动	10950
其他综合零售	37204	水上运输业	2257392
食品、饮料及烟草制品专门零售	16997	水上旅客运输	7000
果品、蔬菜零售	13000	水上货物运输	107992
肉、禽、蛋、奶及水产品零售	3997	远洋货物运输	94492
纺织、服装及日用品专门零售	6072	沿海货物运输	13500
纺织品及针织品零售	426	水上运输辅助活动	2142400

3-6 续表 9 单位：万元

指 标	合 计	指 标	合 计
客运港口	18618	集成电路设计	50500
货运港口	2029405	其他信息技术服务业	64836
其他水上运输辅助活动	94377	金融业	492733
航空运输业	471185	货币金融服务	27054
管道运输业	138238	资本市场服务	426564
装卸搬运和运输代理业	265852	证券市场服务	339858
装卸搬运	127384	期货市场服务	27712
运输代理业	138468	资本投资服务	58994
仓储业	1338994	保险业	2834
谷物、棉花等农产品仓储	577355	财产保险	2834
谷物仓储	535288	其他金融业	36281
其他农产品仓储	42067	房地产业	1170942
其他仓储业	761639	房地产业	1170942
住宿和餐饮业	770935	房地产开发经营	713302
住宿业	643809	物业管理	70975
旅游饭店	606889	自有房地产经营活动	254760
一般旅馆	36920	其他房地产业	131905
餐饮业	127126	租赁和商务服务业	2287955
正餐服务	73749	商务服务业	2287955
其他餐饮业	53377	企业管理服务	1735255
信息传输、软件和信息技术服务业	843996	企业总部管理	950426
电信、广播电视和卫星传输服务	28170	投资与资产管理	719755
电信	28170	其他企业管理服务	65074
固定电信服务	21068	咨询与调查	72885
其他电信服务	7102	旅行社及相关服务	169610
互联网和相关服务	49610	旅行社服务	5800
软件和信息技术服务业	766216	旅游管理服务	163810
软件开发	589380	其他商务服务业	310205
信息系统集成服务	42500	市场管理	95750
数据处理和存储服务	19000	会议及展览服务	78800

3-6 续表 10 单位：万元

指　　标	合　计	指　　标	合　计
包装服务	6450	防洪除涝设施管理	261408
办公服务	2406	水资源管理	18876
其他未列明商务服务业	126799	天然水收集与分配	34840
科学研究和技术服务业	969222	其他水利管理业	21778
研究和试验发展	426294	生态保护和环境治理业	203074
自然科学研究和试验发展	72713	生态保护	2520
工程和技术研究和试验发展	195980	环境治理业	200554
农业科学研究和试验发展	71001	水污染治理	114404
医学研究和试验发展	86600	大气污染治理	6000
专业技术服务业	327205	固体废物治理	35150
气象服务		其他污染治理	45000
海洋服务	600	公共设施管理业	12195590
测绘服务	27000	市政设施管理	10939893
质检技术服务	12450	环境卫生管理	22352
环境与生态监测	7072	城乡市容管理	159533
地质勘查	4500	绿化管理	476577
工程技术	272783	公园和游览景区管理	597235
工程管理服务	143773	公园管理	251580
工程勘察设计	18000	游览景区管理	345655
规划管理	111010	居民服务、修理和其他服务业	770253
其他专业技术服务业	2800	居民服务业	702551
科技推广和应用服务业	215723	家庭服务	9100
技术推广服务	149755	洗染服务	50
农业技术推广服务	14985	理发及美容服务	7800
新材料技术推广服务	102870	洗浴服务	28503
其他技术推广服务	31900	保健服务	1900
科技中介服务	41450	殡葬服务	95171
其他科技推广和应用服务业	24518	其他居民服务业	560027
水利、环境和公共设施管理业	12735566	机动车、电子产品和日用产品修理业	40702
水利管理业	336902	汽车、摩托车修理与维护	13154

3-6　续表 11　　　　单位：万元

指　　标	合　计	指　　标	合　计
计算机和办公设备维修	27548	不提供住宿社会工作	9700
其他服务业	27000	社会看护与帮助服务	7300
教育	923859	其他不提供住宿社会工作	2400
教育	923859	文化、体育和娱乐业	831079
学前教育	17813	广播、电视、电影和影视录音制作业	14500
初等教育	52707	电视	10000
中等教育	111816	电影和影视节目制作	4500
普通初中教育	21389	文化艺术业	218408
普通高中教育	12600	文艺创作与表演	3000
中等职业学校教育	77827	艺术表演场馆	3300
高等教育	478838	图书馆与档案馆	6400
特殊教育	5900	文物及非物质文化遗产保护	8600
技能培训、教育辅助及其他教育	256785	博物馆	109586
职业技能培训	86735	群众文化活动	19200
其他未列明教育	170050	其他文化艺术业	68322
卫生和社会工作	242899	体育	129875
卫生	171382	体育场馆	25110
医院	156400	休闲健身活动	104765
综合医院	145338	娱乐业	468296
专科医院	11062	游乐园	421974
社区医疗与卫生院	12527	其他娱乐业	46322
街道卫生院	11207	公共管理、社会保障和社会组织	52437
乡镇卫生院	1320	国家机构	40722
疾病预防控制中心	2455	国家权力机构	10334
社会工作	71517	国家行政机构	30388
提供住宿社会工作	61817	综合事务管理机构	22974
护理机构服务	13506	公共安全管理机构	5230
老年人、残疾人养护服务	44311	社会事务管理机构	2184
其他提供住宿社会救助	4000	群众团体、社会团体和其他成员组织	11715

3-7 房地产

指 标	总 计	一、按 登 记			
		内资企业	国有企业	股份合作企业	国有独资公司
计划总投资	**71959984**	**51729811**	**956681**	**627946**	**894849**
自开始建设累计完成投资	53919026	39029421	841096	279736	703679
本年完成投资	14293353	10866757	225249	14900	320660
按构成分					
建筑工程	9604731	7145843	173617	5000	236620
安装工程	2023726	1625049	32265		59320
设备工器具购置	232555	193662	11120		600
其他费用	2432341	1902203	8247	9900	24120
# 旧建筑物购置费	6700	6700			5175
土地购置费	2012693	1587794	5548	9900	15663
按工程用途分					
商品住宅	10647027	7982128	182264	14070	222836
# 90 平方米以下	6045288	4678395	181389	10620	40998
144 平方米以上	1536862	1220832	875	104	58735
别墅、高档公寓	732017	470701			
办公楼	725835	623417	1154		50500
商业营业用房	1930690	1423297	26997	720	34415
其他	989801	837915	14834	110	12909
本年新增固定资产	5244955	3528837	65000	177	224434

开 发 投 资

单位：万元

注册类型分					
其他有限责任公司	股份有限公司	私营独资企业	私营有限责任公司	私营股份有限公司	其他企业
24771638	**3840977**	**264300**	**19111366**	**1042364**	**219690**
18955518	1608219	100437	15507415	907942	125379
5513804	383175	100437	4043164	171451	93917
3577584	203612	62022	2725066	115401	46921
821561	149463	10307	510403	41540	190
92379	3050	7520	68583	10410	
1022280	27050	20588	739112	4100	46806
		1525			
824256	27050	13901	642855	3500	45121
3952221	339425	79736	3030251	112816	48509
1949901	183553	65299	2138731	60948	46956
863039	98100		174716	24098	1165
366626	1300		102615		160
333821	1772	500	235615		55
841610	10928	6001	427249	35095	40282
386152	31050	14200	350049	23540	5071
1316555	94472	55195	1726978	46026	

3-7 续表 1

指　　标	港澳台商投资企业	与港澳台商合资经营企业	与港澳台商合资合作经营企业	港澳台商独资经营企业	港澳台商投资股份有限公司	外商投资企业	中外合资经营企业
计划总投资	**15077300**	**8215527**	**66121**	**6765652**	**30000**	**5152873**	**2825826**
自开始建设累计完成投资	10892820	5917250	66121	4882109	27340	3996785	1841281
本年完成投资	2862554	1521150		1338014	3390	564042	334951
按构成分							
建筑工程	2055463	1103433		948640	3390	403425	237738
安装工程	307769	155777		151992		90908	50721
设备工器具购置	18563	8719		9844		20330	6080
其他费用	480759	253221		227538		49379	40412
# 旧建筑物购置费							
土地购置费	391141	198323		192818		33758	33635
按工程用途分							
商品住宅	2245858	1136482		1106486	2890	419041	256862
# 90 平方米以下	1118142	605700		509552	2890	248751	156996
144 平方米以上	287985	230000		57985		28045	25309
别墅、高档公寓	219207	89415		129792		42109	4255
办公楼	100073	58650		41223	200	2345	
商业营业用房	424766	295480		129086	200	82627	47079
其他	91857	30538		61219	100	60029	31010
本年新增固定资产	1422951	850458		572493		293167	212525

单位：万元

		二、按隶属关系分					
外资企业	外商投资股份有限公司	中央	地区（州、盟、省辖市）	县（区、市、旗）	街道	村委会	其他
2305047	**22000**	**3997166**	**4202037**	**1328970**	**254840**	**58397**	**62118574**
2142459	13045	1465019	3014278	1111649	269299	9990	48048791
216046	13045	450037	1190361	669919	107672	9990	11865374
159142	6545	244140	670522	492378	85646	9340	8102705
40187		93492	133189	100768	20672	650	1674955
14250			15500	2124			214931
2467	6500	112405	371150	74649	1354		1872783
				5175			1525
123		108860	361935	51513	1034		1489351
150202	11977	418912	1010130	522010	90866	9990	8595119
82732	9023	275604	499001	254978	75797	9990	4929918
2466	270	63079	56050	26282	2006		1389445
37854			186047	3400	3000		539570
2345		12300	10126	50500			652909
34578	970	10080	103290	70604	10894		1735822
28921	98	8745	66815	26805	5912		881524
80642		190814	180865	102154	8500		4762622

3-7　续表 2

指　　标	三、按资质等级分				
	# 一级	# 二级	# 三级	# 四级	# 暂定
计划总投资	**2930094**	**3029124**	**15171429**	**51225**	**43852928**
自开始建设累计完成投资	2406307	3115847	11544838	51636	32263993
本年完成投资	274830	587451	1933576		10037994
按构成分：					
建筑工程	146877	461915	1545947		6526331
安装工程	52879	55777	231136		1515665
设备工器具购置	31075	183	43033		135717
其他费用	43999	69576	113460		1860281
# 旧建筑物购置费					6700
土地购置费	40000	68078	63878		1531121
按工程用途分：					
商品住宅	81132	460302	1591287		7405925
# 90 平方米以下	48140	314919	1108693		4046618
144 平方米以上	6093	23013	134799		1295678
别墅、高档公寓	1514	62	54493		507312
办公楼	60921	12300	37988		577550
商业营业用房	63942	99790	184799		1335364
其他	68835	15059	119502		719155
本年新增固定资产	18900	236692	825565		3699030

单位：万元

	四、按控股情况分					
# 其他	国有控股	集体控股	私人控股	港澳台商控股	外商控股	其他
6603584	**8935495**	**1467169**	**27686322**	**13121453**	**5193373**	**15556172**
4506743	5184580	1403967	22575657	9337960	3893018	11523844
1429840	1655038	137902	6149596	2450404	613546	3286867
912387	1092668	135010	4182393	1894406	387829	1912425
167909	253982	2200	910144	245203	93448	518749
22547	27894		119102	18560	20330	46669
326997	280494	692	937957	292235	111939	809024
	5175		1525			
296374	248633		768120	201989	102635	691316
1082793	1348314	134033	4437562	1931664	457497	2337957
507280	948874	86236	2712131	970450	196661	1130936
76275	147153	27894	610398	284630	19875	446912
168636	7774		275395	275807	42109	130932
37076	69926		397592	107073	2345	148899
244387	179929	582	838757	315633	91600	504189
65584	56869	3287	475685	96034	62104	295822
448591	529748	13595	2391971	1328717	155660	825264

3-8 房地产开发

指 标	总 计	一、按登记			
		内资企业	国有企业	股份合作企业	国有独资公司
一、本年资金来源合计	21785029	15786879	207383	217824	333415
1. 上年末结余资金	5191296	3262935	5744	13517	39947
2. 本年资金来源小计	16593733	12523944	201639	204307	293468
(1) 国内贷款	4407328	3427121	104000	92700	13300
# 银行贷款	4128573	3246906	104000	35000	
非银行金融机构贷款	278755	180215		57700	13300
(2) 利用外资	172819	500			
# 外商直接投资	165769				
(3) 自筹资金	7092513	5797501	61455	78572	100241
# 自有资金	3027581	2342125	56815		66000
(4) 其他资金来源	4921073	3298822	36184	33035	179927
# 定金及预收款	3062650	1904046	34284	19285	5914
个人按揭贷款	1209039	794643		12912	
二、本年各项应付款	4463038	3597295	105127	59770	50909
# 工程款	2479678	1810498	39727	29494	48273
三、待开发土地面积（平方米）	2730485	2134232	7000		
四、本年购置土地面积（平方米）	3425289	2855039	45115	28439	
五、本年土地成交价款	1728550	1478118	5548	9900	

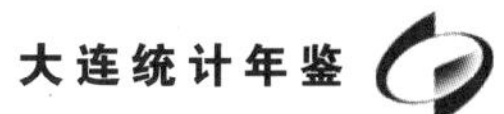

资 金 来 源

单位：万元

注　册　类　型　分					
其他有限责任公司	股份有限公司	私营独资企业	私营有限责任公司	私营股份有限公司	其他企业
7750532	522572	109163	6317033	205429	123528
1633207	82243		1447478	17087	23712
6117325	440329	109163	4869555	188342	99816
1699898	147950	10000	1334773	6000	18500
1677183	66950	10000	1329273	6000	18500
22715	81000		5500		
			500		
2586696	164174	53745	2515457	172149	65012
1370032	30000		796809	22469	
1830731	128205	45418	1018825	10193	16304
1160582	71750	2418	588929	5605	15279
427117	39407		309594	4588	1025
1873001	7557	42085	1424213	27675	6958
903020	4785	40087	716356	22875	5881
1126971		92550	884408	23303	
1324392		239037	1153653	23303	41100
785726		57921	567823	9200	42000

3-8 续表 1

指 标						
	港澳台商投资企业				外商投资企业	
		与港澳台商合资经营企业	港澳台商独资经营企业	港澳台商投资股份有限公司		中外合资经营企业
一、本年资金来源合计	4939690	2739272	2188418	12000	1058460	565296
1. 上年末结余资金	1640669	1093384	545185	2100	287692	125131
2. 本年资金来源小计	3299021	1645888	1643233	9900	770768	440165
(1) 国内贷款	882291	367450	514841		97916	71500
# 银行贷款	783751	367450	416301		97916	71500
非银行金融机构贷款	98540		98540			
(2) 利用外资	145357	6550	138807		26962	26962
# 外商直接投资	138807		138807		26962	26962
(3) 自筹资金	1036071	710949	325122		258941	203845
# 自有资金	603821	413997	189824		81635	38835
(4) 其他资金来源	1235302	560939	664463	9900	386949	137858
# 定金及预收款	920743	455723	455120	9900	237861	106099
个人按揭贷款	273683	72926	200757		140713	31259
二、本年各项应付款	716764	426018	290746		148979	68500
# 工程款	557501	317824	239677		111679	66427
三、待开发土地面积（平方米）	297413	37411	260002		298840	
四、本年购置土地面积（平方米）	493033	227270	265763		77217	74501
五、本年土地成交价款	228674	135585	93089		21758	17000

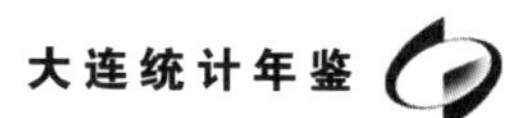

单位：万元

		二、按隶属关系分					
外资企业	外商投资股份有限公司	中央	地区（州、盟、省辖市）	县（区、市、旗）	街道	村委会	其他
493147	17	495050	1972305	698150	94726	7010	18517788
162544	17	43900	692983	52301	49581	1016	4351515
330603		451150	1279322	645849	45145	5994	14166273
26416		235500	503470	9450			3658908
26416		164500	503470	9450			3451153
		71000					207755
			126207				46612
			126207				39562
55096		114248	437176	392744	2397	5994	6139954
42800		63985	280630	205215	790		2476961
249091		101402	212469	243655	42748		4320799
131762		77913	158642	54309	22126		2749660
109454		23489	53030	9992	20622		1101906
67434	13045	61648	228043	174345	42952	3996	3952054
44637	615	25652	177650	50367	8203	3996	2213810
298840		222902	365654	40100			2101829
2716		28439	417727	45115			2934008
4758		9900	210761	5548			1502341

3-8　续表 2

指　　标	三、按资质等级分				
	# 一级	# 二级	# 三级	# 四级	# 暂定
一、本年资金来源合计	276516	1155668	3279197	1515	14934421
1. 上年末结余资金	79041	298413	957696	313	3314820
2. 本年资金来源小计	197475	857255	2321501	1202	11619601
(1) 国内贷款	19400	191885	676186		3079307
# 银行贷款	19400	191885	604266		2872472
非银行金融机构贷款			71920		206835
(2) 利用外资			500		46112
# 外商直接投资					39562
(3) 自筹资金	88271	397362	719017		5126187
# 自有资金	35636	105889	404977		2098157
(4) 其他资金来源	89804	268008	925798	1202	3367995
# 定金及预收款	80947	187082	587631	853	2036068
个人按揭贷款	1357	74563	238508	349	816452
二、本年各项应付款	209669	164616	567156	23965	3035541
# 工程款	89562	37779	326011	6623	1701137
三、待开发土地面积（平方米）	99890		47600		1667009
四、本年购置土地面积（平方米）		33325	63115		2648761
五、本年土地成交价款		6665	11248		1420474

单位：万元

	四、按控股情况分					
# 其他	国有控股	集体控股	私人控股	港澳台商控股	外商控股	其他
2067856	1780063	369792	8785874	3784956	1017062	6047282
532623	254512	17607	1760391	1012712	297431	1848643
1535233	1525551	352185	7025483	2772244	719631	4198639
405550	473093	62100	2093073	714841	98916	965305
405550	388793	4400	2087573	616301	98916	932590
	84300	57700	5500	98540		32715
126207			19650		153169	
126207			12600		153169	
756165	665119	218339	3289612	769419	233468	1916556
382711	371500	89448	1200966	498881	61627	805159
247311	387339	71746	1623148	1287984	234078	1316778
160693	174168	61754	794106	926850	167798	937974
66531	29923	6339	493251	319685	57905	301936
414999	308377	143719	2112949	714673	143225	1040095
303473	161601	28888	1210902	554322	89908	434057
915986	430875		1435033	297413	298840	268324
651649	537027	6000	1519529	318875	74501	969357
280263	175703	3000	630453	118082	17000	784312

3-9 房地产开发施工

指标	总计	一、按登记			
		内资企业	国有企业	股份合作企业	国有独资公司
房屋施工面积	62796574	46928652	972505	486644	1010306
住宅	46406735	34436210	859847	440251	641271
# 90 平米以下住房	26556952	20637591	817847	146751	132651
144 平米以上住房	5796387	4374135	38000	20190	236059
别墅、高档公寓	2803109	1632854			
办公楼	1942503	1473427	21838	2000	77736
商业营业用房	7928530	6011492	39563	43151	196621
其他房屋	6518806	5007523	51257	1242	94678
新开工面积	12221826	9853780	426484	114116	215769
住宅	9392384	7435158	314987	107761	105677
# 90 平米以下住房	5088676	4327651	290987	81351	55440
144 平米以上住房	1457609	892553	24000	796	24560
别墅、高档公寓	578058	478665			
办公楼	269602	254602	21838		33417
商业营业用房	1203086	985927	38402	5513	73540
其他房屋	1356754	1178093	51257	842	3135
房屋竣工面积	7263244	5277258			197846
住宅	5771808	4230800			190039
# 90 平米以下住房	3799418	2652507			55760
144 平米以上住房	538837	429334			134279
别墅、高档公寓	183893	63128			
办公楼	24675	24675			7807
商业营业用房	795722	545493			
其他房屋	671039	476290			
竣工房屋价值 （万元）	2867739	1910421			101180
住宅	2142251	1401985			98840
# 90 平米以下住房	1390687	889996			16644
144 平米以上住房	213962	178041			82196
别墅、高档公寓	145744	25466			
办公楼	8564	8564			2340
商业营业用房	480462	317704			
其他房屋	236462	182168			
商品住宅竣工套数（套）					
住宅	67911	48164			1279
# 90 平米以下住房	51120	34721			628
144 平米以上住房	2927	2297			651
别墅、高档公寓	1624	326			

竣工面积及竣工房屋价值

单位：平方米

注册类型分					
其他 有限责任公司	股份 有限公司	私营 独资企业	私营 有限责任公司	私营 股份有限公司	其他企业
21250821	1213339	430311	20411640	878724	274362
15119081	826815	340504	15374786	648061	185594
8239591	242399	251838	10197738	446911	161865
2619399	176246		1129829	134397	20015
1066316	10300		553120		3118
922682	18040		427368		3763
2758505	28638	52739	2705597	136045	50633
2450553	339846	37068	1903889	94618	34372
4276474	205339	319451	3928750	119712	247685
3173883	111142	279131	3102522	81138	158917
1377799	23680	214480	2103183	45543	135188
520323	3702		283448	15709	20015
312524			163023		3118
74150			121434		3763
411880	6000	8252	369811	21896	50633
616561	88197	32068	334983	16678	34372
2410728	14405	85408	2537820	31051	
1951475	14405	48501	1995329	31051	
1165958	14405	39554	1345779	31051	
241768			53287		
63128					
			16868		
255402		34907	255184		
203851		2000	270439		
899113	8643	23011	870401	8073	
628683	8643	7275	650471	8073	
402671	8643	5933	448032	8073	
82507			13338		
25466					
			6224		
205881		13736	98087		
64549		2000	115619		
21044	180	692	24517	452	
14970	180	600	17891	452	
1292			354		
326					

3-9 续表 1

指　　标	港澳台商投资企业	与港澳台商合资经营企业	港澳台商独资经营企业	港澳台商投资股份有限公司	外商投资企业	中外合资经营企业
房屋施工面积	12432236	6274490	6103886	53860	3435686	1686266
住宅	9679945	4923504	4726958	29483	2290580	1226103
# 90 平米以下住房	4604774	2620881	1954410	29483	1314587	763404
144 平米以上住房	1275030	841526	433504		147222	29500
别墅、高档公寓	778529	126620	651909		391726	64283
办公楼	178633	18889	159196	548	290443	
商业营业用房	1430824	825501	601857	3466	486214	190693
其他房屋	1142834	506596	615875	20363	368449	269470
新开工面积	1777966	882528	895438		590080	552406
住宅	1516492	809094	707398		440734	406212
# 90 平米以下住房	513713	259244	254469		247312	221398
144 平米以上住房	544454	505186	39268		20602	19969
别墅、高档公寓	78833	24664	54169		20560	20560
办公楼	15000		15000			
商业营业用房	146078	64213	81865		71081	68205
其他房屋	100396	9221	91175		78265	77989
房屋竣工面积	1684723	892705	792018		301263	165169
住宅	1333107	640307	692800		207901	106564
# 90 平米以下住房	1001574	451486	550088		145337	44000
144 平米以上住房	104503	98392	6111		5000	5000
别墅、高档公寓	106700	24664	82036		14065	14065
办公楼						
商业营业用房	220746	172242	48504		29483	22901
其他房屋	130870	80156	50714		63879	35704
竣工房屋价值 （万元）	786351	279414	506937		170967	90325
住宅	610297	155916	454381		129969	59969
# 90 平米以下住房	415291	91098	324193		85400	15400
144 平米以上住房	34171	32226	1945		1750	1750
别墅、高档公寓	102183	2183	100000		18095	18095
办公楼						
商业营业用房	140508	99962	40546		22250	15309
其他房屋	35546	23536	12010		18748	15047
商品住宅竣工套数（套）						
住宅	16950	7629	9321		2797	1035
# 90 平米以下住房	14137	6178	7959		2262	500
144 平米以上住房	600	558	42		30	30
别墅、高档公寓	1239	298	941		59	59

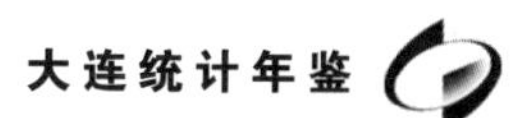

单位：平方米

		二、按隶属关系分组					
外资企业	外资企业	中央	地区（州、盟、省辖市）	县（区、市、旗）	街道	村委会	其他
1711846	37574	991695	3736161	1721528	531268	110586	55705336
1029955	34522	843722	2835892	1304520	377014	110586	40935001
525269	25914	360946	1475485	655449	288811	110586	23665675
117089	633	182579	98710	124145	34793		5356160
327443			329669	16000	7000		2450440
290443		83146	44655	77736			1736966
292745	2776	21661	376484	191127	53431		7285827
98703	276	43166	479130	148145	100823		5747542
100	37574	273772	1682091	901015	53765	100000	9211183
	34522	249892	1308952	669135	47191	100000	7017214
	25914	105554	609216	398237	3300	100000	3872369
	633	35908	74308	28262			1319131
			299369				278689
		6146	26067	33417			203972
100	2776	7181	124328	138567	6574		926436
	276	10553	222744	59896			1063561
136094		45505	295103	104931	29568		6788137
101337		42448	261688	93974	29568		5344130
101337		41088	206733	69414	21805		3460378
		1360	17391	24560			495526
			14065				169828
				7807			16868
6582		2454	21185	475			771608
28175		603	12230	2675			655531
80642		35013	110777	29600	8500		2683849
70000		27593	86648	26631	8500		1992879
70000		26743	46134	19312	6268		1292230
		850	4695	7319			201098
			18095				127649
				2340			6224
6941		2320	14424	95			463623
3701		5100	9705	534			221123
1762		550	4007	988	528		61838
1762		542	3601	837	390		45750
		8	101	151			2667
			59				1565

3-9　续表 2

指　标	三、按资质等级分组				
	# 一级	# 二级	# 三级	# 四级	# 暂定
房屋施工面积	1792149	3545670	12273537	120916	39012770
住宅	683731	2753493	9579442	103068	28636756
# 90 平米以下住房	164874	2030269	5281817	103068	16192326
144 平米以上住房	48440	245065	1553359		3726669
别墅、高档公寓	126686	14659	684834		1674877
办公楼	191996	89486	433431		1161281
商业营业用房	579153	433205	1192505	17848	4784625
其他房屋	337269	269486	1068159		4430108
新开工面积	54657	513930	1796417		7722749
住宅	49343	428765	1611579		5720926
# 90 平米以下住房	48390	293543	854165		3104578
144 平米以上住房		10000	496187		834510
别墅、高档公寓			32453		367831
办公楼		6146			243635
商业营业用房	814	44403	78790		736095
其他房屋	4500	34616	106048		1022093
房屋竣工面积	18900	627967	1393060		4411800
住宅	18900	461589	1228272		3427792
# 90 平米以下住房		308972	854115		2262848
144 平米以上住房		53834	79274		395729
别墅、高档公寓			72038		82036
办公楼					24675
商业营业用房		76015	74696		499930
其他房屋		90363	90092		459403
竣工房屋价值 （万元）	5481	207118	341724		2004756
住宅	5481	108456	296579		1541226
# 90 平米以下住房		66975	194764		1027204
144 平米以上住房		10993	21180		179958
别墅、高档公寓			16395		100000
办公楼					8564
商业营业用房		33201	18555		331999
其他房屋		65461	26590		122967
商品住宅竣工套数（套）					
住宅	150	5106	14536		41476
# 90 平米以下住房		3599	11201		31843
144 平米以上住房		365	353		2141
别墅、高档公寓			460		941

单位：平方米

	四、按控股情况分组					
# 其他	国有控股	集体控股	私人控股	港澳台商控股	外商控股	其他
5781268	5419411	1270056	28350825	10740593	3285821	13729868
4441462	4259902	896811	21211621	8188499	2194055	9655847
2658073	2835338	267614	13772230	3817924	1068574	4795272
214558	681678	122227	2085548	1304039	165200	1437695
302053	84909		867404	852919	351166	646711
66309	207660	2000	708427	182862	290443	551111
911508	551226	320718	3792226	1277262	462456	1524642
361989	400623	50527	2638551	1091970	338867	1998268
1863809	1147092	189958	5677735	1614279	632148	2960614
1372988	832326	185953	4549039	1281208	530487	2013371
661475	600484	35955	2760179	495377	186188	1010493
108616	60468	15409	539369	564566	19969	257828
177774			330321	153223		94514
19821	62301		121092	19229		66980
333298	139100	2683	513780	180233	38672	328618
137702	113365	1322	493824	133609	62989	551645
794393	366321	45316	4001804	1543908	108304	1197591
621281	350313	43112	3281085	1224041	69000	804257
359509	197283	28449	2288694	960625	44000	280367
10000	153030		115489	89349	5000	175969
29819			15754	106700		61439
	7807		16868			
144606	7598	2204	393760	192376	12000	187784
28506	603		310091	127491	27304	205550
305240	172193	13590	1299504	794054	35360	553038
187718	160890	12930	1024902	618338	24150	301041
98953	73149	8530	743334	454709	15400	95565
1831	87741		29651	28913	1750	65907
29349			11254	102183		32307
	2340		6224			
96612	3863	660	137312	139170	4400	195057
20910	5100		131066	36546	6810	56940
6422	3459	532	38933	16365	730	7892
4256	2699	368	29499	14140	500	3914
68	760		754	500	30	883
223			164	1239		221

3-10 商品房

指标	总计	一、按登记			
		内资企业	国有企业	股份合作企业	国有独资公司
商品房销售面积	7464018	5668333	163105	54562	158735
住宅	6707348	5076268	161659	49929	144556
# 90 平米以下住房	4157291	3321662	93376	43651	86637
144 平米以上住房	998549	591765	63400	160	31794
别墅、高档公寓	227834	158088	63400		
办公楼	66704	63926			7807
商业营业用房	494778	391865	1446	4633	1032
其他房屋	195188	136274			5340
1. 现房销售面积	2328553	1747603	11311	8090	117847
住宅	2017249	1541317	9865	8090	110040
# 90 平米以下住房	1381601	1105701	4982	8090	58005
144 平米以上住房	294384	171904			28921
别墅、高档公寓	29120	15275			
办公楼	8980	8980			7807
商业营业用房	202745	132395	1446		
其他房屋	99579	64911			
2. 期房销售面积	5135465	3920730	151794	46472	40888
住宅	4690099	3534951	151794	41839	34516
# 90 平米以下住房	2775690	2215961	88394	35561	28632
144 平米以上住房	704165	419861	63400	160	2873
别墅、高档公寓	198714	142813	63400		
办公楼	57724	54946			
商业营业用房	292033	259470		4633	1032
其他房屋	95609	71363			5340

销售面积

单位：平方米

注册类型分组					
其他有限责任公司	股份有限公司	私营独资企业	私营有限责任公司	私营股份有限公司	其他企业
2471966	120369	74739	2582411	38966	3480
2177860	109385	74543	2315890	38966	3480
1257452	16445	59172	1729230	35444	255
339214	48240		103590	2142	3225
52733			41955		
51016	4470		633		
188091	6514	196	189953		
54999			75935		
665042	177	48697	889801	6638	
606694	177	48501	751312	6638	
356004	177	39554	632435	6454	
126513			16470		
10166			5109		
1000			173		
43883		196	86870		
13465			51446		
1806924	120192	26042	1692610	32328	3480
1571166	109208	26042	1564578	32328	3480
901448	16268	19618	1096795	28990	255
212701	48240		87120	2142	3225
42567			36846		
50016	4470		460		
144208	6514		103083		
41534			24489		

3-10 续表 1

指　　标	港澳台商投资企业	与港澳台商合资经营企业	港澳台商独资经营企业	港澳台商投资股份有限公司	外商投资企业	中外合资经营企业
商品房销售面积	1464243	962132	488826	13285	331442	138846
住宅	1401999	908748	479966	13285	229081	109821
# 90 平米以下住房	680392	492499	174608	13285	155237	63800
144 平米以上住房	398042	253795	144247		8742	6787
别墅、高档公寓	59979	22745	37234		9767	9767
办公楼					2778	
商业营业用房	48237	46998	1239		54676	13722
其他房屋	14007	6386	7621		44907	15303
1. 现房销售面积	432409	271905	160504		148541	57755
住宅	405867	246015	159852		70065	38430
# 90 平米以下住房	241262	210115	31147		34638	24818
144 平米以上住房	118524	24600	93924		3956	3453
别墅、高档公寓	12207		12207		1638	1638
办公楼						
商业营业用房	25890	25890			44460	6720
其他房屋	652		652		34016	12605
2. 期房销售面积	1031834	690227	328322	13285	182901	81091
住宅	996132	662733	320114	13285	159016	71391
# 90 平米以下住房	439130	282384	143461	13285	120599	38982
144 平米以上住房	279518	229195	50323		4786	3334
别墅、高档公寓	47772	22745	25027		8129	8129
办公楼					2778	
商业营业用房	22347	21108	1239		10216	7002
其他房屋	13355	6386	6969		10891	2698

单位：平方米

		二、按隶属关系分组				
外资企业	外商投资股份有限公司	中央	地区（州、盟、省辖市）	县（区、市、旗）	街道	其他
182598	9998	190391	336140	288847	42878	6605762
109262	9998	163126	314806	274355	41453	5913608
83506	7931	80576	137109	135736	35071	3768799
1955		73157	100446	71847		753099
		64030	33502	5465		124837
2778		9543	4470	7807		44884
40954		13392	13281	5999	1040	461066
29604		4330	3583	686	385	186204
90786		16234	42984	146624	1120	2121591
31635		16234	39836	133599	206	1827374
9820		16234	37440	60493	206	1267228
503			710	31844		261830
			1236	5465		22419
				7807		1173
37740			2263	5218	529	194735
21411			885		385	98309
91812	9998	174157	293156	142223	41758	4484171
77627	9998	146892	274970	140756	41247	4086234
73686	7931	64342	99669	75243	34865	2501571
1452		73157	99736	40003		491269
		64030	32266			102418
2778		9543	4470			43711
3214		13392	11018	781	511	266331
8193		4330	2698	686		87895

3-10 续表 2

指 标	三、按资质等级分组				
	# 一级	# 二级	# 三级	# 四级	# 暂定
商品房销售面积	182596	248214	1755739	2893	4515744
住宅	93081	214442	1594833	2781	4153615
# 90 平米以下住房	25121	141373	1050707	1472	2507706
144 平米以上住房	9658	30520	161509		718925
别墅、高档公寓	2648		45943		158429
办公楼	21002	8543	4643		29738
商业营业用房	48013	11171	92524	112	240080
其他房屋	20500	14058	63739		92311
1. 现房销售面积	105463	122713	678299	2893	1243298
住宅	47463	104195	573480	2781	1124525
# 90 平米以下住房	11480	60221	407284	1472	778194
144 平米以上住房		16777	60912		198134
别墅、高档公寓			11552		6981
办公楼			173		8807
商业营业用房	37500	10120	61110	112	83995
其他房屋	20500	8398	43536		25971
2. 期房销售面积	77133	125501	1077440		3272446
住宅	45618	110247	1021353		3029090
# 90 平米以下住房	13641	81152	643423		1729512
144 平米以上住房	9658	13743	100597		520791
别墅、高档公寓	2648		34391		151448
办公楼	21002	8543	4470		20931
商业营业用房	10513	1051	31414		156085
其他房屋		5660	20203		66340

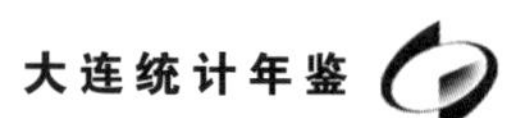

单位：平方米

	四、按控股情况分组					
# 其他	国有控股	集体控股	私人控股	港澳台商控股	外商控股	其他
702760	628709	133058	3361738	1338127	258351	1744035
597157	577709	121944	3012952	1273149	170424	1551170
385751	406050	82465	2215533	656579	99501	697163
77777	111018	145	209985	299657	13265	364479
20814	64556		59307	62857	5723	35391
2778	21820		22635		2778	19471
98245	19407	10594	240323	42842	51954	129658
4580	9773	520	85828	22136	33195	43736
175887	186243	53791	1197526	424545	147860	318588
164805	174817	52899	1040467	399714	71133	278219
122950	111844	28756	807771	235109	35383	162738
18561	29869	145	67789	118524	4279	73778
10587	526		8832	12207	928	6627
	7807		1173			
9908	3619	892	103582	23535	44240	26877
1174			52304	1296	32487	13492
526873	442466	79267	2164212	913582	110491	1425447
432352	402892	69045	1972485	873435	99291	1272951
262801	294206	53709	1407762	421470	64118	534425
59216	81149		142196	181133	8986	290701
10227	64030		50475	50650	4795	28764
2778	14013		21462		2778	19471
88337	15788	9702	136741	19307	7714	102781
3406	9773	520	33524	20840	708	30244

3-11 商品房

指标	总计	一、按登记			
		内资企业	国有企业	股份合作企业	国有独资公司
商品房销售额	6878653	5165823	209486	41296	98083
住宅	5983672	4503073	208329	37271	91920
# 90 平米以下住房	3206404	2549792	148672	31933	57284
144 平米以上住房	1269412	831629	57530	115	21804
别墅、高档公寓	288210	211762	57530		
办公楼	58118	55389			2340
商业营业用房	683051	521807	1157	4025	619
其他房屋	153812	85554			3204
1. 现房销售额	2089413	1512400	7804	5690	73965
住宅	1766344	1322424	6647	5690	71625
# 90 平米以下住房	1122569	863929	4520	5690	40140
144 平米以上住房	310133	212798			19389
别墅、高档公寓	38010	16430			
办公楼	2978	2978			2340
商业营业用房	245051	147706	1157		
其他房屋	75040	39292			
2. 期房销售额	4789240	3653423	201682	35606	24118
住宅	4217328	3180649	201682	31581	20295
# 90 平米以下住房	2083835	1685863	144152	26243	17144
144 平米以上住房	959279	618831	57530	115	2415
别墅、高档公寓	250200	195332	57530		
办公楼	55140	52411			
商业营业用房	438000	374101		4025	619
其他房屋	78772	46262			3204

销售额

单位：万元

其他有限责任公司	股份有限公司	私营独资企业	私营有限责任公司	私营股份有限公司	其他企业
2485317	219391	59810	2023872	22703	5865
2069275	187960	59653	1820097	22703	5865
966912	24703	44950	1255135	19792	411
495577	108253		141075	1821	5454
89326			64906		
46048	6657		344		
337671	24774	157	153404		
32323			50027		
622998	106	24407	774000	3430	
562078	106	24250	648598	3430	
279194	106	19777	511149	3353	
173583			19826		
12702			3728		
500			138		
54418		157	91974		
6002			33290		
1862319	219285	35403	1249872	19273	5865
1507197	187854	35403	1171499	19273	5865
687718	24597	25173	743986	16439	411
321994	108253		121249	1821	5454
76624			61178		
45548	6657		206		
283253	24774		61430		
26321			16737		

3-11 续表 1

指　　标	港澳台商投资企业	与港澳台商合资经营企业	港澳台商独资经营企业	港澳台商投资股份有限公司	外商投资企业	中外合资经营企业
商品房销售额	1385171	949962	426109	9100	327659	117587
住宅	1278336	857292	411944	9100	202263	94903
# 90 平米以下住房	540635	404665	126870	9100	115977	44186
144 平米以上住房	422246	300275	121971		15537	11569
别墅、高档公寓	61514	4342	57172		14934	14934
办公楼					2729	
商业营业用房	92555	91222	1333		68689	13239
其他房屋	14280	1448	12832		53978	9445
1. 现房销售额	407809	273384	134425		169204	52290
住宅	367276	233679	133597		76644	40922
# 90 平米以下住房	228585	201109	27476		30055	23291
144 平米以上住房	91820	24570	67250		5515	5065
别墅、高档公寓	19168		19168		2412	2412
办公楼						
商业营业用房	39705	39705			57640	5027
其他房屋	828		828		34920	6341
2. 期房销售额	977362	676578	291684	9100	158455	65297
住宅	911060	623613	278347	9100	125619	53981
# 90 平米以下住房	312050	203556	99394	9100	85922	20895
144 平米以上住房	330426	275705	54721		10022	6504
别墅、高档公寓	42346	4342	38004		12522	12522
办公楼					2729	
商业营业用房	52850	51517	1333		11049	8212
其他房屋	13452	1448	12004		19058	3104

单位：平方米

		二、按隶属关系分组				
外资企业	外商投资股份有限公司	中央	地区（州、盟、省辖市）	县（区、市、旗）	街道	其他
203258	6814	203435	442226	237386	30130	5965476
100546	6814	152252	408328	228182	27901	5167009
66438	5353	68594	98566	81947	23589	2933708
3968		74872	211086	111781		871673
		58430	62694	3279		163807
2729		10140	6657	2340		38981
55450		34945	23219	5793	1316	617778
44533		6098	4022	1071	913	141708
116914		9687	36294	91504	1701	1950227
35722		9687	31956	84419	240	1640042
6764		9687	28983	41601	240	1042058
450			1111	21164		287858
			2183	3279		32548
				2340		638
52613			3420	4745	548	236338
28579			918		913	73209
86344	6814	193748	405932	145882	28429	4015249
64824	6814	142565	376372	143763	27661	3526967
59674	5353	58907	69583	40346	23349	1891650
3518		74872	209975	90617		583815
		58430	60511			131259
2729		10140	6657			38343
2837		34945	19799	1048	768	381440
15954		6098	3104	1071		68499

3-11 续表 2

指 标	三、按资质等级分组				
	# 一级	# 二级	# 三级	# 四级	# 暂定
商品房销售额	239918	283510	1479919	1293	4336706
住宅	107179	241215	1335166	1243	3829024
# 90 平米以下住房	25997	118644	806746	571	1985968
144 平米以上住房	12657	79046	182211		893875
别墅、高档公寓	5378		51863		195976
办公楼	21240	8850	6795		18504
商业营业用房	83824	17779	106501	50	414836
其他房屋	27675	15666	31457		74342
1. 现房销售额	137646	144600	576756	1293	1102844
住宅	57471	124395	495804	1243	969731
# 90 平米以下住房	12912	53969	325220	571	651169
144 平米以上住房		36601	83642		165965
别墅、高档公寓			8792		11489
办公楼			138		2840
商业营业用房	52500	15954	57561	50	111526
其他房屋	27675	4251	23253		18747
2. 期房销售额	102272	138910	903163		3233862
住宅	49708	116820	839362		2859293
# 90 平米以下住房	13085	64675	481526		1334799
144 平米以上住房	12657	42445	98569		727910
别墅、高档公寓	5378		43071		184487
办公楼	21240	8850	6657		15664
商业营业用房	31324	1825	48940		303310
其他房屋		11415	8204		55595

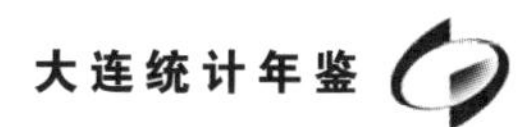

单位：平方米

	四、按控股情况分组					
# 其他	国有控股	集体控股	私人控股	港澳台商控股	外商控股	其他
493891	589888	104092	2689026	1237691	263731	1994225
430454	519045	91137	2367581	1123454	164329	1718126
234425	372311	59737	1547193	554630	70064	602469
101508	103325	345	312307	262553	24781	566101
34993	59502		111000	68739	7319	41650
2729	19137		22084		2729	14168
56036	42333	11698	245245	83739	62935	237101
4672	9373	1257	54116	30498	33738	24830
126274	126670	48248	1027936	403287	168685	314587
117700	119559	46551	884900	363631	77913	273790
78728	80654	25162	625855	224940	31158	134800
23925	20191	345	95902	91820	5681	96194
17729	1072		11366	19168	1301	5103
	2340		638			
7460	4771	1697	108826	38110	57488	34159
1114			33572	1546	33284	6638
367617	463218	55844	1661090	834404	95046	1679638
312754	399486	44586	1482681	759823	86416	1444336
155697	291657	34575	921338	329690	38906	467669
77583	83134		216405	170733	19100	469907
17264	58430		99634	49571	6018	36547
2729	16797		21446		2729	14168
48576	37562	10001	136419	45629	5447	202942
3558	9373	1257	20544	28952	454	18192

3-12 商品住宅

指　　标	商品住宅销售	# 90 平方米以下	# 144 平方以上	# 别墅高档公寓	现房销售
总　　计	**73328**	**54147**	**5191**	**1346**	**22679**
一、按登记注册类型分组					
内资企业	56639	43482	2860	719	17835
国有企业	1250	1068	142	142	116
股份合作企业	658	591	1		93
国有独资公司	1455	1053	196		1015
其他有限责任公司	23637	16746	1762	302	6249
股份有限公司	830	259	149		2
私营独资企业	1012	858			692
私营有限责任公司	27319	22476	575	275	9580
私营股份有限公司	454	428	14		88
其他企业	24	3	21		
港澳台商投资企业	13987	8615	2283	573	4095
与港澳台商合资经营企业	8947	6087	1425	269	2782
港澳台商独资经营企业	4830	2318	858	304	1313
港澳台商投资股份有限公司	210	210			
外商投资企业	2702	2050	48	54	749
中外合资经营企业	1271	854	35	54	437
外资企业	1293	1077	13		312
外商投资股份有限公司	138	119			
二、按隶属关系分组					
中央	1456	1175	182	148	232
地区（州、盟、省辖市）	3058	1918	499	240	506
县（区、市）	2455	1625	317	18	1203
街道	565	499			3
其他	65794	48930	4193	940	20735
三、按资质等级分组					
一级	873	310	51	10	462
二级	2436	1913	132		1077
三级	17481	13258	727	296	6205
四级	31	19			31
暂定	45120	32913	3864	899	12859
其他	6667	5081	416	141	2045
四、按控股情况分组					
国有控股	6095	5140	410	155	1839
集体控股	1385	1036	1		585
私人控股	34999	28707	1035	289	12597
港澳台商控股	13013	8344	1704	578	4020
外商控股	1901	1302	83	36	765
其他	15935	9618	1958	288	2873

销 售 套 数

单位：套

			期房销售			
# 90 平方米以下住房	# 144 平方米以上住房	# 别墅高档公寓		# 90 平方米以下住房	# 144 平方米以上住房	# 别墅高档公寓
18149	**1509**	**162**	**50649**	**35998**	**3682**	**1184**
14729	807	60	38804	28753	2053	659
76			1134	992	142	142
93			565	498	1	
654	179		440	399	17	
4716	533	45	17388	12030	1229	257
2			828	257	149	
600			320	258		
8502	95	15	17739	13974	480	260
86			366	342	14	
			24	3	21	
2953	679	95	9892	5662	1604	478
2555	136		6165	3532	1289	269
398	543	95	3517	1920	315	209
			210	210		
467	23	7	1953	1583	25	47
336	20	7	834	518	15	47
131	3		981	946	10	
			138	119		
232			1224	943	182	148
490	3	10	2552	1428	496	230
690	197	18	1252	935	120	
3			562	496		
16734	1309	134	45059	32196	2884	806
152			411	158	51	10
757	74		1359	1156	58	
5094	226	42	11276	8164	501	254
19						
10388	1118	69	32261	22525	2746	830
1739	91	51	4622	3342	325	90
1389	184	7	4256	3751	226	148
374	1		800	662		
10786	265	33	22402	17921	770	256
2878	679	95	8993	5466	1025	483
479	27	4	1136	823	56	32
2243	353	23	13062	7375	1605	265

3-13 商品房出租

指标	总计	一、按登记				
		内资企业	国有企业	集体企业	股份合作企业	国有独资公司
出租房屋面积	531862	468981	180110			
住宅	180110	180110	180110			
# 90 平米以下住房	180110	180110	180110			
商业营业用房	351752	288871				
不可销售面积	374069	297607				
住宅	72090	66709				
# 90 平米以下住房	30177	30177				
144 平米以上住房	1301	1301				
别墅、高档公寓	5381					
商业营业用房	51923	50923				
其他房屋	250056	179975				
待售面积（2014 年末）	12997025	10521823	58931	95	29020	285325
住宅	9664757	7841665	39249		29020	258726
# 90 平米以下住房	5149909	4356731	21503		27020	46089
144 平米以上住房	1215522	1004581	4000		2000	53799
别墅、高档公寓	330040	209035				
办公楼	476864	412986				
商业营业用房	1720805	1363860	19682			26599
其他房屋	1134599	903312		95		
# 待售 1-3 年面积	8137196	6698127	33721			261925
住宅	6055863	5062492	22648			258726
# 90 平米以下住房	3165005	2687882	6238			46089
144 平米以上住房	929599	752681	4000			53799
别墅、高档公寓	216103	114574				
办公楼	263373	201567				
商业营业用房	1044080	850726	11073			3199
其他房屋	773880	583342				
# 待售 3 年以上面积	532833	466401		95		
住宅	364049	356713				
# 90 平米以下住房	204443	202216				
144 平米以上住房	106230	103168				
别墅、高档公寓	95046	89635				
办公楼	2565	493				
商业营业用房	88479	35045				
其他房屋	77740	74150		95		

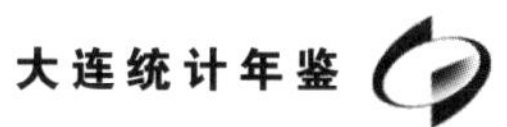

和待售面积

单位：平方米

其他有限责任公司	股份有限公司	私营独资企业	私营有限责任公司	私营股份有限公司	其他企业
2885			285986		
2885			285986		
176806			120801		
46729			19980		
30177					
1301					
45935			4988		
84142			95833		
5132952	229097	102712	4275226	247637	160828
3694663	192896	34588	3278483	178943	135097
2027674	64131	22468	1985903	51706	110237
435746	97252		281807	109469	20508
83160			115217	8591	2067
404728			4790		3468
537951		36056	693377	48812	1383
495610	36201	32068	298576	19882	20880
3767236	229097	28000	2199238	141521	37389
2806946	192896		1627159	120196	33921
1546760	64131		1000898	13679	10087
326570	97252		153528	97024	20508
71698			32218	8591	2067
198099					3468
380220		28000	409088	19146	
381971	36201		162991	2179	
121566			314131	26217	4392
112510			221943	17900	4360
44860			143456	9540	4360
30308			71300	1560	
6636			82999		
			493		
3612			26716	4717	
5444			64979	3600	32

3-13 续表 1

指　　标	港澳台商投资企业	与港澳台商合资经营企业	港澳台商独资经营企业	港澳台商投资股份有限公司	外商投资企业
出租房屋面积	62881	62881			
住宅					
# 90 平米以下住房					
商业营业用房	62881	62881			
不可销售面积	56658	51277		5381	19804
住宅	5381			5381	
# 90 平米以下住房					
144 平米以上住房					
别墅、高档公寓	5381			5381	
商业营业用房					1000
其他房屋	51277	51277			18804
待售面积（2014 年末）	2015800	755091	479	1260230	459402
住宅	1539267	583035		956232	283825
# 90 平米以下住房	692649	201450		491199	100529
144 平米以上住房	119881	17754		102127	91060
别墅、高档公寓	106125	40000		66125	14880
办公楼	54475		479	53996	9403
商业营业用房	301658	164680		136978	55287
其他房屋	120400	7376		113024	110887
# 待售 1-3 年面积	1175865	289227		886638	263204
住宅	849830	226990		622840	143541
# 90 平米以下住房	440249	29450		410799	36874
144 平米以上住房	101387	4523		96864	75531
别墅、高档公寓	92505	40000		52505	9024
办公楼	53996			53996	7810
商业营业用房	167393	58305		109088	25961
其他房屋	104646	3932		100714	85892
# 待售 3 年以上面积	50853	46680	479	3694	15579
住宅	5619	1925		3694	1717
# 90 平米以下住房	2227	1669		558	
144 平米以上住房	3062	231		2831	
别墅、高档公寓	3694			3694	1717
办公楼	479		479		1593
商业营业用房	44730	44730			8704
其他房屋	25	25			3565

单位：平方米

		二、按隶属关系分组				
中外合资经营企业	外资企业	中央	地区（州、盟、省辖市）	县（区、市、旗）	街道	其他
			180110			351752
			180110			
			180110			
						351752
19804		728	3830	2675		366836
						72090
						30177
						1301
						5381
1000		125				51798
18804		603	3830	2675		242948
337715	121687	346059	743826	376314	282927	11247899
221263	62562	264766	626152	326105	214951	8232783
94124	6405	74757	425578	65214	54480	4529880
56664	34396	98612	13639	70970	339	1031962
14880			7203	6636		316201
1593	7810	68316		958		407590
26607	28680	3987	79243	49156	54173	1534246
88252	22635	8990	38431	95	13803	1073280
210317	52887	224774	622837	323499	282927	6683159
114269	29272	213455	521674	306143	214951	4799640
30469	6405	74757	370547	56862	54480	2608359
56664	18867	98612	13639	64334	339	752675
9024			5724			210379
	7810			958		262415
11361	14600	2329	62732	16398	54173	908448
84687	1205	8990	38431		13803	712656
15579				6731		526102
1717				6636		357413
						204443
				6636		99594
1717				6636		88410
1593						2565
8704						88479
3565				95		77645

3-13 续表 2

指　　标	三、按资质等级分组				
	一级	二级	三级	四级	暂定
出租房屋面积			166000		302981
住宅					180110
# 90 平米以下住房					180110
商业营业用房			166000		122871
不可销售面积		103487	103214		147374
住宅			55320		16646
# 90 平米以下住房			28449		1728
144 平米以上住房					1301
别墅、高档公寓					5381
商业营业用房		43550	3204		5169
其他房屋		59937	44690		125559
待售面积（2014 年末）	259490	763856	3080106	90556	8005102
住宅	138828	519428	2284072	68791	5989840
# 90 平米以下住房	17708	349510	1140642	52334	3209331
144 平米以上住房	58678	47576	496084		520919
别墅、高档公寓			133107		177058
办公楼	21130	68809	62760		316355
商业营业用房	43826	153003	440612	21556	953896
其他房屋	55706	22616	292662	209	745011
# 待售 1-3 年面积	79710	237697	2106518	24402	5386429
住宅	52700	125036	1584622	21371	4048571
# 90 平米以下住房	2437	64576	789447	7630	2159203
144 平米以上住房	43149	26919	397904		393338
别墅、高档公寓			72218		126841
办公楼			55254		200309
商业营业用房	6866	96397	297061	3031	583328
其他房屋	20144	16264	169581		554221
# 待售 3 年以上面积	1593	24350	219849		267893
住宅		16645	110768		217792
# 90 平米以下住房		9540	39239		150107
144 平米以上住房		305	69568		25381
别墅、高档公寓			56063		36152
办公楼	1593	493			479
商业营业用房		3612	35420		49447
其他房屋		3600	73661		175

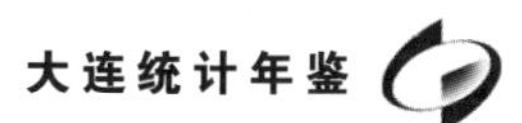

单位：平方米

	四、按控股情况分组					
其他	国有控股	集体控股	私人控股	港澳台商控股	外商控股	其他
62881	180110		285986	62881		2885
	180110					
	180110					
62881			285986	62881		2885
17319	728	45316	144298	53983	19804	109940
124		43112	21528	5381		2069
		28449	961			767
						1301
				5381		
	125	2204	4988		1000	43606
17195	603		117782	48602	18804	64265
794956	968853	211987	7038562	1717954	445255	2614414
661314	782511	174929	5430337	1271517	289415	1716048
377900	278859	123198	3106367	609265	102983	929237
92265	167524	8975	664277	115127	95913	163706
19875	1479	6636	171720	106125	7439	36641
7810	69909	19537	5524	54475	7810	319609
107437	107378	15904	1043673	270494	41529	241827
18395	9055	1617	559028	121468	106501	336930
299481	768378	30682	4054878	1017190	269332	1996736
221079	702872	26578	3118069	705454	150848	1352042
139228	262115	23870	1706777	433664	39328	699251
68289	160903	339	461313	96864	80384	129796
17044			88721	92505	3300	31577
7810			300	53996	7810	201267
56922	56451	4002	615080	153278	20907	194362
13670	9055	102	321429	104462	89767	249065
19148	1593	6731	443309	48903		32297
18844		6636	337719	3694		16000
5557			193566	558		10319
10976		6636	94396	2831		2367
2831		6636	82999	3694		1717
	1593		493	479		
			31433	44730		12316
304		95	73664			3981

3-14 房地产

指 标	总 计	一、按登记	
		内资企业	国有企业
年初存货	306938945	234301086	9202235
流动资产合计	587087685	466030183	9518488
#存货	356846045	283978605	8187254
固定资产原价	20421277	12824600	16704
累计折旧	4719762	3525912	10004
#本年折旧	935603	740534	2231
资产总计	810290305	661025638	10557841
负债合计	604967296	522570131	8488084
所有者权益合计	205323009	138455507	2069757
#实收资本	115610751	57923182	2104167
主营业务收入	68070362	41680318	1463100
土地转让收入	31868	31868	
商品房屋销售收入	65349749	39515252	1335515
主营业务成本	50184489	31263284	1320809
主营业务税金及附加	5885944	3489705	87191
其他业务利润	210922	232371	5280
销售费用	3083835	2217240	51542
管理费用	4465940	3604001	18171
#税金	303279	237023	5252
财务费用	2534726	2149214	42451
#利息支出	1618042	1415119	42905
营业利润	9652076	6892236	-55490
营业外收入	1121190	856984	445
营业外支出	416727	351326	936
利润总额	10375622	7416977	-55981
应交所得税	1323918	908396	16554
本年应付工资总额（贷方累计发生额）	2168506	1752618	25953
资产减值损失	184966	172941	38
公允价值变动收益	115985	115985	
投资收益	6780190	6725419	-14188

开 发 经 营 情 况

单位：千元

注册类型分组					
集体企业	股份合作企业	国有独资公司	其他有限责任公司	股份有限公司	私营独资企业
4502		2518408	117976474	16090956	602765
25209	1684138	33216193	215603889	52698249	521616
4502	1107564	19009343	144464748	16620145	328845
8379	55658	43550	5164349	1333273	816
1705	7567	30355	1116918	172617	224
	2070	5426	276109	48624	224
41603	1740312	53880475	235106721	174259352	918344
28577	1585943	32524799	199567314	122895508	810646
13026	154369	21355676	35539407	51363844	107698
16020	300000	4578000	27044882	6739500	55000
	322100	521547	20786989	4185894	4210
			13853	1	
	320695	491317	19833153	3680516	4210
140	280148	867956	14733958	3137059	3215
	22846	30304	1751230	437087	235
			92823	396	
	12618	28247	1295344	156817	9308
174	14447	96167	1725825	247727	2553
	693	9	96400	49255	95
	20002	42892	930607	206137	905
	20483	75524	665408	144140	
-314	-30080	-563356	688770	8076694	-12048
	491	242178	350554	16619	
	35	33704	177002	12410	
-314	-29624	-354882	861570	8080903	-12048
		2886	648667	109473	-2738
108	13916	26634	797856	270906	1376
	-367	-830	1345	153425	42
			138073		
		62122	259351	6405884	

3-14 续表 1

指 标	私营有限责任公司	私营股份有限公司	其他企业
年初存货	84859969	2845441	200336
流动资产合计	148504639	3817607	440155
#存货	91796136	2146405	313663
固定资产原价	6147049	48568	6254
累计折旧	2156176	25589	4757
#本年折旧	400413	4596	841
资产总计	179501534	4574800	444656
负债合计	152644942	3645433	378885
所有者权益合计	26856592	929367	65771
#实收资本	16351855	693758	40000
主营业务收入	13972544	407668	16266
土地转让收入	9014	9000	
商品房屋销售收入	13435512	398068	16266
主营业务成本	10318760	587972	13267
主营业务税金及附加	1127786	32014	1012
其他业务利润	128872	5000	
销售费用	652525	9807	1032
管理费用	1451969	39105	7863
#税金	82715	2516	88
财务费用	895124	12944	-1848
#利息支出	454278	12050	331
营业利润	-911773	-295107	-5060
营业外收入	244454	2243	
营业外支出	125216	2003	20
利润总额	-772700	-294867	-5080
应交所得税	135472	-1946	28
本年应付工资总额(贷方累计发生额)	591479	20305	4085
资产减值损失	19288		
公允价值变动收益	-22088		
投资收益	12250		

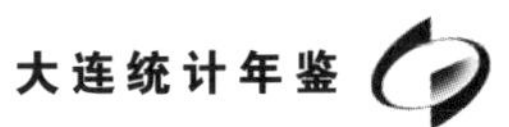

单位：千元

港澳台商投资企业	与港澳台商合资经营企业	与港澳台商合资合作经营企业	港澳台商独资经营企业	港澳台商投资股份有限公司	外商投资企业	中外合资经营企业
53660437	28716419	253896	24583545	106577	18977422	9599096
85604236	42314133	427760	42553158	309185	35453266	14320505
56014673	26617566	252166	28883984	260957	16852767	11410777
5561765	989630	677031	3891199	3905	2034912	1073100
981635	127973	335362	517713	587	212215	174089
152263	44830	22930	84503		42806	22105
107281147	52515454	769430	53683760	312503	41983520	16747509
59983328	33919386	858979	24953304	251659	22413837	7842794
47297819	18596068	-89549	28730456	60844	19569683	8904715
42214049	15482557	238000	26484776	8716	15473520	7642789
20905635	11596159	29053	9280093	330	5484409	2229749
20573091	11479092		9093999		5261406	2020921
15265788	8479709	36837	6749232	10	3655417	1556905
1745994	1003700	1303	740982	9	650245	197948
356	272		84		-21805	4496
709391	325843		376392	7156	157204	107217
595828	305724	4764	281575	3765	266111	118043
50999	17889	683	32427		15257	8571
166708	113745	2039	50885	39	218804	124580
44740	40885	4	3851		158183	50774
2260875	1161083	-15890	1126331	-10649	498965	124745
49351	36188	21	13142		214855	5515
23983	13079	106	10794	4	41418	15812
2286243	1184192	-15975	1128679	-10653	672402	114448
282065	80799		201266		133457	73587
342532	153239	373	188368	552	73356	45716
11511	11389		122		514	514
54771	41542		13229			

3-14 续表 2

指 标				
	外资企业	外商投资股份有限公司	中央	省（自治区、直辖市）
年初存货	9304253	74073	15210109	1050684
流动资产合计	21003388	129373	18075934	1482561
＃存货	5326350	115640	17206298	1457284
固定资产原价	961331	481	21828	1379
累计折旧	37989	137	12119	314
＃本年折旧	20606	95	3875	229
资产总计	25106293	129718	18194496	1608640
负债合计	14501156	69887	17036297	1338901
所有者权益合计	10605137	59831	1158199	269739
＃实收资本	7764122	66609	1604551	260000
主营业务收入	3254660		520751	8034
土地转让收入				
商品房屋销售收入	3240485		520480	
主营业务成本	2098512		429265	497
主营业务税金及附加	452297		38510	450
其他业务利润	-26301		-11	
销售费用	49987		87699	3016
管理费用	146442	1626	59976	4209
＃税金	6686		8921	
财务费用	94224		38832	-72
＃利息支出	107409		39051	
营业利润	374220		-289120	-66
营业外收入	209340		202	
营业外支出	25606		4431	2
利润总额	557954		-293349	-68
应交所得税	59870		1541	71
本年应付工资总额（贷方累计发生额）	27297	343	50270	3364
资产减值损失			154044	
公允价值变动收益				
投资收益				

单位：千元

二、按隶属关系分组				
地区（州、盟、省辖市）	县（区、市、旗）	街道	村委会	其他
20001963	4941241	1547533	1551	264185864
29071576	38952749	3139764	36274	496328827
19921074	21985331	2104627	1551	294169880
568343	310354	30741	2346	19486286
183543	76370	18038	2204	4427174
25645	28698	3679	66	873411
37223460	59907697	3183136	36445	690136431
30482276	37990491	2024905	24376	516070050
6741184	21917206	1158231	12069	174066381
6127269	5332700	477540	16180	101792511
6871099	1427480	281372		58961626
				31868
6760113	1397263	280992		56390901
5392423	1570081	174774		42617449
469452	101722	18402		5257408
16920			227	193786
162240	62194	28910		2739776
211158	163464	22355	528	4004250
10797	4468	1526	40	277527
180003	-7434	-961	-157	2324515
128316	28333	93		1422249
672176	-462845	39087	-371	9693215
11810	199730	13656		895792
3792	42732	2157		363613
680194	-305847	50586	-371	10244477
70781	42418	4184		1204923
109261	70613	14588	543	1919867
9760	-8346	50		29458
134257				-18272
115343	60113	1281		6603453

3-14 续表 3

指 标	三、按资质等级分组				
	一级	二级	三级	四级	暂定
年初存货	13544035	17749547	71309449	324034	180217921
流动资产合计	28172359	33803109	148278902	613899	336573514
#存货	13882139	18012458	70571881	391350	226957097
固定资产原价	326384	2936080	6298923	52720	8314597
累计折旧	154312	796560	1907884	22591	1529116
#本年折旧	24157	151897	370801	3470	330686
资产总计	38268202	44945199	285770743	655526	393965452
负债合计	28509141	33756950	206219303	563923	300107636
所有者权益合计	9759061	11188249	79551440	91603	93857816
#实收资本	6019554	5281606	21884711	73000	71222324
主营业务收入	1982930	4631649	17493586	178239	38884989
土地转让收入		14	10000		12854
商品房屋销售收入	1926234	4381929	16601119	169109	37608334
主营业务成本	1706576	2939145	12193686	176149	29309930
主营业务税金及附加	212650	458029	1762118	13014	3015541
其他业务利润	19921	106266	32415		37766
销售费用	56039	167352	544048	85	2032210
管理费用	266817	540860	1212428	12499	2132291
#税金	12524	24272	100257	565	145007
财务费用	208425	515565	597729	6922	961282
#利息支出	202605	300503	362231	4788	641122
营业利润	-317823	194671	9389292	-26162	637782
营业外收入	57359	367692	294625	6351	383979
营业外支出	40439	20097	131219	7641	150307
利润总额	-300903	539735	9554412	-27452	891354
应交所得税	19829	134014	204091	-8470	870346
本年应付工资总额（贷方累计发生额）	82547	158346	653526	4679	1132540
资产减值损失		-10279	-1944		186974
公允价值变动收益	134257				-16772
投资收益	9421	70357	6478505		217313

单位：千元

	四、按控股情况分组					
其他	国有控股	集体控股	私人控股	港澳台商控股	外商控股	其他
23793959	42164855	4110979	124393381	51662641	18227203	66379886
39645902	85168942	13537456	221994495	85373475	34200164	146813153
27031120	63925639	6154727	136177148	55021552	16108212	79458767
2492573	123105	296167	7934336	5802523	1838537	4426609
309299	71421	128366	2620542	1025515	202295	671623
54592	15521	26992	494129	145751	31244	221966
46685183	107289127	15032904	265832687	102899209	40490072	278746306
35810343	79223268	9599089	228158347	57050932	21529029	209406631
10874840	28065859	5433815	37674340	45848277	18961043	69339675
11129556	12263425	978460	26106789	40930282	15018911	20312884
4898969	3239206	2525400	20678807	16543022	4960365	20123562
9000			20704			11164
4663024	3061775	2502177	19037714	16222076	4738565	19787442
3859003	3207037	869049	15381309	11726940	3357285	15642869
424592	268178	228305	1616402	1435767	607674	1729618
14554	5269	479	156796	356	-21805	69827
284101	315421	78110	1046335	718022	158292	767655
301045	312777	148706	2113044	632727	250247	1008439
20654	19950	3076	123698	50273	15172	91110
244803	196027	118705	1514941	156816	221094	327143
106793	231543	103234	878864	29288	159979	215134
-225684	-1219759	1143421	-1355467	1707359	330956	9045566
11184	254410	7729	326833	63422	214722	254074
67024	44735	49125	202260	24552	41534	54521
-281524	-1008123	1102025	-1213590	1746229	504144	9244937
104108	32335	289014	256675	289414	84955	371525
136868	208001	79089	933012	329838	71859	546707
10215	141661	-303	46524	98	243	-3257
-1500			112169			3816
4594	49895	5	214147	37390		6478753

3-15 建筑业各种分组

指　　标	企业个数（个）			合同情况		
	建筑企业个数	#有工作量的建筑企业个数	#亏损企业个数	签订的合同额	上年结转合同额	本年新签合同额
总　计	**1621**	**1538**	**250**	**348574843**	**157363276**	**191211567**
#国有及国有控股企业	73	69	8	103904166	57065812	46838354
一、按登记注册类型分组						
内资企业	1594	1513	242	345890317	155990641	189899676
国有企业	26	26	3	10969669	8005192	2964477
集体企业	31	29	3	1805314	363766	1441548
股份合作企业	17	17	4	338010	27675	310335
联营企业	1	1		220000		220000
有限责任公司	374	352	48	169499151	89626342	79872809
国有独资公司	12	10		35296816	17585394	17711422
其他有限责任公司	362	342	48	134202335	72040948	62161387
股份有限公司	20	18	4	2211214	1357619	853595
私营企业	1124	1069	180	160837359	56610047	104227312
私营独资企业	3	1		17190		17190
私营有限责任公司	1066	1015	169	150324555	53235195	97089360
私营股份有限公司	55	53	11	10495614	3374852	7120762
其他企业	1	1		9600		9600
港、澳、台商投资企业	12	11	4	954866	411532	543334
合资经营企业（港或澳、台资）	11	10	3	954458	411532	542926
港、澳、台商投资股份有限公司	1	1	1	408		408
外商投资企业	15	14	4	1729660	961103	768557
中外合资经营企业	10	9	3	1287477	611103	676374
中外合作经营企业	1	1		21503		21503
外资企业	4	4	1	420680	350000	70680
二、按国民经济行业分组						
房屋建筑业	481	458	57	226213303	102337079	123876224
土木工程建筑业	294	278	42	73025887	35283213	37742674
铁路、道路、隧道和桥梁工程建筑	102	96	13	39593485	20007968	19585517
铁路工程建筑	7	6	1	8163466	4771550	3391916

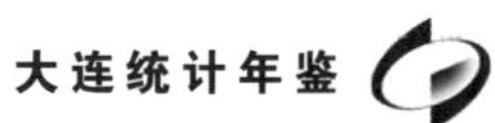

总专包企业生产情况

单位：千元

承包工程完成情况				建筑业总产值					
直接从建设单位承揽工程完成的产值	自行完成施工产值	分包出去工程的产值	从建设单位以外承揽工程完成的产值	合　计	# 装饰装修产值	# 在外省完成的产值	1. 建筑工程产值	2. 安装工程产值	3. 其他产值
208014164	**207280943**	**733221**	**1492137**	**208773080**	**17287698**	**16377301**	**179049840**	**20730434**	**8992806**
35358765	35344527	14238	33481	35378008	630148	9528753	30356311	4167221	854476
206271195	205559480	711715	1470631	207030111	16277769	15704814	177745398	20521079	8763634
6066894	6066894		400	6067294	32375	1059128	3365772	2677076	24446
1518354	1518354		39350	1557704	75106	30000	1105235	144955	307514
305521	305521			305521	16837	2250	232256	73265	
242657	242657			242657			12220	32444	197993
82284564	82079139	205425	313874	82393013	4304902	9507505	73692535	6485831	2214647
14551794	14551794			14551794	241100	5623255	14247060	72700	232034
67732770	67527345	205425	313874	67841219	4063802	3884250	59445475	6413131	1982613
1539137	1523137	16000	37500	1560637			1080164	437281	43192
114304468	113814178	490290	1079507	114893685	11848549	5105931	98257216	10660627	5975842
17190	17190			17190		12630			17190
106713135	106224277	488858	860207	107084484	11376849	5023314	91220457	10157631	5706396
7574143	7572711	1432	219300	7792011	471700	69987	7036759	502996	252256
9600	9600			9600				9600	
574101	574101			574101	480912	53145	274194	98427	201480
573693	573693			573693	480504	53145	274194	98019	201480
408	408			408	408			408	
1168868	1147362	21506	21506	1168868	529017	619342	1030248	110928	27692
794778	794778			794778	523432	267691	733797	33289	27692
21503	21503			21503		21503		21503	
352587	331081	21506	21506	352587	5585	330148	296451	56136	
134157030	133746158	410872	365168	134111326	8908219	5618914	128328244	2385925	3397157
39810303	39723543	86760	454832	40178375	636280	8594295	33867422	4390424	1920529
21583669	21530069	53600	37600	21567669	423024	6241367	20251865	188930	1126874
3504589	3504589			3504589		1247890	3429989	74600	

3-15 续表 -1

指　　标	企业个数（个）			合同情况		
	建筑企业个数	#有工作量的建筑企业个数	#亏损企业个数	签订的合同额	上年结转合同额	本年新签合同额
公路工程建筑	26	25	3	24368889	13133928	11234961
市政道路工程建筑	56	52	8	6455789	2050975	4404814
其他道路、隧道和桥梁工程建筑	13	13	1	605341	51515	553826
水利和内河港口工程建筑	35	31	2	19358181	7732924	11625257
水源及供水设施工程建筑	6	6		871729	221929	649800
河湖治理及防洪设施工程建筑	4	3		103825	14860	88965
港口及航运设施工程建筑	25	22	2	18382627	7496135	10886492
工矿工程建筑	24	23	4	1190061	113135	1076926
架线和管道工程建筑	54	52	4	9148707	6495163	2653544
架线及设备工程建筑	33	32	2	7751605	6130142	1621463
管道工程建筑	21	20	2	1397102	365021	1032081
其他土木工程建筑	79	76	19	3735453	934023	2801430
建筑安装业	485	464	83	35329267	17627573	17701694
电气安装	332	321	57	15392482	4008365	11384117
管道和设备安装	57	55	9	1799513	199862	1599651
其他建筑安装业	96	88	17	18137272	13419346	4717926
建筑装饰和其他建筑业	361	338	68	14006386	2115411	11890975
建筑装饰业	229	215	42	9866439	1655246	8211193
工程准备活动	79	72	16	2417289	234934	2182355
建筑物拆除活动	25	20	7	244524	13743	230781
其他工程准备活动	54	52	9	2172765	221191	1951574
提供施工设备服务	6	6	1	228514	41399	187115
其他未列明建筑业	47	45	9	1494144	183832	1310312
三、按隶属关系分组						
中央	33	30	3	90591931	52055065	38536866
省（自治区、直辖市）	10	10		3678973	2626502	1052471
地区（州、盟、省辖市）	46	43	7	9399086	2583375	6815711
县（区、市、旗）	40	40	9	17414883	12538669	4876214
街道	51	48	2	3725111	1088772	2636339

单位：千元

承包工程完成情况				建筑业总产值					
直接从建设单位承揽工程完成的产值	自行完成施工产值	分包出去工程的产值	从建设单位以外承揽工程完成的产值	合 计	# 装饰装修产值	# 在外省完成的产值	1. 建筑工程产值	2. 安装工程产值	3. 其他产值
12566412	12512812	53600	35000	12547812		4446044	11676707	35000	836105
4980282	4980282		2600	4982882	402578	544597	4702557	10900	269425
532386	532386			532386	20446	2836	442612	68430	21344
9380938	9380938		170710	9551648		1155455	9326613	65129	159906
826611	826611			826611		40900	825111	1500	
103620	103620			103620			103620		
8450707	8450707		170710	8621417		1114555	8397882	63629	159906
923650	901850	21800	196800	1098650	28500	54793	497246	563440	37964
4765107	4764107	1000	33229	4797336	81780	1043627	980490	3473672	343174
3671399	3670399	1000	2829	3673228	36580	987654	755563	2840552	77113
1093708	1093708		30400	1124108	45200	55973	224927	633120	266061
3156939	3146579	10360	16493	3163072	102976	99053	2811208	99253	252611
22253097	22084021	169076	415458	22499479	917776	738052	8670731	12063168	1765580
12898439	12860450	37989	159347	13019797	442140	548547	2486847	9473676	1059274
2137510	2119908	17602	4812	2124720	14700	145696	651588	1452673	20459
7217148	7103663	113485	251299	7354962	460936	43809	5532296	1136819	685847
11793734	11727221	66513	256679	11983900	6825423	1426040	8183443	1890917	1909540
7960818	7922551	38267	72713	7995264	6779110	1304806	5672815	1032132	1290317
2286024	2257778	28246	163266	2421044	580	12630	1294207	658477	468360
212813	212523	290	7150	219673	580		131403	16000	72270
2073211	2045255	27956	156116	2201371		12630	1162804	642477	396090
194737	194737			194737	1671		169612	7170	17955
1352155	1352155		20700	1372855	44062	108604	1046809	193138	132908
27077969	27077969			27077969	217179	8778089	23847043	3024306	206620
1687625	1659669	27956	100016	1759685	61583	426310	1645260	114025	400
6676694	6572455	104239	33986	6606441	310584	269638	4301733	2112310	192398
7079469	7079469			7079469	104543	12900	6669565	233168	176736
2263387	2263387			2263387	449452		2078595	184792	

3-15 续表-2

指　　标	企业个数（个）			合同情况		
	建筑企业个数	#有工作量的建筑企业个数	#亏损企业个数	签订的合同额	上年结转合同额	本年新签合同额
镇	4	4		1422370	510840	911530
乡	1	1	1			
居委会	1	1				
村委会	7	7	1	219640	1200	218440
其他	1428	1354	227	222122849	85958853	136163996
四、按企业资质等级分组						
施工总承包	713	674	94	319034560	152731588	166302972
特级	12	12	1	77002539	42564736	34437803
一级	67	61	3	126196040	67991386	58204654
二级	216	210	21	77609920	32773756	44836164
三级及以下	418	391	69	38226061	9401710	28824351
专业承包	908	864	156	29540283	4631688	24908595
一级	57	54	2	7071422	1532059	5539363
二级	154	152	20	8564284	1001924	7562360
三级及以下	697	658	134	13904577	2097705	11806872
五、按营业状态分						
营业	1609	1530	248	347970640	157362776	190607864
停业（歇业）	7	5	1	546246		546246
当年关闭	2	1		38957		38957
当年破产	1	1		15000		15000
其他	2	1	1	4000	500	3500
六、按控股情况分						
国有控股	73	69	8	103904166	57065812	46838354
集体控股	74	70	12	7256859	2257412	4999447
私人控股	1384	1312	214	210546548	81222994	129323554
港澳台商控股	9	8	4	671896	391609	280287
外商控股	12	11	4	1698297	955409	742888
其他	69	68	8	24497077	15470040	9027037

单位：千元

承包工程完成情况				建筑业总产值					
直接从建设单位承揽工程完成的产值	自行完成施工产值	分包出去工程的产值	从建设单位以外承揽工程完成的产值	合 计	# 装饰装修产值	# 在外省完成的产值	1. 建筑工程产值	2. 安装工程产值	3. 其他产值
1232976	1232976			1232976			1231976		1000
22333	22333			22333			22333		
2600	2600			2600			2600		
171240	171240			171240			126040		45200
161799871	161198845	601026	1358135	162556980	16144357	6890364	139124695	15061833	8370452
182521517	181929414	592103	726627	182656041	9983828	14276908	167484520	9807584	5363937
33889960	33841930	48030		33841930	1882033	1133372	33424524	391914	25492
65909758	65909758		60000	65969758	3531577	9527189	57859263	5660295	2450200
50951610	50558640	392970	89384	50648024	3054772	2379904	47157495	1672204	1818325
31770189	31619086	151103	577243	32196329	1515446	1236443	29043238	2083171	1069920
25492647	25351529	141118	765510	26117039	7303870	2100393	11565320	10922850	3628869
5572412	5544456	27956	137528	5681984	2869411	217925	2748310	2252117	681557
7682831	7671542	11289	169029	7840571	2936262	1353129	4055949	2487533	1297089
12237404	12135531	101873	458953	12594484	1498197	529339	4761061	6183200	1650223
207404576	206671355	733221	1492137	208163492	17209650	16357782	178552537	20695915	8915040
565765	565765			565765	78048	19519	456896	34519	74350
38957	38957			38957			38957		
1450	1450			1450			1450		
3416	3416			3416					3416
35358765	35344527	14238	33481	35378008	630148	9528753	30356311	4167221	854476
5310853	5310853		152110	5462963	320897	37511	2631561	2089968	741434
154327583	153668062	659521	1143397	154811459	14815602	6100408	133905929	13696477	7209053
354696	354696			354696	279432	47884	274194	80502	
1137505	1115999	21506	21506	1137505	529647	597839	1019758	64777	52970
11524762	11486806	37956	141643	11628449	711972	64906	10862087	631489	134873

3-15 续表 1

指　　标	竣工产值	房屋建筑施工面积（平方米）			
		房屋建筑施工面积	#本年新开工面积	#实行投标承包面积	#本年新开工
总　计	**102068303**	**105433982**	**51809839**	**79426933**	**37450969**
#国有及国有控股企业	12158194	22889001	7466609	21113371	6887863
一、按登记注册类型分组					
内资企业	100765849	105205719	51720004	79231148	37384412
国有企业	1208614	415216	405562	383894	374240
集体企业	947091	702251	555008	426601	349369
股份合作企业	247038	181000	181000	181000	181000
联营企业					
有限责任公司	37718606	47000793	17830804	41153155	16175936
国有独资公司	7848862	2022868	1178279	2018268	1177279
其他有限责任公司	29869744	44977925	16652525	39134887	14998657
股份有限公司	790428	1031922	566688	697780	293082
私营企业	59854072	55874537	32180942	36388718	20010785
私营独资企业					
私营有限责任公司	54323565	51054792	29192793	32020973	17567673
私营股份有限公司	5530507	4819745	2988149	4367745	2443112
其他企业					
港、澳、台商投资企业	523101				
合资经营企业（港或澳、台资）	523101				
港、澳、台商投资股份有限公司					
外商投资企业	779353	228263	89835	195785	66557
中外合资经营企业	751734	228263	89835	195785	66557
中外合作经营企业	20409				
外资企业	7210				
二、按国民经济行业分组					
房屋建筑业	65995555	95199087	44658847	74490019	34274144
土木工程建筑业	18343529	5377270	3677822	3720584	2495336
铁路、道路、隧道和桥梁工程建筑	12108487	1931584	1083693	1416314	643268
铁路工程建筑	945830	544881	51286	540281	50286

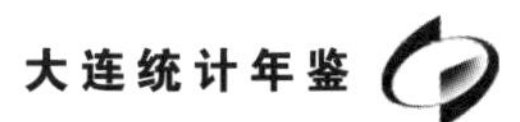

单位：千元

从事主营业务活动的从业人员平均人数（人）	房屋建筑竣工面积（平方米）					
	合计	住宅房屋	商业及服务用房屋	商厦房屋（批发和零售用房）	宾馆用房屋（住宿用房）	餐饮用房屋（餐饮用房）
559334	**36863869**	**24960438**	**2026830**	**926574**	**388740**	**212200**
63251	1294575	955278				
555733	36643222	24927960	2026830	926574	388740	212200
8607	385151	318500				
7594	389997	186196				
1466	160000	160000				
1502						
174947	10553910	7679284	303698	111615	35545	
43956	468283	410848				
130991	10085627	7268436	303698	111615	35545	
3869	413377	118100				
357729	24740787	16465880	1723132	814959	353195	212200
136						
333066	23024967	15379852	1723132	814959	353195	212200
24527	1715820	1086028				
19						
1082						
1069						
13						
2519	220647	32478				
2360	220647	32478				
34						
125						
389088	32156858	22332976	1960624	900446	388740	212200
93867	1480275	599465	11305	11305		
41420	687533	166168	11305	11305		
3142	14930					

3-15 续表 1-1

指 标	竣工产值	房屋建筑施工面积（平方米）			
		房屋建筑施工面积	# 本年新开工面积	# 实行投标承包面积	# 本年新开工
公路工程建筑	7970832	830518	511842	794893	511842
市政道路工程建筑	2829612	457045	421425		
其他道路、隧道和桥梁工程建筑	362213	99140	99140	81140	81140
水利和内河港口工程建筑	2197192	65112	64340	64340	64340
水源及供水设施工程建筑	616680	772			
河湖治理及防洪设施工程建筑	68660				
港口及航运设施工程建筑	1511852	64340	64340	64340	64340
工矿工程建筑	776110	176000			
架线和管道工程建筑	1539571	44994	35140	41294	31540
架线及设备工程建筑	1103532	41494	31640	41294	31540
管道工程建筑	436039	3500	3500		
其他土木工程建筑	1722169	3159580	2494649	2198636	1756188
建筑安装业	10527714	3837555	2537885	738391	297033
电气安装	6644392	730132	644686	20000	
管道和设备安装	1108695	274894	257843	1800	1800
其他建筑安装业	2774627	2832529	1635356	716591	295233
建筑装饰和其他建筑业	7201505	1020070	935285	477939	384456
建筑装饰业	4925889	506116	440188	390418	371696
工程准备活动	1250178	291567	281910	11260	11260
建筑物拆除活动	112248	137	137		
其他工程准备活动	1137930	291430	281773	11260	11260
提供施工设备服务	77282				
其他未列明建筑业	948156	222387	213187	76261	1500
三、按隶属关系分组					
中央	8833474	19486370	5797664	19411609	5796514
省（自治区、直辖市）	782586	1742939	565781	106120	106120
地区（州、盟、省辖市）	2618606	2067558	1166169	1875976	1021789
县（区、市、旗）	2634697	1226568	904772	768463	763363
街道	1977100	946993	940593	946993	803279

单位：千元

从事主营业务活动的从业人员平均人数（人）	房屋建筑竣工面积（平方米）					
	合计	住宅房屋	商业及服务用房屋	商厦房屋（批发和零售用房）	宾馆用房屋（住宿用房）	餐饮用房屋（餐饮用房）
25380	163578	117662				
10999	409885	13460				
1899	99140	35046	11305	11305		
28841	64340	64340				
5849						
508						
22484	64340	64340				
2739	176000					
10390	15041	300				
6288	11541	300				
4102	3500					
10477	537361	368657				
46500	2657422	1703053	14823	14823		
28398	727732	670786	14823	14823		
4674	257843	124705				
13428	1671847	907562				
29879	569314	324944	40078			
20088	332819	292466	40078			
5660	16800					
861						
4799	16800					
458						
3673	219695	32478				
43152	258530	137692				
4521	325883	260930				
21015	754673	648154				
7321	885835	794442	23810	23810		
8240	777243	579441				

3-15　续表 1-2

指　　标	竣工产值	房屋建筑施工面积（平方米）			
		房屋建筑施工面积	# 本年新开工面积	# 实行投标承包面积	# 本年新开工
镇	430421	1396961	556913	1396961	556913
乡	22330				
居委会	2500	100			
村委会	87100	77278	47903	27903	27903
其他	84679489	78489215	41830044	54892908	28375088
四、按企业资质等级分组					
施工总承包	88257013	104019222	50464050	79264294	37372691
特级	11474325	32147042	8239145	32118781	8227010
一级	32387236	30033793	14048088	22117513	11084946
二级	27002446	25998582	16363335	15816329	11366882
三级及以下	17393006	15839805	11813482	9211671	6693853
专业承包	13811290	1414760	1345789	162639	78278
一级	4178251	551118	551118		
二级	3648229	355886	346229	74761	
三级及以下	5984810	507756	448442	87878	78278
五、按营业状态分					
营业	101482110	105011122	51386979	79011573	37035609
停业（歇业）	546236	415360	415360	415360	415360
当年关闭	38957				
当年破产	1000	7500	7500		
其他					
六、按控股情况分					
国有控股	12158194	22889001	7466609	21113371	6887863
集体控股	3100264	1554606	1102011	1108770	641872
私人控股	77139933	77076226	40376701	53825772	27223977
港澳台商控股	325172				
外商控股	786223	228263	89835	195785	66557
其他	8558517	3685886	2774683	3183235	2630700

单位：千元

从事主营业务活动的从业人员平均人数（人）	房屋建筑竣工面积（平方米）					
	合计	住宅房屋	商业及服务用房屋	商厦房屋（批发和零售用房）	宾馆用房屋（住宿用房）	餐饮用房屋（餐饮用房）
2867	337539	312119				
50						
45						
973	4000					
471150	33520166	22227660	2003020	902764	388740	212200
488393	36026649	24800740	2026830	926574	388740	212200
62375	4778366	4177178	76500	76500		
184305	10033629	5467921	1422263	677760	373957	212200
144750	12703853	9138164	224314	8619		
96963	8510801	6017477	303753	163695	14783	
70941	837220	159698				
12045	432721					
18096	88674					
40800	315825	159698				
557225	36447989	24544558	2026830	926574	388740	212200
1944	415360	415360				
100						
50	520	520				
15						
63251	1294575	955278				
17988	1080362	702350	84961		35545	
448495	31265489	21787028	1941869	926574	353195	212200
901						
2402	220647	32478				
26297	3002796	1483304				

3-15 续表2

指 标	房屋建筑					
	商务会展用房屋	其他商业及服务用房屋（居民服务业用房）	办公用房屋	科研、教育、医疗用房屋	科学研究用房屋	教育用房屋
总 计	**29874**	**469442**	**1915898**	**468843**	**110713**	**111013**
#国有及国有控股企业			58143	124443	110713	
一、按登记注册类型分组						
内资企业	29874	469442	1915898	468843	110713	111013
国有企业			24300			
集体企业			3965	8000		8000
股份合作企业						
联营企业						
有限责任公司	29874	126664	84334	302926	110713	15703
国有独资公司				20613	20613	
其他有限责任公司	29874	126664	84334	282313	90100	15703
股份有限公司			86250			
私营企业		342778	1717049	157917		87310
#私营独资企业						
私营有限责任公司		342778	1186839	157917		87310
私营股份有限公司			530210			
其他企业						
港、澳、台商投资企业						
合资经营企业（港或澳、台资）						
港、澳、台商投资股份有限公司						
外商投资企业						
中外合资经营企业						
中外合作经营企业						
外资企业						
二、按国民经济行业分组						
房屋建筑业	29874	429364	1506289	434500	90100	111013
土木工程建筑业			407989	34343	20613	
铁路、道路、隧道和桥梁工程建筑			405012	34343	20613	
铁路工程建筑				13730		

单位：千元

竣工面积（平方米）						竣工房屋价值	
医疗用房屋（卫生医疗用房）	文化、体育、娱乐用房屋	厂房及建筑物	#厂房	仓库	其他未列明的房屋建筑物	合计	住宅房屋
247117	**72143**	**6391857**	**4082349**	**568688**	**459172**	**58779730**	**38457167**
13730	25303	97906	20368	2392	31110	2247877	1497859
247117	72143	6203688	3894180	568688	459172	58356592	38410367
		11241	11241		31110	706220	588880
		188231	48250	3605		596933	306912
						125000	125000
176510	28803	1669056	1355754	455784	30025	20233273	14246712
	25303	9127	9127	2392		790960	600700
176510	3500	1659929	1346627	453392	30025	19442313	13646012
		206027		3000		561039	121200
70607	43340	4129133	2478935	106299	398037	36134127	23021663
70607	43340	4042141	2423023	93709	398037	32313536	21073549
		86992	55912	12590		3820591	1948114
		188169	188169			423138	46800
		188169	188169			423138	46800
233387	28600	4915587	3247496	568688	409594	52849880	34955299
13730	28803	398370	210001			2133225	853134
13730	25303	45402	11760			1190570	242877
13730		1200	1200			66910	

3-15　续表 2-1

指　　标	房屋建筑					
	商务会展用房屋	其他商业及服务用房屋（居民服务业用房）	办公用房屋	科研、教育、医疗用房屋	科学研究用房屋	教育用房屋
公路工程建筑				20613	20613	
市政道路工程建筑			396425			
其他道路、隧道和桥梁工程建筑			8587			
水利和内河港口工程建筑						
水源及供水设施工程建筑						
河湖治理及防洪设施工程建筑						
港口及航运设施工程建筑						
工矿工程建筑						
架线和管道工程建筑						
架线及设备工程建筑						
管道工程建筑						
其他土木工程建筑			2977			
建筑安装业			100			
电气安装						
管道和设备安装						
其他建筑安装业			100			
建筑装饰和其他建筑业		40078	1520			
建筑装饰业		40078				
工程准备活动						
建筑物拆除活动						
其他工程准备活动						
提供施工设备服务						
其他未列明建筑业			1520			
三、按隶属关系分组						
中央				34343	20613	
省（自治区、直辖市）			33843			
地区（州、盟、省辖市）			100	90100	90100	
县（区、市、旗）			28265	8000		8000
街道			35220			

单位：千元

竣工面积（平方米）						竣工房屋价值	
医疗用房屋（卫生医疗用房）	文化、体育、娱乐用房屋	厂房及建筑物	#厂房	仓库	其他未列明的房屋建筑物	合计	住宅房屋
	25303					263670	168350
						733765	20200
		44202	10560			126225	54327
						88500	88500
						88500	88500
		176000	176000			167200	
	3500	11241	11241			26159	600
		11241	11241			21959	600
	3500					4200	
		165727	11000			660796	521157
	13240	917436	464388		8770	3131747	2220787
		42123				1194024	1051659
		130368			2770	266223	124705
	13240	744945	464388		6000	1671500	1044423
	1500	160464	160464		40808	664878	427947
					275	442577	381147
					16800	33600	
					16800	33600	
	1500	160464	160464		23733	188701	46800
13730	25303	61192	12441			364557	152986
					31110	588803	358279
		13927	7927	2392		1023111	827224
		31318	31318			1976297	1830766
		162582	106552			1259900	927060

3-15 续表 2-2

指 标	房 屋 建 筑					
	商务会展用房屋	其他商业及服务用房屋（居民服务业用房）	办公用房屋	科研、教育、医疗用房屋	科学研究用房屋	教育用房屋
镇						
乡						
居委会						
村委会			1000			
其他	29874	469442	1817470	336400		103013
四、按企业资质等级分组						
施工总承包	29874	469442	1912921	468843	110713	111013
特级			508985	15703		15703
一级	29874	128472	353790	204123	20613	7000
二级		215695	753127	176017	90100	80310
三级及以下		125275	297019	73000		8000
专业承包			2977			
一级						
二级						
三级及以下			2977			
五、按营业状态分						
营业	29874	469442	1915898	468843	110713	111013
停业（歇业）						
当年关闭						
当年破产						
其他						
六、按控股情况分						
国有控股			58143	124443	110713	
集体控股	29874	19542	90215	8000		8000
私人控股		449900	1767540	173620		103013
港澳台商控股						
外商控股						
其他				162780		

单位：千元

竣工面积（平方米）						竣工房屋价值	
医疗用房屋（卫生医疗用房）	文化、体育、娱乐用房屋	厂房及建筑物	#厂房	仓库	其他未列明的房屋建筑物	合计	住宅房屋
		25420	9781			387021	341828
				3000		15000	
233387	46840	6097418	3914330	563296	428062	53165041	34019024
247117	58043	5771945	3462957	568688	418639	58219080	38267157
						10439935	8610715
176510	25303	1908285	1366706	538154	113790	15985971	8115825
5607	29240	2175674	1457858		207317	20209268	13690165
65000	3500	1687986	638393	30534	97532	11583906	7850452
	14100	619912	619392		40533	560650	190010
		411388	411388		21333	196730	
		71874	71874		16800	85220	
	14100	136650	136130		2400	278700	190010
247117	72143	6391857	4082349	568688	459172	58321834	37999271
						456896	456896
						1000	1000
13730	25303	97906	20368	2392	31110	2247877	1497859
		188231	48250	6605		1400566	893833
70607	46840	5027822	3055723	112041	408729	47625271	32789416
		188169	188169			423138	46800
162780		889729	769839	447650	19333	7082878	3229259

3-15 续表3

指标	竣工房屋					
	商业及服务用房屋	商厦房屋（批发和零售用房）	宾馆用房屋（住宿用房）	餐饮用房屋（餐饮用房）	商务会展用房屋	其他商业及服务用房屋（居民服务业用房）
总计	**3038989**	**1376897**	**384175**	**212200**	**21353**	**1044364**
#国有及国有控股企业						
一、按登记注册类型分组						
内资企业	3038989	1376897	384175	212200	21353	1044364
国有企业						
集体企业						
股份合作企业						
联营企业						
有限责任公司	350079	152767	30633		21353	145326
国有独资公司						
其他有限责任公司	350079	152767	30633		21353	145326
股份有限公司						
私营企业	2688910	1224130	353542	212200		899038
#私营独资企业						
私营有限责任公司	2688910	1224130	353542	212200		899038
私营股份有限公司						
其他企业						
港、澳、台商投资企业						
合资经营企业（港或澳、台资）						
港、澳、台商投资股份有限公司						
外商投资企业						
中外合资经营企业						
中外合作经营企业						
外资企业						
二、按国民经济行业分组						
房屋建筑业	2936035	1332073	384175	212200	21353	986234
土木工程建筑业	7767	7767				
铁路、道路、隧道和桥梁工程建筑	7767	7767				
铁路工程建筑						

单位：千元

价值									
办公用房屋	科研、教育、医疗用房屋	科学研究用房屋	教育用房屋	医疗用房屋（卫生医疗用房）	文化、体育、娱乐用房屋	厂房及建筑物	#厂房	仓库	其他未列明的房屋建筑物
3849498	**985718**	**155380**	**221508**	**608830**	**108937**	**10466092**	**6726190**	**1217877**	**655452**
233143	196490	155380		41110	49940	203764	96299	20000	46681
3849498	985718	155380	221508	608830	108937	10089754	6349852	1217877	655452
49300						21359	21359		46681
4923	5560		5560			274985	76903	4553	
255637	672150	155380	42000	474770	54140	3518465	3127298	1088673	47417
	45380	45380			49940	74940	74940	20000	
255637	626770	110000	42000	474770	4200	3443525	3052358	1068673	47417
143400						288439		8000	
3396238	308008		173948	134060	54797	5986506	3124292	116651	561354
1671141	308008		173948	134060	54797	5853626	3023922	102151	561354
1725097						132880	100370	14500	
						376338	376338		
						376338	376338		
3124096	899228	110000	221508	567720	45686	9112891	6207769	1217877	558768
720230	86490	45380		41110	54140	411464	237241		
719521	86490	45380		41110	49940	83975	34182		
	41110			41110		25800	25800		

3-15 续表 3-1

指　标	竣工房屋					
	商业及服务用房屋	商厦房屋（批发和零售用房）	宾馆用房屋（住宿用房）	餐饮用房屋（餐饮用房）	商务会展用房屋	其他商业及服务用房屋（居民服务业用房）
公路工程建筑						
市政道路工程建筑						
其他道路、隧道和桥梁工程建筑	7767	7767				
水利和内河港口工程建筑						
水源及供水设施工程建筑						
河湖治理及防洪设施工程建筑						
港口及航运设施工程建筑						
工矿工程建筑						
架线和管道工程建筑						
架线及设备工程建筑						
管道工程建筑						
其他土木工程建筑						
建筑安装业	37057	37057				
电气安装	37057	37057				
管道和设备安装						
其他建筑安装业						
建筑装饰和其他建筑业	58130					58130
建筑装饰业	58130					58130
工程准备活动						
建筑物拆除活动						
其他工程准备活动						
提供施工设备服务						
其他未列明建筑业						
三、按隶属关系分组						
中央						
省（自治区、直辖市）						
地区（州、盟、省辖市）						
县（区、市、旗）	45000	45000				
街道						

单位：千元

价值									
办公用房屋	科研、教育、医疗用房屋	科学研究用房屋	教育用房屋	医疗用房屋（卫生医疗用房）	文化、体育、娱乐用房屋	厂房及建筑物	#厂房	仓库	其他未列明的房屋建筑物
	45380	45380			49940				
713565									
5956						58175	8382		
						167200	167200		
					4200	21359	21359		
						21359	21359		
					4200				
709						138930	14500		
2282					6321	842187	181630		23113
						105308			
						130368			11150
2282					6321	606511	181630		11963
2890					2790	99550	99550		73571
									3300
									33600
									33600
2890					2790	99550	99550		36671
	86490	45380		41110	49940	75141	47159		
183843									46681
2282	110000	110000				63605	49140	20000	
54223	5560		5560			40748	40748		
52828						280012	168012		

3-15　续表 3-2

指　　标	竣工房屋					
	商业及服务用房屋	商厦房屋（批发和零售用房）	宾馆用房屋（住宿用房）	餐饮用房屋（餐饮用房）	商务会展用房屋	其他商业及服务用房屋（居民服务业用房）
镇						
乡						
居委会						
村委会						
其他	2993989	1331897	384175	212200	21353	1044364
四、按企业资质等级分组						
施工总承包	3038989	1376897	384175	212200	21353	1044364
特级	100000	100000				
一级	1693043	856789	371535	212200	21353	231166
二级	666003	38366				627637
三级及以下	579943	381742	12640			185561
专业承包						
一级						
二级						
三级及以下						
五、按营业状态分						
营业	3038989	1376897	384175	212200	21353	1044364
停业（歇业）						
当年关闭						
当年破产						
其他						
六、按控股情况分						
国有控股						
集体控股	65312		30633		21353	13326
私人控股	2973677	1376897	353542	212200		1031038
港澳台商控股						
外商控股						
其他						

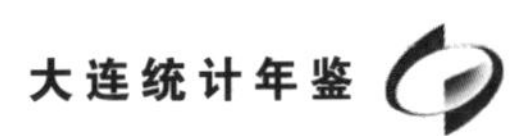

单位：千元

价值									
办公用房屋	科研、教育、医疗用房屋	科学研究用房屋	教育用房屋	医疗用房屋（卫生医疗用房）	文化、体育、娱乐用房屋	厂房及建筑物	#厂房	仓库	其他未列明的房屋建筑物
						45193	13400		
7000								8000	
3549322	783668		215948	567720	58997	9961393	6407731	1189877	608771
3848789	985718	155380	221508	608830	83147	10192222	6453270	1217877	585181
1687220	42000		42000						
356531	540150	45380	20000	474770	49940	3931307	3405814	1169761	129414
1359632	274908	110000	153948	10960	29007	3909957	2159490		279596
445406	128660		5560	123100	4200	2350958	887966	48116	176171
709					25790	273870	272920		70271
						164730	164730		32000
						51620	51620		33600
709					25790	57520	56570		4671
3849498	985718	155380	221508	608830	108937	10466092	6726190	1217877	655452
233143	196490	155380		41110	49940	203764	96299	20000	46681
148323	5560		5560			274985	76903	12553	
3468032	350008		215948	134060	58997	7280106	4018872	125264	579771
						376338	376338		
	433660			433660		2330899	2157778	1060060	29000

3-16 建筑业各种分组

指　　标	年初存货	年　　末			
		流动资产	#应收工程款	#存货	固定资产合计
总　计	**18319385**	**138356417**	**44059738**	**19922082**	**19772719**
#国有及国有控股企业	4599421	28551493	8711633	5186096	2288338
一、按登记注册类型分组					
内资企业	18226992	135151828	42623941	19578486	19368331
国有企业	909084	4483113	1251420	561288	444823
集体企业	78172	605791	259458	35645	131322
股份合作企业	5242	145325	29966	6125	62683
联营企业	14158	159182	27105	18069	83534
有限责任公司	8768186	64916652	20795477	11296236	9064668
国有独资公司	2149513	12408540	4020362	2959310	1200650
其他有限责任公司	6618673	52508112	16775115	8336926	7864018
股份有限公司	1150665	1023766	217453	161192	55690
私营企业	7301484	63809753	20041285	7499930	9525037
#私营独资企业	190	33930	2300	1430	33976
私营有限责任公司	6508828	58637897	19488468	6975408	9004102
私营股份有限公司	792466	5137926	550517	523092	486959
其他企业	1	8246	1777	1	574
港、澳、台商投资企业	54089	1292979	280252	55999	22803
合资经营企业（港或澳、台资）	52364	1289021	279077	53935	21970
港、澳、台商投资股份有限公司	1725	3958	1175	2064	833
外商投资企业	38304	1911610	1155545	287597	381585
中外合资经营企业	35840	535430	269267	14363	49212
中外合作经营企业	366	3675	1137		435
外资企业	2098	1372505	885141	273234	331938
二、按国民经济行业分组					
房屋建筑业	8203477	79634653	27793715	9172536	9600078
土木工程建筑业	4638212	29680799	8293706	4974987	4325965
铁路、道路、隧道和桥梁工程建筑	1785122	13030561	3741069	1762119	2006338

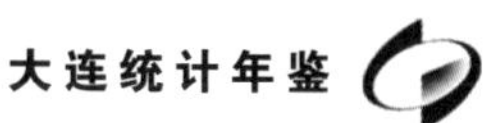

总专包全部企业财务情况

单位：千元

资产负债							
固定资产减值准备	固定资产原价	累计折旧	# 本年折旧	在建工程	资产合计	流动负债	# 应付账款
102695	**28841743**	**12204204**	**1474932**	**1094818**	**169618619**	**94385433**	**33071182**
5527	4230907	2166704	248131	139514	33044137	26801369	13738024
102695	28206629	11960588	1467057	1090656	165905144	91500557	32302175
190	819675	411837	39042	28529	5125962	3756012	1400801
8360	223569	95797	4765	3550	790105	347664	118635
3000	42452	17664	2679	5405	228646	70224	22166
	249540	166006	9401		253372	60520	26304
50055	12846261	5219178	608676	374539	80165325	50798556	18007470
	2381985	1201895	138221	20430	15064777	12333697	5471175
50055	10464276	4017283	470455	354109	65100548	38464859	12536295
800	79670	33586	8245	2267	1175419	742474	88514
40290	13944445	6016077	794159	676366	78157495	35722482	12637621
	36811	2835	10		67906	5409	5009
40184	13041502	5493612	743351	670379	72037870	33630379	12034639
106	866132	519630	50798	5987	6051719	2086694	597973
	1017	443	90		8820	2625	664
	50175	28343	1761	780	1337464	1132673	38169
	49512	27733	1761		1332673	1131830	37868
	663	610		780	4791	843	301
	584939	215273	6114	3382	2376011	1752203	730838
	60070	21838	5717	2443	602436	445836	206458
	1906	1471	100		4213	288	100
	522963	191964	297	939	1769362	1306079	524280
28934	13038903	5531516	702805	639406	95769593	50992490	19387690
3281	7857806	3975366	498200	222285	37368319	24132530	9281493
23	3792658	1974687	271089	75623	16651312	9325028	4374943

3-16 续表 -1

指 标	年初存货	年 末			
		流动资产	# 应收工程款	# 存货	固定资产合计
铁路工程建筑	453907	2402454	797510	296711	340070
公路工程建筑	1005912	7272889	2309378	1087276	1018438
市政道路工程建筑	311309	2958185	491443	362001	569158
其他道路、隧道和桥梁工程建筑	13994	397033	142738	16131	78672
水利和内河港口工程建筑	1913515	9672363	2721567	2396748	1108666
水源及供水设施工程建筑	48689	302542	17300	82297	124627
河湖治理及防洪设施工程建筑	19372	69459	7824	21593	7443
港口及航运设施工程建筑	1845454	9300362	2696443	2292858	976596
工矿工程建筑	88830	1244127	115265	96077	118800
架线和管道工程建筑	597443	3891418	1051347	450948	716180
架线及设备工程建筑	333676	2301245	768498	229601	306357
管道工程建筑	263767	1590173	282849	221347	409823
其他土木工程建筑	253302	1842330	664458	269095	375981
建筑安装业	4673993	19931811	4889977	4791266	4922024
电气安装	1228365	8671167	2957562	1080056	1112209
管道和设备安装	197482	1460505	335036	215544	171352
其他建筑安装业	3248146	9800139	1597379	3495666	3638463
建筑装饰和其他建筑业	803703	9109154	3082340	983293	924652
建筑装饰业	545544	6057794	1858624	669309	381462
工程准备活动	85645	1607983	613040	112916	349224
建筑物拆除活动	4756	186034	33975	10847	86007
其他工程准备活动	80889	1421949	579065	102069	263217
提供施工设备服务	26204	357261	164050	29489	49868
其他未列明建筑业	146310	1086116	446626	171579	144098
三、按隶属关系分组					
中央	3722063	21743168	5950134	4321584	1652602
省（自治区、直辖市）	178805	1971242	552718	235631	224577
地区（州、盟、省辖市）	805485	6696853	3184755	854875	627668

单位：千元

资产负债							
固定资产减值准备	固定资产原价	累计折旧	# 本年折旧	在建工程	资产合计	流动负债	# 应付账款
2	809450	469685	104092	278	2780424	2430935	1177606
	2052086	1083103	107474	8347	9449235	4714120	2616931
21	800513	369453	47152	66584	3920547	1939275	504910
	130609	52446	12371	414	501106	240698	75496
152	1949384	863595	103785	22269	12057175	9532959	3099705
30	164627	41250	2295	1250	445579	131751	11204
	8681	1238	375		77003	13625	4206
122	1776076	821107	101115	21019	11534593	9387583	3084295
	358724	263248	19756	19294	1396628	919157	309827
106	1252588	660474	79204	77635	4775412	3397076	1155207
	479035	208484	32183	2128	2708213	2051407	957643
106	773553	451990	47021	75507	2067199	1345669	197564
3000	504452	213362	24366	27464	2487792	958310	341811
66015	6416349	1916182	175985	193371	25777017	13340402	2465452
16181	1738538	828681	123671	74808	10247193	5108882	1885914
5080	261249	136414	17267	10219	1719156	946943	191611
44754	4416562	951087	35047	108344	13810668	7284577	387927
4465	1528685	781140	97942	39756	10703690	5920011	1936547
4355	626949	290318	37223	19281	6795194	3905356	1280246
	537480	298957	27899	3435	2179062	928259	277865
	112263	39875	8239		350740	132439	16332
	425217	259082	19660	3435	1828322	795820	261533
	140603	92495	9642	4	422062	339598	80077
110	223653	99370	23178	17036	1307372	746798	298359
132	3348944	1745356	214991	20730	25095673	20771013	10680147
5403	256421	96933	4265	15198	2283585	1723270	460303
	936640	414582	33979	95795	7698120	5820424	2887410

3-16 续表-2

指 标	年初存货	年末			
		流动资产	# 应收工程款	# 存货	固定资产合计
县（区、市、旗）	2120008	9680912	1395866	3338262	3547513
街道	150745	1522067	419296	109352	222643
镇	69624	386907	206277	69	59379
居委会		1584	1220	64	654
村委会	2870	115510	35663	1800	11553
其他	11269785	96238174	32313809	11060445	13426120
四、按企业资质等级分组					
施工总承包	15880968	117887775	37164352	17434945	17182284
特级	2097538	23509906	9391239	2328747	1647791
一级	6887920	48428480	13984569	8621825	7606190
二级	4886879	26066707	7614689	3909457	4255040
三级以下	2008631	19882682	6173855	2574916	3673263
专业承包	2438417	20468642	6895386	2487137	2590435
一级	505123	4441323	1233948	444998	327392
二级	543671	5101328	2027058	725161	599221
三级以下	1389623	10925991	3634380	1316978	1663822
五、按营业状态分					
营业	18298330	138218474	44047479	19913157	19755221
停业（歇业）	21055	128904	10954	8155	16760
当年关闭		5544		3	137
其他		3495	1305	767	601
六、按控股情况分					
国有控股	4599421	28551493	8711633	5186096	2288338
集体控股	949097	4010879	1257438	743527	668545
私人控股	9794450	91878239	30495339	10570978	12809647
港澳台商控股	37648	1193408	244238	38356	7777
外商控股	38469	1926139	1157367	288224	342039
其他	2900300	10796259	2193723	3094901	3656373

单位：千元

资产负债							
固定资产减值准备	固定资产原价	累计折旧	# 本年折旧	在建工程	资产合计	流动负债	# 应付账款
44222	4259640	924140	19307	134563	13625166	7274657	490842
	365155	169662	19119	27090	1850919	908844	245427
	89949	31057	2346	410	456286	312490	94080
	654	362	59		5757	181	
	30881	19328	2275		127164	76928	16047
52938	19553449	8802782	1178589	801032	118452155	57497626	18196926
74149	24723040	10167706	1179690	928654	145270350	81942820	28643932
130	2141209	1122568	129695	10991	26685897	15434667	8146692
42101	11338914	4532321	357756	317910	60882268	39053961	13440930
6493	5892634	2322050	296780	400250	31819546	14047109	3677506
25425	5350283	2190767	395459	199503	25882639	13407083	3378804
28546	4118703	2036498	295242	166164	24348269	12442613	4427250
11128	447207	210884	22323	39794	4858533	3163072	714869
12	1038953	523146	80571	33402	6145982	2816735	1152386
17406	2632543	1302468	192348	92968	13343754	6462806	2559995
100625	28807534	12185891	1474443	1094818	169441086	94360720	33070667
2070	32258	17100	330		166313	23627	498
	196	59			7124		
	1755	1154	159		4096	1086	17
5527	4230907	2166704	248131	139514	33044137	26801369	13738024
11361	879080	470442	33442	29915	4936881	3139663	693599
84847	18546518	8208286	1136644	812738	113199736	53999511	17230806
	32019	25213	1618	780	1219133	1066762	15198
	538338	203460	4369	964	2337242	1709532	731705
960	4614881	1130099	50728	110907	14881490	7668596	661850

3-16 续表 1

指 标	非流动负债合计	负债合计	所有者权益	#实收资本	国家资本
总 计	**4875185**	**105194164**	**64424455**	**32272153**	**1730127**
#国有及国有控股企业	234666	27418688	5625449	3852818	1560634
一、按登记注册类型分组					
内资企业	4771182	102175484	63729660	31856581	1730127
国有企业	94584	3859595	1266367	595322	485670
集体企业	464	357280	432825	254284	2376
股份合作企业		73247	155399	113349	
联营企业		60520	192852	34345	
有限责任公司	2678745	55233798	24931527	11190778	1172751
国有独资公司	89026	12591668	2473109	1783570	128230
其他有限责任公司	2589719	42642130	22458418	9407208	1044521
股份有限公司	16713	818684	356735	312671	48000
私营企业	1980676	41769735	36387760	19350752	21330
#私营独资企业		19688	48218	45880	
私营有限责任公司	1678590	39344684	32693186	18032734	21330
私营股份有限公司	302086	2405363	3646356	1272138	
其他企业		2625	6195	5080	
港、澳、台商投资企业	92640	1225313	112151	142927	
合资经营企业（港或澳、台资）	92640	1224470	108203	137927	
港、澳、台商投资股份有限公司		843	3948	5000	
外商投资企业	11363	1793367	582644	272645	
中外合资经营企业	11363	486999	115437	158687	
中外合作经营企业		288	3925	3000	
外资企业		1306080	463282	110958	
二、按国民经济行业分组					
房屋建筑业	1684355	57390950	38378643	17393697	724522
土木工程建筑业	496854	25095727	12272592	7309023	685884
铁路、道路、隧道和桥梁工程建筑	370203	9715500	6935812	3694673	378134

单位：千元

集体资本	法人资本	个人资本	港澳台资本	外商资本	营业收入	# 主营业务收入
938451	**12299182**	**17109392**	**21474**	**173527**	**187762705**	**186634878**
146236	2127218	18730			33900060	33746054
887223	12132164	17106387	330	350	186223997	185113835
5236	104416				5886919	5807464
164400	87508				1583183	1583183
14425	6440	92484			194649	192248
34345					326980	322893
573930	4526362	4917735			73264790	72475182
4200	1646140	5000			12634679	12616286
569730	2880222	4912735			60630111	59858896
6889	121182	136600			1663426	1663425
87998	7281176	11959568	330	350	103297193	103062583
		45880			17490	17490
87998	6561383	11361343	330	350	95474463	95246361
	719793	552345			7805240	7798732
	5080				6857	6857
49800	71983		21144		560045	550980
49800	71983		16144		559638	550573
			5000		407	407
1428	95035	3005		173177	978663	970063
1428	92785			64474	648637	647901
	2250			750	21503	21503
		3005		107953	308523	300659
407546	6500899	9627203		133527	119242098	118945318
202957	3524984	2891898	2550	750	36146905	36044488
33709	1670972	1611858			17930206	17914474

3-16 续表 1-1

指 标	非流动负债	负债合计	所有者权益	#实收资本	国家资本
铁路工程建筑	46641	2477576	302848	254634	246134
公路工程建筑	302212	5030661	4418574	2218010	40000
市政道路工程建筑	21350	1966029	1954518	1059549	77000
其他道路、隧道和桥梁工程建筑		241234	259872	162480	15000
水利和内河港口工程建筑	53008	9713813	2343362	1742251	92551
水源及供水设施工程建筑	1500	142123	303456	226850	
河湖治理及防洪设施工程建筑		13625	63378	47000	
港口及航运设施工程建筑	51508	9558065	1976528	1468401	92551
工矿工程建筑	22106	957226	439402	357629	
架线和管道工程建筑	41181	3598657	1176755	676386	155199
架线及设备工程建筑	1991	2106127	602086	443060	110000
管道工程建筑	39190	1492530	574669	233326	45199
其他土木工程建筑	10356	1110531	1377261	838084	60000
建筑安装业	2224262	16037880	9739137	4926931	286963
电气安装	49877	5519277	4727916	2964094	24500
管道和设备安装	2726	959911	759245	448458	50037
其他建筑安装业	2171659	9558692	4251976	1514379	212426
建筑装饰和其他建筑业	469714	6669607	4034083	2642502	32758
建筑装饰业	422038	4508461	2286733	1446188	10800
工程准备活动	30806	1033453	1145609	752517	19448
建筑物拆除活动		138475	212265	220300	
其他工程准备活动	30806	894978	933344	532217	19448
提供施工设备服务	1410	341008	81054	69880	
其他未列明建筑业	15460	786685	520687	373917	2510
三、按隶属关系分组					
中央	133951	21108992	3986681	2707041	831436
省（自治区、直辖市）	19591	1766114	517471	237490	30090
地区（州、盟、省辖市）	250753	6074701	1623419	931189	421293

单位：千元

集体资本	法人资本	个人资本	港澳台资本	外商资本	营业收入	# 主营业务收入
8409		91			3904508	3903423
	1397230	780780			9571230	9559357
25300	264142	693107			3897876	3895230
	9600	137880			556592	556464
3060	1181930	464710			8513186	8495641
	31200	195650			797481	795631
3060	43940				104388	104388
	1106790	269060			7611317	7595622
5187	203616	145526	2550	750	820991	812571
126345	183588	211254			5217775	5195790
82000	110236	140824			3820606	3809189
44345	73352	70430			1397169	1386601
34656	284878	458550			3664747	3626012
244256	1394114	2982952	4354	14292	21531403	20874515
185665	860011	1876306	3320	14292	11754319	11141260
28000	104995	265426			2149888	2125929
30591	429108	841220	1034		7627196	7607326
83692	879185	1607339	14570	24958	10842299	10770557
68232	490911	843997	14240	18008	7280934	7258660
7360	215047	509982	330	350	2152096	2126345
	53815	166485			219872	216121
7360	161232	343497	330	350	1932224	1910224
	58380	11500			205661	205661
8100	114847	241860		6600	1203608	1179891
28436	1825859	21310			26389116	26364186
144900	62500				1101433	1084028
84663	278843	134480	3320	8590	6862333	6788156

3-16　续表 1-2

指　　标	非流动负债	负债合计	所有者权益	# 实收资本	国家资本
县（区、市、旗）	1936550	9226728	4398438	998689	200210
街道	20670	934114	916805	485302	
镇		312490	143796	56405	
居委会		182	5575	6000	
村委会		76929	50235	52774	
其他	2513663	65693841	52758314	26772263	247098
四、按企业资质等级分组					
施工总承包	4344210	91539927	53730423	25354609	1535229
特级	598750	16240449	10445448	2793815	361815
一级	2588584	43650328	17231940	7008768	708068
二级	687366	16822689	14996857	8511112	247226
三级以下	469510	14826461	11056178	7040914	218120
专业承包	530975	13654237	10694032	6917544	194898
一级	123048	3315350	1543183	906679	36500
二级	25725	3028056	3117926	1706023	25000
三级以下	382202	7310831	6032923	4304842	133398
五、按营业状态分					
营业	4875185	105101737	64339349	32189332	1730127
停业（歇业）		91341	74972	71821	
当年关闭			7124	8000	
其他		1086	3010	3000	
六、按控股情况分					
国有控股	234666	27418688	5625449	3852818	1560634
集体控股	19457	3306620	1630261	885684	2377
私人控股	2483511	61735584	51464152	25975842	34330
港澳台商控股	92640	1159402	59731	114179	
外商控股		1739333	597909	253384	
其他	2044911	9834537	5046953	1190246	132786

单位：千元

集体资本	法人资本	个人资本	港澳台资本	外商资本	营业收入	主营业务收入
51499	308502	438478			6462622	6422835
66000	59922	359380			2350776	2350776
26405	10000	20000			1306376	1306376
	6000				3052	3052
18248	7000	27526			179238	179238
518300	9740556	16083218	18154	164937	143085425	142113897
638892	10173807	12873154		133527	162881977	162434303
	480700	1951300			27489505	27292722
138591	3911173	2250936			63273694	63201484
355612	3529406	4342818		36050	44069231	43954767
144689	2252528	4328100		97477	28049547	27985330
299559	2125375	4236238	21474	40000	24880728	24200575
59800	281757	525022	3600		5274934	5259347
40001	671067	954133	8360	7462	7044477	6745267
199758	1172551	2757083	9514	32538	12561317	12195961
938451	12229721	17096032	21474	173527	187226534	186098772
	60461	11360			493798	493733
	6000	2000			38957	38957
	3000				3416	3416
146236	2127218	18730			33900060	33746054
577720	151311	153242	1034		5882725	5821258
148144	9518621	16269027	5370	350	133015827	132125301
49800	49309		15070		339201	330136
1428	81744	3005		167207	947300	938800
15123	370979	665388		5970	13677592	13673329

3-16 续表 2

指 标	损 益			
	营业成本	# 主营业务成本	营业税金及附加	# 主营业务税金及附加
总 计	**163833922**	**154285418**	**6160000**	**5612829**
# 国有及国有控股企业	30827762	30446950	919826	886232
一、按登记注册类型分组				
内资企业	162506654	152958150	6129767	5583078
国有企业	5222279	5142302	139306	127354
集体企业	1395654	1325384	56249	53573
股份合作企业	157054	157054	7952	7940
联营企业	298428	298428	5629	4947
有限责任公司	64909202	59597443	2237461	2033826
国有独资公司	11524633	11410992	390901	390550
其他有限责任公司	53384569	48186451	1846560	1643276
股份有限公司	1495444	852250	54367	43815
私营企业	89023048	85579744	3628802	3311622
# 私营独资企业	11400	11400	3335	3335
私营有限责任公司	82293074	78852566	3360914	3046726
私营股份有限公司	6718574	6715778	264553	261561
其他企业	5545	5545	1	1
港、澳、台商投资企业	502282	502282	11585	11578
合资经营企业（港或澳、台资）	501928	501928	11571	11564
港、澳、台商投资股份有限公司	354	354	14	14
外商投资企业	824986	824986	18648	18173
中外合资经营企业	513871	513871	16389	16188
中外合作经营企业	19870	19870	210	210
外资企业	291245	291245	2049	1775
二、按国民经济行业分组				
房屋建筑业	104765892	100710074	4037793	3760242
土木工程建筑业	31582859	30925687	1108407	1014001
铁路、道路、隧道和桥梁工程建筑	15775691	15406393	580810	538866

单位：千元

及　分　配

其他业务利润	销售费用	管理费用	# 税金	财务费用	# 利息收入	# 利息支出
239223	**778091**	**6532595**	**346710**	**1207836**	**–37038**	**953262**
26745	9249	1075421	55279	36028	22736	192312
228792	729242	6426402	345340	1170031	102319	875776
7044	8433	200313	35793	14060	2116	19541
	7615	42864	1023	615	708	565
2389	66	17878	174	13	–115	71
3406		23693	537	–1308	1308	
168807	156352	2593655	97860	346034	60470	466050
5474	470	548019	14794	–20606	18267	127057
163333	155882	2045636	83066	366640	42203	338993
	5704	48215	1645	10549	31	9818
47146	551072	3498777	208308	800068	37801	379731
	36	2298	47	51		48
43435	536388	3319632	200610	764258	38051	368490
3711	14648	176847	7651	35759	–250	11193
		1007				
8496	1937	29254	362	16239	–136896	52925
8496	1937	29204	353	16239	–136896	52925
		50	9			
1935	46912	76939	1008	21566	–2461	24561
636	46682	57604	982	718	–2458	3212
	1	1222	5	1	1	
1299	229	18113	21	20847	–4	21349
184230	422064	2788042	198036	944647	47517	507472
18379	126011	1668858	74935	98563	41403	237976
5330	15697	686723	25812	–4681	33684	126778

3-16　续表 2-1

指　　标	损　益			
	营业成本	# 主营业务成本	营业税金及附加	# 主营业务税金及附加
铁路工程建筑	3776906	3774806	104823	104794
公路工程建筑	8212361	7845427	324436	282760
市政道路工程建筑	3297567	3297312	131838	131599
其他道路、隧道和桥梁工程建筑	488857	488848	19713	19713
水利和内河港口工程建筑	7454085	7435222	290030	271672
水源及供水设施工程建筑	722429	722374	30115	30115
河湖治理及防洪设施工程建筑	84408	80408	3381	3381
港口及航运设施工程建筑	6647248	6632440	256534	238176
工矿工程建筑	712599	665719	21517	20332
架线和管道工程建筑	4552325	4508803	101866	79447
架线及设备工程建筑	3434370	3426549	60961	48008
管道工程建筑	1117955	1082254	40905	31439
其他土木工程建筑	3088159	2909550	114184	103684
建筑安装业	18197233	13793023	669422	510094
电气安装	9992131	9317484	368124	347110
管道和设备安装	1827571	1791770	67053	56810
其他建筑安装业	6377531	2683769	234245	106174
建筑装饰和其他建筑业	9287938	8856634	344378	328492
建筑装饰业	6234429	5884058	232503	222475
工程准备活动	1832204	1782676	75555	71019
建筑物拆除活动	159461	156865	7158	6893
其他工程准备活动	1672743	1625811	68397	64126
提供施工设备服务	173544	173544	2163	2163
其他未列明建筑业	1047761	1016356	34157	32835
三、按隶属关系分组				
中央	24224664	24104846	711799	692813
省（自治区、直辖市）	973985	965819	27928	27628
地区（州、盟、省辖市）	6187455	6102830	182948	174715

单位：千元

及 分 配

其他业务利润	销售费用	管理费用	# 税金	财务费用	# 利息收入	# 利息支出
759	648	74379	960	-100227	13005	32981
4234	5718	391034	9260	81642	6842	73193
264	3738	198039	11316	13535	13787	20463
73	5593	23271	4276	369	50	141
5172	11394	447338	20732	67484	9791	80286
	148	10141	3430	495	-10	3
	153	4251	114	553	9	
5172	11093	432946	17188	66436	9792	80283
54	3618	57928	3438	3265	-3598	6795
8086	41310	330595	20466	16287	755	18096
3527	25802	186256	16448	18855	642	17570
4559	15508	144339	4018	-2568	113	526
-263	53992	146274	4487	16208	771	6021
19750	139083	1516888	41885	96671	11763	116862
17289	77975	838343	23809	14746	3002	26064
401	8977	145835	4624	1360	-1876	2986
2060	52131	532710	13452	80565	10637	87812
16864	90933	558807	31854	67955	-137721	90952
12184	70303	365459	18477	30711	-138465	67321
873	12102	116167	6001	12763	607	13389
873	1082	25314	344	2458	129	2430
	11020	90853	5657	10305	478	10959
	847	10857	697	10777	40	340
3807	7681	66324	6679	13704	97	9902
7168	612	802946	29745	11794	22627	163813
4819	1364	27713	2664	13226	144	12796
5271	8731	288874	6568	4584	188	14649

3-16　续表 2-2

指　　标	损　　益			
	营业成本	# 主营业务成本	营业税金及附加	# 主营业务税金及附加
县（区、市、旗）	5148024	1888192	204971	68168
街道	1961551	1961551	76148	76148
镇	1204660	1204660	44108	44108
居委会	2846	2846	103	103
村委会	150441	150441	6475	4656
其他	123958784	117882721	4904771	4523741
四、按企业资质等级分组				
施工总承包	142992819	134232454	5409568	4900131
特级	24779361	24738310	850706	683602
一级	56494557	50739800	2046673	1876127
二级	37661734	35566037	1550705	1489271
三级以下	24057167	23188307	961484	851131
专业承包	20841103	20052964	750432	712698
一级	4533710	4517652	159924	151570
二级	5909719	5639009	194567	192672
三级以下	10397674	9896303	395941	368456
五、按营业状态分				
营业	163342311	153793807	6141783	5594619
停业（歇业）	452258	452258	15920	15913
当年关闭	36572	36572	2182	2182
其他	2781	2781	115	115
六、按控股情况分				
国有控股	30827762	30446950	919826	886232
集体控股	5209540	4868269	173390	156717
私人控股	114681359	109508888	4597625	4227249
港澳台商控股	301576	301576	5499	5492
外商控股	808202	808202	17753	17278
其他	12005483	8351533	445907	319861

单位：千元

及　分　配

其他业务利润	销售费用	管理费用	#税金	财务费用	#利息收入	#利息支出
50	38200	458972	25512	61117	10270	58451
	30093	74363	15758	8184	367	8380
	33	17668	992	1874	197	2042
		99	3			
		10833	198	337		300
221915	699058	4850675	265270	1106717	-70831	692831
204523	508413	4805869	273092	1074141	102769	806592
147194	110	253894	13990	213095	12323	159736
11401	80073	1817040	78368	366510	40017	300925
38215	271815	1536868	123872	441753	10410	194188
7713	156415	1198067	56862	52783	40019	151743
34700	269678	1726726	73618	133695	-139807	146670
10445	53547	282077	12384	35948	-138221	74264
3145	66734	447818	13940	39165	-1468	18397
21110	149397	996831	47294	58582	-118	54009
239223	777991	6516429	346216	1207775	-37038	953252
	10	15689	464	61		10
		68				
	90	409	30			
26745	9249	1075421	55279	36028	22736	192312
-2139	10203	308243	10131	-7011	2202	7182
204000	661337	4505644	259705	1058306	65374	598133
8496	590	19642	245	16336	-136915	52925
1935	44392	63501	888	18437	-2552	21505
186	52320	560144	20462	85740	12117	81205

3-16 续表 3

指 标	资产减值损失	公允价值变动收益	投资收益	营业利润
总 计	**29839**	**−118**	**32674**	**8940835**
#国有及国有控股企业	16088		11025	868405
一、按登记注册类型分组				
内资企业	26322	-118	32739	8956565
国有企业	9500			138106
集体企业			36	62492
股份合作企业			413	11757
联营企业			826	1364
有限责任公司	15492	-210	30761	2991530
国有独资公司	-8415		5531	205208
其他有限责任公司	23907	-210	25230	2786322
股份有限公司	26	1	59	18424
私营企业	1304	91	644	5732588
#私营独资企业				370
私营有限责任公司	1304	91	644	5137325
私营股份有限公司				594893
其他企业				304
港、澳、台商投资企业	803			-2561
合资经营企业（港或澳、台资）	803			-2550
港、澳、台商投资股份有限公司				-11
外商投资企业	2714		-65	-13169
中外合资经营企业				13371
中外合作经营企业			-87	112
外资企业	2714		22	-26652
二、按国民经济行业分组				
房屋建筑业	11214	24	-214	5979854
土木工程建筑业	3764	10	31503	1577225
铁路、道路、隧道和桥梁工程建筑	3341		27228	886837

单位：千元

营业外收入	补贴收入	营业外支出	利润总额	应交所得税	应付职工薪酬（本年贷方累计发生额）	建筑业企业在境外完成的营业收入
233854	**28359**	**122543**	**9084208**	**2335009**	**17101427**	**1064203**
42122	17829	16028	855612	181548	1725292	916446
221755	25283	116643	9093739	2328275	16923345	1064203
7632	394	2650	97755	31805	501688	179361
445		1021	61916	29445	251130	
24		211	11570	2225	27198	
4163	2085	167	5360	236	6148	
89752	20788	31353	3057110	694800	5032734	742085
29257	16435	10756	223709	51046	575420	737085
60495	4353	20597	2833401	643754	4457314	5000
159		650	23564	6288	63855	
119580	2016	80591	5836160	1563400	11039592	142757
		150	220	32	4895	
118318	1632	80320	5239964	1433767	10225702	142757
1262	384	121	595976	129601	808995	
			304	76	1000	
5		3381	-5937	707	33521	
5		3381	-5926	707	33287	
			-11		234	
12094	3076	2519	-3594	6027	144561	
3200	3076	1196	15375	4605	113493	
		1	111	22	1362	
8894		1322	-19080	1400	29706	
119149	1352	76412	6037499	1680984	11312656	134000
41956	19379	23613	1615033	334662	2573556	916446
24921	16435	15109	909730	169791	1196365	737085

3-16 续表 3-1

指　标	资产减值损失	公允价值变动收益	投资收益	营业利润
铁路工程建筑	3094			44885
公路工程建筑	195			555846
市政道路工程建筑	52		27228	267317
其他道路、隧道和桥梁工程建筑				18789
水利和内河港口工程建筑	-8857		2277	253969
水源及供水设施工程建筑				34153
河湖治理及防洪设施工程建筑				11642
港口及航运设施工程建筑	-8857		2277	208174
工矿工程建筑	25	10	-77	21972
架线和管道工程建筑	9255		656	144924
架线及设备工程建筑	9255			63238
管道工程建筑			656	81686
其他土木工程建筑			1419	269523
建筑安装业	5770	-153	1373	905532
电气安装	5435	-153	1349	455865
管道和设备安装	494			99448
其他建筑安装业	-159		24	350219
建筑装饰和其他建筑业	9091	1	12	478224
建筑装饰业	9066	1	12	332975
工程准备活动	25			103276
建筑物拆除活动	25			24374
其他工程准备活动				78902
提供施工设备服务				7477
其他未列明建筑业				34496
三、按隶属关系分组				
中央	11697		2277	627881
省（自治区、直辖市）	2631			48864
地区（州、盟、省辖市）	1416	10	11363	196455

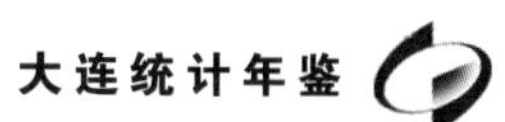

单位：千元

营业外收入	补贴收入	营业外支出	利润总额	应交所得税	应付职工薪酬（本年贷方累计发生额）	建筑业企业在境外完成的营业收入
16435	16435	7150	54170	16639	230720	737085
5860		2334	559372	85459	469897	
2425		5465	277358	58522	404899	
201		160	18830	9171	90849	
8948		4863	264500	67704	592718	
		22	34131	12353	93160	
153		5	11790	2087	8984	
8795		4836	218579	53264	490574	
815		695	22092	8668	114249	
5031	2555	2281	147674	37087	440215	179361
693	470	1637	62294	15574	292782	179361
4338	2085	644	85380	21513	147433	
2241	389	665	271037	51412	230009	
57626	4825	8601	950337	183081	1980060	8752
38055	3897	6219	483491	127815	1096799	8752
1618	659	1815	99240	17606	177105	
17953	269	567	367606	37660	706156	
15123	2803	13917	481339	136282	1235155	5005
8182	2803	6010	337111	96198	736930	5000
5838		5455	103658	25795	359130	
3344		547	27171	3941	198245	
2494		4908	76487	21854	160885	
456		6	7927	1540	16704	
647		2446	32643	12749	122391	5
31732	17905	12707	646906	121184	1168797	916446
78		566	54007	14537	120870	
31305	100	8493	219267	39714	416118	

3-16 续表 3-2

指 标	资产减值损失	公允价值变动收益	投资收益	营业利润
县（区、市、旗）	-35		413	378469
街道				200243
镇				38033
居委会				4
村委会				11152
其他	14130	-128	18621	7440116
四、按企业资质等级分组				
施工总承包	16026	33	32312	7816839
特级	8076		-12099	1372164
一级	2421		39783	2506279
二级	5175	10	4503	2335125
三级以下	354	23	125	1603271
专业承包	13813	-151	362	1123996
一级	996	1	-9	208220
二级	7492		-170	380132
三级以下	5325	-152	541	535644
五、按营业状态分				
营业	29839	-118	32674	8931489
停业（歇业）				9190
当年关闭				135
其他				21
六、按控股情况分				
国有控股	16088		11025	868405
集体控股	1148		2528	153789
私人控股	1450	-118	18773	7408899
港澳台商控股				-4946
外商控股	2714		22	-7679
其他	8439		326	522367

单位：千元

营业外收入	补贴收入	营业外支出	利润总额	应交所得税	应付职工薪酬（本年贷方累计发生额）	建筑业企业在境外完成的营业收入
23055	2883	1751	360886	40729	653375	
119		23	200544	55997	306910	
287		1151	37169	13242	95592	
			4	1	83	
		531	10621	3695	12022	
147278	7471	97320	7555187	2045464	14327360	147757
199378	20340	90795	7961345	2033323	14486780	1050446
53371	1000	31619	1393916	300946	1779746	
105531	820	25524	2610135	678108	4493094	179361
8257	2085	16462	2326766	638116	4969090	82000
32219	16435	17190	1630528	416153	3244850	789085
34476	8019	31748	1122863	301686	2614647	13757
6676	2763	13689	201207	59446	522897	
4045	833	2698	377642	95451	537199	
23755	4423	15361	544014	146789	1554551	13757
233854	28359	122543	9074926	2325406	17003283	1064203
			9180	9460	94425	
			135	89	3123	
			-33	54	596	
42122	17829	16028	855612	181548	1725292	916446
27567	2085	2980	178376	61918	706762	
133291	4909	88069	7524865	1979800	13678986	142757
5		3356	-8297	155	24957	
11610	2592	2492	1439	6800	139512	
19259	944	9618	532213	104788	825918	5000

3-17 建筑业劳务分包

指　标	企业（个数）	#有工作量的企业	建筑业总产值	#装饰装修产值	固定资产原价
总计	**49**	**36**	**185796**	**4761**	**32140**
#国有及国有控股	2	2	2278	1516	113
一、按登记注册类型分组					
内资企业	49	36	185796	4761	32140
国有企业	2	2	2278	1516	113
集体企业	2	2	10597	68	1631
股份合作企业	1	1	641		269
有限责任公司	4	3	4689		1718
国有独资公司					
其他有限责任公司	4	3	4689		1718
股份有限公司	1	1	2160		
私营企业	39	27	165431	3177	28409
私营有限责任公司	36	26	162324	3177	27440
私营股份有限公司	3	1	3107		969
二、按国民经济行业分组					
房屋建筑业	9	6	75115		11973
土木工程建筑业	10	8	17229	1516	8425
建筑安装业	14	11	35564	3195	4264
电气安装	8	7	19169	800	2235
管道和设备安装	3	2	6068	2228	1275
其他建筑安装业	3	2	10327	167	754

全部企业生产及财务情况

单位：千元

资　产　负　债							
本年折旧	资产总计	负债合计	实收资本	营业收入合计	#主营业务收入（工程结算收入）	营业成本	主营业务成本（工程结算成本）
4007	**518930**	**426725**	**52006**	**212001**	**211501**	**159048**	**158748**
5	840	12	330	2278	2278	1231	1231
4007	518930	426725	52006	212001	211501	159048	158748
5	840	12	330	2278	2278	1231	1231
723	4615	1785	2050	10215	10215	8347	8347
3	348		300	641	641	372	372
124	97577	84900	6500	5401	5401	1386	1386
124	97577	84900	6500	5401	5401	1386	1386
				2160	2160	650	650
3152	415550	340028	42826	191306	190806	147062	146762
3080	404995	339712	42526	187699	187699	146762	146762
72	10555	316	300	3607	3107	300	
163	85016	69927	11900	75828	75828	72267	72267
1713	269438	250192	13430	42962	42962	14885	14885
1553	27682	8553	8700	34773	34773	29177	29177
906	19021	6337	5830	18760	18760	16444	16444
574	5138	251	1800	6068	6068	4696	4696
73	3523	1965	1070	9945	9945	8037	8037

3-17 续表 -1

指　　标	企业（个数）	#有工作量的企业	建筑业总产值	#装饰装修产值	固定资产原价
建筑装饰和其他建筑业	16	11	57888	50	7478
工程准备活动	6	5	33109	50	2954
提供施工设备服务	3	2	3348		514
其他未列明建筑业	7	4	21431		4010
三、按隶属关系分组					
#地区（州、盟、省辖市）	1	1	3048		289
县（区、市、旗）	2	2	2281		895
镇	1	1	10228	68	754
其他	45	32	170239	4693	30202
四、按企业资质等级分组					
劳务分包	49	36	185796	4761	32140
一级	25	22	141624	1683	25173
二级	5	2	5575		
三级及以下	19	12	38597	3078	6967
五、按营业状态分					
营业	46	36	185796	4761	32140
停业（歇业）	3				
六、按控股情况分					
国有控股	2	2	2278	1516	113
集体控股	2	2	10597	68	1631
私人控股	44	31	172920	3177	29593
其他	1	1	1		803

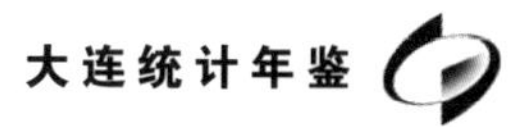

单位：千元

资　产　负　债							
本年折旧	资产总计	负债合计	实收资本	营业收入合计	#主营业务收入（工程结算收入）	营业成本	主营业务成本（工程结算成本）
578	136794	98053	17976	58438	57938	42719	42419
189	51784	41908	8076	33159	33159	26478	26478
157	62608	53811	3500	3348	3348	145	145
232	22402	2334	6400	21931	21431	16096	15796
32	59627	53830	500	3048	3048		
16	4739	3113	1300	2281	2281	1758	1758
73	2823	1785	550	9846	9846	8037	8037
3886	451741	367997	49656	196826	196326	149253	148953
4007	518930	426725	52006	212001	211501	159048	158748
2338	473268	412589	35300	167688	167688	121816	121816
	9714	5687	3400	5575	5575	4276	4276
1669	35948	8449	13306	38738	38238	32956	32656
4007	517326	426725	50606	212001	211501	159048	158748
	1604		1400				
5	840	12	330	2278	2278	1231	1231
723	4615	1785	2050	10215	10215	8347	8347
3200	479916	396971	44626	198795	198295	149470	149170
79	33559	27957	5000	713	713		

3-17 续表 1

指 标	损 益 及				
	营业税金及附加	主营业务税金及附加（工程结算税金及附加）	销售费用	管理费用	# 税金
总计	**5901**	**5888**	**872**	**40520**	**240**
# 国有及国有控股	94	94		784	15
一、按登记注册类型分组					
# 内资企业	5901	5888	872	40520	240
国有企业	94	94		784	15
集体企业	344	332		461	54
股份合作企业	25	25		27	
有限责任公司	263	263		2167	
国有独资公司					
其他有限责任公司	263	263		2167	
股份有限公司	75	75	400	800	
私营企业	5100	5099	472	36281	171
私营有限责任公司	5005	5004	422	34828	171
私营股份有限公司	95	95	50	1453	
二、按国民经济行业分组					
房屋建筑业	612	612		2114	70
土木工程建筑业	2072	2071		27050	29
建筑安装业	1085	1073	812	2945	131
电气安装	543	531	400	1710	1
管道和设备安装	207	207	412	681	75
其他建筑安装业	335	335		554	55

单位：千元

分　配			从事主营业务活动的从业人员期末人数（人）	从事主营业务活动的从业人员平均人数（人）			应付职工薪酬（本年贷方累计发生额）
财务费用	营业利润	利润总额			# 劳务分包工程技术人员（人）	# 劳务分包现场施工工人（人）	
739	**5295**	**8483**	**5402**	**7195**	**405**	**1871**	**93012**
-3	174	171	13	12	2	10	360
739	5295	8483	5402	7195	405	1871	93012
-3	174	171	13	12	2	10	360
1	1062	767	33	47	7	28	1232
	43	43	7	7	1	4	181
30	1347	1347	73	62	17	51	2309
30	1347	1347	73	62	17	51	2309
105	130	130	10	10	2		680
606	2539	6025	5266	7057	376	1778	88250
601	915	4331	2189	4348	351	1753	88150
5	1624	1694	3077	2709	25	25	100
171	144	397	232	280	24	237	4167
156	-1198	1974	1066	2963	194	837	18269
344	1376	1083	216	232	26	68	34518
342	255	257	73	75	19	41	28414
	104	104	50	50			3360
2	1017	722	93	107	7	27	2744

3-17 续表 1-1

指　　标	损　益　及				
	营业税金及附加	主营业务税金及附加（工程结算税金及附加）	销售费用	管理费用	#税金
建筑装饰和其他建筑业	2132	2132	60	8411	10
工程准备活动	1227	1227	10	4769	
提供施工设备服务	189	189		1743	
其他未列明建筑业	716	716	50	1899	10
三、按隶属关系分组					
#地区（州、盟、省辖市）	170	170		1640	
县（区、市、旗）	80	80		159	
镇	332	332		436	54
其他	5319	5306	872	38285	186
四、按企业资质等级分组					
劳务分包	5901	5888	872	40520	240
一级	4545	4544		36998	154
二级	196	196		667	
三级及以下	1160	1148	872	2855	86
五、按营业状态分					
营业	5901	5888	872	40520	240
停业（歇业）					
六、按控股情况分					
国有控股	94	94		784	15
集体控股	344	332		461	54
私人控股	5425	5424	872	38880	171
其他	38	38		395	

单位：千元

分配			从事主营业务活动的从业人员期末人数（人）	从事主营业务活动的从业人员平均人数（人）			应付职工薪酬（本年贷方累计发生额）
财务费用	营业利润	利润总额			#劳务分包工程技术人员（人）	#劳务分包现场施工工人（人）	
68	4973	5029	3888	3720	161	729	36058
40	634	634	622	622	31	561	30700
33	1240	1226	24	24	16	8	947
−5	3099	3169	3242	3074	114	160	4411
33	1205	1205	14	14	14		783
−4	114	114	64	53	4	55	1567
1	1040	745	30	44	6	27	1232
709	2936	6419	5294	7084	381	1789	89430
739	5295	8483	5402	7195	405	1871	93012
379	3313	6499	5013	6617	251	1683	56542
18	464	464	44	31	1		3852
342	1518	1520	345	547	153	188	32618
739	5295	8483	5402	7195	405	1871	93012
−3	174	171	13	12	2	10	360
1	1062	767	33	47	7	28	1232
740	3988	7474	5354	7134	396	1833	91280
1	71	71	2	2			140

主要统计指标解释

一、固定资产部分

【全社会固定资产投资】固定资产投资是全社会固定资产再生产的主要手段。通过建造和购置固定资产的活动，国民经济不断采用先进技术设备，建立新兴部门，进一步调整经济结构和生产力的地区分布，增强经济实力为改善人民物资文化生活创造物质条件。这对我国的社会主义现代化建设具有重要意义。

全社会固定资产投资包括各种经济类型单位投资和城乡个人投资。按投资渠道分为建设项目投资、房地产开发投资和农户投资。

【建设项目投资】包括城镇建设项目投资和农村非农户建设项目投资。

城镇和农村建设项目投资统计范围为：城镇和农村各种登记注册类型的企业、事业、行政单位及个体户进行的计划总投资 50 万元及 50 万元以上的建设项目，包括原来的城镇基本建设项目、更新改造项目、其他投资项目、城镇和工矿区私人建房项目、集体和私营个体等投资项目，以及农村非农户投资项目。

【房地产开发投资】包括各种类型的房地产开发公司、商品房建设公司以及其他房地产开发单位统一开发的保罗统代建、拆迁还建的住宅、厂房、宾馆、写字楼、办公楼等房屋建筑物和配套的服务设施、土地开发工程，如道路、给水、排水、供热、供电、通讯、平整场地等基础设施工程的投资。包括非房地产企业实际从事房地产开发或经营活动，不包括单纯的土地交易活动。

【农户投资】指农民为了建造和购置固定资产所发生的费用。包括农村个人建房及购置生产性固定资产的投资。

【本年完成投资】是指从本年 1 月 1 日起至年末止累计完成的投资。是以货币表示的工作量指标，包括实际完成的建筑安装工程价值，设备、工具、器具的购置费，以及实际发生的其他费用。

【本年房屋施工面积】房屋建筑面积是从房屋外墙线算起的各层平面面积的总和，包括房屋结构（如柱、墙）占用的面积和地下室面积。多层建筑面积按各自然层面积总和计算，包括房屋内楼隔层，突出墙面的眺望间、门斗、有柱雨罩的面积。新建房屋要计算其全部建筑面积，旧房拆除重建计算重建后的全部面积，不扣除原有旧房的建筑面积；临时性房屋不计算面积。

【本年房屋竣工面积】指报告期房屋建筑按要求设计要求已全部完工，达到主任和使用条件，经验收鉴定合格（或达到竣工验收标准），正式移交使用的房屋建筑面积之和。

【新增固定资产】指通过投资活动所形成的新的固定资产价值。包括已经建成投入生产或交付使用的工程价值和达到固定资产投资标准、工具、器具的价值及有关应摊入的费用。它是以价值形式表示的固定资产投资成果的综合性指标，可以综合反映不同时期、不同部门、不同地区的固定资产投资成果。

二、建筑业部分

【建筑业统计单位】指从事房屋、构筑物建造和设备安装活动的法人企业。建筑业法人企业应同时具备的条件是：（1）依法成立，有自己的名称、组织机构和场所，能够承担民事责任；（2）独立拥有和使用资产，承担负债，有权与其他单位签订合同；（3）独立核算盈亏，能够编制资产负债表。

【建筑业总产值】是以货币表现的建筑安装企业在一定时期内生产的建筑业产品的总和。建筑业总产值包括：

建筑工程产值：指列入建筑工程预算内的各种工程价值。

设备安装工程产值：指设备安装工程价值，不包括被安装设备本身价值。

其他产值：建筑业总产值中除建筑工程、安装工程以外的产值。包括房屋构筑物修理产值、非标准设备制造产值、总包企业向分包企业收取的管理费以及不能明确划分的施工活动所完成的产值。

房屋、构筑物修理产值：指房屋、构筑物修理所完成的价值，但不包括被修理房屋、构筑物本身的价值和生产设备的修理价值。

非标准设备制造产值：指加工制造没有定型的、非标准的生产设备的加工费和原材料价值，以及附属加工厂为本企业承建工程制作的非标准设备的价值。

【建筑业增加值】指建筑业企业在报告期内以货币表现的建筑业生产经营活动的最终成果。目前建筑业增加值采用分配法（收入法）计算，即从收入的角度出发，根据生产要素在生产过程中应得的收入份额计算。

【房屋建筑竣工面积】指在报告期内施工的全部房屋建筑面积，包括本期新开工的房屋面积、上期施工跨入本期继续施工的房屋面积、上期停缓建在本期恢复施工的房屋面积、本期竣工的房屋面积及本期施工后又停缓建的房屋面积。

【房屋建筑竣工面积】指在报告期内房屋建筑按照设计要求全部完工，达到了主人和使用条件，经验收鉴定合格，正式移交使用单位的房屋建筑面积。

【自有机械设备年末总台数】指归本企业所有，属于本企业固定资产的生产性机械设备年末总台数，经验收鉴定合格，正式移交使用单位的房屋建筑面积。

【自有机械设备年末总台数】指归本企业所有，属于本企业固定资产的生产性机械设备年末总台数。包括施工机械、生产设备、运输设备以及其他设备。

【自有机械设备年末总功率】指本企业自有施工机械、生产设备、运输设备以及其他设备等列为在册固定资产的生产性机械设备年末总功率，按设定能力或查定能力计算。包括机械本身的动力和为该机械服务的单独动力设备，如电动机等。计算单位用千瓦，动力换算可按 1 马力 =0.735 千瓦折合成千瓦数。电焊机、变压器、锅炉不计算动力。

【工程结算收入】指企业承包工程实现的工程价款结算收入，以及向发包单位收取的除工程价款以外的按规定列作营业收入的各种款项，如临时设施费、劳动保险费、施工机械调迁费等以及向发包单位收取的各种索赔款。

【工程结算利润】指已结算工程实现的利润，如亏损以“—”号表示。计算公式为：

工程结算利润 = 工程结算收入—工程结算成本—工程结算税金及附加经营费用

【企业总收入】指与企业生产经营直接有关的各项收入，包括工程结算收入和其他业务收入。计算公式为：

企业总收入 = 工程结算收入 + 其他业务收入

农业

责任编辑

刘衍生　　井传遂

王洪建　　李　倩

4-1 农林牧渔业总产值（现价，1980-2014 年）

单位：万元

年　　份	农林牧渔业总产值	农业	林业	牧业	渔业	农林牧渔服务业
1980	131768	93997	1716	19505	16550	
1981	142489	95430	2607	26058	18394	
1982	149556	92670	2491	31272	23123	
1983	171635	115052	2922	29752	23909	
1984	168132	94706	4236	37641	31549	
1985	180182	77285	3642	48381	50874	
1986	249163	123432	3777	57158	64796	
1987	302422	128169	3931	70747	99575	
1988	403748	150971	4368	110993	137416	
1989	379080	118717	4735	112067	143561	
1990	468668	183840	5100	113390	166338	
1991	533203	204484	6196	129846	192677	
1992	588644	213192	6077	133871	235504	
1993	820576	304819	6806	198060	310891	
1994	1027089	325394	9651	291188	400856	
1995	1363049	531323	11570	314239	505917	
1996	1606608	634264	11051	329606	631687	
1997	1699744	586175	11914	360846	740809	
1998	1856700	689674	12021	383252	771753	
1999	1879739	618412	13023	379970	868334	
2000	1928985	640488	13587	383631	891279	
2001	2024900	636693	14626	412201	961380	
2002（旧口径）	2167993	575111	18192	474626	1100064	
2002（新口径）	2189846	527558	21418	477378	1100064	63428
2003	2535318	607789	29961	573704	1224524	99340
2004	2959157	737215	34913	714693	1371996	100340
2005	3428211	787878	39919	885294	1407004	308116
2006（修定）	3702979	959096	35151	929082	1401073	378577
2007	4449311	1168779	40655	1241132	1574510	424235
2008	5204456	1333263	46000	1544717	1831578	448898
2009	5705809	1504624	48097	1615392	2070429	467267
2010	6290488	1658685	54067	1675468	2446164	456104
2011	7220303	1902844	66479	1925335	2796425	529220
2012	8235942	2216147	77406	2155660	3189639	597090
2013	8723558	2338938	80488	2291498	3369775	642859
2014	8800166	2123311	87715	2288056	3613690	687394

注：1．自 2002 年起，第三产业中的农林牧渔服务业调整到农业产值中统计。
2．按省统计局统一要求，2006 年数据按农业普查口径重新进行修定。

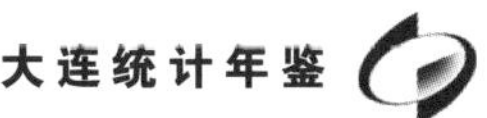

4-2 农林牧渔业总产值（1990 年不变价，1978-2014 年）

单位：万元

年　份	农林牧渔业总产值	农业	林业	牧业	渔业	农林牧渔服务业
1978	412978	230860	3962	38245	139911	
1979	446576	273692	3679	37801	131404	
1980	452968	276629	4527	42145	129667	
1981	479355	286351	4252	52158	136594	
1982	484582	262933	3926	65115	152608	
1983	533422	314967	4593	59733	154129	
1984	466538	224734	5868	71842	164094	
1985	416488	144666	4929	84736	182157	
1986	517549	213283	4693	91711	207862	
1987	543035	185690	4066	96664	256615	
1988	612056	189307	3720	129787	289242	
1989	543991	113174	2814	113502	314501	
1990	632422	169924	3843	108616	350039	
1991	650971	169807	4226	125455	351483	
1992	715927	185025	3742	133546	393614	
1993	804825	225383	4128	167145	408169	
1994	805954	180916	5046	196825	423167	
1995	964988	254420	5538	204460	500570	
1996	1096151	282853	4841	218223	590234	
1997	1153215	270832	4493	223199	654691	
1998	1265043	301640	4998	245008	713397	
1999	1310987	281506	5249	249283	774949	
2000	1281294	277651	4169	255573	743901	
2001	1326983	287876	4181	290940	743986	
2002（旧口径）	1417206	281906	5728	320095	809477	
2002（新口径）	1411455	237076	7059	300160	809477	57683
2003	1541195	266710	9360	346485	842729	75911
2004	1701971	315342	9749	405722	893341	77817
2005	1947161	318933	10694	493964	909619	213951
2006	2195350	350858	9951	616493	971179	246869
2006（修定）	1934737	352630	9853	436179	893401	242674
2007	2116404	417483	10478	445001	997323	246119
2008（旧口径）	2309332	475824	11565	469278	1117646	235019
2008（新口径）	4854903	1332110	44874	1308843	1764469	404607
2009	5669322	1484405	48793	1643354	2023782	468988
2010	6057075	1499543	50715	1644470	2424321	438026
2011	6696371	1799378	55655	1752850	2587845	500643
2012	7594970	2007546	68151	2085191	2850411	583671
2013	8634792	2325231	80699	2255234	3341954	631674
2014	9001259	2165473	86223	2352528	3701698	695337

注：1. 自 2002 年起，第三产业中的农林牧渔服务业调整到农业产值中统计。
2. 按省统计局统一要求，2006 年数据按农业普查口径重新进行修定。
3. 自 2008 年起，取消不变价农业总产值统计，采用农产品指数缩减法（可比价）计算农业发展速度。

4-3 农、牧、渔业主要

年　份	粮食	#谷物	蔬菜	水果	肉类
1978	122.43	112.05	98.43	36.44	
1979	132.33	122.90	96.86	51.62	
1980	147.42	137.77	89.73	36.51	
1981	133.62	124.27	97.67	48.39	
1982	115.27	105.73	101.15	39.74	
1983	133.56	121.48	101.22	48.73	
1984	127.74	115.56	102.58	45.52	
1985	68.07	59.31	69.91	29.14	9.78
1986	126.05	114.19	95.46	38.74	10.72
1987	96.80	86.76	94.41	40.73	10.75
1988	87.74	77.71	95.93	45.16	12.02
1989	46.31	41.06	94.24	32.63	11.71
1990	101.15	92.33	104.41	49.04	12.22
1991	134.01	121.32	111.57	30.98	13.71
1992	86.28	78.58	103.77	63.14	14.94
1993	116.83	104.57	113.35	72.57	17.14
1994	60.65	50.08	117.37	60.31	20.02
1995	123.41	107.77	148.27	80.12	22.58
1996	135.79	117.30	155.79	85.27	22.58
1997	111.74	95.57	180.15	90.23	23.68
1998	147.66	125.80	201.37	95.38	26.22
1999	111.26	92.87	202.52	78.86	27.38
2000	106.32	84.60	223.39	72.79	26.23
2001	121.36	101.32	209.01	64.74	27.90
2002	87.46	74.47	211.81	65.23	31.88
2003	99.83	81.28	221.04	79.17	38.06
2004	145.78	126.05	229.31	92.87	45.32
2005	135.56	116.83	240.60	98.12	51.55
2006	152.21	131.18	254.61	106.74	41.21
2007	162.52	139.64	260.51	121.70	43.50
2008	161.38	137.33	264.44	131.99	52.67
2009	153.43	131.28	259.91	148.30	60.15
2010	149.30	127.43	249.30	150.70	69.18
2011	163.94	141.36	251.23	160.43	74.98
2012	165.56	144.18	257.03	173.80	79.72
2013	160.41	140.82	255.07	202.30	81.56
2014	110.17	99.36	238.35	161.93	81.40

注：1. 按省统计局统一核定，2006 年度畜牧业相关指标根据农业普查口径调整。
2. 2013 年水果产量数据为园林水果产量（176.7 万吨）与瓜果类产量（25.6 万吨）合计值。2012 年同口径数据为 190.3 万吨。

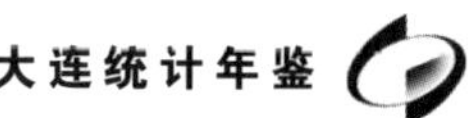

产 品 产 量 （1978-2014 年）

单位：万吨

禽蛋	奶类	大牲畜年底存栏（万头）	水产品	
				# 地方
		35.52	37.1	31.29
	1.93	34.89	35.35	29.4
	2.01	33.79	34.52	28.11
	2.88	32.31	37.5	30.67
2.36	2.81	30.99	43.29	35.21
2.59	2.66	30.64	42.36	34.52
3.94	3.20	32.64	44.39	35.65
4.79	3.14	33.99	44.91	35.8
5.04	3.30	32.95	51.65	42.29
5.46	3.51	33.03	63.66	51.8
6.69	3.62	33.44	75.26	62.64
6.55	3.59	33.61	80.94	69.53
7.13	4.16	32.08	85.07	74.22
8.32	4.56	30.22	85.97	76.78
9.48	4.90	28.36	95.97	87.19
10.33	4.71	28.36	108.49	97.82
12.23	4.68	30.16	118.88	107.1
11.42	4.58	34.99	139.69	128.92
11.99	4.63	38.81	173.93	156.66
12.18	4.87	36.57	186.62	166.21
13.52	5.26	36.99	200.47	185.15
14.78	5.85	37.31	211.26	200.01
14.98	6.64	31.17	213.48	205.74
14.42	7.27	30.60	218.12	212.83
15.77	7.77	32.90	224.32	218.04
18.00	9.06	34.59	217.59	213.09
19.36	9.92	36.28	221.46	215.66
22.24	10.22	36.51	227.96	220.07
19.25	12.00	31.79	219.4	216.07
20.13	12.97	36.51	183.26	177.94
24.20	15.10	32.03	228.77	223.22
25.67	16.29	35.45	237.92	234.41
26.17	13.31	36.11	195.54	193.07
28.46	12.54	36.35	206.79	204.16
28.66	8.36	35.70	219.55	216.83
28.23	7.83	33.70	233.79	230.54
26.09	5.84	30.56	239.60	237.52

4-4 农村基层组织、

地区	一、农村基层组织情况							
	乡（镇场）个数	乡镇			农场	村委会个数	村民小组个数	乡村户数
			镇个数	乡个数				
大连市	60	55	35	20	5	844	9170	873691
甘井子区	2				2	42	180	58046
旅顺口区	2				2	68	328	36787
金州新区						85	585	84555
普湾新区	8	8	5	3		132	2413	191837
高新园区	1				1	8	26	14053
保税区								21749
长兴岛						19	247	18133
花园口						16	196	18746
瓦房店市	21	21	13	8		244	2301	219039
庄河市	21	21	15	6		207	2721	196162
长海县	5	5	2	3		23	173	14584

4-4 续表 1

地区	三、乡村从						
	按性别分		按国民经济行业分类				
	男	女	农业	工业	建筑业	交运仓储及邮政业	信息传输、计算机服务和软件业
大连市	706698	612585	574246	223380	135422	50359	14042
甘井子区	41026	32522	5879	28510	5543	5975	4361
旅顺口区	30846	27175	18135	19147	3050	3327	1120
金州新区	59341	55889	40284	32187	10278	6656	666
普湾新区	149689	128054	146133	31877	32001	8816	1689
高新园区	7143	6069	2700	4268	1006	716	578
保税区	12462	11855	7567	6763	2179	1877	383
长兴岛	13293	11671	6708	7371	1231	960	291
花园口	17969	13052	14788	2318	4198	1092	255
瓦房店市	185360	163565	178787	56468	27833	11647	2807
庄河市	175441	153299	137572	33838	47724	8793	1775
长海县	14128	9434	15693	633	379	500	117

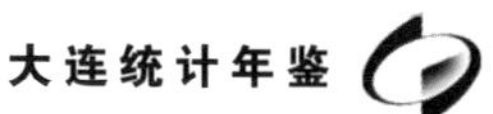

从业人员及基础设施情况

单位：个、户、人

二、乡村人口与从业人员								
乡村人口数	男	女	乡村劳动力资源数	男	女	# 劳动年龄内人数	乡村从业人数	# 劳动年龄内人数
2638327	1334392	1303935	1494809	789466	705343	1353064	1319283	1196523
155853	77228	78625	79915	43397	36518	72695	73548	69173
92880	46157	46723	63588	33075	30513	57167	58021	53600
226555	112267	114288	125576	64645	60931	115923	115230	108865
584739	297683	287056	312887	163465	149422	288009	277743	241551
35628	17895	17733	20375	11115	9260	18994	13212	12608
55405	27880	27525	28015	14829	13186	25651	24317	23812
60489	30776	29713	28054	14999	13055	26441	24964	23713
61797	31366	30431	35258	18862	16396	31714	31021	28337
678036	344529	333507	387162	204854	182308	349326	348925	314021
645356	327103	318253	385929	203904	182025	340320	328740	297641
41589	21508	20081	28050	16321	11729	26824	23562	23202

单位：个、户、人

业人员				四、农村基础设施			附记
批发与零售业	住宿和餐饮业	其他行业	# 外出人员	自来水受益村数	通有线电视村数	通宽带村数	街道办事处个数
63393	30923	227518	176229	647	820	797	54
7801	3862	11617	3090	42	42	42	5
4754	1808	6680	3528	68	68	68	7
7679	2625	14855	11718	76	85	85	12
11047	5980	40200	32808	87	130	118	15
2166	535	1243	408	8	8	8	2
1435	644	3469	2000				2
1476	1086	5841	4042	17	19	19	2
1107	210	7053	5646	4	16	13	1
12322	7242	51819	40334	148	229	214	4
12389	5927	80722	69998	174	200	207	4
1217	1004	4019	2657	23	23	23	

4-5 粮食作物

地　区	粮食作物						（一）谷物	
				#夏收粮食				
	播种面积	总产量	单产	播种面积	总产量	单产	播种面积	总产量
大连市	272281	1101695	4046	5693	30510	5359	218447	993560
甘井子区	366	1252	3421				292	1060
旅顺口区	2467	9000	3648				2310	8404
金州新区	14697	58594	3987	200	1143	5715	12155	52902
普湾新区	76020	243000	3197	439	231	526	61650	229405
高新园区	25	154	6160				23	138
保税区	3465	8000	2309	191	1228	6429	2285	5085
长兴岛	1026	371	362				593	258
花园口	5718	2533	443				4840	1424
瓦房店市	74633	233000	3122	1510	13590	9000	56063	196788
庄河市	93260	542500	5817	3330	14200	4264	77720	495233
长海县	604	3291	5449	23	118	5130	516	2863

4-5 续表 1

地　区	高粱			其他谷物			（二）豆类					
										#大豆		
	播种面积	总产量	单产	播种面积	总产量	单产	播种面积	总产量	单产	播种面积	总产量	单产
大连市	659	3003	4558	546	480	879	34272	48158	1405	33568	47488	1415
甘井子区				3	7	2333	46	130	2826	46	130	2826
旅顺口区	21	64	3048				107	377	3523	107	377	3523
金州新区	44	148	3386	99	287	2899	1707	2463	1443	1656	2385	1440
普湾新区	188	114	606				11130	9920	891	10870	9783	900
高新园区								2	5000		2	5000
保税区	31	59	1903				866	1264	1460	826	1237	1498
长兴岛				10	3	300	399	81	203	399	81	203
花园口	5	15	3000	14	33	2357	755	684	906	752	678	902
瓦房店市	320	2400	7500	420	150	357	9120	10540	1156	8890	10285	1157
庄河市	50	203	4060				10120	22667	2240	10000	22500	2250
长海县							22	30	1364	22	30	1364

注：根据国家报表制度调整，本表 2014 年夏粮作物只有马铃薯（往年口径包含冬小麦）。

生 产 情 况

单位：公顷、吨、公斤／公顷

	稻谷			小麦（冬小麦）			玉米			谷子		
单产	播种面积	总产量	单产	播种面积	总产量	单产	播种面积	总产量	单产	播种面积	总产量	单产
4548	26554	174553	6574	97	679	7000	188871	812502	4302	1720	2343	1362
3630							289	1053	3644			
3638				97	677	6979	2160	7520	3481	32	143	4469
4352	350	1995	5700				11561	50308	4352	101	164	1624
3721	6103	31934	5233				54863	197100	3593	496	257	518
6000							23	138	6000			
2225	6	8	1333				2147	4871	2269	101	147	1455
435							583	255	437			
294	1038	286	276				3783	1090	288			
3510	840	6930	8250				53563	185906	3471	920	1402	1524
6372	18217	133400	7323				59383	361400	6086	70	230	3286
5548					2	19500	516	2861	5545			

单位：公顷、吨、公斤／公顷

#绿豆			#红小豆			（三）薯类（折粮）			#马铃薯			#甘薯		
播种面积	总产量	单产	播种面积	总产量	单产	播种面积	总产量	单产	播种面积	总产量	单产	播种面积	总产量	单产
334	273	818	370	395	1068	19562	59977	3066	5693	30510	5359	13869	29467	2125
						28	62	2214				28	62	2214
						50	219	4380				50	219	4380
26	35	1350	25	41	1640	835	3229	3867	200	1143	5715	635	2086	3285
113	58	513	147	79	537	3240	3675	1134	439	231	526	2801	3444	1230
						2	14	7000				2	14	7000
24	16	667	16	11	688	314	1651	5258	191	1228	6429	123	423	3439
						34	32	941				34	32	941
1	2	2000	2	4	2000	123	425	3455				123	425	3455
150	135	900	80	120	1500	9450	25672	2717	1510	13590	9000	7940	12082	1522
20	27	1350	100	140	1400	5420	24600	4539	3330	14200	4264	2090	10400	4976
						66	398	6030	23	118	5130	43	280	6512

4-6 园林水果

地　　区	一、年末果园面积（公顷）				
	合计	苹果园	梨园	桃园	葡萄园
大连市	78534	40628	2842	16770	2448
甘井子区	2199	165	130	371	259
旅顺口区	3766	457	276	200	43
金州新区	6657	678	189	2189	266
普湾新区	21730	13966	568	5032	96
高新园区	268	52	20	10	
保税区	2015	106	3	396	71
长兴岛	438	233	19	172	
花园口	257	73	3	87	1
瓦房店市	30033	17898	669	6630	1577
庄河市	11098	6983	962	1638	135
长海县	73	17	3	45	

4-6 续表 1

地　　区	四、水果			
	合计	苹果	#红富士	#国光
大连市	1388541	828662	435684	231746
甘井子区	24926	2874	2632	208
旅顺口区	31949	9984	8015	1661
金州新区	64602	12354	9213	1423
普湾新区	302484	184802	66730	70255
高新园区	2132	800	770	30
保税区	22152	4095	2040	2055
长兴岛	5839	2481	1821	615
花园口	4462	1143	189	410
瓦房店市	648003	418917	293165	61460
庄河市	281624	191111	51097	93621
长海县	368	101	12	8

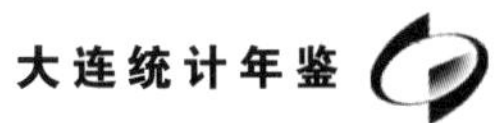

生产情况

		二、果树株数（万株）			三、结果株数（万株）		
山楂园	其它	合计	#苹果	#梨	合计	#苹果	#梨
56	15790	7151	2514	240	5393	1919	167
	1274	438	8	8	392	8	7
4	2786	425	30	25	274	23	23
1	3334	882	39	50	679	31	14
23	2045	1504	747	34	1236	637	30
	186	21	5	3	12	3	2
	1439	286	15	3	165	10	3
	14	73	29	7	42	14	1
	93	35	2	1	30	2	1
15	3244	2448	1199	41	1784	825	24
13	1367	1035	439	68	776	365	62
	8	4	1		3	1	

产量（吨）							
梨	#雪花梨	#鸭梨	桃	葡萄	山楂	红枣	其他
56471	5306	8959	317134	47689	573	801	137211
2522	909	1576	4616	3406			11508
3353	898	2263	2868	643	32	17	15052
1182	181	125	17694	5884	2	193	27293
5028	1407	1291	90986	1616	113	261	19678
546	6	540	80				706
412			9850	1388		60	6347
46		1	3247				65
27			2573	103			616
8720	537	637	148000	33428	57	270	38611
34616	1368	2526	37021	1219	368		17289
19			199	2	1		46

4-7 经济作物

地　　区	经济作物播种面积	一、油料								二、棉花		三、药材
		播种面积	产量	# 花生		# 油菜籽		# 葵花籽		播种面积	产量	播种面积
				播种面积	产量	播种面积	产量	播种面积	产量			
大连市	50575	6223	12920	6124	12801	56	8	1	2	4	5	345
甘井子区	1012	1	2	1	2							
旅顺口区	1944	9	29	9	29							1
金州新区	6984	503	869	491	855							249
普湾新区	14521	3095	5045	3015	5007	56	8					12
高新园区	232											
保税区	707	124	101	124	101							
长兴岛	103	11	12	11	12							
花园口	739	101	340	101	340							
瓦房店市	13183	1312	3279	1305	3212			1	2	4	5	
庄河市	11078	1066	3240	1066	3240							83
长海县	72	1	3	1	3							

4-7 续表 1

地　　区	白菜类		# 大白菜		甘蓝类		# 卷心菜	
	播种面积	产量	播种面积	产量	播种面积	产量	播种面积	产量
大连市	12960	875359	11696	817858	349	18465	147	9208
甘井子区	8	475	7	406				
旅顺口区	547	33141	528	32515	209	10759	68	4265
金州新区	1455	130320	1455	130316	13	530	10	390
普湾新区	3348	215451	2996	201023	51	2507	30	1801
高新园区	2	40	2	40				
保税区	298	21012	273	21012				
长兴岛	47	795	47	795				
花园口	253	13402	249	13316	3	154	3	154
瓦房店市	3782	285520	3080	250163	47	2708	12	791
庄河市	3184	172896	3023	165965	26	1807	24	1807
长海县	36	2307	36	2307				

生 产 情 况

单位：公顷、吨

四、蔬菜及食用菌									
播种面积	产量	叶菜类		# 芹菜		# 油菜		# 菠菜	
		播种面积	产量	播种面积	产量	播种面积	产量	播种面积	产量
36092	2383498	3806	239493	1363	72513	616	27898	974	49825
921	50305	462	28524	160	8560	135	5795	122	7320
1903	94865	540	22368	166	8469	94	3579	113	4275
4988	398406	570	25900	169	6758	186	8178	214	7926
10480	667841	919	71282	386	19571	76	3650	96	6321
13	188	11	148	4	40			7	108
478	30131	25	1103	3	75	2	25	18	680
92	1940	2	34		6		6	1	20
588	29735	50	2828	7	343	1	77	9	421
9699	694767	756	61998	291	18428	96	5273	214	14162
6860	411621	464	25128	175	10219	24	1258	177	8517
70	3699	7	180	2	44	2	57	3	75

单位：公顷、吨

根茎类		# 白萝卜		# 胡萝卜		# 生姜		# 榨菜头	
播种面积	产量	播种面积	产量	播种面积	产量	播种面积	产量	播种面积	产量
6500	378996	734	49902	237	14760	138	6007	5	173
9	541	9	522		7				
227	8757	22	1047	12	604	2	60		
883	61658	466	32938	97	7047	1	7		
1873	107138	37	2483	37	2080		10	3	75
92	5762			1	50				
30	778				3				
125	5081			8	435			1	30
1603	109466	143	10542	30	1818	9	169	1	68
1639	78891	55	2258	52	2705	126	5761		
19	924	2	112		11				

4-7 续表 2

地　　区	瓜菜类		#黄瓜		#南瓜		#冬瓜	
	播种面积	产量	播种面积	产量	播种面积	产量	播种面积	产量
大连市	4383	330444	3981	299243	31	1665	147	11600
甘井子区	89	5411	88	5382		10		
旅顺口区	115	6074	110	5809	1	59	1	66
金州新区	862	98428	719	78812	3	300	139	11242
普湾新区	1507	101045	1388	94038	5	350		15
高新园区								
保税区	34	1306	34	1306				
长兴岛	4	69	4	69				
花园口	52	2905	32	1447	2	67		
瓦房店市	1359	96848	1267	94802	19	854	6	255
庄河市	359	18242	337	17468	1	22	1	22
长海县	2	116	2	110		3		

4-7 续表 3

地　　区	#茄子		#辣椒		#西红柿		葱蒜类	
	播种面积	产量	播种面积	产量	播种面积	产量	播种面积	产量
大连市	1220	73684	717	26931	3655	265840	907	44836
甘井子区	38	2280	15	455	82	3990	40	2200
旅顺口区	28	1128	20	769	100	5671	42	1675
金州新区	331	27063	177	6308	349	24538	123	3896
普湾新区	300	17423	87	4486	1667	109826	269	14688
高新园区								
保税区	14	571	4	77	6	89	1	38
长兴岛	2	64		12		13	5	145
花园口	17	732	7	245	15	757	32	1382
瓦房店市	298	16150	304	10415	748	62984	216	12086
庄河市	190	8236	102	4144	686	57913	179	8723
长海县	2	37	1	20	2	59		3

单位：公顷、吨

豆类（菜用）		# 豇豆		# 四季豆		茄果菜类	
播种面积	产量	播种面积	产量	播种面积	产量	播种面积	产量
1089	52684	38	1871	551	30441	5863	381922
50	2430			45	2100	135	6725
69	2585	8	283	29	1119	154	8165
221	14152	9	420	153	10779	857	57913
330	12510	2	70	163	7370	2120	137790
4	173		1	3	172	24	737
2	30	1	18	1	12	2	89
13	473	5	105	2	54	58	3435
399	20279	13	974	155	8835	1499	95110
						1009	71842
1	52					5	116

单位：公顷、吨

# 大葱		# 蒜头		水生菜类		其他蔬菜		食用菌（干鲜混合）
播种面积	产量	播种面积	产量	播种面积	产量	播种面积	产量	产量
709	35105	61	1895	4	312	231	13065	47922
40	2200					128	3449	550
38	1568	3	67		100		9	1232
122	3557	1	9	3	181	1	1	5427
263	14343	6	264			63	4173	1257
1	34		4					
5	145							
27	1237	4	118	1	25	1	30	20
83	4734	7	255			38	5403	5349
130	7284	40	1178		6			34086
	3							1

4-7 续表 4

地区	五、瓜果类					
	播种面积	产量	# 西瓜		# 甜瓜	
			播种面积	产量	播种面积	产量
大连市	5552	230800	1033	55382	805	31128
甘井子区	90	3587				
旅顺口区	31	745	11	262	13	371
金州新区	259	14193	202	11611	46	2347
普湾新区	765	33317	227	11097	224	10568
高新园区	1	6				
保税区	81	2103	43	975	3	70
长兴岛						
花园口	50	2420	5	28		
瓦房店市	1389	65491	532	30813	416	12938
庄河市	2885	108928	13	594	103	4830
长海县	1	10		2		4

单位：公顷、吨

# 草莓		六、其他农作物		补充资料				
		播种面积	# 青饲料播种面积	特种农作物			蔬菜大棚（个）	蔬菜大棚设施占地面积
播种面积	产量			花卉播种面积	鲜切花（万支）	盆栽观赏植物（包括盆景，万盆）		
3327	119506	2359	1187	634	7506	1574	90560	11281
75	2514			30	320	76	4134	360
7	112			32	269	40	4492	501
10	175	985	939	287	3928	809	11257	1891
267	8116	169	5	170	703	315	34849	4055
1	6	218	218					
5	86	24		2		20	166	11
							50	3
40	1450			2	5		201	27
247	7160	779	25	74	1656	80	23627	2681
2675	99887	184		37	624	234	11682	1742
					1		102	10

4-8 畜牧业

地区	一、当年出栏						
	猪	牛			羊		
		小计	#肉牛	#役用牛	小计	山羊	绵羊
大连市	4263732	293412	224759	61784	733626	724024	9602
甘井子区	62119	118	100		1077	570	507
旅顺口区	79419	987	894	40	4435	4195	240
金州新区	176445	4140	1146	912	5353	4906	447
普湾新区	1970803	167682	135511	31631	248640	247170	1470
高新园区	3156	16	16		488	488	
保税区	61014	429	84	285	3839	3541	298
长兴岛	17417	230	59	166	620	620	
花园口	18017	152	92	60	122	20	102
瓦房店市	972945	87076	64742	19129	399115	392577	6538
庄河市	894165	32292	22096	9290	69732	69732	
长海县	8232	290	19	271	205	205	

4-8 续表 1

地区	二、期末存栏							
	猪	牛				羊		
		小计	肉牛	奶牛	役用牛	小计	山羊	绵羊
大连市	2218376	273559	139764	15180	118615	568937	545844	23093
甘井子区	21524	330	46	262	22	2075	1695	380
旅顺口区	56252	3071	682	2153	236	8113	6188	1925
金州新区	124204	10733	728	7391	2614	11620	10327	1293
普湾新区	954040	147567	81381	2548	63638	162332	158299	4033
高新园区	1224	433		433		529	529	
保税区	40559	1277	68	78	1131	3984	3755	229
长兴岛	12649	294	54		240	840	840	
花园口	16181	1678	386		1292	461	457	4
瓦房店市	470882	65805	33224	1904	30677	297172	281943	15229
庄河市	519239	41866	23154	411	18301	81637	81637	
长海县	1622	505	41		464	174	174	

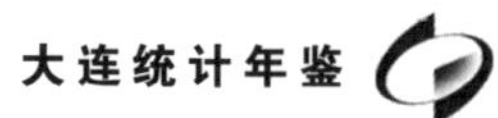

生产情况

数(头、只)									
家禽(万只)				其它大牲畜					兔
小计	#肉鸡	#鸭	#鹅	小计	#役用畜	#马	#驴	#骡	
21969.63	19583.52	229.67	137.5	6334	3917	1932	2628	1774	4543
41.9	40.12	0.04	0.05						
398.56	318.18	0.19	0.24	7	4	2	1	4	
885	711	3	1	197	135	43	61	93	2465
5260.69	4382.72	48.47	38.6	1797	1150	590	849	358	1508
0.09		0.01	0.01						
139	98	13	4	19		2	6	11	
77.34	76.1	0.33							
85.41	79.03	0.49	0.29	172	168	21	85	66	
8651.52	8065.84	76.68	61.05	1536	662	326	724	486	570
6428.05	5811.35	87.36	32.21	2588	1798	948	884	756	
2.07	1.18	0.1	0.05	18			18		

数(头、只)										
家禽(万只)					其他大牲畜					兔
小计	#肉鸡	#蛋鸡	#鸭	#鹅	小计	#役用畜	#马	#驴	#骡	
7851.4	5398.13	2165.18	190.96	96.19	32031	23670	8673	10372	12986	409
24.45	23.02	1.2	0.2	0.03	62	27	15	25	22	
222.43	66.27	155.1	0.66	0.36	266	147	54	82	130	
379	101	275	2	1	707	578	170	256	281	100
2005.37	1208.66	711.18	49.35	36.05	8284	5933	2545	3381	2358	120
0.43		0.35	0.06	0.02						
62.33	37.42	24.2	0.47	0.18	287	244	95	54	138	
36.58	34	2.58			38	38	8	11	19	
40.93	18.25	18.44	3.19	1.05	646	386	94	181	371	
2570.82	1991.59	518.1	38.11	22.81	7455	5141	1872	2603	2980	189
2506.82	1917.85	458.17	95.65	34.65	13976	10992	3792	3545	6639	
2.24	0.07	0.86	1.27	0.04	310	184	28	234	48	

4-8 续表 2

地区	在期末存					
	能繁殖母畜					
	猪	牛				羊
		小计	肉牛	奶牛	役用牛	小计
大连市	310036	107336	33135	9633	64568	319654
甘井子区	1201	148	25	109	14	528
旅顺口区	9588	1726	132	1513	81	4146
金州新区	19604	6348	196	4710	1442	5932
普湾新区	135935	49745	13693	1298	34754	96235
高新园区	171	262		262		94
保税区	5695	813	20	54	739	1578
长兴岛	2279	107	11		96	364
花园口	2219	879	142		737	142
瓦房店市	74936	27235	8569	1369	17297	170401
庄河市	58165	19968	10347	318	9303	40185
长海县	243	105			105	49

4-8 续表 3

地区	当年生仔畜						猪肉
	羊			其它大牲畜			
	小计	山羊	绵羊	马	驴	骡	
大连市	188438	180542	7896	1314	1788	1104	344452.9
甘井子区	724	569	155				6592
旅顺口区	2292	1822	470	1		1	6377
金州新区	4451	4207	244	24	55	23	14563
普湾新区	43030	42384	646	396	562	177	165751.8
高新园区							220.9
保税区	1352	1242	110	3	7	13	4950
长兴岛	272	272					1328.2
花园口	128	127	1	5	24	9	1592
瓦房店市	112123	105853	6270	334	541	241	71122.8
庄河市	23982	23982		551	585	640	71132
长海县	84	84			14		823.2

栏中（头、只）								
				当年生仔畜				
羊		其它大牲畜		猪	牛			
山羊	绵羊	马	驴		小计	肉牛	奶牛	役用牛
306238	13416	3823	4656	435475	51133	23305	2962	24866
426	102			5895	81		81	
3148	998	6	3	13256	406	30	341	35
4966	966	66	131	23587	2113	98	1397	618
93448	2787	977	1363	203363	25143	11763	632	12748
94				525	76		76	
1459	119	38	15	8180	302	27	24	251
364		4	4	2374	60	8		52
140	2	56	122	637	295	56		239
161959	8442	727	1208	99322	11992	5083	364	6545
40185		1949	1743	77307	10575	6240	47	4288
49			67	1029	90			90

三、畜产品产量（吨）											
牛肉			牛奶	羊肉			禽肉				鸡蛋
小计	# 肉牛肉	# 役牛肉		小计	山羊	绵羊	小计	# 鸡肉	# 鸭肉	# 鹅肉	
43571.4	34450.5	8483.2	54375	10644.9	10506.6	138.3	414386.5	404549.2	4613	3457.1	231434
17.6	14.9		792	15	9	6	981	979.9	0.9	0.2	64
149	121	6	8675	71	68	3	8537	8523	4	9	16834
583	129	91	21134	78	72	6	18238	18130	63	40	29978
26441.3	21437.3	4999	14076	3961.8	3936.8	25	105186.4	103143.4	1055.4	883.7	80590
2.8	2.8		1591	8.5	8.5		2.1	1.8	0.2	0.1	50
60	12	48	319	53	50	3	2465	2356	6	3	1782
33	9.3	23.7		8.9	8.9		1401.6	1394.4	7.2		153
22	13.5	8.5		1.9	0.3	1.6	1770.9	1750.1	12.9	7.9	969
11718.1	9495.8	2040.7	5732	5363.5	5269.8	93.7	150978.1	147214.2	1608.8	1786.8	49689
4501	3212	1226	2056	1080	1080		124783	121016	1853	725	51255
43.6	2.9	40.3		3.3	3.3		43.4	40.4	1.6	1.4	70

4-8 续表 4

地　　区	其它大牲畜肉					兔肉	其它肉类	其他奶类
	小计	# 役用畜	马	驴	骡			
大连市	710.9	321.6	228.1	256.1	226.7	7.5	178	4063
甘井子区								
旅顺口区	1	1			1			364
金州新区	34	8	5	7	22	5		1047
普湾新区	200	77.9	72	85	43	2.5	30	2171
高新园区								
保税区								2
长兴岛								
花园口	18.9	14	2.5	8	8.4			
瓦房店市	171.2	50.7	37.6	71.3	62.3		26	479
庄河市	284	170	111	83	90		122	
长海县	1.8			1.8				

山羊毛（公斤）			绵羊毛（公斤）			蜂蜜（公斤）	鸭蛋	鹅蛋	其它禽蛋类	蚕茧	肉类总产量
小计	山羊粗毛	山羊绒	小计	细羊毛	半细羊毛						
359856	177847	182009	19487	6538	12949	7353	16972	10157	2382	1885	813952.1
			590	580	10		2	2			7605.6
88		88	2546		2546		64	36	1		15135
			2305		2305	3100	221	106			33501
69933	46029	23904	2714	198	2516	800	6444	5130	22		301573.8
							8	2			234.3
							5	2	1		7528
									4		2771.7
66	66		66	66			189	87	1		3405.7
232152	101428	130724	11266	5694	5572	3253	1684	1632	2233		239379.7
57617	30324	27293				200	8303	3154	120	1885	201902
							52	6			915.3

4-9 林 业

指　　标		全市	甘井子区	旅顺口区	金州新区
一、荒山荒（沙）地造林面积	（公顷）	4186			
人工造林	（公顷）	3333			
无林地和疏林地新封	（公顷）	853			
（一）按经济成份分					
公有经济造林	（公顷）	4095			
非公有经济造林	（公顷）	91			
（二）按林种用途分					
用材林	（公顷）	376			
经济林	（公顷）	409			
防护林	（公顷）	3401			
（三）按树种类型分					
速生树种	（公顷）	389			
乡土树种	（公顷）	2237			
（四）按结构类型分					
纯林	（公顷）	3374			
混交林	（公顷）	812			
二、四旁（零星）植树	（万株）	2847.88	566.00	200.00	1600.00
三、年末实有封山（沙）育林面积	（公顷）	17206			
四、林木种苗					
林木种子采集量	（吨）	173			
当年苗木产量	（万株）	21945.58	20.00		6242.00
育苗面积	（公顷）	4081		156	801
#本年新增育苗面积	（公顷）	599			41
五、主要林产品产量（含自用）					
核桃	（吨）	6			
板栗	（吨）	3346			
切花切叶	（万支）	4894.90	250.00	269.00	2095.90
盆栽植物	（万盆）	1455.60	300.00	40.00	744.60
观赏苗木	（万株）	2313.00	17.00		
草坪	（平方米）	100000			

注：本表数据为市林业局提供。

生 产 情 况

普湾新区	高新园区	保税区	长兴岛	花园口	瓦房店市	庄河市	长海县
1600					1293	1293	
1333					1000	1000	
267					293	293	
1600					1202	1293	
					91		
						376	
					91	318	
1600					1202	599	
						389	
1333						904	
1333					748	1293	
267					545		
	5.25	4.90	0.03	326.00	125.40		20.30
267					10360	6579	
						173	
8915.00		343.88		60.00		6340.00	24.70
1194		325		20	558	992	35
128					61	369	
4		2					
7		771		8		2560	
1500.00					50.00	730.00	
106.00					60.00	205.00	
2200.00						96.00	
100000							

4-10 渔 业

地 区	水产品总产量（吨）				
	合计	海洋捕捞	远洋渔业	海水养殖	淡水养殖
大连市（地区口径）	2395994	664213	134199	1590229	7353
大连市（地方口径）	2375150	664213	113355	1590229	7353
市直	57734		57734		
长海县	589859	183960	34260	371639	
庄河市	570035	94134	5867	469034	1000
普兰店市	219064	54189		160727	4148
瓦房店市	139861	65000		72861	2000
金州区	368453	77211		291242	
旅顺口区	198005	68868	1132	128000	5
甘井子区	58385	48326		10059	
中山区	22040	7678	14362		
长兴岛	21582	16637		4945	
高新园区	95117	32320		62797	
花园口区	35015	15890		18925	200
大连海洋渔业集团公司	20844		20844		

注：本表数据由市海洋渔业局和大连海洋渔业集团公司提供。

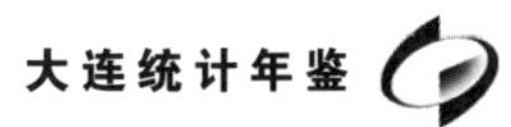

生产情况

养殖面积（公顷）			渔业船舶拥有量		
合计	海水养殖	淡水养殖	艘数（艘）	总吨位（总吨）	功率（千瓦）
669597	660703	8894	26713	420267	797850
669597	660703	8894	26681	379179	750071
			216	91180	104064
511883	511883		10453	76562	196001
57650	57071	579	4013	54766	92310
21148	14964	6184	764	15620	29104
19780	17839	1941	1031	30153	58591
27360	27360		4873	20939	75797
13907	13906	1	2250	18331	51386
3067	3067		1036	28254	42881
			529	19642	39699
10032	10032		186	3074	9595
1967	1967		585	4726	14268
2803	2614	189	745	15932	36375
			32	41088	47779

4-11 农林牧渔业

地　区	农林牧渔业总产值	一、农业产值						
		合计	1. 谷物及其他作物					
			小计	（1）谷物	#小麦	#稻谷	#玉米	（2）薯类
大连市	8800166	2123311	299468	230954	238	43808	185739	32375
甘井子区	171303	49788	339	249			246	35
旅顺口区	410088	72381	2822	2238	236		1795	329
金州新区	1136242	329369	15836	10550		552	9878	2613
普湾新区	1906217	534613	67844	55102		8809	45898	2642
高新园区	79334	2583	42	30			30	12
保税区	54868	34312	3676	1642		2	1605	1480
长兴岛	73449	5166	206	154			154	12
花园口	90753	19587	9061	6677		1630	5028	603
瓦房店市	1677450	592510	67010	45570		2007	43563	13098
庄河市	2210021	480844	131670	108147		30808	76949	11200
长海县	950583	2158	962	595	2		593	351
市直单位	39858							

4-11 续表 1

地　区							
				3. 水果、坚果、饮料和香料作物			
	（2）食用菌	（3）花卉	（4）盆景园艺	小计	（1）水果（含果用瓜）	#苹果	#梨
大连市	30404	110619	5000	909137	906437	189111	20707
甘井子区				33546	33546	1437	1379
旅顺口区	739	3794		34116	34116	6989	2012
金州新区	3256	74560	5000	72833	72833	11736	1005
普湾新区	1075	29695		212851	212851	78374	2166
高新园区				2495	2495	416	
保税区				17560	17560	2050	258
长兴岛				4087	4087	1727	23
花园口	6	80		2079	2079	339	10
瓦房店市		1000		332351	332351		
庄河市	25327	1482		197031	194331	86000	13846
长海县	1	8		188	188	43	8
市直单位							

总产值（现价）

单位：万元

						2. 蔬菜园艺作物	
（3）油料	# 花生	（4）豆类	# 大豆	（5）其他作物	# 饲料作物	小计	（1）蔬菜（含菜用瓜）
9706	6194	24936	19515	1497	376	912779	766756
1	1	54	54			15903	15903
29	29	226	226			35443	30910
801	787	1478	1232	394	376	240700	157884
2901	2894	7199	7078			253839	223069
						46	46
137	137	417	376			13076	13076
5	5	35	35			873	873
396	396	1385	1373			8447	8361
3491		4851				193149	192149
1944	1944	9276	9126	1103		150295	123486
1	1	15	15			1008	999

单位：万元

			二、林业产值				
		4. 中药材	合计	1. 林木的培育和种植			
（2）坚果	# 板栗			小计	1. 育种育苗	2. 造林	3. 抚育和管理
2700	2560	1927	87715	84742	63887	13422	7433
			2122	2122	879		1243
			3412	3412	412		3000
			5455	5455	3955		1500
		79	23000	22979	20238	1695	1046
			623	623	420		203
			459	459	435		24
			2732	2732	2000	730	2
			300	300	200		100
			17852	17852	9244	8411	197
2700	2560	1848	31366	28414	25828	2586	
			394	394	276		118

4-11 续表 2

地　区	2. 木材采运						
	小计	合计	1. 牲畜的饲养				
			小计	（1）牛	（2）羊	（3）其他牲畜	（4）奶产品
大连市	2973	2288056	388854	246212	81505	1470	23918
甘井子区		12070	542	104	92		337
旅顺口区		53287	6802	915	515	7	5360
金州新区		305980	12705	2543	451		9686
普湾新区	21	775800	204676	141872	24846	531	5699
高新园区		1389	883	17	35		831
保税区		18797	1050	409	491	18	132
长兴岛		5902	247	203	44		
花园口		9264	294	142	12	138	
瓦房店市		574281	126240	74069	48725		1256
庄河市	2952	529046	35293	25834	6276	776	617
长海县		2240	122	104	18		
市直单位							

4-11 续表 3

地　区	4. 其他畜牧业							
				合计	1. 海水产品			
	小计	# 蚕茧	# 兔		小计	# 养殖	（1）鱼类	（2）甲壳类
大连市	244007	2639	46	3613690	3603790	2632259	598148	408644
甘井子区				97347	97347	16000	59126	13633
旅顺口区	2814			258008	258000	165000	85178	11580
金州新区	195809		25	398400	398400	322000	68241	71804
普湾新区	1206		15	424904	420273	251311	35305	89964
高新园区				65583	65583	35189	24026	20163
保税区								
长兴岛				52849	52849	14479	13106	18953
花园口				49652	49391	32895	15043	6440
瓦房店市	6		6	397533	394533	247385	55417	91510
庄河市	43658	2639		1023765	1021765	953000	69385	65627
长海县	514			805791	805791	595000	163475	18970
市直单位				39858	39858		9846	

单位：万元

三、牧业产值							
				2. 猪的饲养	3. 家禽饲养		
# 牛奶	（5）毛绒产品	# 羊毛	# 羊绒		小计	（1）肉禽	（2）禽蛋
20015	4769	986	2993	719677	935518	696267	239251
337	9	9		9648	1880	1799	81
5144	5	5		12667	31004	15965	15039
8890	25	25		26032	71434	45850	25584
4065	748	20	28	324578	245340	158273	87067
831				468	38		38
131				9667	8080	6531	1549
				2767	2888	2730	158
	2	2		4579	4391	3490	901
	2190	500	1600	158514	289521	240262	49259
617	1790	425	1365	169450	280645	221282	59363
				1307	297	85	212

单位：万元

四、渔业产值								五、农林牧渔服务业产值
			2. 内陆水域水产品					
（3）贝类	（4）藻类	（5）其他	小计	# 养殖	（1）鱼类	（2）甲壳类	(3) 贝类	
906507	136800	1553691	9900	9900	9119	765	16	687394
7661		16927						9976
21200	30414	109628	8	8	8			23000
107877	57478	93000						97038
112835		182169	4631	4631	3850	765	16	147900
985	17852	2557						9156
								1300
3827		16963						6800
13665		14243	261	261	261			11950
43306		204300	3000	3000	3000			95274
360661		526092	2000	2000	2000			145000
234490	31056	357800						140000
		30012						

4-12 农林牧渔业

地　区	农林牧渔业总产值	一、农业产值						
		合计	1. 谷物及其他作物					
			小计	（1）谷物	# 小麦	# 稻谷	# 玉米	（2）薯类
大连市	9001259	2165473	296590	230753	237	43653	185688	31577
甘井子区	172909	50905	349	260			257	36
旅顺口区	425745	72280	2836	2253	235		1805	329
金州新区	1261833	370961	16046	10874		569	10179	2510
普湾新区	1990982	547474	68759	56198		9041	46762	2691
高新园区	80951	2683	42	31			31	11
保税区	56723	35668	3758	1779		2	1742	1425
长兴岛	75095	5364	205	154			154	11
花园口	1679462	592118	66611	45388		1990	43398	12945
瓦房店市	2168985	465001	127596	106414		30305	75725	10626
庄河市	957447	2141	954	590	2		588	349
长海县	92525	20878	9434	6812		1746	5047	644
市直单位	38602							

4-12 续表 1

地　区				3. 水果、坚果、饮料和香料作物			
	（2）食用菌	（3）花卉	（4）盆景园艺	小计	（1）水果（含果用瓜）	# 苹果	# 梨
大连市	29805	108467	23000	920654	918043	189580	20682
甘井子区				34197	34197	1298	1372
旅顺口区	742	3120		34548	34548	6617	1905
金州新区	3489	74321	23000	80900	80900	12230	1047
普湾新区	1075	28499		219058	219058	78374	2166
高新园区				2595	2595	416	
保税区				18008	18008	2043	243
长兴岛				4288	4288	1812	22
花园口	6	87		2265	2265	369	12
瓦房店市		1000		334089	334089		
庄河市	24492	1433		190534	187923	86380	13907
长海县	1	7		172	172	41	8
市直单位							

总产值（可比价）

单位：万元

						2. 蔬菜园艺作物	
（3）油料	# 花生	（4）豆类	# 大豆	（5）其他作物	# 饲料作物	小计	（1）蔬菜（含菜用瓜）
9176	5699	23623	18250	1461	376	946618	785346
1	1	52	52			16359	16359
29	29	225	225			34896	31034
778	764	1490	1242	394	376	274015	173205
2741	2734	7129	7008			259578	230004
						46	46
137	137	417	376			13902	13902
5	5	35	35			871	871
3456		1594	1580			9179	9086
1644	1644	4822				191418	190418
1	1	7845	7718	1067		145339	119414
384	384	14	14			1015	1007

单位：万元

			二、林业产值				
				1. 林木的培育和种植			
（2）坚果	# 板栗	4. 中药材	合计	小计	(1) 育种育苗	(2) 造林	(3) 抚育和管理
2611	2476	1611	86223	83432	63387	12933	7112
			1984	1984	823		1161
			3306	3306	388		2918
			5139	5139	3726		1413
		79	24665	24645	22065	1596	984
			621	621	419		202
			455	455	432		23
			2690	2690	1982	706	2
			282	282	191		91
			17869	17869	9408	8261	200
2611	2476	1532	28830	26059	23689	2370	
			382	382	264		118

4-12 续表 2

地　区	2. 木材采运	三、牧业产值					
			1. 牲畜饲养				
	小计	合计	小计	(1) 牛	(2) 羊	(3) 其他牲畜	(4) 奶产品
大连市	2791	2352528	376014	240134	80473	1430	22593
甘井子区		12275	515	103	92		312
旅顺口区		56151	6904	889	494	7	5509
金州新区		370591	12375	2635	446		9269
普湾新区	20	807129	197373	140120	24453	531	4812
高新园区		1370	845	16	34		795
保税区		19200	1052	391	497	19	145
长兴岛		5888	221	174	47		
花园口		9228	287	135	12	138	
瓦房店市		567320	123497	71900	48176		1230
庄河市	2771	501071	32836	23679	6205	735	521
长海县		2305	109	92	17		
市直单位							

4-12 续表 3

地　区	4. 其他畜牧业			四、渔业产值				
					1. 海水产品			
	小计	# 蚕茧	# 兔	合计	小计	# 养殖	(1) 鱼类	(2) 甲壳类
大连市	296239	2639	44	3701698	3692206	2675508	617509	423374
甘井子区				97943	97943	16000	61049	12761
旅顺口区	3205			270008	270000	172757	89182	13580
金州新区	257204		25	412336	412336	331378	75501	72647
普湾新区	1206		14	452973	448546	260887	36147	97938
高新园区				66492	66492	35887	24578	20908
保税区								
长兴岛				54101	54101	15235	14053	19258
花园口				49505	49265	32559	15026	6427
瓦房店市	5		5	410936	407954	255572	56557	94953
庄河市	34086	2639		1033443	1031608	954302	69169	66507
长海县	533			815359	815359	600931	166489	18395
市直单位				38602	38602		9758	

单位：万元

# 牛奶	（5）毛绒产品	# 羊毛	# 羊绒	2. 猪的饲养	3. 家禽饲养 小计	（1）肉禽	（2）禽蛋
18993	4675	963	2922	758421	921854	684533	237321
307	8	8		9905	1855	1774	81
5287	5	5		13533	32509	16830	15679
8507	25	25		27561	73451	46532	26919
3432	748	20	28	352598	255952	166685	89267
795				489	36		36
144				10198	7950	6466	1484
				3000	2667	2538	129
	2	2		4616	4325	3430	895
	2191	500	1601	161619	282199	233606	48593
521	1696	403	1293	173510	260639	206594	54045
				1392	271	78	193

单位：万元

（3）贝类	（4）藻类	（5）其他	2. 内陆水域水产品 小计	# 养殖	（1）鱼类	（2）甲壳类	（3）贝类	五、农林牧渔服务业产值
924105	134399	1592819	9492	9492	8730	746	16	695337
7206		16927						9802
23600	31013	112625	8	8	8			24000
112571	54617	97000						102806
117946		196515	4427	4427	3665	746	16	158741
1029	17294	2683						9785
								1400
3827		16963						7052
13277		14535	240	240	240			12632
43819		212625	2982	2982	2982			91219
362321		533611	1835	1835	1835			140640
238509	31475	360491						137260
		28844						

4-13 农林牧渔业

地　　区	农林牧渔业增加值（现价）			农业			林业	
	本期	上年同期	增幅（%）	本期	上年同期	增幅（%）	本期	上年同期
大连市	4796738	4755851	0.9	1284555	1400842	-8.3	44923	39740
甘井子区	100988	104370	-3.2	23051	20969	9.9	1235	1675
旅顺口区	207000	193163	7.2	35242	39943	-11	1503	1500
金州新区	560478	581486	-3.6	201881	236393	-14	2358	2237
普湾新区	997958	1009828	-1.2	316298	387065	-18	11370	9951
高新园区	43206	48216	-10	1552	1792	-13	435	419
保税区	25180	28569	-11	16106	18721	-14	302	239
长兴岛	36895	38861	-5.1	2066	5742	-64	1188	1228
花园口	52054	59009	-11	11556	15534	-25	174	307
瓦房店市	933802	942852	-1	382556	393095	-2.7	7023	5073
庄河市	1235626	1169277	5.7	292996	280443	4.5	19163	17061
长海县	578288	554586	4.3	1251	1145	9.3	172	50
市直单位	25263	25634	-1.4					

4-14 农业主要能源

地　　区	一、农用化肥施用量							
	实物量					折纯量		
	合计	种植业	林业	牧业	渔业		合计	种植业
大连市	494677	490582	3783	129	183	165327	219767	218293
甘井子区	3811	3731	80			1057	1502	1452
旅顺口区	10328	10178	150			4044	3742	3725
金州新区	37278	37058	200	20		15445	13023	12948
普湾新区	138670	137178	1439	51	2	39922	68491	67887
高新园区	135	135				51	68	68
保税区	5456	4868	588			1668	2979	2766
长兴岛	2672	2672				561	859	859
花园口	7443	7431	11		1	2602	3391	3385
瓦房店市	163737	163107	482	58	90	55996	69932	69724
庄河市	124605	123711	804		90	43790	55697	55399
长海县	542	513	29			191	83	80

增加值

单位：万元

增幅（%）	牧业			渔业			农林牧渔服务业		
	本期	上年同期	增幅（%）	本期	上年同期	增幅（%）	本期	上年同期	增幅（%）
13	903406	892560	1.2	2185416	2048695	6.7	378438	374014	1.2
-26	5214	7433	-29	64790	65810	-1.5	6698	8483	-21
0.2	17020	17645	-3.5	139850	112165	24.7	13385	21910	-38
5.4	106439	118426	-10	192071	167329	14.8	57729	57101	1.1
14.3	315606	298168	5.8	273339	240577	13.6	81345	74067	9.8
3.8	525	548	-4.2	35200	38943	-9.6	5494	6514	-15
26.4	8007	8844	-9.5				765	765	
-3.3	2205	2658	-17	28472	26577	7.1	2964	2656	11.6
-43	3687	4019	-8.3	28963	29516	-1.9	7674	9633	-20
38.4	220422	207307	6.3	258176	258342	-0.1	65625	79035	-17
12.3	223376	226702	-1.5	636732	594821	7	63359	50250	26.1
244	905	810	11.7	502560	488981	2.8	73400	63600	15.4
				25263	25634	-1.4			

及物耗情况

单位：吨

（一）氮肥				（二）磷肥					
实物量			折纯量	实物量					折纯量
林业	牧业	渔业		合计	种植业	林业	牧业	渔业	
1301	80	93	62650	57197	56699	497	1		13458
50			99	277	277				69
17			950	702	697	5			170
75			4259	3144	3125	19			866
580	22	2	18260	19773	19515	257	1		4564
			26						
213			689	320	310	10			68
			264	20	20				4
5		1	916	859	859				206
150	58		22116	16390	16355	35			3740
208		90	15038	15706	15535	171			3769
3			33	6	6				2

4-14 续表 1

地区	（三）钾肥						
	实物量					折纯量	
	合计	种植业	林业	牧业	渔业		合计
大连市	40001	39522	451	28		19124	177712
甘井子区	449	449				222	1583
旅顺口区	1002	995	7			529	4882
金州新区	2205	2192	13			1357	18906
普湾新区	8188	8027	133	28		3945	42218
高新园区							67
保税区	229	214	15			102	1928
长兴岛	30	30				6	1763
花园口	393	393				220	2800
瓦房店市	17998	17804	194			7427	59417
庄河市	9479	9408	71			5308	43723
长海县	28	10	18			8	425

4-14 续表 2

地区							
	# 地膜使用量					地膜覆盖面积（公顷）	合计
	合计	种植业	林业	牧业	渔业		
大连市	4770	4575	109	86		27660	245646
甘井子区	11	11				257	407
旅顺口区	76	75	1			488	14756
金州新区	728	717	2	9		2398	45151
普湾新区	657	531	84	42		8434	13345
高新园区							545
保税区	50	30	20			193	521
长兴岛							2756
花园口	56	53		3		210	6714
瓦房店市	1928	1910		18		10782	35702
庄河市	1259	1243	2	14		4874	40662
长海县	5	5				24	85087

单位：吨

（四）复合肥					二、农用塑料薄膜使用量				
实物量				折纯量	合计	种植业	林业	牧业	渔业
种植业	林业	牧业	渔业						
176068	1534	20	90	70095	16474	15632	218	593	31
1553	30			667	375	375			
4761	121			2395	350	347	3		
18793	93	20		8963	2415	2399	2	12	2
41749	469			13153	3437	3104	84	229	20
67				25					
1578	350			809	77	53	23	1	
1763				287					
2794	6			1260	143	131		12	
59224	103		90	22713	5042	4883	100	50	9
43369	354			19675	4598	4307	2	289	
417	8			148	37	33	4		

单位：吨

三、农用柴油使用量				四、农药使用量				
种植业	林业	牧业	渔业	合计	种植业	林业	牧业	渔业
53396	806	1295	190149	12613	12069	438	31	75
187			220	153	150	3		
1701	32	32	12991	302	291	10	1	
4076	61	113	40901	755	723	20		12
11461	158	514	1212	3950	3823	71	18	38
40			505	2	2			
319	197	5		109	73	33	3	
91	21		2644	39	38	1		
244			6470	74	70	4		
27401	228	460	7613	4895	4739	127	7	22
7820	98	151	32593	2320	2154	161	2	3
56	11	20	85000	14	6	8		

4-15 农业机械

地　　区	一、农业机械总动力	1. 柴油发动机动力	2. 汽油发动机动力	3. 电动机动力
大连市	3783321.5	2814233.5	189348	779740
甘井子区	81100	35600		45500
旅顺口区	330010	278744	1240	50026
金州区	320520	280020	3700	36800
长海县	55627	53957	120	1550
瓦房店市	1124284	844490	39070	240724
普兰店市	926500	646816	118716	160968
庄河市	723000	526383	23252	173365
保税区	39230	34760		4470
花园口经济区	76050.5	39463.5	3250	33337
临港工业区	107000	74000		33000

4-15 续表 1

地　　区				四、农产品初加工机械
			5. 收获后处理机械	农产品初加工动力机械
	割晒机	其他收获机械	机动脱粒机	
大连市	2768.9	2886.5	103646.6	203779.5
甘井子区				
旅顺口区			19135	3000
金州区		1100	3600	5300
长海县				1200
瓦房店市		625	17942	59130
普兰店市	68.9	38	27173	53384
庄河市	2700	700	29573	70660
保税区			5100	7300
花园口经济区		423.5	1123.6	3805.5
临港工业区				

注：1. 本表数据由市农委提供。
　　2. 本表中“临港工业区”包括长兴岛和交流岛地区。

（动力）拥有量

单位：千瓦

二、拖拉机及配套机械	三、种植业机械			
拖拉机	1. 耕整地机械	2. 农用排灌机械	3. 田间管理机械	4. 收获机械
		排灌动力机械	机动喷雾（粉）机	联合收获机
951149.8	61614	459371	115684	59026.6
		42800		
29145	5067	22380	11450	2356
34762	3382	38370	3300	2137
42393	200	680		70
324567	8846	152541	39074	11500
280656.3	41165	100074	37856	17262.3
223437	2544	64576	23252	23830
3538.9	410	8990	590	50
12650.6		28960	162	1821.3

单位：千瓦

五、畜牧养殖机械	六、渔业机械	七、林果业机械	八、运输机械	九、农田基本建设机械
			农用运输车	
155230.5	15645	2996.2	1202032.6	186111.2
7822		974	130500	61960
3200			200749	17572
				10299
51403		792	351582	40586
43902.5	15467	1230.2	272609.6	33685.2
45508			217260	10500
1500			13300	10000
1895	178		16032	1509

主要统计指标解释

【农林牧渔业总产值】是以货币表现的农林牧渔业的全部产品总量和对农林牧渔业生产活动进行的各种支持性服务活动的价值。它反映一定时期内农林牧渔业生产总规模和总成果，是观察农林牧渔业生产水平和发展速度、研究农林牧渔业内部比例关系、农林牧渔业与工业、农林牧渔业与国家建设、人民生活比例关系的重要指标，同时也是计算农林牧渔业劳动生产率和农林牧渔业增加值的基础资料。

按照现行的统计制度规定，农林牧渔总产值的统计范围是辖区内各种经济组织类型、各个系统的全部农林牧渔业生产单位和非农行业单位附属的农林牧渔业生产活动单位。但不包括农业科学试验机构进行的农业生产。计算范围包括农、林、牧、渔及农林牧渔业服务五业。

【农林牧渔业增加值】是指农、林、牧、渔及农林牧渔服务业生产货物或提供服务活动而增加的价值，为农林牧渔业现价总产值扣除农林牧渔业现价中间投入后的余额。

增加值也叫附加价值或追加价值，是指各单位生产经营的最终成果，即本单位或本行业对社会所作的贡献。从宏观上来说，增加值是计算国内生产总值的基础。即各部门增加值之和就是国内生产总值；从微观上来说，增加值能客观反映企业单位或行业的投入、产出、效益、速度和收入等情况。因此，计算增加值不仅是国民经济宏观管理的需要，也是微观的企业和行业管理的需要。

增加值和总产值相比较，一个最大的优点在于增加值避免了中间产品的重复计算，消除了总产值计算时的重复因素，计算结果是社会最终产品的价值。农林牧渔业增加值的核算范围同农林牧渔业总产值核算范围。

【农作物播种面积】是指播种季节结束时实际播种或移植有农作物的面积，是反映农作物生产规模的重要指标。凡是实际种植有农作物的面积，不论种植在耕地上还是非耕地上，也不论面积大小，均应统计为播种面积。但是，不包括调查前作物已经死亡（指成片死亡）和因基本建设或其他原因毁掉的面积。

业

责任编辑

张金丽　　杨　艳　　徐　杰

滕仁伟　　于　颖　　杨　超

秦长宏

5-1 不变价工业总产值（1979-2014年）

单位：万元

年　份	总计	#轻工业	#独立核算工业企业	#国有及国有控股企业	按轻重工业划分	
					轻工业	重工业
1979	690596	230567	662610	547151	213613	448997
1980	746646	282548	722300	572573	265408	456892
1981	745035	314844	722628	568530	297547	425081
1982	771742	322645	740722	575204	298951	441771
1983	842655	344981	804937	618012	317941	486996
1984	918337	373561	879714	656222	348075	531639
1985	1659572	593670	1560582	1182782	558584	1001998
1986	1854360	660700	1696469	1277184	606645	1089824
1987	2153481	799594	1889527	1393208	686761	1202766
1988	2568040	943365	2174920	1578385	816280	1358640
1989	2858896	1102461	2364138	1689509	878525	1485613
1990	3038118	1161553	2464358	1707800	897406	1566952
1991	3397965	1296882	2690073	1791218	963097	1726976
1992	4063982	1554544	3004182	1866772	981368	2022814
1993	5640386	2110671	3780930	1877221	1252361	2528569
1994	7534379	3242339	4408013	1808396	1546406	2861607
1995	9813652	4095086	5158072	1877601	1737554	3420518
1995年新规定	9355264	4022058	4995745	1830022	1686028	3309717
1996	11615859	5071784	5604091	2147568	1793409	3810682
1997	13942442	5899805	5969479	2917811	1631174	4338305
1998	14136762	5888620	6413208	3302782	1657413	4755796
1999	16439664	6996148	7363097	4026614	1929383	5433714
2000	18321791	7474097	9053945	4639414	2411998	6641947
2001	19236642	7676428	9527834	5162371	2354869	7172966
2002	21240523	9831993	11047770	5942785	4334753	6713018
2003	24382473	10254363	13329315	6820081	3667190	9662125
2004	22359590	5716499	20411542	9912917	4965030	15446512
2005	40331597	13356322	24594981	13067628	4947471	19647509
2006	33480687	6690233	33480687	12673502	6690233	26790454
2007	40439401	8835207	40439401	20685463	8835207	31604195
2008			53923110	23896722	12198901	41724209
2009			63346250	25690636	14895454	48450796
2010			74342041	27723984	17246251	57095790
2011			76738607	25275244	17649351	59089256
2012			103559973	29406183	25498332	78061640
2013			116379495	30410785	28859004	87520492
2014			108505556	28214555	24621068	83884488

注：1. 不变价工业总产值1979-1980年按1970年不变价计算，1981-1984年按1980年不变价计算，1985-2003年按1990年不变价计算，2004年开始用工业品出厂价格指数缩减得出。2004－2014年工业品出厂价格指数分别为1.0463、1.042、1.0267、1.0327、1.0808、0.9993、1.036、1.077、0.9995、0.99和0.9817。

2. 1993年税制改革后，工业总产值的销售价格中含增值税（销项税）。从1995年第三次工业普查开始，工业总产值用实际销售的平均价格（不含销项税）来计算的。

5-2 现价工业总产值（1979-2014年）

单位：万元

年份	全部工业总计	#轻工业	#独立核算工业企业	#国有及国有控股企业	按轻重工业划分	
					轻工业	重工业
1979			631904	528349	205996	425908
1980			691541	557369	258374	433167
1981			714744	560697	298568	416176
1982	752564	312110	722151	562184	288915	433236
1983	824890	324811	786608	610457	297524	489084
1984	916553	351863	876930	667070	325894	551036
1985	1242912	432888	1147001	830011	398892	748109
1986	1467200	519886	1314382	853336	467567	846815
1987	1779334	665991	1519819	1077077	555055	964764
1988	2314285	919059	1894419	1338369	735427	1158992
1989	2822680	1090998	2317257	1642718	862235	1455022
1990	3002111	1141662	2424093	1676900	874874	1549219
1991	3454139	1292836	2746247	1834745	959051	1787196
1992	4495025	1678361	3247759	2009355	1123311	2274694
1993	6930701	2341985	4755643	2593265	1345652	3409991
1994	9576727	3777889	5985264	2902420	1850268	4134996
1995	12403494	3876711	7076970	3109824	2270373	4806597
1995年新规定	10703250	4259124	6190540	2660863	1996700	4193840
1996	14433304	6155033	7047109	3075406	2123990	4923119
1997	17013691	7071427	7624194	4211220	1994968	5629226
1998	17054030	7141155	7601281	4316161	1956969	5644313
1999	19376874	8439046	8426385	4959514	2217576	6208809
2000	22371521	8957773	10991552	6421927	2742033	8249520
2001	22960700	9020613	11039275	6683906	2486282	8552993
2002	25020515	10485689	12504857	7118808	3735639	8769217
2003	29040790	11381691	15468641	8719868	3293316	12175325
2004	23394839	5981173	21356596	10371885	5194911	16161686
2005	42025524	13917287	25627970	13616468	5155265	20472705
2006	34374622	6868862	34374622	13011885	6868862	27505760
2007	41761770	9124118	41761770	21361878	9124118	32637652
2008			58280097	25827577	13184572	45095525
2009			63301908	25672652	14885027	48416881
2010			77018355	28722048	17867116	59151239
2011			82647480	27221437	19008351	63639129
2012			103508193	29391480	25485583	78022609
2013			115215700	30106677	28570414	86645287
2014			106519904	27698229	24170502	82349402

注：1. 同表5-1。
2. 2004年规模以下及个体数据中，个体数据按自报收入加工。

5-3 规模以上工业增加值（1985-2014年）

单位：万元

年份	全市独立核算工业企业	#国有控股企业	按轻重工业划分		按企业类型划分		
			轻工业	重工业	大型企业	中型企业	小型企业
1985	395709	287608	110117	285592	185431	72526	137752
1986	431996	312565	127213	304783	206375	79627	145994
1987	481908	343884	141825	340083	242224	81884	157800
1988	564641	406781	177369	387272	278073	119838	166730
1989	665829	484831	209969	455860	322427	156742	186660
1990	645063	457768	181510	463553	326422	130248	188393
1991	679219	460018	195224	483995	335774	141701	201744
1992	814903	495963	233991	580912	407618	148398	258887
1993	1297669	553330	390297	907372	575074	181419	541176
1994	1787688	775815	605429	1182259	893341	253350	640997
1995	1593314	586228	392079	1201235	927233	219650	446431
1996	1654511	669831	473743	1180768	881411	190682	582418
1997	1675869	179036	413822	1262047	1082369	190037	403463
1998	1640539	990352	390447	1250092	1099107	169056	372377
1999	1849858	1082989	510727	1339131	1301398	167627	380834
2000	2663196	1416915	746532	1916664	1862822	269520	530853
2001	2764120	1560253	609511	2154609	2047154	262841	454125
2002	3189696	1636302	968752	2220944	2343514	318354	527828
2003	4016528	1998287	920632	3095896	1655273	1395424	965831
2004	5260406	2068039	1484119	3776287	1412879	2124508	1723018
2005	6439777	2828416	1586460	4853317	2645130	2080860	1713787
2006	9768697	3060982	2222516	7546181	3891524	2996896	2880277
2007	12185639	5473972	3027414	9158225	4810121	3250073	4125445
2008	13984286	6456853	3509953	10474333	5407658	3728517	4848111
2009	17330811	6199814	4668406	12662405	4968694	4913156	7448962
2010	23061090	7255709	6469795	16591295	6747587	6683236	9630267
2011	24854190	7167718	6793660	18060530	7971358	7062185	9820647
2012	28221605	6833054	7670833	20550773	9854873	6771654	11595078
2013	32435314	6719563	8614556	23820757	9254493	11998485	11182336
2014	30171959	6591747	7373557	22798402	9532078	10514130	10125751

注：1. 净产值指标用到1992年年报，1993年开始使用生产法工业增加值指标。
2. 1993年开始，由于税制改革，经济类型分组开始出现股份制、外商投资经济、港澳台商投资经营。
3. 1985-2007年全市规模以上工业增加值为年报数据，2008-2014年全市规模以上工业增加值为年快报数据。
4. 本表小型企业增加值数据包含微型企业。

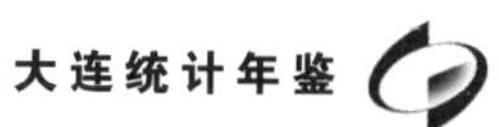

5-4 规模以上工业企业科技活动及相关情况

指　　标		数值	指　　标		数值
一、科技活动人员情况			机构经费支出	（千元）	4045518
科技活动人员	（人）	40655	期末仪器和设备原价	（千元）	1943745
#参加科技项目人员	（人）	34858	#进口	（千元）	288042
科技管理和服务人员	（人）	5797	五、科技活动产出及相关情况		
#女性	（人）	7735	（一）自主知识产权情况		
#高中级技术职称人员	（人）	11016	专利申请数	（件）	3540
#全时人员	（人）	26037	#发明专利	（件）	1488
二、科技活动费用情况			期末有效发明专利数	（件）	3375
（一）企业内部用于科技活动的经费支出	（千元）	10128777	#境外授权	（件）	142
人员人工费(包含各种补贴)	（千元）	2802266	#已被实施	（件）	880
原材料费	（千元）	5079212	专利所有权转让许可数	（件）	19
折旧费用与长期费用摊销	（千元）	587511	专利所有权转让及许可收入	（千元）	36423
无形资产摊销	（千元）	176249	（二）新产品生产及销售情况		
其他费用	（千元）	1483539	新产品产值	（千元）	169093112
（二）委托外单位展开科技活动的经费支出	（千元）	494476	新产品销售收入	（千元）	187509793
#对境内研究机构的支出	（千元）	200284	#出口	（千元）	22806110
对境内高等学校支出	（千元）	107585	（三）其他情况		
对境外支出	（千元）	121119	发表科技论文	（篇）	672
（三）当年形成用于科技活动的固定资产	（千元）	810851	期末拥有注册商标	（件）	758
#仪器和设备	（千元）	702121	#境外注册	（件）	33
（四）使用来自政府部门的科技活动资金	（千元）	498395	形成国家或行业标准	（项）	105
三、科技项目情况			六、其他相关情况		
全部科技项目数	（项）	3830	（一）政府相关政策落实情况		
全部科技项目经费内部支出	（千元）	8876730	研究开发费用加计扣除减免税	（千元）	362730
四、企业办科技机构情况			高新技术企业减免税	（千元）	646128
机构数	（个）	283	（二）技术获取和技术改造情况		
机构人员	（人）	16324	引进国外技术经费支出	（千元）	149646
#博士毕业	（人）	242	引进技术的消化吸收经费支出	（千元）	35317
硕士毕业	（人）	2124	购买国内技术经费支出	（千元）	180867
本科毕业	（人）	10577	技术改造经费支出	（千元）	1593038
			（三）期末企业在境外设立的科技活动机构数	（个）	14

5-5 年主营业务收入2000万元

指　　标	企业单位数（个）	#亏损企业	工业总产值（当年价格）
总　　计	**2844**	**456**	**1065199037**
内资企业	2135	260	727593794
国有企业	27	7	14189352
中央企业	14	2	8942663
地方企业	13	5	5246689
集体企业	16	3	6752810
股份合作企业	7		650827
有限责任公司	376	76	190256488
国有独资公司	14	5	3876808
其他有限责任公司	362	71	186379680
股份有限公司	64	11	116118301
私营企业	1645	163	399626016
私营独资企业	140	12	32370065
私营合伙企业	6		827230
私营有限责任公司	1413	142	351339267
私营股份有限公司	86	9	15089454
港、澳、台商投资企业	122	31	66934850
合资经营企业（港或澳、台资）	70	15	54951037
合作经营企业（港或澳、台资）	6	2	2228552
港澳台商独资经营企业	45	14	9018542
港澳台商投资股份有限公司	1		736719
外商投资企业	587	165	270670393
中外合资经营企业	218	55	152772977
中外合作经营企业	36	5	7037505
外资企业	325	103	105911995
外商投资股份有限公司	6	1	4824286
其他	2	1	123630
在总计中：亏损企业	456	456	282800124
在总计中：国有控股企业	126	33	276982287
在总计中：农村工业	15	3	1504587
在总计中：轻工业	903	171	241705016
重工业	1941	285	823494021
在总计中：大型企业	111	12	421913886
中型企业	575	71	321703838
小型企业	2028	344	304288298
微型企业	130	29	17293015

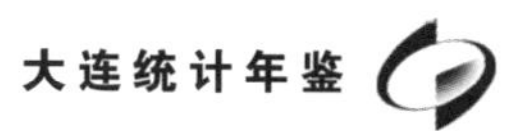

及以上工业企业主要经济指标

单位：千元

工业销售产值（当年价格）	#出口交货值	资产总计	流动资产合计		
			#应收账款	#存货	#产成品
1013152145	**185190697**	**963286260**	**116702794**	**132777169**	**35571715**
682349824	67735477	681877172	63921008	89643985	24005910
14001432	114898	33645815	1339871	1727565	196206
8921950		10088025	387112	1362199	111834
5079482	114898	23557790	952759	365366	84372
6618779	2120092	2267964	355431	234599	122386
672809		1603454	216652	95740	58163
177341053	32334888	388045433	27419635	55776390	10904928
3829146	164085	17271566	1744864	661295	267618
173511907	32170803	370773867	25674771	55115095	10637310
111868761	12719715	66442462	10871731	12126214	4520656
371846990	20445884	189872044	23717688	19683477	8203571
31504684	643161	7815660	933304	703230	357178
773253		258878	54643	30208	18637
325519046	18358547	173411061	21639211	18043358	7504868
14050007	1444176	8386445	1090530	906681	322888
64940095	7466718	42176787	4321971	5655288	2299884
53968740	2840873	33636456	2795789	4083215	1716565
2114181	1652149	1972428	371088	266124	134855
8291241	2712067	5438542	1080882	918060	393647
565933	261629	1129361	74212	387889	54817
265862226	109988502	239232301	48459815	37477896	9265921
149278998	57113075	134091684	32413022	22562223	5950739
6880116	3882879	3747025	403728	486019	163004
104864712	47841989	96001916	15240418	13981151	3128519
4714770	1150559	5333423	401225	413054	23160
123630		58253	1422	35449	499
257516723	35203816	199467278	15392436	26579059	8622712
272087095	73127369	453672996	48456085	62523898	9978686
1396581	55781	859011	93032	94077	25055
229436860	63154349	148279009	16989895	26186051	10828055
783715285	122036348	815007251	99712899	106591118	24743660
395933949	98239348	551141024	63006632	76598594	13588800
314145697	57564288	209851648	24867538	30370418	11239463
286232627	26649536	192198409	27194878	24686400	10280234
16839872	2737525	10095179	1633746	1121757	463218

5-5 续表 -1

指　　标	企业单位数（个）	# 亏损企业	工业总产值（当年价格）
有色金属矿采选业	4	1	398604
非金属矿采选业	16	1	2429798
农副食品加工业	322	50	107233114
食品制造业	75	9	16268127
酒、饮料和精制茶制造业	22	2	8569969
纺织业	42	6	9167468
纺织服装、服饰业	154	32	21561004
皮革、毛皮、羽毛及其制品和制鞋业	14	1	2830412
木材加工和木、竹、藤、棕、草制品业	53	13	8381382
家具制造业	45	17	10534293
造纸和纸制品业	39	7	6554038
印刷和记录媒介复制业	27	4	2121621
文教、工美、体育和娱乐用品制造业	16	4	2775487
石油加工、炼焦和核燃料加工业	14	4	127403197
化学原料和化学制品制造业	119	28	129023742
医药制造业	22	8	17547849
化学纤维制造业	2		1911474
橡胶和塑料制品业	110	22	20670315
非金属矿物制品业	160	27	32782735
黑色金属冶炼和压延加工业	167	17	64473348
有色金属冶炼和压延加工业	17	5	2825240
金属制品业	175	31	29903242
通用设备制造业	592	51	160748096
专用设备制造业	138	17	64433083
汽车制造业	86	19	58082273
铁路、船舶、航空航天和其他运输设备制造业	98	17	59458010
电气机械和器材制造业	140	22	31983190
计算机、通信和其他电子设备制造业	47	15	30633709
仪器仪表制造业	32	6	6024476
其他制造业	3	1	825615
废弃资源综合利用业	5	2	1434476
金属制品、机械和设备修理业	17	2	5534117
电力、热力生产和供应业	52	9	17048531
燃气生产和供应业	8	1	1774494
水的生产和供应业	11	5	1852508

单位：千元

工业销售产值（当年价格）		资产总计	流动资产合计		
	#出口交货值		#应收账款	#存货	
					#产成品
390789		269017	450	31597	25506
1945616		5876534	171159	181112	144699
104261406	32666365	52922664	5419668	9761098	4628780
15504991	1968724	9605715	638225	1492151	810300
8566722	1004572	5893880	478160	1515414	464413
8170529	974373	3836784	597674	449528	199183
20059981	4928615	8059713	784428	1283727	548284
2827646	561398	1898565	560945	621523	112522
8127586	2503325	6240587	526372	1025655	354072
9993613	3691215	7593394	599378	1543360	618979
6088803	246206	2480684	365184	209456	86171
1833187	197594	2485581	421839	219127	72815
2519784	1057124	994038	141298	247023	103368
124909997	22270812	27307008	881426	7836602	1975602
110057967	1614114	100545277	6051023	7402789	2738602
14790080	111029	12274281	1630082	3361446	1757672
1845194		475369	48894	12960	
20266372	2949272	21861422	2079700	1784387	806636
31369045	1317193	24919860	3431182	2321567	1024631
63408593	8409794	68627687	3645942	11015694	4158495
2588239	122810	2958742	347554	434643	150122
28552499	3214885	19905441	3597341	2795888	1185691
155250162	16676225	102605604	17808995	19514825	6011565
60768725	24426094	96513626	31973520	13955761	2360758
56070025	5033632	43588707	8987802	5222237	1376010
58317368	22030797	147266193	9910345	25887194	649392
31711886	6917949	27683660	6351072	3286189	1466860
29944202	18543373	44109488	4639220	4730047	1046985
5730259	1514077	4540793	1062838	700798	223519
806851	232311	1007780	104930	203611	16247
1435157		1504630	203011	91751	19115
5400371	6819	1800445	121242	97481	13944
16820366		91712394	1989756	3282951	376446
1415758		6197496	140390	68811	34753
1402376		7723201	991749	188766	9578

5-5 续表 1

指　　标	固定资产原价	累计折旧	负债合计	# 流动负债合计
总　　计	**438514872**	**165147852**	**602467148**	**414406610**
内资企业	282742446	92194690	440432650	292454199
国有企业	14548291	4455678	23895939	21251015
中央企业	4816770	1675462	5150437	4739131
地方企业	9731521	2780216	18745502	16511884
集体企业	1532832	474918	1789088	656268
股份合作企业	577098	344724	526226	525726
有限责任公司	138684966	40488556	274409291	178579594
国有独资公司	15453128	4693860	6040306	4291388
其他有限责任公司	123231838	35794696	268368985	174288206
股份有限公司	42316463	19242879	35774894	24049091
私营企业	85082796	27187935	104037212	67392505
私营独资企业	5171630	1981798	3099762	1359090
私营合伙企业	161430	117961	122783	86784
私营有限责任公司	76278804	23955432	96499330	63203944
私营股份有限公司	3470932	1132744	4315337	2742687
港、澳、台商投资企业	17825218	4904245	26189566	22191983
合资经营企业（港或澳、台资）	14218810	3576341	22208561	18805941
合作经营企业（港或澳、台资）	830136	186419	1399567	1289266
港澳台商独资经营企业	2500382	1097557	2086259	1811422
港澳台商投资股份有限公司	275890	43928	495179	285354
外商投资企业	137947208	68048917	135844932	99760428
中外合资经营企业	59507019	28356729	91836628	68913610
中外合作经营企业	2645633	650053	2251862	1653083
外资企业	67405994	33073425	40099345	27882635
外商投资股份有限公司	8387240	5968101	1607123	1261759
其他	1322	609	49974	49341
在总计中：亏损企业	114186281	45788646	148059575	116215127
在总计中：国有控股企业	198284407	69666463	321827874	211571041
在总计中：农村工业	353064	142683	538150	330285
在总计中：轻工业	70295499	32930504	76033020	56719511
重工业	368219373	132217348	526434128	357687099
在总计中：大型企业	223866068	79312192	372952723	249044843
中型企业	130626039	53138293	122020875	86253914
小型企业	82395746	32333949	101695161	77212917
微型企业	1627019	363418	5798389	1894936

单位：千元

所有者权益合计	主营业务收入	主营业务成本	主营业务税金及附加	销售费用	管理费用
356170446	**987031494**	**852505217**	**24090383**	**24037379**	**38291955**
237566105	657768722	573604360	19924574	12793445	24298678
9644656	14614733	13046727	62753	199258	1080590
4896396	9252739	8035710	53247	71652	595626
4748260	5361994	5011017	9506	127606	484964
414202	6274801	5330623	21382	285297	346264
1077227	666117	546450	4872	21413	90329
112465860	181947280	161001220	3467704	3511933	8081309
11229524	4172771	4326099	18312	339056	387143
101236336	177774509	156675121	3449392	3172877	7694166
30612636	111083663	92798578	12912345	927014	3634117
83351524	343182128	300880762	3455518	7848530	11066069
4477442	28503211	25684597	263777	420811	618783
136095	599403	540779	3647	7166	11448
74586597	300310876	262845185	3085290	7107757	9893109
4151390	13768638	11810201	102804	312796	542729
15685026	64758022	61105294	123796	1083310	1166955
11281406	54222990	52273260	61150	812292	692461
516256	2075301	1732117	7760	48862	89381
3263182	7903914	6675727	52494	208722	373901
634182	555817	424190	2392	13434	11212
102919315	264504750	217795563	4042013	10160624	12826322
41962426	149661013	122831333	3304507	6550365	6805477
1491521	6819814	6338254	35800	135101	252677
55730789	103255067	85136764	572687	3351860	5548452
3726300	4646676	3369707	129016	121519	218371
8279	122180	119505	3	1779	1345
51015486	246754546	226477271	17926476	2876177	6495240
131143074	275589262	237807473	16185432	3211969	11553627
303448	1264326	1110768	13419	24549	56927
70814360	226509633	194294881	1577903	9112417	8816098
285356086	760521861	658210336	22512480	14924962	29475857
177461906	387806371	331730195	17028344	7561614	16225392
87417368	309921423	266286566	4335021	10788223	11917359
89183278	273279615	240460977	2547602	5177097	9544578
2107894	16024085	14027479	179416	510445	604626

5-5 续表 1-1

指　　标	固定资产原价	累计折旧	负债合计	# 流动负债合计
有色金属矿采选业	140812	32743	79178	23000
非金属矿采选业	4071600	453379	1100303	392959
农副食品加工业	23624526	10413060	30739721	21576155
食品制造业	4127966	1396776	5728220	3123455
酒、饮料和精制茶制造业	4065402	2199387	3135495	2942129
纺织业	1927680	1072897	2014576	1478450
纺织服装、服饰业	3798556	1954513	3365481	2888939
皮革、毛皮、羽毛及其制品和制鞋业	605474	386190	1143549	1088349
木材加工和木、竹、藤、棕、草制品业	2824794	1076069	3634293	2328088
家具制造业	3675490	1891008	3243181	2867329
造纸和纸制品业	2011693	791870	1110920	617333
印刷和记录媒介复制业	1605102	1034661	1611569	1349428
文教、工美、体育和娱乐用品制造业	553811	238083	456987	413338
石油加工、炼焦和核燃料加工业	32748672	19894566	21506440	17895833
化学原料和化学制品制造业	44035358	11376063	73718957	55943214
医药制造业	3083403	990337	6893597	6104170
化学纤维制造业	10025	2135	83991	46636
橡胶和塑料制品业	12709987	4367450	12951337	8312355
非金属矿物制品业	15287828	5362573	15076197	10296210
黑色金属冶炼和压延加工业	27816307	9778514	50282523	36561949
有色金属冶炼和压延加工业	1397367	484375	1342622	753177
金属制品业	9553790	3435912	11351179	8648355
通用设备制造业	45366074	19008189	51042434	39068082
专用设备制造业	32104875	12499501	63995034	46372297
汽车制造业	20279600	7254928	23527122	17208375
铁路、船舶、航空航天和其他运输设备制造业	33041285	9852787	103134873	76105086
电气机械和器材制造业	10761213	5124175	14036563	10544955
计算机、通信和其他电子设备制造业	18663849	11407453	18336315	14030652
仪器仪表制造业	2131428	1014216	1891832	1246638
其他制造业	1091525	690249	124238	123356
废弃资源综合利用业	490411	96800	907212	613286
金属制品、机械和设备修理业	1407776	653320	708705	506367
电力、热力生产和供应业	59471265	14288790	70538544	20387751
燃气生产和供应业	5792386	1428549	1555064	1517400
水的生产和供应业	8237542	3196334	2098896	1031514

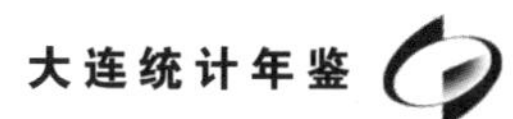

单位：千元

所有者权益合计	主营业务收入	主营业务成本	主营业务税金及附加	销售费用	管理费用
189769	370524	345239	9807	2201	10372
4776231	2253921	1943472	29687	62026	116098
21485900	102282403	91735955	519179	2199866	2263137
3795751	15183497	12675078	185642	631342	624322
2756094	8364306	6634368	182727	485733	259101
1715428	7569837	6756854	74399	175604	223858
4637744	18727679	16930451	146007	464331	675820
754391	2854523	2432752	14761	76007	101728
2472077	7566089	6441714	40269	262213	343087
4269483	9525928	8595568	58891	115090	586598
1349547	5848772	4924568	25536	257990	310818
866129	1918844	1582712	38958	54373	145825
545649	2573954	2319185	33228	46746	97634
5767597	125507992	108873957	15098139	378031	1857068
26541154	99835496	95220187	2440331	1623037	1934878
5380685	14040745	7088637	125541	3416684	887836
39328	1845194	1793117	2160	2872	19307
8674858	19368641	16151180	143572	846657	1030876
9761162	28912776	24990954	355304	785724	1186876
18091009	63090795	54409290	437709	1089346	2082241
1612758	2312083	2091771	9535	43810	92554
8421790	27111903	23110801	276571	654952	1349747
50757796	150578253	128828721	1569285	3946452	6270921
32372760	57516315	48647184	315875	1250606	4073626
20026648	55241920	43881075	631728	1732782	2441166
44062038	59780997	53941202	805077	692687	3371763
13308746	30667863	26093118	192383	930143	1811668
25255742	32843955	27350604	85337	843513	2132963
2601802	5694753	4496794	33792	224276	408024
883541	804601	583520	5662	72827	91499
578234	1363917	1145247	14144	70983	96503
979735	5473559	4885074	64759	130286	158088
21172907	16676825	12543596	99184	88661	797614
4641660	1747865	1638525	13553	166394	154815
5624303	1574769	1422747	11651	213134	283524

5-5 续表 2

指　　标	财务费用	利息支出	利润总额
总　　计	**15527698**	**14719868**	**42662916**
内资企业	12469991	11396790	25209477
国有企业	267411	661213	455503
中央企业	-42530	30717	631044
地方企业	309941	630496	-175541
集体企业	16127	5461	274948
股份合作企业	-309	22902	33095
有限责任公司	8272650	7753167	6967150
国有独资公司	44360	92693	19498
其他有限责任公司	8228290	7660474	6947652
股份有限公司	642904	665311	371309
私营企业	3271208	2288736	17107472
私营独资企业	136767	73665	1492774
私营合伙企业	2518	526	37656
私营有限责任公司	3046055	2149462	14715131
私营股份有限公司	85868	65083	861911
港、澳、台商投资企业	774093	782253	808604
合资经营企业（港或澳、台资）	679577	714142	-3007
合作经营企业（港或澳、台资）	45246	30951	148082
港澳台商独资经营企业	26331	19560	580120
港澳台商投资股份有限公司	22939	17600	83409
外商投资企业	2283614	2540825	16644835
中外合资经营企业	1744950	1825576	7097617
中外合作经营企业	91742	19682	-23474
外资企业	418415	692626	8859940
外商投资股份有限公司	27941	2941	713145
其他	566		-2393
在总计中：亏损企业	4561822	4527536	-9007525
在总计中：国有控股企业	8026700	8293000	4713259
在总计中：农村工业	15733	6699	34683
在总计中：轻工业	1692363	1297044	12024104
重工业	13835335	13422824	30638812
在总计中：大型企业	9718295	9920404	14482462
中型企业	3331976	3098067	14251311
小型企业	2371738	1651570	13401555
微型企业	105689	49827	527588

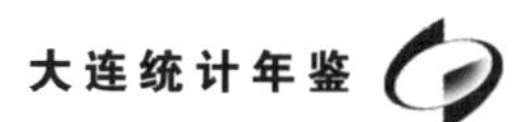

单位：千元

所得税费用	亏损企业亏损总额	利税总额	本年应付职工薪酬	本年应交增值税	从业人员平均人数（人）
6224159	**9007525**	**89999368**	**53330191**	**23112618**	**900226**
2125439	4599563	62110745	32453845	16862040	607193
37844	295583	659068	1456433	140525	19902
3780	45989	762812	980300	78513	9305
34064	249594	-103744	476133	62012	10597
2567	3222	605163	321148	308833	6659
2153		68474	83365	30506	1217
1208881	2017235	15990206	11615596	5459487	170327
40260	173090	151108	759643	112659	10031
1168621	1844145	15839098	10855953	5346828	160296
192687	1381990	16125353	2352746	2836660	35053
681307	901533	28662481	16624557	8086029	374035
48437	45308	2384815	1440874	626407	30943
5739		49336	14347	8033	384
599021	847737	24905022	14446886	7093019	327199
28110	8488	1323308	722450	358570	15509
314744	868848	1443010	2241266	506816	.36553
177697	705521	273237	837599	214740	14580
5046	17451	275159	112795	119316	2919
120955	145876	808813	1213521	172760	17704
11046		85801	77351		1350
3783976	3539114	26445613	18635080	5743762	256480
1780283	2334886	13589808	7717244	3181525	101912
4033	283976	142627	420194	128230	10641
1823017	905734	11378672	9951452	1939273	138988
176643	12040	1336881	540550	494719	4769
	2478	-2375	5640	15	170
142364	9007525	14410737	7633000	5483795	118591
1078032	3335027	26551412	13767020	5557314	149678
2079	17425	70995	131345	22893	2322
1281476	1210594	18244190	14197978	4547801	296200
4942683	7796931	71755178	39132213	18564817	604026
2748833	3030381	40645661	24234731	9035532	311805
2415313	3636190	26450026	16831773	7854388	331031
1055107	2223445	21789896	12159416	5817795	252670
4906	117509	1113785	104271	404903	4720

5-5 续表 2-1

指　　标	财务费用	利息支出	利润总额
有色金属矿采选业	-262		3167
非金属矿采选业	-31664	4319	135462
农副食品加工业	1060683	761187	4459302
食品制造业	147121	99756	946305
酒、饮料和精制茶制造业	38922	35066	755828
纺织业	9135	15807	300728
纺织服装、服饰业	96053	70313	467048
皮革、毛皮、羽毛及其制品和制鞋业	25163	16359	209892
木材加工和木、竹、藤、棕、草制品业	91300	64708	341007
家具制造业	85672	71869	284246
造纸和纸制品业	23488	15380	308550
印刷和记录媒介复制业	31565	14849	84461
文教、工美、体育和娱乐用品制造业	29683	18872	41107
石油加工、炼焦和核燃料加工业	945954	936147	-2015050
化学原料和化学制品制造业	2263721	2556759	-918187
医药制造业	103903	50658	2540520
化学纤维制造业	1346	1338	28378
橡胶和塑料制品业	278630	285855	941281
非金属矿物制品业	388985	327542	1239198
黑色金属冶炼和压延加工业	2859293	2762714	3107924
有色金属冶炼和压延加工业	22645	17779	90588
金属制品业	430927	300168	1346600
通用设备制造业	1456252	1295301	8695228
专用设备制造业	728183	943400	1533078
汽车制造业	392056	413110	6625288
铁路、船舶、航空航天和其他运输设备制造业	1963825	1375432	3537149
电气机械和器材制造业	237554	195700	1749772
计算机、通信和其他电子设备制造业	236409	338771	2836374
仪器仪表制造业	23721	22602	559713
其他制造业	-1436	3622	42714
废弃资源综合利用业	24438	21633	31608
金属制品、机械和设备修理业	47652	20928	201275
电力、热力生产和供应业	1428681	1582574	1861961
燃气生产和供应业	65998	66120	382407
水的生产和供应业	22102	13230	-92006

单位：千元

所得税费用	亏损企业亏损总额	利税总额	本年应付职工薪酬	本年应交增值税	从业人员平均人数（人）
	6438	23082	49006	10108	1843
6691	2946	239285	173881	74136	4249
179059	376668	6739668	4489187	1749127	103246
54453	41826	1471819	1071425	339850	22893
99633	35546	1174278	385675	235643	6944
29126	60422	576803	548783	201511	10576
59566	117805	836879	2277883	220725	54991
55532	9829	236575	136439	11914	3435
48381	38153	488312	718071	106853	13918
54121	47371	431166	995687	84332	20359
28742	16532	539632	257589	205546	7233
9440	10125	172275	249222	48855	6035
2491	7312	95785	320445	21450	4495
8424	2523334	15939733	1523351	2856642	10186
294372	2549199	4303118	1720823	2780897	29043
534551	138429	3474646	349574	807927	5039
		48526	1732	17988	70
160592	105376	1637015	1363642	552142	27100
104925	260995	2424129	1537408	828931	32426
361258	68513	4844887	3593039	1296747	71379
9314	5324	143923	82436	42855	1605
140682	120363	2407288	1963445	783119	39032
835362	375559	14129459	9837620	3856418	171992
192155	308386	2804417	4249245	948457	55912
1472684	463098	8841454	2572806	1580963	33983
550791	440305	5288303	4845754	941808	42485
170162	177774	2553280	2526155	605981	46288
242382	339859	3433604	2583002	436692	37275
117999	25154	706820	541232	113314	8739
11169	743	76419	94770	28043	1418
-7923	54971	177311	40045	131559	385
9181	22369	385077	331086	119043	5785
300765	52769	2897053	1264236	931331	11880
79731	8484	491278	267805	95318	2984
8348	195548	-33931	367692	46393	5003

5-6 年主营业务收入 2000 万元

指　　标	企业单位数（个）	# 亏损企业	工业总产值（当年价格）
总　计	**126**	**33**	**276982287**
内资企业	107	28	204290205
国有企业	27	7	14189352
中央企业	14	2	8942663
地方企业	13	5	5246689
有限责任公司	70	18	95122313
国有独资公司	14	5	3876808
其他有限责任公司	56	13	91245505
股份有限公司	10	3	94978540
港、澳、台商投资企业	7	1	6252207
合资经营企业（港或澳、台资）	7	1	6252207
外商投资企业	12	4	66439875
中外合资经营企业	10	4	63770428
中外合作经营企业	1		374007
外商投资股份有限公司	1		2295440
在总计中：亏损企业	33	33	128187618
在总计中：国有控股企业	126	33	276982287
在总计中：轻工业	25	8	12888840
重工业	101	25	264093447
在总计中：大型企业	25	5	204029248
中型企业	36	12	58671776
小型企业	60	14	14162366
微型企业	5	2	118897

及以上国有控股工业企业主要经济指标

单位：千元

工业销售产值（当年价格）		资产总计	流动资产合计		
	# 出口交货值		# 应收账款	# 存货	# 产成品
272087095	**73127369**	**453672996**	**48456085**	**62523898**	**9978686**
199749205	35462827	380478806	28533249	51066195	8573941
14001432	114898	33645815	1339871	1727565	196206
8921950		10088025	387112	1362199	111834
5079482	114898	23557790	952759	365366	84372
93006923	26322317	304492529	19329584	40598934	5856116
3829146	164085	17271566	1744864	661295	267618
89177777	26158232	287220963	17584720	39937639	5588498
92740850	9025612	42340462	7863794	8739696	2521619
6141953	101526	5319547	127934	1256080	446053
6141953	101526	5319547	127934	1256080	446053
66195937	37563016	67874643	19794902	10201623	958692
63548671	37550548	64422745	19476590	10052059	951795
351826	12468	145625	21698	13200	6897
2295440		3306273	296614	136364	
125500045	23841180	62365042	3341840	9728045	2328862
272087095	73127369	453672996	48456085	62523898	9978686
12559870	2176760	26276940	2574185	4310420	910228
259527225	70950609	427396056	45881900	58213478	9068458
199519054	56395879	388303674	43477848	54404722	7432880
58180736	16333415	45219529	3184157	6112456	1652589
14243514	398075	19133392	1733630	2004188	892237
143791		1016401	60450	2532	980

5-6 续表 -1

指　　标	企业单位数（个）	# 亏损企业	工业总产值（当年价格）
非金属矿采选业	1		220323
农副食品加工业	6		8215942
食品制造业	3		195338
纺织业	1		34188
纺织服装、服饰业	1		50812
木材加工和木、竹、藤、棕、草制品业	1		103864
家具制造业	2	1	195237
印刷和记录媒介复制业	3	2	480358
文教、工美、体育和娱乐用品制造业	1	1	27978
石油加工、炼焦和核燃料加工业	6	2	125042249
化学原料和化学制品制造业	9	3	4430781
橡胶和塑料制品业	2		402867
非金属矿物制品业	6	4	1026605
黑色金属冶炼和压延加工业	4	1	19157623
金属制品业	3		1124707
通用设备制造业	10	5	8123829
专用设备制造业	7	2	38017773
汽车制造业	3	1	1394127
铁路、船舶、航空航天和其他运输设备制造业	18	4	42693749
电气机械和器材制造业	1		60640
计算机、通信和其他电子设备制造业	3	1	8166896
金属制品、机械和设备修理业	3	1	1186548
电力、热力生产和供应业	22	1	14294713
燃气生产和供应业	3		1072172
水的生产和供应业	7	4	1262968

单位：千元

工业销售产值（当年价格）	# 出口交货值	资产总计	流动资产合计			
			# 应收账款	# 存货	# 产成品
165914		5046362	100886	134745	112339
7935160	14756	5086445	69124	1433016	544277
211833	5880	124608	21745	8250	2266
34188		26192		4712	
50812	36003	30983	5275	9324	9000
124515	95646	117828	13570	43214	14205
196264	187915	235339	44794	84944	19833
480803	44995	797161	198274	58370	11447
26577	5331	93032		42867	35214
122754074	22270812	25518599	861409	7774206	1926480
4396496	106819	22070368	809784	321347	131694
380686	12468	173209	24666	20739	11619
1023656		2829090	182539	199444	57434
19216409	3716410	52154349	1756384	8857065	3147712
1162565	759489	1027410	218316	318943	111898
8170403	395110	10653472	2415816	2702403	1236890
35693733	22053422	79613010	29040671	11302713	1653644
1393807		1370316	212819	236056	146834
42651529	18081566	133531910	7923100	23619216	350819
60640		48053	28257	10219	5366
8255505	5333928	15603855	2160976	2986627	414211
1186548	6819	893229	56974	71688	1596
14211902		84154495	1381456	2195259	2736
1072172		5794416	66649	55865	31172
1230904		6679265	862601	32666	

5-6 续表 1

指　　标	固定资产原价	累计折旧	负债合计	# 流动负债合计
总　　计	**198284407**	**69666463**	**321827874**	**211571041**
内资企业	158423528	50207572	261429879	168087081
国有企业	14548291	4455678	23895939	21251015
中央企业	4816770	1675462	5150437	4739131
地方企业	9731521	2780216	18745502	16511884
有限责任公司	109575779	29158286	214155338	130195208
国有独资公司	15453128	4693860	6040306	4291388
其他有限责任公司	94122651	24464426	208115032	125903820
股份有限公司	34299458	16593608	23378602	16640858
港、澳、台商投资企业	1439876	527828	3641085	3388965
合资经营企业（港或澳、台资）	1439876	527828	3641085	3388965
外商投资企业	38421003	18931063	56756910	40094995
中外合资经营企业	30874222	13465730	55731656	39410187
中外合作经营企业	98560	30498	65897	65897
外商投资股份有限公司	7448221	5434835	959357	618911
在总计中：亏损企业	55804894	26361124	46606866	38771665
在总计中：国有控股企业	198284407	69666463	321827874	211571041
在总计中：轻工业	12894126	6345900	10626568	9452405
重工业	185390281	63320563	311201306	202118636
在总计中：大型企业	142893447	45812921	275469289	181519551
中型企业	43787960	20648861	35006796	22547987
小型企业	11076307	3143067	10987433	7506930
微型企业	526693	61614	364356	-3427

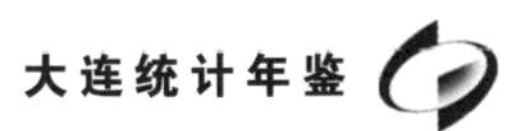

单位：千元

所有者权益合计	主营业务收入	主营业务成本	主营业务税金及附加	销售费用
131143074	**275589262**	**237807473**	**16185432**	**3211969**
118346883	204268628	174280908	13398805	2504379
9644656	14614733	13046727	62753	199258
4896396	9252739	8035710	53247	71652
4748260	5361994	5011017	9506	127606
89779194	97294923	84211482	893348	1930344
11229524	4172771	4326099	18312	339056
78549670	93122152	79885383	875036	1591288
18923033	92358972	77022699	12442704	374777
1678460	5975887	5541451	4772	55804
1678460	5975887	5541451	4772	55804
11117731	65344747	57985114	2781855	651786
8691087	62730870	55951738	2765523	648891
79728	318437	305324	928	2895
2346916	2295440	1728052	15404	
15757476	126434911	110066716	15088098	632827
131143074	275589262	237807473	16185432	3211969
15586718	15124584	13095693	18470	538507
115556356	260464678	224711780	16166962	2673462
112253436	202754052	172110646	13371631	2462755
10126524	58398312	53314782	2773218	531836
8134180	14241700	12230924	39815	203222
628934	195198	151121	768	14156

5-6 续表 1-1

指　　标	固定资产原价	累计折旧	负债合计	# 流动负债合计
非金属矿采选业	3537572	224359	849180	246405
农副食品加工业	1711426	867255	3518078	3462752
食品制造业	100129	72946	48834	48834
纺织业	5834	3826	24287	24287
纺织服装、服饰业	18640	14700	14635	14635
木材加工和木、竹、藤、棕、草制品业	49655	27140	82307	82307
家具制造业	133121	73531	90704	90704
印刷和记录媒介复制业	806944	597196	762240	762240
文教、工美、体育和娱乐用品制造业	92212	58061	82798	82798
石油加工、炼焦和核燃料加工业	32371113	19846644	20089751	16931984
化学原料和化学制品制造业	7746204	1662097	17474690	15320545
橡胶和塑料制品业	109228	39553	76068	76068
非金属矿物制品业	1973191	571588	1672248	1499088
黑色金属冶炼和压延加工业	17781845	5244581	44087236	32587807
金属制品业	311033	116919	758160	744103
通用设备制造业	5121467	2608318	6167352	4700706
专用设备制造业	25030205	9288455	56013495	40443710
汽车制造业	438498	83700	1168832	890037
铁路、船舶、航空航天和其他运输设备制造业	26251426	7897756	94581791	69688403
电气机械和器材制造业	10224	7795	32386	32386
计算机、通信和其他电子设备制造业	3284612	2117935	5470245	5014253
金属制品、机械和设备修理业	979572	298481	229839	170185
电力、热力生产和供应业	57283176	13515572	65360182	16285566
燃气生产和供应业	5480907	1342618	1386881	1364517
水的生产和供应业	7656173	3085437	1785655	1006721

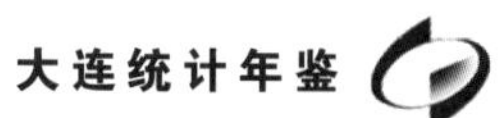

单位：千元

所有者权益合计	主营业务收入	主营业务成本	主营业务税金及附加	销售费用
4197182	202653	157360	4498	25959
1504717	7902669	7203201	7226	102281
75773	214788	157628	1081	22844
1904	45323	43467		
16348	50812	40496	501	6755
35521	108699	95468	1468	4125
144634	196318	168253	1048	3171
34921	458271	405472	2416	18580
10234	27738	21162	156	3211
5396079	123650341	107159282	15088735	329941
4594981	4669751	4385559	5304	107908
97141	344657	325136	1082	4776
1156840	1068137	918925	5885	62021
8067113	20074584	17008148	29307	344006
269249	1152542	969109	4547	16919
4446252	7504762	6837564	24314	361693
23599515	33696519	28162034	137528	638661
184590	1387592	1332562	552	4769
38950117	44172514	39958409	706380	281585
15667	60640	50298	537	
9616314	10727721	8576727	30056	497312
632899	1122654	918478	32347	35624
18793934	14107737	10339202	83154	13297
4407534	1376892	1309536	11485	155617
4893609	1264948	1263997	5825	170914

5-6 续表 2

指　　标	管理费用	财务费用	利息支出	利润总额
总　　计	**11553627**	**8026700**	**8293000**	**4713259**
内资企业	9349822	6764887	6793517	5173093
国有企业	1080590	267411	661213	455503
中央企业	595626	-42530	30717	631044
地方企业	484964	309941	630496	-175541
有限责任公司	5613282	6099832	5708398	5440090
国有独资公司	387143	44360	92693	19498
其他有限责任公司	5226139	6055472	5615705	5420592
股份有限公司	2655950	397644	423906	-722500
港、澳、台商投资企业	78004	83399	138673	275738
合资经营企业（港或澳、台资）	78004	83399	138673	275738
外商投资企业	2125801	1178414	1360810	-735572
中外合资经营企业	2042977	1175028	1357410	-1144197
中外合作经营企业	2913	2006	2006	4371
外商投资股份有限公司	79911	1380	1394	404254
在总计中：亏损企业	2710183	1490825	1776329	-3335027
在总计中：国有控股企业	11553627	8026700	8293000	4713259
在总计中：轻工业	1438551	47220	171685	739981
重工业	10115076	7979480	8121315	3973278
在总计中：大型企业	9678426	6726329	6971829	3808405
中型企业	1259289	1082622	1103392	-258689
小型企业	603319	202139	202004	1155283
微型企业	12593	15610	15775	8260

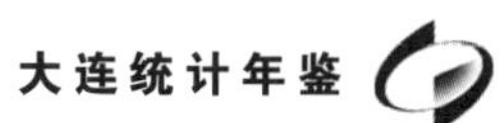

单位：千元

所得税费用	亏损企业亏损总额	利税总额	本年应付职工薪酬	本年应交增值税	从业人员平均人数（人）
1078032	3335027	26551412	13767020	5557314	149678
923595	1761142	23186817	10579915	4523093	127416
37844	295583	659068	1456433	140525	19902
3780	45989	762812	980300	78513	9305
34064	249594	-103744	476133	62012	10597
809360	335160	8253769	7711052	1828792	90352
40260	173090	151108	759643	112659	10031
769100	162070	8102661	6951409	1716133	80321
76391	1130399	14273980	1412430	2553776	17162
33270	3707	292645	131475	12135	1377
33270	3707	292645	131475	12135	1377
121167	1570178	3071950	3055630	1022086	20885
16799	1570178	2262396	2866261	637490	19773
		6478	36577	1179	562
104368		803076	152792	383417	550
5531	3335027	14659385	2402625	2906199	22827
1078032	3335027	26551412	13767020	5557314	149678
57976	177121	1081187	1380788	238125	22108
1020056	3157906	25470225	12386232	5319189	127570
687512	1519331	21134968	11311888	3862492	120614
243501	1629790	3821302	1794470	1306718	20410
145654	182329	1579881	647831	381871	8538
1365	3577	15261	12831	6233	116

5-6 续表 2-1

指　　标	管理费用	财务费用	利息支出	利润总额
非金属矿采选业	56709	-44679		15516
农副食品加工业	139601	108557	122294	354916
食品制造业	20424	-942	-24	13460
纺织业	1901	12		44
纺织服装、服饰业	4659	16		807
木材加工和木、竹、藤、棕、草制品业	3897	2983	3104	2440
家具制造业	14521	3402	2977	13355
印刷和记录媒介复制业	38038	673	3986	-2824
文教、工美、体育和娱乐用品制造业	8251	1663	1796	-6731
石油加工、炼焦和核燃料加工业	1793709	939632	929481	-2032621
化学原料和化学制品制造业	376177	324606	632322	-135252
橡胶和塑料制品业	5806	1996	2006	5859
非金属矿物制品业	75315	47017	46685	-36366
黑色金属冶炼和压延加工业	802212	2630728	2650049	141991
金属制品业	98374	2882	8496	65848
通用设备制造业	375143	85703	81728	27417
专用设备制造业	2864988	563883	822470	350901
汽车制造业	41742	6634	7841	8072
铁路、船舶、航空航天和其他运输设备制造业	2685352	1930119	1306028	2966425
电气机械和器材制造业	7430	449		1880
计算机、通信和其他电子设备制造业	1104057	-51456	44840	1021129
金属制品、机械和设备修理业	46254	31115	19090	60043
电力、热力生产和供应业	600028	1372411	1532837	1639016
燃气生产和供应业	138765	61786	62434	367255
水的生产和供应业	250274	7510	12560	-129321

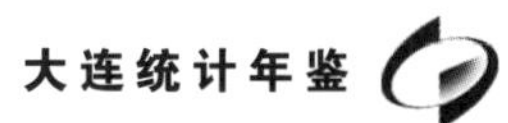

单位：千元

所得税费用	亏损企业亏损总额	利税总额	本年应付职工薪酬	本年应交增值税	从业人员平均人数（人）
3455		26538	86442	6524	1940
46243		488361	278566	116145	6871
3396		22289	30760	7748	623
		44			139
202		3479	20027	2171	574
675		3908	17212		390
3416	307	14403	38221		804
1814	6235	15158	62100	15566	882
	6731	-6501	4639	74	223
3493	2497217	15896184	1452394	2840068	8998
12968	226665	-91663	264802	38285	4751
313		9991	39761	3050	615
-3861	44722	14043	66343	44524	1124
23556	1351	330403	1463578	157545	26651
7057		98182	149140	27781	2147
28435	29819	179362	664754	127631	14563
71647	177096	934490	2668283	442548	27269
5385	26493	156337	68936	147616	806
403570	128727	4121975	3798225	446368	22677
499		6760	5964	4343	79
124165	4590	1203271	837158	77578	11288
509	12930	126811	47018	34421	629
262977	8296	2616505	1096115	891519	8381
75874		459934	249237	81194	2441
2244	163848	-78852	357345	44615	4813

5-7 年主营业务收入 2000 万元

指 标	企业单位数（个）	# 亏损企业	工业总产值（当年价格）	工业销售产值（当年价格）
总 计	**16**	**3**	**6752810**	**6618779**
在总计中：亏损企业	3	3	223206	223684
在总计中：农村工业	4		734069	684048
在总计中：轻工业	4	1	4188060	4120789
重工业	12	2	2564750	2497990
在总计中：大型企业	1		3533487	3533487
中型企业	5		982228	986480
小型企业	8	3	1157888	1049295
微型企业	2		1079207	1049517
非金属矿采选业	1		314673	314673
农副食品加工业	1		254550	233500
造纸和纸制品业	1		211810	165589
化学原料和化学制品制造业	1	1	188213	188213
非金属矿物制品业	2	1	96233	92433
金属制品业	1		506157	506157
通用设备制造业	1	1	14840	15318
铁路、船舶、航空航天和其他运输设备制造业	5		928291	894543
电气机械和器材制造业	1		131506	131506
计算机、通信和其他电子设备制造业	1		3533487	3533487
金属制品、机械和设备修理业	1		573050	543360

及以上集体工业企业主要经济指标

单位：千元

#出口交货值	资产总计	流动资产合计			
		#应收账款	#存货	#产成品	
2120092	**2267964**	**355431**	**234599**	**122386**	
	438296	243217	13733	6372	
	159118	21362	22040	14251	
2120092	1265477	188912	21450	17875	
	1002487	166519	213149	104511	
2120092	943064	11053	9250	9250	
	467656	67855	194636	97603	
	618440	271009	26703	11523	
	238804	5514	4010	4010	
	84152	5280	17899	11200	
	25630	6100	3300	2100	
	34546	13559	2634	1764	
	262237	158200	6266	4761	
	56367	12309	3442	405	
	170152	5514	4010	4010	
	123742	73266	4430	1611	
	463052	68185	182266	86403	
	36370	1965	1102	882	
2120092	943064	11053	9250	9250	
	68652				

5-7 续表 1

指　　标	固定资产原价	累计折旧	负债合计	# 流动负债合计
总　　计	**1532832**	**474918**	**1789088**	**656268**
在总计中：亏损企业	22414	15229	300295	134695
在总计中：农村工业	121663	41756	47234	41249
在总计中：轻工业	1236667	327397	1121271	168752
重工业	296165	147521	667817	487516
在总计中：大型企业	1202921	305219	832281	45362
中型企业	188706	103670	367917	367917
小型企业	141205	66029	414574	242989
微型企业			174316	
非金属矿采选业	65057	17050	14215	14215
农副食品加工业	10130	10000	5100	5100
造纸和纸制品业	20106	9420	24300	24300
化学原料和化学制品制造业	3510	2758	259590	93990
非金属矿物制品业	10183	7044	39219	37669
金属制品业			140308	
通用设备制造业	9271	5457	3236	3236
铁路、船舶、航空航天和其他运输设备制造业	175704	102714	429862	429862
电气机械和器材制造业	35950	15256	6969	2534
计算机、通信和其他电子设备制造业	1202921	305219	832281	45362
金属制品、机械和设备修理业			34008	

单位：千元

所有者权益合计	主营业务收入	主营业务成本	主营业务税金及附加	销售费用
414202	**6274801**	**5330623**	**21382**	**285297**
137817	268358	263573	358	1458
111884	622097	563665	3318	8747
144022	3876756	3236303	9454	208554
270180	2398045	2094320	11928	76743
110783	3212261	2594598	2507	204365
99738	970463	882299	5408	8250
203681	1093177	1043810	8607	5090
	998900	809916	4860	67592
69937	230521	190125	1895	8215
20530	235000	219950	5900	3100
10246	201378	197770	866	
2463	228117	223985	181	1089
17148	92433	89004	175	50
	455540	349071	820	36740
120506	20088	20228	82	369
33188	938185	878921	4439	35
29401	117918	106126	477	482
110783	3212261	2594598	2507	204365
	543360	460845	4040	30852

5-7 续表 2

指　　标	管理费用	财务费用	利息支出	利润总额
总　　计	**346264**	**16127**	**5461**	**274948**
在总计中：亏损企业	6258	663	500	-3222
在总计中：农村工业	11476	7578		20824
在总计中：轻工业	218466	1285		207032
重工业	127798	14842	5461	67916
在总计中：大型企业	211148	483		199160
中型企业	47571	10516	3208	10328
小型企业	21038	3167	2132	17396
微型企业	66507	1961	121	48064
非金属矿采选业	8840	7105		8012
农副食品加工业	2680	480		7230
造纸和纸制品业	1980			762
化学原料和化学制品制造业	2658	322		-120
非金属矿物制品业	900	559	500	1582
金属制品业	40521	148	121	28240
通用设备制造业	2846	-168		-2534
铁路、船舶、航空航天和其他运输设备制造业	48195	4962	4840	2892
电气机械和器材制造业	510	423		9900
计算机、通信和其他电子设备制造业	211148	483		199160
金属制品、机械和设备修理业	25986	1813		19824

单位：千元

所得税费用	亏损企业亏损总额	利税总额	本年应付职工薪酬	本年应交增值税	从业人员平均人数（人）
2567	**3222**	**605163**	**321148**	**308833**	**6659**
3	3222	-707	8164	2157	237
1930		31099	58071	6957	876
3	120	451575	114497	235089	3773
2564	3102	153588	206651	73744	2886
		397619	103890	195952	3463
462		45945	160072	30209	2301
2105	3222	77294	57186	51291	895
		84305		31381	
		10487	40759	580	505
		48930	3950	35800	40
		4290	3987	2662	200
3	120	736	2670	675	70
1930	568	4403	10940	2646	89
		56851		27791	
	2534	-1766	4174	686	127
634		43917	147073	36586	2043
		12242	3705	1865	122
		397619	103890	195952	3463
		27454		3590	

5-8 年主营业务收入 2000 万元

指 标	企业单位数（个）	#亏损企业	工业总产值（当年价格）
总 计	**709**	**196**	**337605243**
港、澳、台商投资企业	122	31	66934850
合资经营企业（港或澳、台资）	70	15	54951037
合作经营企业（港或澳、台资）	6	2	2228552
港澳台商独资经营企业	45	14	9018542
港澳台商投资股份有限公司	1		736719
外商投资企业	587	165	270670393
中外合资经营企业	218	55	152772977
中外合作经营企业	36	5	7037505
外资企业	325	103	105911995
外商投资股份有限公司	6	1	4824286
其他	2	1	123630
在总计中：亏损企业	196	196	99458819
在总计中：国有控股企业	19	5	72692082
在总计中：农村工业	7	2	541572
在总计中：轻工业	299	86	90006801
重工业	410	110	247598442
在总计中：大型企业	49	5	115090377
中型企业	172	34	163794922
小型企业	471	149	55433959
微型企业	17	8	3285985
非金属矿采选业	1		19855
农副食品加工业	89	21	32831330
食品制造业	18	4	3716113
酒、饮料和精制茶制造业	8	2	4279035
纺织业	14	4	1789133

及以上“三资”工业企业主要经济指标

单位：千元

工业销售产值（当年价格）	# 出口交货值	资产总计	# 应收账款	# 存货	# 产成品
330802321	**117455220**	**281409088**	**52781786**	**43133184**	**11565805**
64940095	7466718	42176787	4321971	5655288	2299884
53968740	2840873	33636456	2795789	4083215	1716565
2114181	1652149	1972428	371088	266124	134855
8291241	2712067	5438542	1080882	918060	393647
565933	261629	1129361	74212	387889	54817
265862226	109988502	239232301	48459815	37477896	9265921
149278998	57113075	134091684	32413022	22562223	5950739
6880116	3882879	3747025	403728	486019	163004
104864712	47841989	96001916	15240418	13981151	3128519
4714770	1150559	5333423	401225	413054	23160
123630		58253	1422	35449	499
98092085	26420938	63619999	6432494	10620935	3018396
72337890	37664542	73194190	19922836	11457703	1404745
497231	55781	213332	51506	42679	9804
85667209	36276791	53243177	6367882	13314242	4991754
245135112	81178429	228165911	46413904	29818942	6574051
114445357	55878148	134877319	32278383	16150166	3149740
160957140	41880708	88926436	12581740	18500244	5693232
52270133	17149227	55037005	7591212	8308487	2632970
3129691	2547137	2568328	330451	174287	89863
19855		22855			
31851787	15171585	13883901	1296122	3941502	1411175
3501052	1705977	2027095	93350	561902	350169
4412083	597001	4642823	292306	1311208	310300
1802302	782874	1201658	119387	341911	144092

5-8 续表 -1

指　　标	企业单位数（个）	# 亏损企业	工业总产值（当年价格）
纺织服装、服饰业	76	21	8318707
皮革、毛皮、羽毛及其制品和制鞋业	7	1	2083612
木材加工和木、竹、藤、棕、草制品业	16	7	3460957
家具制造业	25	12	7164945
造纸和纸制品业	6	1	640188
印刷和记录媒介复制业	3		247972
文教、工美、体育和娱乐用品制造业	8	3	1133196
石油加工、炼焦和核燃料加工业	1	1	39364430
化学原料和化学制品制造业	34	11	42386946
医药制造业	3	1	13562235
橡胶和塑料制品业	37	15	8994787
非金属矿物制品业	22	8	3589943
黑色金属冶炼和压延加工业	25	6	12118309
有色金属冶炼和压延加工业	7	1	1184221
金属制品业	41	10	5804319
通用设备制造业	82	19	30612939
专用设备制造业	27	5	27444681
汽车制造业	47	9	40658704
铁路、船舶、航空航天和其他运输设备制造业	22	7	8821978
电气机械和器材制造业	40	12	12996087
计算机、通信和其他电子设备制造业	22	7	16008144
仪器仪表制造业	16	4	3572380
其他制造业	2		765615
废弃资源综合利用业	3	2	319434
金属制品、机械和设备修理业	1	1	12203
电力、热力生产和供应业	2		2295440
燃气生产和供应业	4	1	1407405

单位：千元

工业销售产值（当年价格）	# 出口交货值	资产总计	# 应收账款	# 存货	# 产成品
8144654	3474618	3232715	312379	365519	102816
2155733	549112	1717359	500375	587231	87684
3432071	2211563	3347299	248325	688889	206138
6795169	2868701	6416153	446602	1382742	567493
605611	109752	494828	117234	41740	6337
245899	57709	249839	52602	18829	1253
940601	702892	635432	85126	163573	60659
39105290	15953850	9035770	827880	3367695	771173
41603668	633367	19098045	1808910	1755282	759214
11341704	102767	8527730	1071510	3083665	1618005
8833714	2806956	15884915	1381272	1072467	457466
3466534	1151118	4232867	950171	498670	162263
12921920	2821727	6808326	752447	1298397	537853
1092313	122810	2056467	196042	290388	80506
5754689	2754496	8592982	1669261	1558036	678431
30274485	13553569	28314476	6767737	4336964	1189964
27288724	21282245	51092637	19500927	6864587	260579
40716295	4971940	35346933	7674239	4240076	914890
8458283	4978979	13891610	1188692	2197164	100179
12783501	5488889	11269281	2277816	1054539	289551
15313532	10913146	16090458	1889873	1212207	308313
3517574	1508447	2906233	659600	465962	157208
746851	172311	990552	104091	198096	16247
320115		985169	73682	85161	12525
12203	6819	9630	6556	152	
2295440		4083009	304371	137204	
1048669		4320041	112901	11426	3322

5-8 续表 1

指　　标	固定资产原价	累计折旧	负债合计	# 流动负债合计
总　　计	**155772426**	**72953162**	**162034498**	**121952411**
港、澳、台商投资企业	17825218	4904245	26189566	22191983
合资经营企业（港或澳、台资）	14218810	3576341	22208561	18805941
合作经营企业（港或澳、台资）	830136	186419	1399567	1289266
港澳台商独资经营企业	2500382	1097557	2086259	1811422
港澳台商投资股份有限公司	275890	43928	495179	285354
外商投资企业	137947208	68048917	135844932	99760428
中外合资经营企业	59507019	28356729	91836628	68913610
中外合作经营企业	2645633	650053	2251862	1653083
外资企业	67405994	33073425	40099345	27882635
外商投资股份有限公司	8387240	5968101	1607123	1261759
其他	1322	609	49974	49341
在总计中：亏损企业	40787517	17314238	49371989	39964117
在总计中：国有控股企业	39860879	19458891	60397995	43483960
在总计中：农村工业	116640	37072	114710	87089
在总计中：轻工业	27098895	15485534	27163192	24191885
重工业	128673531	57467628	134871306	97760526
在总计中：大型企业	68861511	30832388	77953908	51267180
中型企业	57420012	28810696	55175201	47041403
小型企业	28637260	13169914	27707468	23356426
微型企业	853643	140164	1197921	287402
非金属矿采选业	6850	2700	1856	
农副食品加工业	7478299	4241877	8545564	7474226
食品制造业	961845	437995	1097850	791316
酒、饮料和精制茶制造业	3020199	1670066	2571623	2556166
纺织业	649095	460190	560607	452572

单位：千元

所有者权益合计	主营业务收入	主营业务成本	主营业务税金及附加	销售费用	管理费用
118604341	**329262772**	**278900857**	**4165809**	**11243934**	**13993277**
15685026	64758022	61105294	123796	1083310	1166955
11281406	54222990	52273260	61150	812292	692461
516256	2075301	1732117	7760	48862	89381
3253182	7903914	6675727	52494	208722	373901
634182	555817	424190	2392	13434	11212
102919315	264504750	217795563	4042013	10160624	12826322
41962426	149661013	122831333	3304507	6550365	6805477
1491521	6819814	6338254	35800	135101	252677
55730789	103255067	85136764	572687	3351860	5548452
3726300	4646676	3369707	129016	121519	218371
8279	122180	119505	3	1779	1345
13885695	97844264	93406719	2782209	1241998	2432078
12796191	71320634	63526565	2786627	707590	2203805
97209	468606	399152	2085	14258	27192
25585263	84375915	70230247	551808	5005243	3401547
93019078	244886857	208670610	3614001	6238691	10591730
56900282	114919162	92248384	685900	4140958	6486429
33704875	159987452	139589240	3171552	5626786	4361581
27131992	51299599	44240293	280621	1418367	3043247
867192	3056559	2822940	27736	57823	102020
20999	17250	12170	584	335	234
5055760	30923673	28762334	112649	479366	505158
923243	3425338	2862119	45141	184997	169837
2071200	4692538	3410270	136778	442214	194846
541207	1531178	1435008	7687	36802	61619

5-8 续表 1-1

指　　标	固定资产原价	累计折旧	负债合计	# 流动负债合计
纺织服装、服饰业	1589833	824330	1432345	1197335
皮革、毛皮、羽毛及其制品和制鞋业	517194	350772	1081090	1030112
木材加工和木、竹、藤、棕、草制品业	1588112	748870	1786372	1301141
家具制造业	3231224	1705738	2544681	2327408
造纸和纸制品业	412521	283633	123302	123302
印刷和记录媒介复制业	229101	142650	62217	57860
文教、工美、体育和娱乐用品制造业	374335	162089	279878	246557
石油加工、炼焦和核燃料加工业	9116534	6618856	14840301	12472801
化学原料和化学制品制造业	11842810	3063853	10796099	9093808
医药制造业	946060	425910	4881729	4664729
橡胶和塑料制品业	9709359	3398295	9916314	5993858
非金属矿物制品业	4036182	2110424	2286773	1600981
黑色金属冶炼和压延加工业	4029131	2352719	1875056	1416900
有色金属冶炼和压延加工业	1128184	361444	705860	347718
金属制品业	3535566	1234872	5205025	4082259
通用设备制造业	15335857	8194784	12051414	10506881
专用设备制造业	16557641	6688978	38721136	25660121
汽车制造业	16416116	5880652	18226769	12837871
铁路、船舶、航空航天和其他运输设备制造业	8528218	1990364	8235770	5866059
电气机械和器材制造业	6358149	3495553	5353206	3645113
计算机、通信和其他电子设备制造业	12850848	8118024	5071811	3282184
仪器仪表制造业	1605818	811457	914523	823113
其他制造业	1083990	687345	109843	108961
废弃资源综合利用业	473120	88071	478812	306953
金属制品、机械和设备修理业	6170	4464	6621	6621
电力、热力生产和供应业	7930988	5482840	1230118	657552
燃气生产和供应业	4223077	913347	1039933	1019933

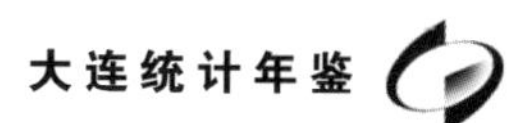

单位：千元

所有者权益合计	主营业务收入	主营业务成本	主营业务税金及附加	销售费用	管理费用
1766360	7991999	7250537	51447	168758	370010
635644	2167970	1792194	10625	69042	87987
1528342	3270502	2904338	19212	76485	123253
3793374	6314543	5601824	31717	81798	539244
371525	605613	511896	2561	29186	48788
187622	239123	194545	1967	6655	23143
355552	952720	880100	2836	6736	47374
-5804531	38879370	36093482	2670144	132720	354394
8298349	41941576	40322460	50576	689309	473335
3646001	11341705	4953328	83650	3242926	596941
5952212	8293191	6269995	55474	637288	730280
1946086	3381354	2872214	21382	183826	251509
4932748	13121518	10882629	72969	214957	485341
1350607	894395	799715	1352	23514	48768
3353432	5825371	4771839	29695	169400	457069
16253096	31692826	26012870	259358	1209578	2244519
12366761	26758251	22459199	111353	670242	1859404
17117866	40366834	30355737	188719	1520824	1804353
5655133	8466908	7808921	37253	214514	404977
5756867	12508096	10478079	61432	427158	980648
11018514	15616127	13218534	45624	92909	616193
1987301	3523389	2775421	20294	133423	209106
880708	751543	539028	5564	67889	87838
506356	320115	260371	298	19804	39176
3009	11913	17827	151		6425
2852891	2346868	1756925	15404		79911
3280107	1088975	634948	11913	11279	91597

5-8 续表 2

指 标	财务费用	利息支出	利润总额
总 计	**3057707**	**3323078**	**17453439**
港、澳、台商投资企业	774093	782253	808604
合资经营企业（港或澳、台资）	679577	714142	-3007
合作经营企业（港或澳、台资）	45246	30951	148082
港澳台商独资经营企业	26331	19560	580120
港澳台商投资股份有限公司	22939	17600	83409
外商投资企业	2283614	2540825	16644835
中外合资经营企业	1744950	1825576	7097617
中外合作经营企业	91742	19682	-23474
外资企业	418415	692626	8859940
外商投资股份有限公司	27941	2941	713145
其他	566		-2393
在总计中：亏损企业	1577437	1440460	-4407962
在总计中：国有控股企业	1261813	1499483	-459834
在总计中：农村工业	1452	104	24440
在总计中：轻工业	498851	425079	4990914
重工业	2558856	2897999	12462525
在总计中：大型企业	1090090	1369406	10029582
中型企业	1436305	1523047	5720508
小型企业	478015	398622	1716729
微型企业	53297	32003	-13380
非金属矿采选业	265		3662
农副食品加工业	265739	216312	883963
食品制造业	44312	36379	102227
酒、饮料和精制茶制造业	14605	18517	508861
纺织业	-5167	6591	-12933

单位：千元

所得税费用	亏损企业亏损总额	利税总额	本年应付职工薪酬	本年应交增值税	从业人员平均人数（人）
4098720	**4407962**	**27888623**	**20876346**	**6250578**	**293033**
314744	868848	1443010	2241266	506816	36553
177697	705521	273237	837599	214740	14580
5046	17451	275159	112795	119316	2919
120955	145876	808813	1213521	172760	17704
11046		85801	77351		1350
3783976	3539114	26445613	18635080	5743762	256480
1780283	2334886	13589808	7717244	3181525	101912
4033	283976	142627	420194	128230	10641
1823017	905734	11378672	9951452	1939273	138988
176643	12040	1336881	540550	494719	4769
	2478	-2375	5640	15	170
136220	4407962	-952263	3787941	671399	54879
154437	1573885	3364595	3187105	1034221	22262
149	1725	39424	49767	12899	983
948871	530567	6940046	6062296	1393181	115266
3149849	3877395	20948577	14814050	4857397	177767
1853391	235486	12990864	10959576	2269955	130673
1736823	2708129	11985712	6300408	3087658	97838
506689	1385306	2824201	3591273	819475	64199
1817	79041	87846	25089	73490	323
		9104	4892	4858	101
49945	113850	1258669	1567216	261730	31167
2625	36520	207579	282528	60211	6665
84306	35546	804981	285428	159342	4223
5705	58374	6661	208881	11906	4361

5-8 续表 2-1

指　　标	财务费用	利息支出	利润总额
纺织服装、服饰业	62966	42297	85523
皮革、毛皮、羽毛及其制品和制鞋业	23403	14630	186346
木材加工和木、竹、藤、棕、草制品业	37983	19320	148449
家具制造业	47318	42251	212387
造纸和纸制品业	-17	971	20349
印刷和记录媒介复制业	3283	-15	9991
文教、工美、体育和娱乐用品制造业	6528	5920	8942
石油加工、炼焦和核燃料加工业	677123	616521	-1465114
化学原料和化学制品制造业	435670	464652	-417748
医药制造业	19871	4727	2458994
橡胶和塑料制品业	208394	237122	411343
非金属矿物制品业	48554	50051	-6207
黑色金属冶炼和压延加工业	45545	19285	1441969
有色金属冶炼和压延加工业	9981	6575	38481
金属制品业	243142	188823	246265
通用设备制造业	65664	122792	1781666
专用设备制造业	461639	651112	337453
汽车制造业	278892	282253	6584189
铁路、船舶、航空航天和其他运输设备制造业	12698	107055	145504
电气机械和器材制造业	-18897	24624	758691
计算机、通信和其他电子设备制造业	5141	68616	1759180
仪器仪表制造业	3368	9387	420304
其他制造业	-2048	3010	43457
废弃资源综合利用业	8097	9318	-2646
金属制品、机械和设备修理业	-2		-12930
电力、热力生产和供应业	16765	16779	413603
燃气生产和供应业	36892	37203	359218

单位：千元

所得税费用	亏损企业亏损总额	利税总额	本年应付职工薪酬	本年应交增值税	从业人员平均人数（人）
12162	76858	203123	1111215	65964	25155
55422	9829	201865	112012	4886	2636
38899	29814	171979	448287	4317	7113
52959	32918	281053	690955	33385	14842
4754	7303	34731	62510	11821	1073
845		17691	31322	5732	809
1814	581	15028	179743	3250	1899
	1465114	1722344	266295	517314	982
225625	1139133	-134269	423872	232902	4506
527057	33786	3226538	124062	683894	1184
119404	74227	776755	881245	309938	11613
24142	100016	154468	161474	139293	4240
243373	43328	1880238	540761	364700	8573
9314	45	52059	54899	12205	754
61264	71335	372731	815651	95862	14401
482334	216552	2794315	3808910	749736	45496
22649	114778	629727	2866527	173918	25030
1428898	63978	8024000	1893954	1250704	22214
118640	388914	390869	607971	206578	6638
118461	105380	1039190	1218063	219067	20266
111149	94103	1929389	1442119	123892	18327
110235	19295	487227	442542	46628	6024
11162		77040	90170	28019	1268
-7923	54971	-1673	32245	675	295
	12930	-12779	6557		76
104913		812425	154119	383417	566
78587	8484	455565	59921	84434	536

5-9 年主营业务收入 2000 万元

指　　标	企业单位数（个）	# 亏损企业	工业总产值（当年价格）
总　　计	**686**	**83**	**743617724**
内资企业	465	44	464732425
国有企业	14	5	9589952
中央企业	9	2	5183255
地方企业	5	3	4406697
集体企业	6		4515715
股份合作企业	1		392546
有限责任公司	95	19	154380971
国有独资公司	7	3	1906228
其他有限责任公司	88	16	152474743
股份有限公司	26	4	110152792
私营企业	323	16	185700449
私营独资企业	21	1	13133437
私营有限责任公司	288	15	168346800
私营股份有限公司	14		4220212
港、澳、台商投资企业	26	4	52589458
合资经营企业（港或澳、台资）	14	2	46731718
合作经营企业（港或澳、台资）	2		1157903
港澳台商独资经营企业	9	2	3963118
港澳台商投资股份有限公司	1		736719
外商投资企业	195	35	226295841
中外合资经营企业	65	10	133343842
中外合作经营企业	11	1	4376256
外资企业	115	24	84410927
外商投资股份有限公司	4		4164816
在总计中：亏损企业	83	83	257058532
在总计中：国有控股企业	61	17	262701024
在总计中：农村工业	2		577602
在总计中：轻工业	259	35	151230152
重工业	427	48	592387572
在总计中：大型企业	111	12	421913886
中型企业	575	71	321703838

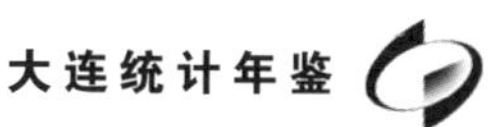

及以上大中型工业企业主要经济指标

单位：千元

工业销售产值（当年价格）		资产总计	流动资产合计		
	# 出口交货值		# 应收账款	# 存货	
					# 产成品
710079646	**155803636**	**760992672**	**87874170**	**106969012**	**24828263**
434677149	58044780	537188917	43014047	72318602	15985291
9470007	114898	31513207	1136935	1618047	171679
5162542		9600094	355909	1285418	88928
4307465	114898	21913113	781026	332629	82751
4519967	2120092	1410720	78908	203886	106853
427860		1337956	150046	69259	47756
143540083	30710002	351100668	22420035	50875580	8963771
1851819		13964184	1071714	258187	144528
141688264	30710002	337136484	21348321	50617393	8819243
105879998	12487523	59425283	9939755	10740584	3607150
170839234	12612265	92401083	9288368	8811246	3088082
12841205	23997	2534429	285144	167496	66897
153736475	11909429	86687608	8553480	8412142	2953121
4261554	678839	3179046	449744	231608	68064
51633792	4214205	25231882	1945254	3640169	1394549
46251616	1650045	22134884	1620850	2980628	1151776
1139140	1089987	663315	58827	61046	33053
3677103	1212544	1304322	191365	210606	154903
565933	261629	1129361	74212	387889	54817
223768705	93544651	198571873	42914869	31010241	7448423
130985215	49068585	116758326	30312498	20325152	5210732
4286645	2347266	2532181	238549	262570	95361
84398375	41334521	74566105	11975232	10136134	2126736
4098470	794279	4715261	388590	286385	15594
234166888	29991238	151073915	9171576	19215999	5717127
257699790	72729294	433523203	46662005	60517178	9085469
547898		160871	8378	19045	12154
145295554	45750142	94999676	10542563	17278016	6859121
564784092	110053494	665992996	77331607	89690996	17969142
395933949	98239348	551141024	63006632	76598594	13588800
314145697	57564288	209851648	24867538	30370418	11239463

5-9 续表 -1

指　　标	企业单位数（个）	# 亏损企业	工业总产值（当年价格）
有色金属矿采选业	2		280650
非金属矿采选业	2		534996
农副食品加工业	97	6	66304897
食品制造业	22		9581105
酒、饮料和精制茶制造业	6	1	3032684
纺织业	10	1	4357166
纺织服装、服饰业	56	11	15311009
皮革、毛皮、羽毛及其制品和制鞋业	3		1879216
木材加工和木、竹、藤、棕、草制品业	11	1	4488534
家具制造业	14	3	7924628
造纸和纸制品业	7		3408983
印刷和记录媒介复制业	3	1	555547
文教、工美、体育和娱乐用品制造业	2		787047
石油加工、炼焦和核燃料加工业	4	2	119965134
化学原料和化学制品制造业	24	6	113667542
医药制造业	7	5	15403132
橡胶和塑料制品业	21	3	9737554
非金属矿物制品业	29	1	11933517
黑色金属冶炼和压延加工业	39	1	42825369
金属制品业	27	2	12130225
通用设备制造业	118	10	82417047
专用设备制造业	26	2	48207642
汽车制造业	36	7	50659496
铁路、船舶、航空航天和其他运输设备制造业	33	6	50422505
电气机械和器材制造业	33	4	17792235
计算机、通信和其他电子设备制造业	17	3	27184910
仪器仪表制造业	11	2	4501610
其他制造业	1		740332
金属制品、机械和设备修理业	8		3784822
电力、热力生产和供应业	11	1	12607136
燃气生产和供应业	1		33840
水的生产和供应业	5	4	1157214

单位：千元

工业销售产值（当年价格）	#出口交货值	资产总计	流动资产合计		
			#应收账款	#存货	#产成品
276450		47800	450	9000	3500
480587		5130514	106166	152644	123539
64727707	22260568	31342397	3080433	6229145	2949797
9361696	1086785	5112272	190356	431537	166334
3200844		2045375	145873	292299	68420
4028416	593317	1934414	383930	225407	126780
13933667	3212275	5394061	473401	917325	400524
1995300	513603	1346548	456925	439782	69020
4395425	1879288	2807031	215651	415851	170906
7769972	3241874	6014731	367460	1208365	551118
3416524	46547	1121014	64500	70029	43574
576186	102704	688099	127589	66487	34150
766860	209179	209271	9535	82546	13729
117502427	22270812	24981903	854760	7327208	1734600
95418362	875497	86723877	4188694	5962778	1852324
13154241	102767	10131319	1222426	3148800	1646516
9653171	1578646	10733587	1168037	934203	455527
11711556	725064	13613673	1426221	1153508	440209
43199182	6533851	60696766	2535352	10152116	3711069
11826722	2115688	10014598	1678280	1463342	659608
80720508	14082528	68073815	12000426	15450768	4329163
45913903	24133322	84343767	30180245	12058204	1823938
49055746	3577932	38636453	8022822	4564538	1069504
50317531	20928725	140830079	8511462	25014986	438277
17584539	6154503	15058850	3306664	1786515	861165
26604368	18123788	41521084	4021120	4307256	876542
4257493	1290093	2890021	619877	474454	154160
723305	164280	959995	94678	190119	11939
3747152		1188835	53616	23290	10523
12590079		79500825	1502855	2334032	636
33840		1732913	3123	50307	31172
1135887		6166785	861243	32171	

5-9 续表 1

指　　标	固定资产原价	累计折旧	负债合计	# 流动负债合计
总　　计	**354492107**	**132450485**	**494973598**	**335298757**
内资企业	228210584	72807401	361844489	236990174
国有企业	13719074	3978907	22322515	20214535
中央企业	4686802	1603376	4971544	4599402
地方企业	9032272	2375531	17350971	15615133
集体企业	1391627	408889	1200198	413279
股份合作企业	484784	286360	394448	394448
有限责任公司	124333027	35339022	251641877	162198039
国有独资公司	13459894	3963454	3590016	2412261
其他有限责任公司	110873133	31375568	248051861	159785778
股份有限公司	40477517	18435814	31843201	20844890
私营企业	47804555	14358409	54442250	32924983
私营独资企业	2224351	808975	1234292	295712
私营有限责任公司	44531487	13288798	51610880	31680713
私营股份有限公司	1048717	260636	1597078	948558
港、澳、台商投资企业	12747716	2873052	16500672	13839850
合资经营企业（港或澳、台资）	11181285	2427973	15060516	12670373
合作经营企业（港或澳、台资）	499078	116321	403538	403538
港澳台商独资经营企业	791463	284830	541439	480585
港澳台商投资股份有限公司	275890	43928	495179	285354
外商投资企业	113533807	56770032	116628437	84468733
中外合资经营企业	48192662	23322652	83892603	62281899
中外合作经营企业	2070257	395769	1610671	1069247
外资企业	54991724	27137227	29726561	20064349
外商投资股份有限公司	8279164	5914384	1398602	1053238
在总计中：亏损企业	96149973	38365368	113164960	88609045
在总计中：国有控股企业	186681407	66461782	310476085	204067538
在总计中：农村工业	157833	43083	21848	14475
在总计中：轻工业	48096846	22072897	43344312	32314385
重工业	306395261	110377588	451629286	302984372
在总计中：大型企业	223866068	79312192	372952723	249044843
中型企业	130626039	53138293	122020875	86253914

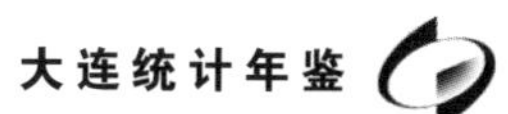

单位：千元

所有者权益合计	主营业务收入	主营业务成本	主营业务税金及附加	销售费用
264879274	**697727794**	**598016761**	**21363365**	**18349837**
174274117	422821180	366179137	17505913	8582093
9096550	10144943	9193611	54566	186820
4598059	5334500	4628667	48599	64455
4498491	4810443	4564944	5967	122365
210521	4182724	3476897	7915	212615
943508	427861	345297	3989	19726
98859704	148295557	131396020	3261698	2869595
10374168	2191344	2505873	13005	326979
88485536	146104213	128890147	3248693	2542616
27543253	105580281	88094772	12884666	704312
37620581	154189814	133672540	1293079	4589025
1299137	11669029	10430716	100935	196411
34740471	138441650	119797487	1166704	4247067
1580973	4079135	3444337	25440	145547
8729486	51558732	50103955	39437	734699
7072645	46263308	45348835	12392	613021
259776	1139140	959865	1221	11850
762883	3600467	3371065	23432	96388
634182	555817	424190	2392	13434
81875671	223347882	181733669	3818015	9033045
32805624	131757686	107404965	3190163	6089859
918745	4208429	4021230	20358	68624
44834643	83341498	67532699	481650	2757172
3316659	4040269	2774775	125844	117390
37874578	223635167	205012889	17843514	2081904
122379960	261152364	225425428	16144849	2994591
139023	464962	372989	3302	17593
51415847	144561079	120985345	981681	7099786
213463427	553166715	477031416	20381684	11250051
177461906	387806371	331730195	17028344	7561614
87417368	309921423	266286566	4335021	10788223

5-9 续表 1-1

指　　标	固定资产原价	累计折旧	负债	# 流动负债
有色金属矿采选业	38330	8330	8000	5000
非金属矿采选业	3602629	241409	863395	260620
农副食品加工业	15074878	5820876	16821908	11492931
食品制造业	2354591	711699	2831301	1084384
酒、饮料和精制茶制造业	1940153	1108573	723533	704369
纺织业	1070452	680008	959821	733043
纺织服装、服饰业	2582408	1309064	1943479	1684597
皮革、毛皮、羽毛及其制品和制鞋业	448463	304980	738704	689201
木材加工和木、竹、藤、棕、草制品业	1740286	662244	1579456	703954
家具制造业	2893370	1546874	2397206	2240590
造纸和纸制品业	1168802	398800	449727	138151
印刷和记录媒介复制业	586250	417633	459139	418117
文教、工美、体育和娱乐用品制造业	153792	69251	35249	35249
石油加工、炼焦和核燃料加工业	32213674	19674992	19975988	16802423
化学原料和化学制品制造业	38429506	9198762	66971488	51591014
医药制造业	2015596	706948	5712119	5317185
橡胶和塑料制品业	9103074	2798968	6210891	2578872
非金属矿物制品业	9296810	3213006	8584033	5358813
黑色金属冶炼和压延加工业	24019812	8212762	46983061	33938823
金属制品业	5228068	1549021	6313693	4633366
通用设备制造业	32411296	14637966	36951770	29292292
专用设备制造业	27601896	10829785	57431342	42035972
汽车制造业	17689314	6315959	20824056	14785192
铁路、船舶、航空航天和其他运输设备制造业	30634138	9056871	99594190	73137564
电气机械和器材制造业	7471837	3767899	6885699	4878265
计算机、通信和其他电子设备制造业	17924068	11006019	16915044	13024739
仪器仪表制造业	1544381	794662	1135948	785753
其他制造业	1044797	654848	105420	105420
金属制品、机械和设备修理业	1135518	509310	316560	209460
电力、热力生产和供应业	54192831	12782496	62261172	15188121
燃气生产和供应业	1422742	448711	461052	458688
水的生产和供应业	7458345	3011759	1529154	986589

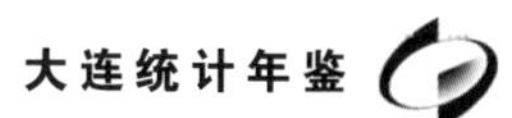

单位：千元

所有者权益	主营业务收入	主营业务成本	主营业务税金及附加	销售费用
39730	252570	235575	9120	1450
4267119	433174	347485	6393	34174
14336227	63178274	55895582	281508	1396120
2262208	9382357	7873633	122148	442349
1321842	3386381	2360732	136247	340132
974589	4093695	3673391	27674	83198
3420995	12714726	11481132	91919	338500
607844	2022117	1669577	10301	63325
1203010	4215813	3506023	16980	183367
3615195	7738554	6970468	47609	77377
667846	3253457	2630444	9267	186523
228960	552990	417969	32465	28823
174022	759257	658846	26018	16285
5005914	118128365	102147639	15087134	281855
19752388	84638051	82473611	2322622	1166050
4419200	12549868	6016172	99279	3308242
4518994	9000298	6803494	68261	657529
5029637	11664036	9782030	164923	415188
13703989	43308610	36381972	240528	894210
3670221	10918902	9047113	84503	326995
30878512	82266392	69388858	603268	2838628
26891470	43617854	36451055	213413	967565
17793212	48435460	38049617	583173	1647395
41235813	51872319	46965468	745243	545819
8173147	17024083	14030145	97807	692124
24088743	29447708	24334602	77743	791829
1752944	4182336	3265791	18575	176686
854575	727998	521944	5300	65271
841784	3809638	3448927	49850	56317
17239653	12642863	9267934	78509	8090
1271861	338594	710216		147507
4637630	1171054	1209316	5585	170914

5-9 续表 2

指　　标	管理费用	财务费用	利息支出
总　　计	**28142751**	**13050271**	**13018471**
内资企业	17294741	10523876	10126018
国有企业	933369	271874	661212
中央企业	533202	-40261	30716
地方企业	400167	312135	630496
集体企业	258719	10999	3208
股份合作企业	70212	-5047	18131
有限责任公司	6711026	7797173	7372257
国有独资公司	318231	34404	80661
其他有限责任公司	6392795	7762769	7291596
股份有限公司	3310850	607528	624726
私营企业	6010565	1841349	1446484
私营独资企业	295890	56803	37156
私营有限责任公司	5519978	1774373	1400234
私营股份有限公司	194697	10173	9094
港、澳、台商投资企业	375959	596669	630629
合资经营企业（港或澳、台资）	255318	549687	603076
合作经营企业（港或澳、台资）	25348	7656	8929
港澳台商独资经营企业	84081	16387	1024
港澳台商投资股份有限公司	11212	22939	17600
外商投资企业	10472051	1929726	2261824
中外合资经营企业	5934925	1533190	1687408
中外合作经营企业	153354	74673	9566
外资企业	4176050	299118	563009
外商投资股份有限公司	207722	22745	1841
在总计中：亏损企业	4495500	3932982	4036846
在总计中：国有控股企业	10937715	7808951	8075221
在总计中：农村工业	26423	7128	
在总计中：轻工业	6294086	953253	800712
重工业	21848665	12097018	12217759
在总计中：大型企业	16225392	9718295	9920404
中型企业	11917359	3331976	3098067

单位：千元

利润总额	所得税费用	亏损企业 亏损总额	利税总额	本年应付 职工薪酬	本年应交增值税	从业人员平均 人数（人）
28733773	**5164146**	**6666571**	**67095687**	**41066504**	**16889920**	**642836**
12983683	1573932	3722956	42119111	23806520	11532307	414325
-15398	26413	290466	151841	1336845	112591	18061
176138	2307	45989	288163	934719	63418	8625
-191536	24106	244477	-136322	402126	49173	9436
209488	462		443564	263962	226161	5764
19877			47654	61988	23788	747
5529162	1035601	1675435	13426128	9992934	4546171	138021
-95611	10065	148314	-12089	619292	70488	8988
5624773	1025536	1527121	13438217	9373642	4475683	129033
127680	170394	1356216	15777230	2099807	2759868	29311
7112874	341062	400839	12272694	10050984	3863728	222421
648183	28865	1868	1019051	819668	269933	17977
6191416	308018	398971	10803258	8886352	3442125	196547
273275	4179		450385	344964	151670	7897
-110226	159859	666797	141619	1565800	212407	24674
-340257	129886	600112	-178959	496214	148906	7476
134385	4954		183311	96650	47704	2521
12237	13973	66685	51466	895585	15797	13327
83409	11046		85801	77351		1350
15860316	3430355	2276818	24834957	15694184	5145206	203837
6735363	1591417	1615558	12810788	6787466	2879805	83132
-111751	965	276696	16686	299408	106611	7300
8512929	1661330	384564	10663144	8197213	1664071	108945
723775	176643		1344339	410097	494719	4460
-6666571	149272	6666571	16402036	5584056	5220097	72483
3549716	931013	3149121	24956270	13106358	5169210	141024
31198			46255	67986	11755	1055
9153087	1138910	697337	13505963	10473245	3282327	214849
19580686	4025236	5969234	53589724	30593259	13607593	427987
14482462	2748833	3030381	40645661	24234731	9035532	311805
14251311	2415313	3636190	26450026	16831773	7854388	331031

5-9 续表 2-1

项　　目	管理费用	财务费用	利息支出
有色金属矿采选业	2200	80	
非金属矿采选业	65549	-37574	
农副食品加工业	1454519	714225	561359
食品制造业	410253	48419	12809
酒、饮料和精制茶制造业	164971	4914	5545
纺织业	114195	-5312	4324
纺织服装、服饰业	437513	61923	45288
皮革、毛皮、羽毛及其制品和制鞋业	71795	16711	14630
木材加工和木、竹、藤、棕、草制品业	216583	45139	37720
家具制造业	505049	63114	54322
造纸和纸制品业	208365	2038	2172
印刷和记录媒介复制业	59348	9136	3986
文教、工美、体育和娱乐用品制造业	31325	7035	30
石油加工、炼焦和核燃料加工业	1780213	933546	922278
化学原料和化学制品制造业	1165814	2105486	2431518
医药制造业	706564	82296	38229
橡胶和塑料制品业	672286	231853	235519
非金属矿物制品业	522329	222569	211840
黑色金属冶炼和压延加工业	1698385	2736738	2692776
金属制品业	623754	265897	180157
通用设备制造业	4203379	1097794	1089077
专用设备制造业	3454715	570216	826567
汽车制造业	2129094	340271	373342
铁路、船舶、航空航天和其他运输设备制造业	2984619	1879713	1321096
电气机械和器材制造业	1287029	78975	94670
计算机、通信和其他电子设备制造业	1964000	185435	314459
仪器仪表制造业	259133	-4257	3822
其他制造业	84679	-2381	3010
金属制品、机械和设备修理业	58489	32491	15390
电力、热力生产和供应业	511422	1327002	1482264
燃气生产和供应业	56064	27384	27712
水的生产和供应业	239118	9395	12560

单位：千元

利润总额	所得税费用	亏损企业亏损总额	利税总额	本年应付职工薪酬	本年应交增值税	从业人员平均人数（人）
4145			22385	47600	9120	1600
23528	3455		37025	127201	7104	2445
3298672	145299	222519	4839941	3449026	1249148	77172
641380	38140		988798	773253	225270	16554
342387	86285	24353	641356	275432	162722	4971
199100	26822	6165	314572	285448	87797	6798
313926	46069	76465	560372	1697937	154340	39714
192600	55102		208054	109825	5153	2522
281638	44127	2196	370939	425973	72320	8233
269749	51949	7094	389520	689969	68651	15316
215036	17469		375596	114770	151293	3719
8396	2853	5708	55501	121123	14640	2886
16620	586		51970	147505	9332	2601
-2478698	3493	2497217	15444723	1450454	2836285	9235
-1396278	175694	1933450	3303554	1121137	2377210	18931
2360943	524812	131837	3200400	230411	740159	2947
622881	141908	21102	1080977	885704	389835	15867
562763	73639	30512	1166947	823289	439261	17976
2218385	307724	28680	3408283	2939093	947810	56213
610794	81398	41211	1036900	1230116	341360	21738
4311743	655531	136418	6935464	7349208	2018298	116821
998646	164042	162700	1927929	3584825	712357	42624
6075131	1341072	382254	7927042	2216075	1265737	27762
3249115	514480	403996	4741718	4402463	743091	34463
1179246	104173	57548	1668858	1928294	386789	33531
2739351	228910	305956	3290772	2367047	399170	33246
492044	104788	17046	585706	393510	75087	6391
43435	11162		75010	83798	26275	1117
163564	8618		281404	286979	67990	4894
1324112	202302	8296	2264323	979851	861701	8001
9145			9145	195619		2114
-159726	2244	163848	-109497	333569	44615	4434

5-10 主要工业产品产量

产品名称	单位	数值	产品名称	单位	数值
原盐	万吨	93.9	合成洗涤剂	吨	27116
发电量	亿千瓦小时	335.2	中成药	吨	384
制食用植物油	万吨	63.3	橡胶轮胎外胎	万条	973.7
鲜、冷藏肉	万吨	101.4	塑料制品	万吨	29.9
乳制品	万吨	4.2	水泥熟料	万吨	1316.5
啤酒	千升	448906	水泥	万吨	1375.7
软饮料	万吨	28.2	商品混凝土	万立方米	550.7
化学纤维	万吨	1.6	平板玻璃	万重量箱	621.0
纱	万吨	1.3	粗钢	万吨	200.9
无纺布	万吨	4.8	钢材	万吨	289.3
服装	万件	9249	铜材	吨	4725
皮革鞋靴	万双	30	铝材	吨	18321
皮革服装	万件	70	金属集装箱	万立方米	18.6
实木木地板	万平方米	385.0	金属切削工具	万件	4385
复合木地板	万平方米	455.0	工业锅炉	蒸发量吨	4745
家具	万件	1776.6	发动机	万千瓦	9870.7
机制纸及纸板（外购原纸加工除外）	万吨	16.3	金属切削机床	台	49413
原油加工量	万吨	2266.2	#数控金属切削机床	台	32395
汽油	万吨	463.8	起重机	吨	109217
煤油	万吨	253.9	滚动轴承	万套	9894
柴油	万吨	866.5	金属冶炼设备	吨	42684
润滑油	万吨	24.3	金属轧制设备	吨	13488
燃料油	万吨	105.0	铁路机车	辆	485
液化石油气	万吨	46.9	民用钢质船舶	万载重吨	107.8
煤气生产量	万立方米	28583	家用电冰箱	万台	96.1
烧碱（折100%）	万吨		家用电热水器	万台	4.0
纯碱（碳酸钠）	万吨	56.2	房间空气调节器	万台	98.6
浓硝酸（折100%）	吨	26323	程控交换机	万线	62.7
合成氨（无水氨）	吨	274227	打印机	万台	77.2
化学农药原药（折有效成分100%）	吨	5065	半导体分立器件	万只	247744
涂料	吨	100510	集成电路圆片	万片	18
初级形态塑料	万吨	35.4	数字激光音、视盘机	万台	199.5
化学试剂	吨	25017	船舶修理	万载重吨	21.4

主要统计指标解释

【**工业**】指从事自然资源的开采，对采掘品和农产品进行加工和再加工的物质生产部门。具体包括：(1) 对自然资源的开采，如采矿、晒盐、森林采伐等（但不包括禽兽捕猎和水产捕捞）；(2) 对农副产品的加工、再加工，如粮油加工、食品加工、轧花缫丝、纺织、制革等；(3) 对采掘品的加工、再加工、如炼铁、炼钢、化工生产、石油加工、机器制造、木材加工等，以及电力、自来水、煤气的生产和供应等；(4) 对工业品的修理、翻新，如机器设备的修理、交通运输工具（包括小卧车）的修理等。

1984 年以前，农村的村及村以下办工业归属农业，1984 年以后划归工业。

【**工业统计调查单位**】工业统计调查单位分为两类：独立核算法人工业企业和工业活动单位。

(1) 独立核算法人工业企业，指从事工业生产经营活动的单位。独立核算法人工业企业应同时具备以下条件：①依法成立，有自己的名称、组织机构和场所，能够独立承担民事责任；②独立拥有和使用（或授权使用）资产，承担负债，有权与其他单位签订合同；③会计上独立核算，并能够编制资产负债表。

(2) 工业活动单位，指在一个场所从事一种或主要从事一种工业生产活动的经济单位。它包括：独立核算工业企业按主营业务活动（即工业生产活动）划分的主营业务活动单位和非工业企业所属的工业生产活动单位（即原非独立核算工业生产单位）。工业活动单位，一般应同时具备以下三个条件：①具有一个场所，从事一种或主要从事一种工业活动；②单独组织工业生产、经营或业务活动；③单独核算收入和支出。

【**轻工业**】指主要提供生活消费品和制作手工工具的工业。按其所使用的原料不同，可分为两大类：

(1) 以农业为原料的轻工业，是指直接或间接以农产品为基本原料的轻工业。主要包括食品制造、饮料制造、烟草加工、纺织、缝纫、皮革和毛皮制作、造纸以及印刷等工业；

(2) 以非农产品为原料的轻工业，是指以工业品为原料的轻工业。主要包括文教体育用品、化学药品制造、合成纤维制造、日用化学制品、日用玻璃制品、日用金属制品、手工工具制造、医疗器械制造、文化和办公用机械制造等工业。

【**重工业**】是指为国民经济各部门提供物质技术基础的主要生产资料的工业。按其生产性质和产品用途，可以分为下列三类：

(1) 采掘（伐）工业，是指对自然资源的开采，包括石油开采、煤炭开采、金属矿开采、非金属矿开采和木材采伐等工业；

(2) 原料工业，指向国民经济各部门提供基本材料、动力和燃料的工业。包括金属冶炼及加工、炼焦及焦炭化学、化工原料、水泥、人造板以及电力、石油和煤炭加工等工业；

(3) 加工工业，是指对工业原材料进行再加工制造的工业。包括装备国民经济各部门的机械设备制造工业、金属结构、水泥制品等工业，以及为农业提供的生产资料如化肥、农药等工业。

根据上述划分原则，修理业中以重工业产品为修理作业对象的划为重工业，反之划为轻工业。

【**工业总产值**】是以货币形式表现的，工业企业在一定时期内生产的工业最终产品或提供工业性劳务活动的总价值量。它包括：企业本期生产，并在报告期内不再进行加工，经检验、包装入库（规定不需包括的产品除外）的成品（半成品）价值（不包括用定货者来料加工的成品（半成品）价值），对外加工费收入，自制半成品、在产品期末期初差额价值。

工业总产值采用工厂法计算，即以工业作业为一个整体，按企业生产活动的最终成果来计算，企业内部不允许重复计算，不能把企业内部各个车间（分厂）生产的成果相加。但在企业之间、行业之间、地区之间存在着重复计算。

轻重工业总产值的划分也是按工厂法计算的，即一个工业企业在正常情况下生产的主要产品的性质属于轻工业，则该企业的全部总产值作为轻工业总产值；一个工业企业生产的主要产品的性质属于重工业，则该企业的全部总产值作为重工业总产值。

【工业销售产值】是以货币形式表现的工业企业在一定时期内销售的本企业生产的工业产品或提供工业性劳务活动的价值总量。包括企业在报告期内实际销售（包括本企业本期生产和非本期生产）的全部成品、半成品价值、对外加工费收入。已销售的成品、半成品不论是本期生产的、还是上期生产的，只要是本期销售出去的均包括在内。企业为本单位在建工程、生产福利部门等提供的成品和自制设备也应视同销售，这部分也应作为销售统计。工业销售产值的计算范围、计算价格和计算方法与工业总产值一致，但两者计算的基础不同，工业销售产值计算的基础是产品销售总量，工业总产值计算的基础是工业产品生产总量。销售产值不含半成品在制品期末期初差额价值，而工业总产值包括。

【新产品产值】新产品是指采用新技术原理、新设计构思研制、生产的全新产品，或在结构、材质、工艺等某一方面比原有产品有明显改进，从而显著提高了产品性能或扩大了使用功能的产品。本报表中的新产品产值既包括经政府有关部门认定并在有效期内的新产品，也包括企业自行研制开发，未经政府有关部门认定，从投产之日起一年之内的新产品。

【出口交货值】指工业企业交给外贸部门或自营（委托）出口（包括销往香港、澳门、台湾），用外汇价格结算在国内的批量销售，或在边境批量出口的产品价值，还包括外商来样、来料加工、来件装配和补偿贸易等生产的产品价值。

工业企业主要财务指标和经济效益指标

【资产总计】指企业拥有或控制的全部资产。包括流动资产、长期投资、固定资产、无形及递延资产、其他长期资产、递延税款借项等，即为企业资产负债表的资产总计项。

【应收帐款】指企业因销售商品、产品、提供劳务等，应向购货单位或接受劳务单位收取款项。该指标根据会计资产负债表中应收账款项的年末数填报。未执行 2001 年《企业会计制度》的企业，用应收帐款净额期末数代替。

【存货】指企业在生产经营过程中为销售或耗用而储备的各种资产，包括原材料、周转材料、包装物、低值易耗品、在产品、自制半成品、产成品等。根据会计资产负债表中存货项的期末数填列。

【产成品】指企业报告期末已经加工生产并完成全部生产过程，可以对外销售的制成产品。根据企业会计资产负债表中产成品的期末数填报。

【固定资产】指企业固定资产净值、固定资产清理、在建工程、待处理固定资产损失所占用的资金合计。

【固定资产原价】指企业在建造、购置、安装、改建、扩建、技术改造某项固定资产时所支出的全部货币总额。它一般包括买价、包装费、运杂费和安装费等。

【固定资产净值】是指固定资产原价减去历年已提折旧额后的净值。

【负债合计】指企业承担并需要偿还的全部债务。包括流动负债和长期负债、递延税款贷项等，即为企业资产负债表的负债合计项。

【流动负债】指企业在一年内或者超过一年的营业周期内需要偿还的债务合计，其中包括短期借款、应付及预收款项、应付工资、应交税金和应交利润等。

【长期负债】指企业在一年以上或者超过一年的营业周期以上需要偿还的债务合计，其中包括长期借款、应付债务、长期应付款项等。

【所有者权益】指企业投资人对企业净资产的所有权。企业净资产等于企业全部资产减去全部负债后余额，其中包括投资者对企业的最初投入，以及资本公积金、盈余公积金和未分配利润，对股份制企业即为股东权益。

【主营业务收入】指企业销售产品和提供劳务等主要经营业务取得的收入总额。

【主营业务成本】指企业销售产品和提供劳务等主要经营业务的实际成本。

【主营业务税金及附加】指企业销售产品和提供劳务等主要经营业务应负担的城市维护建设税、消费税、资源税和教育费附加。

【营业费用】根据会计利润表中对应指标的本年累计数填列。未执行 2001 年《企业会计制度》的企业，用产品销售费用的本期累计数代替。

【管理费用】指企业行政管理部门为组织和管理生产经营活动而发生的各项费用。根据会计利润表中对应指标的本期累计数填列。

【财务费用】指企业为筹集生产经营所需资金等而发生的费用，包括利息支出、汇兑损失以及相关的金融机构手续费等。根据会计利润表中对应指标的本期累计数填列。

【利息支出】指企业短期借款利息、长期借款利息、应付票据利息、票据贴现利息、应付债券利息、长期应付引进国外设备款利息等利息支出。根据企业“财务费用明细账”中“财务费用—利息支出”科目的发生额填报。如果企业没有单独设立“利息收入”科目，应填报利息支出减去银行存款等的利息收入后的净额。

【应交所得税】指企业按税法规定，应从生产经营等活动的所得中交纳的税金。根据会计利润表中的对应指标的本期累计数填列。

【应付职工薪酬】指企业为获得职工提供的服务而给予各种形式的报酬以及其他相关支出。包括职工工资、奖金、津贴和补贴，职工福利费，医疗保险费、养老保险费、失业保险费、工伤保险费和生育保险费等社会保险费，住房公积金，工会经费和职工教育经费，非货币性福利，因解除与职工的劳动关系给予的补偿，其他与获得职工提供的服务相关的支出。

【本年应交增值税】指企业按税法规定，从事货物销售或提供加工、修理修配劳务等增加货物价值的活动本期应交纳的税金。指企业在报告期应交增值税额。计算公式为：

本年应交增值税 = 销项税额 -（进项税额 - 进项税额转出）- 出口抵减内销产品应纳税额 - 减免税款 + 出口退税

【利润总额】指企业在一定时期的最终经营成果。

【利税总额】指企业利润总额、主营业务税金及附加和本年应交增值税之和。本年应交增值税如小于 0，计算利税总额时，本年应交增值税按 0 处理。

【企业划分标准】２０１１年大中小微型企业是按照国统字［２０１１］７５号《国家统计局关于印发统计上大中小微型企业划分办法的通知》制定的统计上大中小微型企业划分标准划分。

重点服务业与运输邮电业

大连统计年鉴 2015

责任编辑

万　红　　张　欣

牛方平　　张倪源

韩　策

6-1 规模以上服务业企业

项目	单位数（个）	本年折旧		营业
		2014 年	2013 年	2014 年
总计	**2091**	**851339**	**816829**	**13154095**
交通运输、仓储和邮政业	543	446744	438947	6637871
铁路运输业	3	17705	17205	562197
道路运输业	212	46080	39339	619715
水上运输业	57	282072	264161	3080615
航空运输业	4	23791	20320	220300
管道运输业	1	7859	6810	7345
装卸搬运和运输代理业	191	42158	54272	1352587
仓储业	69	25083	34890	697689
邮政业	6	1996	1950	97423
信息传输、软件和信息技术服务业	353	221517	200313	3245304
电信、广播电视和卫星传输服务	10	177549	168598	961577
互联网和相关服务	11	551	441	21786
软件和信息技术服务业	332	43417	31274	2261941
金融业	19	744	776	21174
#非货币银行服务	19	744	776	21174
房地产业	293	51049	47437	647444
#物业管理	196	14973	13930	358308
房地产中介服务	29	2352	2958	73042
自有房地产经营活动	68	33724	30549	216094
租赁和商务服务业	367	42524	49668	1051197
租赁业	20	4553	5922	39806
商务服务业	347	37971	43746	1011391
科学研究和技术服务业	268	29657	24168	951355
研究和试验发展	14	1443	1290	41316
专业技术服务业	224	25118	20747	880018
科技推广和应用服务业	30	3096	2131	30021
水利、环境和公共设施管理业	65	11010	11865	166247
水利管理业	1	31	17	1926
生态保护和环境治理业	4	560	300	3676
公共设施管理业	60	10419	11548	160645
居民服务、修理和其他服务业	55	15709	16180	79872
居民服务业	24	14718	15174	59023
机动车、电子产品和日用产品修理业	27	807	730	18986
其他服务业	4	184	276	1863
教育	44	3238	3227	51683
卫生和社会工作	42	16926	13523	138907
卫生	40	16911	13512	138120
社会工作	2	15	11	787
文化、体育和娱乐业	42	12221	10725	163041
新闻和出版业	8	2326	2233	71888
广播、电视、电影和影视录音制作业	10	1094	977	39711
文化艺术业	5	230	191	3460
体育	11	2870	2718	9792
娱乐业	8	5701	4606	38190

注：规模以上服务业企业是年营业收入为 200 万元及以上的国家和省级联网直报法人单位。

分 行 业 主 要 财 务 指 标

单位：万元

收入	营业税金及附加		营业利润		应付职工薪酬	
2013年	2014年	2013年	2014年	2013年	2014年	2013年
13025864	**145004**	**245874**	**573212**	**729110**	**2316440**	**2168177**
6607712	35461	84313	19823	18559	797047	725305
410661	1888	4171	41043	51821	23693	21244
632544	6907	14049	-150832	-116806	177437	168763
3552991	17808	42858	68837	53760	358422	335546
189444	983	4213	-8525	-6281	61835	40820
8840	33	250	2235	3555	1536	1516
1240645	4442	10324	60123	25505	105298	97122
486083	2997	7375	6078	4209	23983	22387
86504	403	1073	864	2796	44843	37907
3197444	22983	45244	377304	442949	764820	721717
931065	16905	33805	293345	313606	87271	83194
14896	200	482	-1444	-964	3064	3862
2251483	5878	10957	85403	130307	674485	634661
25616	1172	1433	10003	13955	3166	3096
25616	1172	1433	10003	13955	3166	3096
624360	34117	30540	29079	40132	180574	162508
349930	18376	16324	1186	7615	120098	103901
76403	3944	4216	-2419	528	40106	38526
198027	11797	10000	30312	31989	20370	20081
980590	21938	43234	52556	82946	192592	190056
24014	866	908	4967	-1479	4825	4656
956576	21072	42326	47589	84425	187767	185400
1020569	13872	23908	57220	84898	233284	225130
33414	108	405	2474	1784	3058	2651
953170	12705	21844	52103	78210	224156	216016
33985	1059	1659	2643	4904	6070	6463
165885	6838	7120	13256	15507	41124	39859
1936	72	102	193	193	374	95
3749	26	31	456	443	622	523
160200	6740	6987	12607	14871	40128	39241
84861	3616	3773	2401	4719	14961	14472
63535	3272	3446	567	2729	11409	11129
19412	239	221	1559	1670	2652	2506
1914	105	106	275	320	900	837
52894	923	927	5295	7331	21707	21276
116677	385	557	-1664	6382	34301	32584
115929	370	547	-1693	6251	34089	32379
748	15	10	29	131	212	205
149256	3699	4825	7939	11732	32864	32174
80042	330	1688	2060	8025	18684	20183
25680	652	802	9028	5649	2930	2643
4973	80	147	-2009	-700	1346	1080
10881	839	954	-5374	-4634	3411	3346
27680	1798	1234	4234	3392	6493	4922

6-2 交通运输业主要

年 份	客运总量（万人次）	旅客周转量（万人公里）	#公路（万人公里）	货运总量（万吨）	货运周转量（万吨公里）	#水路（万吨公里）
1978	5734	238257	47216	5809	1066544	110022
1979	5952	256871	50524	6191	1134706	82302
1980	6392	280708	56487	5980	1305131	282377
1981	6686	290658	60252	6172	2507999	1508304
1982	7264	321956	67991	6541	2115335	1065111
1983	7611	349126	75234	7017	3170518	2064785
1984	8118	387755	85374	7821	3531112	2314081
1985	8013	423670	88456	7259	3921470	2599287
1986	8880	498139	142630	12534	4242417	2833105
1987	8995	524441	150807	15681	4334494	2836657
1988	9769	594738	178164	16715	4642585	3035386
1989	9781	575794	200902	17405	5134616	3432299
1990	9196	537261	217666	16470	4675464	3032476
1991	9522	549492	253925	17928	4403806	2667733
1992	9865	605002	244835	18688	6893177	5021572
1993	10284	737430	276113	21592	7690384	5778354
1994	10360	720014	252965	25799	7771635	5931388
1995	10749	717567	231021	19785	8266088	6582744
1996	10744	711535	240023	20865	6362952	4691805
1997	10950	733630	247223	20800	4759465	3039266
1998	10934	698179	252463	20520	4627236	3070206
1999	11081	765738	260653	21096	6017513	4438004
2000	11304	802766	266688	21756	7319743	5634808
2001	11535	876983	273585	21574	7712512	6011970
2002	12022	928813	290000	22672	8022147	6259378
2003	11261	852111	266220	22863	12659373	10772749
2004	12440	1080284	315560	24434	16222664	13968301
2005	12311	1102803	328999	25651	19233337	16877234
2006	12834	1232987	343816	28712	25032221	22600102
2007	15380	1352828	389795	31398	40996088	38394957
2008	16661	1552037	565490	24959	45863122	41992231
2009	17318	1631724	610008	28818	51313482	47197992
2010	12905	1571604	524909	32466	59383568	54758000
2011	13734	1749053	582641	36199	68212481	62972000
2012	14395	1879125	633502	40176	77894749	72388491
2013	13293	1888826	552536	41737	81352391	75954174
2014	13581	2054262	573752	44735	83357438	77830171

注：2008 年客货运量数据根据交通部门专项调查重新进行修定；2009 年客货运量使用省局反馈口径；2011 年客运总量和旅客周转量调整为 2012 年可比口径；根据专项调查结果，交通部门分别对 2010 年、2013 年的客货运量和客货周转量数据进行了修定，上述两个年度增速不可与上年数据直比。

指 标 （1978-2014 年）

沿海港口旅客吞吐量（万人次）	沿海港口货物吞吐量（万吨）	机场旅客吞吐量（万人次）	机场货邮吞吐量（万吨）	民用汽车拥有量（辆）	民用机动船拥有量（艘）	净载重量（吨位）
159.6	2864.0	2.30	0.09	16083		
203.0	3148.3	3.13	0.18	17858	400	16624
217.2	3263.5	3.19	0.20	18388	461	21570
225.6	3307.8	4.87	0.16	20168	410	30971
246.4	3401.8	8.13	0.18	21697	493	43883
264.4	3519.6	5.66	0.19	23498	472	56166
270.2	4016.1	7.53	0.22	26644	525	59055
334.3	4381.0	14.07	0.32	35350	618	76051
354.5	4428.7	24.41	0.58	40698	564	151538
389.0	4609.7	29.64	0.72	48319	539	135098
412.1	4852.6	34.85	0.93	57353	573	757317
371.6	5091.8	37.28	1.07	60011	612	940772
327.1	4952.3	46.65	1.20	67026	593	880963
378.5	5472.0	62.33	1.59	73838	584	996085
437.6	5909.2	86.22	2.35	88963	591	1299183
457.2	5959.0	102.39	2.71	102853	610	1470323
624.0	6413.0	120.90	3.15	136023	604	1683232
646.0	6611.0	156.60	3.80	141611	631	1148256
688.0	6932.0	175.8	4.5	121281	564	906799
749.0	7600.0	194.0	4.7	131089	481	703197
789.0	8063.0	211.7	4.8	134696	488	842059
836.0	9079.0	236.2	6.1	142897	471	1214795
693.0	9699.0	275.2	7.6	158823	469	1415584
767.0	10519.0	306.4	8.0	173192	391	1329784
787.6	11188.0	333.5	9.3	199584	329	1587965
513.9	12601.7	342.0	9.5	228579	280	2145635
614.7	14516.2	461.4	11.8	260781	307	2598600
615.4	17085.2	540.8	12.9	317018	317	2662393
616.1	20046.0	635.1	14.5	398218	358	3658048
643.9	22286.0	728.2	16.2	453622	398	3924805
586.8	24588.4	820.5	12.9	505309	360	4463079
602.1	27202.8	955.0	12.6	583668	298	5451939
612.0	31399.3	1070.4	14.1	698817	266	6461441
680.2	33690.8	1201.2	13.8	826035	281	6984094
638.4	37426.2	1333.7	13.7	942603	280	7473765
606.0	40746.2	1408.3	13.2	1026029	257	7487350
581.7	42336.8	1355.1	13.3	1149344	265	7667131

6-3 境内公路线路里程

单位：公里

指　标	公路里程					
		国道	省道	县道	乡道	村道
总　计	**12984.6**	**916.6**	**1202.1**	**1595.9**	**2823.9**	**6446.1**
一、按等级分						
（一）等级公路	10716.7	916.6	1202.1	1595.9	2823.9	4178.2
境内高速公路	531.1	379.9	151.2			
一级	824.4	193.7	327.0	287.8	7.1	8.8
二级	2525.4	343.0	712.8	1161.3	254.9	53.4
三级	3214.3		11.1	146.8	2407.4	649.0
四级	3621.5				154.5	3467.0
（二）等外公路	2267.9					2267.9
二、公路路面按高中低级分						
高级	4061.7	916.6	1160.6	1060.1	397.0	527.4
次高级	6216.3		41.5	535.8	2426.9	3212.1
中级和低级	2706.6					2706.6

注：高速公路里程为省反馈。

6-4 旅客运输完成情况及构成

指　　标	单位	2014年	2013年	比2013年±%	构成（%）	
					2014年	2013年
一、客运量	万人次	13581.3	13293.2	2.2	100.00	100.00
1. 铁路	万人次	2214.1	2298.7	-3.7	16.30	17.29
2. 公路	万人次	10354.0	10058.0	2.9	76.24	75.66
3. 水路	万人次	430.0	435.0	-1.1	3.17	3.27
4. 航 空	万人次	583.3	501.5	16.3	4.29	3.77
国际航线	万人次	51.4	52.0	-1.3		
国内航线	万人次	531.9	449.5	18.3		
#港澳航线	万人次	2.3	2.2	4.9		
二、旅客周转量	万人公里	2054262	1888826	8.8	100.00	100.00
1. 铁 路	万人公里	677720	636996	6.4	32.99	33.72
2. 公 路	万人公里	573752	552536	3.8	27.93	29.25
3. 水 路	万人公里	56487	56147	0.6	2.75	2.97
4. 航 空	万人公里	746302	643147	16.0	36.33	34.05
国际航线	万人公里	53251	53596	-0.6		
国内航线	万人公里	693051	589552	17.6		
#港澳航线	万人公里	3923	3744	4.8		

注：铁路客运量为省局反馈数据，旅客周转量数据根据全省速度推算。

6-5 货物运输完成情况及构成

指　标	单位	2014年	2013年	比2013年±%	构成（%）	
					2014年	2013年
一、货运量	万吨	44735	41970	6.6	100.00	100.00
1. 铁路	万吨	2334	2393	-2.5	5.22	5.70
2. 公路	万吨	28800	26276	9.6	64.38	62.61
3. 水路	万吨	12518	12116	3.3	27.98	28.87
4. 航 空	万吨	5.78	5.18	11.6	0.01	0.01
国际航线	万吨	0.54	0.62	-12.6		
国内航线	万吨	5.24	4.56	14.9		
#港澳航线	吨	122	86	42.2		
5. 管 道	万吨	1078	1179	-8.6	2.41	2.81
二、货物周转量	万吨公里	83357438	81352391	2.5	100.00	100.00
1. 铁 路	万吨公里	1625955	1851961	-12.2	1.95	2.28
2. 公 路	万吨公里	3860000	3501271	10.2	4.63	4.30
3. 水 路	万吨公里	77830171	75954174	2.5	93.37	93.36
4. 航 空	万吨公里	8599	7626	12.8	0.01	0.01
国际航线	万吨公里	559	616	-9.3		
国内航线	万吨公里	8041	7009	14.7		
#港澳航线	万吨公里	20.78	14.59	42.4		
5. 管 道	万吨公里	32713	37359	-12.4	0.04	0.05

注：铁路货运量为省局反馈数据，货物周转量数据根据全省速度推算。

6-6 沿海港口及航空港吞吐量

指　　标	单位	2014年	2013年	比2013年±%
一、沿海港口吞吐量				
1. 旅客吞吐量	万人次	581.7	606.0	-4.0
进 港（上岸）	万人次	284.4	299.1	-4.9
出 港（上船）	万人次	297.3	306.8	-3.1
2. 货物吞吐量	万吨	42336.8	40746.2	3.9
进 港（卸船）	万吨	21186.1	20118.8	5.3
出 港（装船）	万吨	21150.7	20627.4	2.5
# 外贸货物吞吐量	万吨	12531.4	11766.8	6.5
# 出港（装船）	万吨	4465.9	4113.5	8.6
3. 集装箱吞吐量	万标箱	1013.2	1001.5	1.2
# 外贸	万标箱	525.0	517.8	1.4
二、航空港吞吐量				
1. 旅客吞吐量	万人次	1355.1	1408.3	-3.8
进 港（下机）	万人次	671.3	718.4	-6.6
出 港（蹬机）	万人次	683.9	689.9	-0.9
2. 纯货邮吞吐量	万吨	13.3	13.2	0.8
进 港（卸机）	万吨	6.5	6.5	-1.0
出 港（装机）	万吨	6.9	6.7	2.5

注：纯货邮吞吐量不包含旅客行李。

6-7 民用运输船舶拥有量

指　　标	单位	2014年	2013年	比2013年±%
一、机动船	艘	265	257	3.1
载客量	客位	23351	22964	1.7
净载重量	吨位	7667131	7487350	2.4
总功率	千瓦	1148944	1120113	2.6
1. 客　船	艘	16	15	6.7
载客量	客位	2674	2475	8.0
2. 客货船	艘	28	27	3.7
载客量	客位	20677	20489	0.9
净载重量	吨位	27031	26510	2.0
3. 货　船	艘	208	207	0.5
净载重量	吨位	7640084	7460825	2.4
4. 拖　船	艘	13	8	62.5
二、驳　船	艘	7	10	-30.0
净载重量	吨位	21721	31108	-30.2

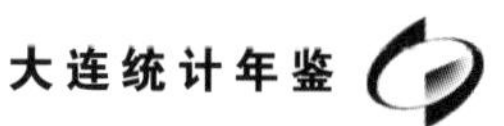

6-8 民用车辆拥有量

指　　标	单位	2014年		2013年		比2013年±%	
		总计	#私人	总计	#私人	总计	#私人
一、民用汽车	辆	1149344	942315	1026029	818208	12.0	15.2
1. 载客汽车	辆	990814	847276	871201	726939	13.7	16.6
#大型	辆	16046	1064	16458	1093	-2.5	-2.7
2. 载货汽车	辆	146526	88620	141341	83331	3.7	6.3
#普通载货汽车	辆	73160	52362	71299	50117	2.6	4.5
3. 其他汽车	辆	12004	6419	13487	7938	-11.0	-19.1
二、摩托车	辆	176157	175507	185235	184523	-4.9	-4.9
三、轮胎式拖拉机	台	82161	82161	77358	77358	6.2	6.2
四、载货挂车	辆	7824	465	7559	397	3.5	17.1
五、机动车驾驶员	万人	185.5		164.8		12.6	
#汽车驾驶员	万人	178.8		163.0		9.7	

6-9 邮电业务完成情况

指　　标	单位	2014年	2013年	比2013年±%
一、邮电业务总量	亿元	134.8	119.0	13.2
1. 邮政	亿元	13.9	11.5	20.4
2. 电信	亿元	120.9	107.5	12.5
二、主要业务分类				
函件	万件	1100	1038	5.9
包裹	万件	44	55	-19.3
快递	万件	4411	3041	45.1
报纸	万份	10172	10453	-2.7
杂志	万份	512	510	0.4
汇兑	万笔	85	120	-28.8
集邮业务	万枚	908	755	20.3
固定电话用户合计	万户	240	253	-5.0
移动电话用户合计	万户	849	909	-6.6
（固定）互联网宽带接入用户	万户	132	130	1.9

注：邮政、电信数据均为省局反馈数据。

主要统计指标解释

【本年折旧】指企业在报告期内提取的固定资产折旧合计数。可以根据会计“财务状况变动表”中“固定资产折旧”项的数值填报。若企业执行2001年《企业会计制度》，可以根据会计核算中《资产减值准备、投资及固定资产情况表》内“当年计提的固定资产折旧总额”项本年增加数填报。

【营业收入】指企业经营主要业务和其他业务所确认的收入总额。营业收入合计包括“主营业务收入”和“其他业务收入”。根据会计“利润表”中“营业收入”项目的本期金额数填报。

【营业税金及附加】指企业因从事生产经营活动按税法规定缴纳的应从经营收入中抵扣的税金和附加，包括营业税、消费税、城市维护建设税、教育费附加等。根据会计“利润表”中“营业税金及附加”项目的本期金额数填报。

【营业利润】指企业从事生产经营活动所取得的利润。执行2006年《企业会计准则》的企业，营业利润为营业收入减去营业成本、营业税金及附加、销售费用、管理费用、财务费用、资产减值损失，再加上公允价值变动收益和投资收益。未执行2006年《企业会计准则》的企业，营业利润为主营业务收入减去主营业务成本、主营业务税金及附加，加上其他业务利润后，再减去销售费用、管理费用、财务费用后的金额。根据会计“利润表”中“营业利润”项目的本期金额数填报。

【应付职工薪酬】指企业为获得职工提供的服务而给予各种形式的报酬以及其他相关支出。包括职工工资、奖金、津贴和补贴，职工福利费，医疗保险费、养老保险费、失业保险费、工伤保险费和生育保险费等社会保险费，住房公积金，工会经费和职工教育经费，非货币性福利，因解除与职工的劳动关系给予的补偿，其他与获得职工提供的服务相关的支出。执行2006年《企业会计准则》的企业，根据会计科目“应付职工薪酬”的本年贷方累计发生额填报；未执行2006年《企业会计准则》的企业，应将本年上述职工薪酬包含的科目归并填报。

【货（客）运量】指在一定时期内，各种运输工具实际运送的货物（旅客）数量。是反映运输业为国民经济和人民生活服务的数量指标，也是制定和检查运输生产计划，研究运输发展规模和速度的重要指标。货运按吨计算，客运按人计算。货物不论运输距离长短、货物类别，均按实际重量统计；旅客不论行程远近或票价多少，均按一人一次作为客运量统计。半价票、小孩票也按一人统计。

【货物（旅客）周转量】指在一定时期内，由各种运输工具运送的货物（旅客）数量与其相应运输距离的乘积之总和。是反映运输业生产总成果的重要指标，也是编制和检查运输生产计划，计算运输效率、劳动生产率以及核算运输单位主要基础资料。通常以吨公里和人公里为计算单位。计算货物周转量通常按发出站与到达站之间的最短距离，也就是计费距离计算。

【邮电业务总量】指以价值量形式表现的邮电企业用于传递信息和提供其他邮电服务的总数量。它综合反映了一定时期邮电业务发展的总成果，是研究邮电业务量构成和发展趋势的重要指标。它用各种邮电分类业务量，如函件件数、报刊份数、电话户数等分别乘以相应的平均单价（不变价）之和，再加上出租电路和设备、代用户维护电话交换机和线路等的服务收入。

国内贸易

大连统计年鉴 2015

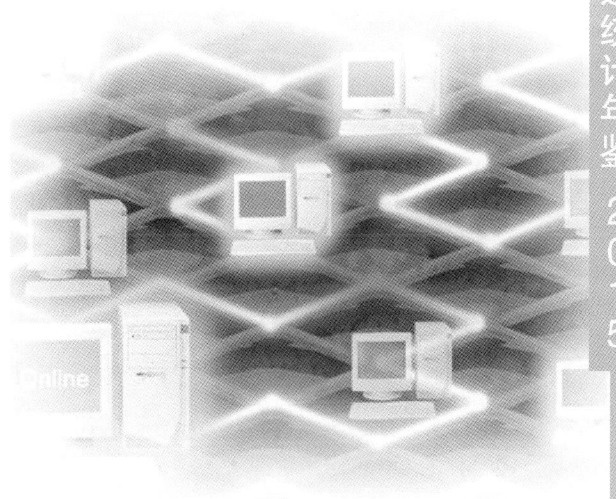

责任编辑

桑凤民　　李　莹

张艺镨　　夏英杰

7-1 社会消费品

年份	社会商品零售总额	社会消费品零售总额	按行业分				
			批发零售业	住宿餐饮业	其他	农民对城镇居民	制造业
1978	127142	103344	117626	4659	1625		3232
1979	149243	123567	131683	5762	4529		7269
1980	180448	152817	156804	7277	5823		10544
1981	209086	179977	178327	8272	6971		15516
1982	212435	182524	184400	9089	6937		12009
1983	234665	201630	203941	9254	8007		13463
1984	279907	243918	245305	11333	9107		14162
1985	353691	313128	310618	14066	11131		17876
1986	412037	369745	359029	17203	14015		21790
1987	529762	473766	443636	20332	39664	26285	26130
1988	684064	612124	575002	26028	50800	35496	32234
1989	808259	727037	681085	28144	62386	44275	36644
1990	816935	745268	680321	26981	75043	55987	34590
1991	957905	874937	787666	37733	92011	70328	40495
1992	1139589	1042153	905258	47551	145963	115480	40817
1993		1353932	1016417	74664	214623	192293	48228
1994		1873941	1299483	186574	339417	305994	48467
1995		2322100	1992225	281370	48505		
1996		2668202	2285748	343298	39155		
1997		3074395	2668281	377771	28342		
1998		3505936	2964887	498164	42885		
1999		3824980	3207439	561122	56420		
2000		4172169	3446097	672170	53903		
2001		4565862	3792486	714005	59371		
2002		5055569	4175800	814452	65317		
2003		5684526	4706063	897263	81200		
2004		6452178	5283025	1080364	88789		
2005		7320056	6027972	1198963	93121		
2006		8392966	6959045	1338911	95010		
2007		9832589	8167037	1565960	99593		
2008		11826448	9873695	1852683	100070		
2009		13967483	11674251	2179446	113785		
2010		16397554	14674360	1723194			
2011		19247940	17245455	2002486			
2012		22240483	19970365	2270118			
2013		25265048	22780313	2484735			
2014		28284239	25472031	2812209			

注：1. 1993 年以前称“社会商品零售总额”，包括“农业生产资料”，1993 年以后称“社会消费品零售总额”。为了可比，对 1993 年以前的社会商品零售总额进行了调整，扣除农业生产资料，即为消费品零售总额，但内部结构均未调整。
2. 2003 年起国家统计局对社会消费品零售总额统计范围进行调整。调整后的社会消费品零售总额包括批发零售业、住宿餐饮业和其他行业（扣除了制造业和其他行业中的农民对城镇居民）。为了可比，对 1995 年 -2002 年的社会消费品零售总额均按新口径进行了调整，但以前年度未调整。

零售总额 (1978-2014年)

单位：万元

按销售地区分		按商品类别分				
市	县及以下	吃	穿	用	烧	农业生产资料
61900	65242	46066	23618	28228	5432	23798
75238	74005	53230	31550	34946	3841	25676
92777	87671	68756	33129	44209	6723	27631
109216	99870	78777	37368	59937	3895	29109
112214	100221	85414	34286	58721	4103	29911
125699	108966	96318	39867	60766	4679	33035
157283	122624	111673	50243	75950	6052	35989
205435	148256	131520	64863	108484	8261	40563
240869	171168	160123	76143	124044	9435	42292
356997	172765	216049	89006	157284	11427	55996
467886	216178	273520	114594	213094	10916	71940
570836	237423	341805	127365	239302	18565	81222
595142	221793	366883	117176	240718	20491	71667
702023	255882	422713	138647	290247	23330	82968
967870	171719	502920	156100	355738	27395	97436
1239109	114823	642685	221482	453466	36299	
1744183	129758	974948	292434	566924	39635	
2177539	144561	1207579	427190	650848	36483	
2465865	202337	1391588	489180	750710	36723	
2845421	228974	1606068	516684	910423	41220	
3243466	262470	1831207	573114	1057563	44052	
3539406	285574	1895478	700466	1179725	49311	
3878625	293545	1996956	824259	1289801	61153	
4233887	331975	2269978	888214	1340193	67478	
4700487	355082	2400943	1009829	1564116	80682	
5359940	324587	2610857	1114316	1866471	92883	
6101247	350931	2960797	1216865	2166472	108044	
6833461	486594	3366343	1381046	2430569	142098	
7838896	554070	3904470	1578213	2716297	193986	
9186919	645670	4779702	1770650	3012164	270074	
11059348	767100	5867227	2054129	3519092	386000	
13089182	878301					
15563828	833726					
18367258	880682					
21279398	961085					
24191117	1073931					
26994889	1289350					

3. 2010年起，社会消费品零售总额统计范围调整为辖区内全部批发和零售业、住宿和餐饮业法人企业和个体经营户，以及非批发和零售业法人单位附营的限额以上批发和零售业产业活动单位、非住宿和餐饮业法人单位附营的限额以上住宿和餐饮业产业活动单位，不包含“其他行业”；取消了按登记注册类型和商品类别分组指标（其中“吃、穿、用、烧”从2009年6月起取消）；“市、县及县以下”统计分组改为“城镇、乡村，城镇列其中：城区”，因此从2009年起，“市”指标统计口径与“城镇”指标统计口径一致，“县及县以下”指标统计口径与“乡村”指标统计口径一致。

7-2 限额以上批发和零售业法人

指　标	法人企业数（个）	从业人员期末人数（人）	商品购进额	#进口	商品销售额	#通过公共网络实现的商品销售额
总　计	**1465**	**77739**	**330600874**	**26860556**	**369310328**	**13043072**
一、批发业	1017	27232	262910122	22110893	285613498	11983135
1. 按批发行业小类分						
农、林、牧产品批发	59	1210	33416757	2050685	33315179	
谷物、豆及薯类批发	44	1020	30644277	1536707	30473319	
种子批发	5	121	1641270		1704502	
饲料批发	8	59	1050919	513583	1052886	
林业产品批发	1	5	34874	395	36180	
其他农牧产品批发	1	5	45417		48292	
食品、饮料及烟草制品批发	110	4612	23039617	2965166	23409874	8642105
米、面制品及食用油批发	20	395	8746220	12937	5722973	
糕点、糖果及糖批发	2	77	55725		98189	
果品、蔬菜批发	30	1127	864609	195336	1421389	10000
肉、禽、蛋、奶及水产品批发	23	869	4407530	2437733	4768284	
盐及调味品批发	8	284	782436	249158	855154	
营养和保健品批发	4	121	126114		128971	
酒、饮料及茶叶批发	16	751	1062617	28240	1171288	
烟草制品批发	2	827	6724446	41762	8962748	8632060
其他食品批发	5	161	269920		280878	45
纺织、服装及家庭用品批发	97	4662	13348684	3278762	14646940	630543
纺织品、针织品及原料批发	16	348	1289994	24842	1355301	378029
服装批发	48	2780	6400868	834417	7297108	197335
鞋帽批发	3	73	1517797	446	1583515	1053
化妆品及卫生用品批发	6	374	319682	375	550401	
厨房、卫生间用具及日用杂货批发	4	172	99459		116914	
灯具、装饰物品批发	2	38	37267		46503	
家用电器批发	9	262	3056406	2402901	3164457	4666
其他家庭用品批发	9	615	627211	15781	532741	49460
文化、体育用品及器材批发	15	414	1143331	10394	1172967	
文具用品批发	6	130	448963		470168	
体育用品及器材批发	4	28	102905	9756	119793	
首饰、工艺品及收藏品批发	4	223	576727	638	563780	
其他文化用品批发	1	33	14736		19226	
医药及医疗器材批发	37	2066	5564420	1090524	6981932	42171

商品购进、销售和库存

单位：千元

#使用银行卡支付的商品销售额	批发额	#出口	零售额	#通过公共网络实现的商品零售额	期末商品库存额	年末零售营业面积（平方米）
34970470	**256478358**	**21470205**	**112831970**	**1963168**	**26410917**	**2503553**
13937373	252540704	21444410	33072794	640805	19175442	328105
230459	28919675	1776207	4395504		4431502	4688
2033	26830916	1672418	3642403		4292574	3698
	951401		753101		3586	490
228426	1052886	20045			133431	390
	36180	35452			461	110
	48292	48292			1450	
1700000	21624090	845572	1785784	13164	4214678	110017
1149993	5698439	132205	24534		2451266	27507
	97096		1093		14081	200
	1328438	36906	92951		41462	74222
500405	3191935	628805	1576349		900056	2673
	844155		10999		96066	1520
	128971	46600			32571	310
43688	1124262	1056	47026		226046	3015
	8949629		13119	13119	386488	
5914	261165		19713	45	66642	570
141025	14369938	8136371	277002	1200	815631	7936
95537	1354101	501949	1200	1200	34881	1397
	7204640	4944065	92468		448651	1305
	1582462	200205	1053		47804	80
	442404		107997		50040	433
	116914	2050			55608	301
	44670	34458	1833		1646	120
	3131955	2387488	32502		73862	800
45488	492792	66156	39949		103139	3500
244075	992192	282219	180775		126145	1600
	470168	64392			17934	200
	119793	38798			7576	200
244075	383005	178991	180775		100517	900
	19226	38			118	300
97437	5555800		1426132		384577	8871

7-2 续表 1

指　　标	法人企业数（个）	从业人员期末人数（人）	商品购进额	# 进口	商品销售额	# 通过公共网络实现的商品销售额
西药批发	17	1362	3821281	968235	4275895	
中药批发	5	385	693323		873865	
医疗用品及器材批发	15	319	1049816	122289	1832172	42171
矿产品、建材及化工产品批发	505	7775	152654399	4514541	163964673	1524418
煤炭及制品批发	78	943	20577482	234167	21858418	
石油及制品批发	165	2571	59056451	1136920	61853905	1388779
非金属矿及制品批发	11	104	770280	30531	845267	35913
金属及金属矿批发	146	2504	56375246	1967048	62044284	
建材批发	28	334	2206159	42181	2340238	56622
化肥批发	5	83	1930080		2072126	
其他化工产品批发	72	1236	11738701	1103694	12950435	43104
机械设备、五金产品及电子产品批发	173	5456	29679471	7791635	37470833	624157
农业机械批发	3	24	62890	12406	64818	
汽车批发	16	690	1519863	78287	2417816	5131
汽车零配件批发	16	532	5971866	4720483	6559832	118201
五金产品批发	35	760	1445586	137570	2077362	241893
电气设备批发	11	267	1289210	870964	1411967	
计算机、软件及辅助设备批发	12	450	540517	223190	653008	86912
通讯及广播电视设备批发	3	92	894563		820800	
其他机械设备及电子产品批发	77	2641	17954976	1748735	23465230	172020
贸易经纪与代理	5	61	1773660	239336	1854472	466551
贸易代理	4	57	1300237	239336	1387921	
其他贸易经纪与代理	1	4	473423		466551	466551
其他批发业	16	976	2289783	169850	2796628	53190
再生物资回收与批发	7	805	1186955	32850	1656169	53190
其他未列明批发业	9	171	1102828	137000	1140459	
2. 按登记注册类型分						
内资企业	940	24473	253804392	19572601	273848032	11593828
国有企业	15	1370	11809832	2490509	14297899	8632060
集体企业	4	167	1982473		2344831	68734
股份合作企业	2	40	79134		84941	
有限责任公司	200	6624	102142316	8499521	112775859	1815819
国有独资公司	6	229	5267322	1004216	4967031	
其他有限责任公司	194	6395	96874994	7495305	107808828	1815819

单位：千元

#使用银行卡支付的商品销售额	批发额	#出口	零售额	#通过公共网络实现的商品零售额	期末商品库存额	年末零售营业面积（平方米）
82159	2959102		1316793		203189	6262
	873865				53037	1000
15278	1722833		109339		128351	1609
9502505	150050865	5218487	13913808	5611	5363881	146797
1067058	18969240		2889178		532210	13897
3155575	57771145	58434	4082760		1945519	20959
	845267	257696			26578	298
5243086	55321766	1744295	6722518		2136344	97421
27644	2238112	320582	102126		68604	3388
	2072126	61950			216931	330
9142	12833209	2775530	117226	5611	437695	10504
2021872	27339812	5039076	10131021	101089	3699127	37916
	64818	26448			5600	300
105262	964405	7659	1453411		317664	11556
187088	5935096	36013	624736	78902	533529	13233
	1652814	337869	424548		229509	2750
31371	1411967	412515			155523	2127
404	621055	242600	31953		51212	1050
	820800				293660	300
1697747	15868857	3975972	7596373	22187	2112430	6600
	1381840	107524	472632	466551	66119	500
	1381840	107524	6081		47394	400
			466551	466551	18725	100
	2306492	38954	490136	53190	73782	9780
	1411824		244345	53190	31203	7740
	894668	38954	245791		42579	2040
12466463	241220406	18873893	32627626	640805	18371959	246456
1088033	14268749	273158	29150	13119	610350	20800
	2340286		4545		99285	200
	84941				759	200
7271238	92775690	8896155	20000169	80147	7068918	70723
	3944363	2137303	1022668		1048599	3690
7271238	88831327	6758852	18977501	80147	6020319	67033

7-2 续表 2

指　　标	法人企业数（个）	从业人员期末人数（人）	商品购进额	#进口	商品销售额	#通过公共网络实现的商品销售额
股份有限公司	22	1150	10773032	1756013	12112551	
私营企业	685	14942	126688305	6826558	131729008	1077215
私营独资企业	9	97	352787		385327	
私营合伙企业	2	83	75345		79031	
私营有限责任公司	653	14440	117702392	6739089	122391143	1077215
私营股份有限公司	21	322	8557781	87469	8873507	
其他企业	12	180	329300		502943	
港、澳、台商投资企业	16	445	710986	59550	1362366	37493
与港澳台商合资经营企业	3	250	322048		668160	
与港澳台商合作经营企业	1	10			185000	
港澳台商独资经营企业	12	185	388938	59550	509206	37493
外商投资企业	61	2314	8394744	2478742	10403100	351814
中外合资经营企业	11	843	1852530	415903	1871819	289902
外资企业	47	1381	6469190	2062839	8364003	61912
外商投资股份有限公司	3	90	73024		167278	
3. 按控股情况分						
国有控股	72	4894	68322818	8721959	81008775	8632060
集体控股	18	452	12243100	3014	13613178	68734
私人控股	815	18694	162816712	8795911	170229016	1246521
港澳台商控股	16	418	864993	59550	1436373	37493
外商控股	57	1961	7632608	2078095	9540847	351814
其他	39	813	11029891	2452364	9785309	1646513
4. 按经营形式分						
独立门店	326	11007	60346163	1299635	66379087	8919987
连锁门店	1	54	14370		19713	45
其他	690	16171	202549589	20811258	219214698	3063103
二、零售业	448	50507	67690752	4749663	83696830	1059937
1. 按零售行业小类分						
综合零售	55	23704	14720355	261477	25222718	
百货零售	29	14644	10121099	15914	19628456	
超级市场零售	18	7019	3919285	245563	4774254	
其他综合零售	8	2041	679971		820008	
食品、饮料及烟草制品专门零售	16	944	355310	83536	475483	1000
糕点、面包零售	1	456	8188		18250	

单位：千元

#使用银行卡支付的商品销售额	批发额	#出口	零售额	#通过公共网络实现的商品零售额	期末商品库存额	年末零售营业面积（平方米）
	12078976	2167895	33575		508326	4508
4107192	119358495	7536685	12370513	547539	10077436	135825
	381295		4032		21954	953
	79031	66736			196	200
3576762	110038825	7367504	12352318	547539	9742025	130572
530430	8859344	102445	14163		313261	4100
	313269		189674		6885	14200
	1298080	134637	64286		150026	2440
	603874		64286		87479	820
	185000				1350	100
	509206	134637			61197	1520
1470910	10022218	2435880	380882		653457	79209
	1841078	671731	30741		104122	2800
1470910	8013862	1679786	350141		517778	76309
	167278	84363			31557	100
7702240	73747094	5400851	7261681	13119	4744041	50431
	13598400	1818092	14778		196168	2325
4438842	145281194	9739074	24947822	626486	12723969	172598
138293	1436373	134637			172379	2520
1470910	9159965	1834120	380882		612619	78909
187088	9317678	2517636	467631	1200	726266	21322
620524	50362395	3080122	16016692	88496	5363044	163709
5914			19713	45	5329	200
13310935	202178309	18364288	17036389	552264	13807069	164196
21033097	3937654	25795	79759176	1322363	7235475	2175448
5342401	107977	8879	25114741	387799	994312	862647
4053716	8879	8879	19619577	379211	528041	494822
1288685			4774254	8588	408978	323643
	99098		720910		57293	44182
40887	34832	5841	440651	1000	138854	18348
			18250		110	100

7-2 续表 3

指　　标	法人企业数（个）	从业人员期末人数（人）	商品购进额	# 进口	商品销售额	# 通过公共网络实现的商品销售额
果品、蔬菜零售	1	30			8058	
肉、禽、蛋、奶及水产品零售	6	220	104626	9890	166348	1000
营养和保健品零售	1		4793		8612	
酒、饮料及茶叶零售	3	91	113283		124289	
烟草制品零售	3	131	120539	73646	146071	
其他食品零售	1	16	3881		3855	
纺织、服装及日用品专门零售	33	3176	2109478	231749	2761744	16929
纺织品及针织品零售	3	74	25447		30146	
服装零售	18	2114	1424590	218198	1819128	13311
鞋帽零售	1	10	7068		14972	
化妆品及卫生用品零售	4	323	160034		262722	
钟表、眼镜零售	5	468	465211		592029	3618
厨房用具及日用杂品零售	1	140	13100		25563	
其他日用品零售	1	47	14028	13551	17184	
文化、体育用品及器材专门零售	24	1284	585977		855728	11527
文具用品零售	2	14	76		16378	
体育用品及器材零售	5	499	126519		337443	
图书、报刊零售	8	580	232472		245900	
珠宝首饰零售	4	81	92096		106545	
乐器零售	2	82	52539		60300	
照相器材零售	3	28	82275		89162	11527
医药及医疗器材专门零售	31	3545	2854977	5680	3432324	
药品零售	29	3522	2852384	5680	3379877	
医疗用品及器材零售	2	23	2593		52447	
汽车、摩托车、燃料及零配件专门零售	193	13507	40299830	3912907	44822254	845008
汽车零售	145	8718	23646603	3899812	26047638	845008
汽车零配件零售	11	398	375532	13095	474841	
摩托车及零配件零售	3	20	17268		20786	
机动车燃料零售	34	4371	16260427		18278989	
家用电器及电子产品专门零售	55	2861	5476740		4359630	101831
家用视听设备零售	5	88	164156		153013	
日用家电设备零售	20	2019	4659081		3488109	101831
计算机、软件及辅助设备零售	23	587	475051		511461	

单位：千元

# 使用银行卡支付的商品销售额	批发额	# 出口	零售额	# 通过公共网络实现的商品零售额	期末商品库存额	年末零售营业面积（平方米）
	8057		1		30	15000
40887	18806	5841	147542	1000	65144	735
			8612		1611	200
	7969		116320		38331	350
			146071		30382	1863
			3855		3246	100
291422	208953		2552791	28278	968597	96427
	2103		28043		13966	400
237927			1819128	13311	431214	88490
			14972		5583	100
5426	62350		200372	11349	23237	551
33288	144500		447529	3618	481998	5788
			25563		4979	298
14781			17184		7620	800
123517	110887		744841	1164	271579	9550
			16378		352	200
23539	39377		298066		76157	2945
18105			245900		70654	4768
16095	14302		92243		70434	360
	4695		55605		32794	962
65778	52513		36649	1164	21188	315
58734	301344		3130980		369205	41353
58734	280697		3099180		365405	41154
	20647		31800		3800	199
13906318	2050043	10157	42772211	823019	3888849	996543
8138678	1010280	6296	25037358	823019	3503190	296873
31812	165957	3861	308884		51599	4082
			20786		3566	400
5735828	873806		17405183		330494	695188
988017	373417		3986213	3175	434340	102586
21318			153013		135636	1500
931518	176932		3311177	1675	147425	96096
7200	166948		344513	1500	123065	3743

7-2 续表 4

指　　标	法人企业数（个）	从业人员期末人数（人）	商品购进额	#进口	商品销售额	#通过公共网络实现的商品销售额
通信设备零售	6	165	172298		200504	
其他电子产品零售	1	2	6154		6543	
五金、家具及室内装饰材料专门零售	20	828	426555	247666	732915	5714
五金零售	8	209	123291	1026	257669	
家具零售	3	168	10980		57698	
涂料零售	2	9	6825		7141	
木质装饰材料零售	1	38			8055	
其他室内装饰材料零售	6	404	285459	246640	402352	5714
货摊、无店铺及其他零售业	21	658	861530	6648	1034034	77928
货摊纺织、服装及鞋零售	1	315	133906		133511	
邮购及电视、电话零售	1	20	2735		36844	
生活用燃料零售	12	125	626677		656424	
其他未列明零售业	7	198	98212	6648	207255	77928
2. 按登记注册类型分						
内资企业	414	39341	54667378	2511260	65459370	386328
国有企业	10	625	285131		319808	
集体企业	8	144	91614		102456	
股份合作企业	3	29	37222		44892	
联营企业	1	13	83938		102102	
国有联营企业	1	13	83938		102102	
有限责任公司	118	12355	16857017	617268	18934870	273469
其他有限责任公司	118	12355	16857017	617268	18934870	273469
股份有限公司	7	11278	20205937	18286	26953690	
私营企业	266	14822	17106519	1875706	18803154	112859
私营独资企业	11	139	84015		90185	
私营合伙企业	1	8	3765		4325	
私营有限责任公司	240	13702	16256984	1835371	17860641	112859
私营股份有限公司	14	973	761755	40335	848003	
其他企业	1	75			198398	
港、澳、台商投资企业	17	4989	7952558	1317959	12414871	673609
与港澳台商合资经营企业	9	4036	5936507	1317959	9882342	673609
港澳台商独资经营企业	7	851	2007151		2373121	
港澳台商投资股份有限公司	1	102	8900		159408	

单位：千元

#使用银行卡支付的商品销售额	批发额	#出口	零售额	#通过公共网络实现的商品零售额	期末商品库存额	年末零售营业面积（平方米）
27981	23537		176967		27704	1147
	6000		543		510	100
258544	116331	759	616584		100455	38976
758	47064		210605		31483	11870
	27937	759	29761		8487	5200
	7006		135		1132	120
	5421		2634		1289	100
257786	28903		373449		58064	21686
23257	633870	159	400164	77928	69284	9018
			133511		3521	20
			36844		4139	1000
	563552		92872		18207	5360
23257	70318	159	136937	77928	43417	2638
13881993	3389782	25795	62069588	640166	5814309	1815749
31778			319808		76883	11569
	21971		80485		10270	7382
4294	2865		42027		9360	1324
42714			102102		258	100
42714			102102		258	100
4366027	358394	10157	18576476	187483	2147290	333718
4366027	358394	10157	18576476	187483	2147290	333718
6711358	859315	8879	26094375		373615	779277
2725822	2147237	6759	16655917	452683	3158353	678379
7129	17034		73151		13556	2800
	4325				388	100
2678130	2017096	6759	15843545	73172	2933150	660129
40563	108782		739221	379511	211259	15350
			198398		38280	4000
4765282	547872		11866999	673609	790970	160726
4586096	184264		9698078	673609	512489	109618
75875	363608		2009513		276611	37437
103311			159408		1870	13671

7-2 续表 5

指　　标	法人企业数（个）	从业人员期末人数（人）	商品购进额	#进口	商品销售额	#通过公共网络实现的商品销售额
外商投资企业	17	6177	5070816	920444	5822589	
中外合资经营企业	6	3400	2102167		2308838	
外资企业	10	2693	2725339	895488	3281525	
其他外商投资企业	1	84	243310	24956	232226	
3. 按控股情况分						
国有控股	33	12792	20774233	14579	27552398	
集体控股	14	461	584583		654886	
私人控股	343	23924	29685340	2496681	32788262	385992
港澳台商控股	15	1779	5695501	1317959	7508366	673609
外商控股	18	6333	5338818	895488	6163782	336
其他	25	5218	5612277	24956	9029136	
4. 按经营形式分						
独立门店	303	21672	43610963	4119914	49794269	839757
连锁总店（总部）	16	7447	5234251	245563	4658190	1000
连锁门店	8	2118	4384374	90294	5109037	93854
其他	121	19270	14461164	293892	24135334	125326
5. 按零售业态分						
有店铺零售	437	49952	67413602	4740250	83280207	1059601
便利店	7	2352	576173		739473	
超市	17	1470	577078		804626	1000
大型超市	11	5321	3374749		4216739	
仓储会员店	1	23			20248	
百货店	47	16542	11680144	261477	21477174	
专业店	166	13106	31103940	681763	32757645	172847
专卖店	149	8950	17552475	3474696	20294749	808162
家居建材商店	8	469	276015	246640	437324	
购物中心	4	105	102258		157894	
厂家直销中心	27	1614	2170770	75674	2374335	77592
无店铺零售	11	555	277150	9413	416623	336
电视购物	4	349	166458	93	203240	
邮购	1	6			31800	
自动售货亭购物中心	1	37	14066		10940	336
电话购物	1	9	15200	9320	16755	

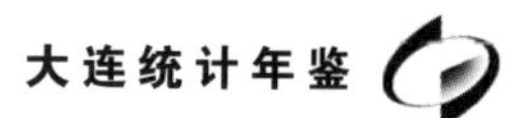

单位：千元

# 使用银行卡支付的商品销售额	批发额	# 出口	零售额	# 通过公共网络实现的商品零售额	期末商品库存额	年末零售营业面积（平方米）
2385822			5822589	8588	630196	198973
549751			2308838		167866	88045
1836071			3281525	8588	417971	108928
			232226		44359	2000
5862835	850436		26701962		532157	760822
	40820		614066		68866	25682
7773541	2396715	25795	30391547	639830	4598762	975061
2136211	363608		7144758	673609	704969	66408
2386071	184264		5979518	8924	637302	200990
2874439	101811		8927325		693419	146485
14717277	2204978	10916	47589291	861560	4998090	1391058
634516	95159		4563031	1000	358545	282523
994171	322281		4786756		424363	71865
4687133	1315236	14879	22820098	459803	1454477	430002
21016093	3847065	19954	79433142	1320527	7199823	2173298
	91502		647971		42184	31769
15590	5257		799369	1000	99193	8330
1288685			4216739	8588	350162	235354
	20248				830	100
4226603	216432	8879	21260742	390560	739594	659234
9390026	1978358	3861	30779287	26457	2216494	965444
5804311	549428	6296	19745321	816330	3439210	218328
257786	14096		423228		55359	26956
7200	14057		143837		39671	16000
25892	957687	918	1416648	77592	217126	11783
17004	90589	5841	326034	1836	35652	2150
	15149	5841	188091		9077	1130
			31800			20
249			10940	336	865	600
16755			16755		1245	100

7-3 限额以上住宿和餐饮业

指　　标	法人企业数（个）	从业人员期末人数（人）	营业额	#使用银行卡支付的营业额	客房收入	#通过公共网络实现的客房收入
总　计	**279**	**28197**	**5720515**	**1579226**	**1458410**	**129377**
一、住宿业	139	16326	2876123	1092736	1374449	124039
1. 按住宿行业小类分						
旅游饭店	112	14593	2589750	1013247	1211805	114402
一般旅馆	22	1424	224285	74154	114486	2192
其他住宿业	5	309	62088	5335	48158	7445
2. 按登记注册类型分组						
内资企业	120	12420	1969205	625872	950890	90287
国有企业	18	1828	314930	77246	141476	11625
集体企业	10	597	81235	13652	39344	2123
联营企业	1	60	9500		4122	
集体联营企业	1	60	9500		4122	
有限责任公司	38	5985	942302	327084	403804	35493
国有独资公司	3	370	48173	12147	20799	509
其他有限责任公司	35	5615	894129	314937	383005	34984
股份有限公司	2	127	27016	3000	16961	4000
私营企业	51	3823	594222	204890	345183	37046
私营合伙企业	1	28	4790		4503	
私营有限责任公司	46	3555	567903	202581	326648	35838
私营股份有限公司	4	240	21529	2309	14032	1208
港、澳、台商投资企业	8	3017	744278	407921	338190	23283
与港澳台商合资经营企业	5	2003	431595	239425	203115	10580
港澳台商独资经营企业	3	1014	312683	168496	135075	12703
外商投资企业	11	889	162640	58943	85369	10469
中外合资经营企业	7	564	113750	33186	56662	7721
中外合作经营企业	1	158	19620	9612	10610	238
外资企业	3	167	29270	16145	18097	2510
3. 按控股情况分组						
国有控股	30	4098	758733	307704	318487	14086
集体控股	16	2069	334632	106868	107482	12227
私人控股	70	6605	994050	310204	560475	53181
港澳台商控股	6	1522	403214	198979	196082	21826
外商控股	7	430	85564	38382	53009	8623
其他	10	1602	299930	130599	138914	14096
4. 按经营形式分组						
独立门店	107	12947	2400773	1017561	1161241	112039
连锁门店	3	212	50303	6141	46861	420
其他	29	3167	425047	69034	166347	11580
5. 按星级分组						
五星	7	3147	698085	374180	274231	17671
四星	27	5215	870907	358337	384497	40638

法人企业经营情况

单位：千元

				客房数	床位数	餐位数	年末餐饮营业面积（平方米）
餐费收入	#通过公共网络实现的餐费收入	商品销售收入	其他收入				
3850363	**133237**	**124050**	**287692**	**25560**	**40254**	**116030**	**477446**
1202296	39572	51308	248070	22867	35530	46433	214774
1106121	39572	48334	223490	18958	29155	38962	166577
84941		2840	22018	2716	4311	4042	45997
11234		134	2562	1193	2064	3429	2200
850655	30946	19220	148440	17844	28832	37491	181662
146907	3593	4518	22029	2572	4659	9875	13360
35904	4908	597	5390	956	1614	3652	16650
5368			10	33	110	300	1000
5368			10	33	110	300	1000
463366	10447	4591	70541	6874	10702	12553	91046
21397		45	5932	267	465	1150	1690
441969	10447	4546	64609	6607	10237	11403	89356
8739		1192	124	328	442	900	10500
190371	11998	8322	50346	7081	11305	10211	49106
82		99	106	104	138	25	200
184389	11899	8223	48643	6590	10493	9224	43306
5900	99		1597	387	674	962	5600
303133	7222	30327	72628	3258	4378	5670	20972
180406	5292	16404	31670	2031	2699	4388	15153
122727	1930	13923	40958	1227	1679	1282	5819
48508	1404	1761	27002	1765	2320	3272	12140
34399	1392	1685	21004	1096	1415	2072	10140
8870	12		140	270	387	500	500
5239		76	5858	399	518	700	1500
346184	8902	21257	72805	4814	7955	15261	28756
204892	13143	3279	18979	2058	3501	6928	33967
352621	13268	8759	72195	11093	17401	15735	97340
148462	1940	13923	44747	1998	2859	2232	12470
21456	1392	1466	9633	1129	1449	1810	6894
128681	927	2624	29711	1775	2365	4467	35347
964736	35147	44461	230335	17952	28143	36520	190739
1454		1620	368	1014	1365	283	1137
236106	4425	5227	17367	3901	6022	9630	22898
312544	7399	30426	80884	2522	3409	5137	45132
421559	11924	4842	60009	6426	9346	14669	63027

7-3 续表 1

指　　标	法人企业数（个）	从业人员期末人数（人）	营业额	#使用银行卡支付的营业额	客房收入	#通过公共网络实现的客房收入
三星	33	2521	412963	132749	190701	23453
二星	15	723	140713	28764	92908	10083
其他	57	4720	753455	198706	432112	32194
二、餐饮业	140	11871	2844392	486490	83961	5338
1. 按餐饮行业小类分组						
正餐服务	123	7783	1320051	469859	82895	5338
快餐服务	8	3118	1354453	50		
饮料及冷饮服务	3	144	72832	16581		
其他餐饮业	6	826	97056		1066	
2. 按登记注册类型分组						
内资企业	122	7845	1296586	453120	83961	5338
国有企业	2	73	7210	250	1998	
集体企业	4	143	16419		604	
有限责任公司	23	1192	212729	32102	18687	387
其他有限责任公司	23	1192	212729	32102	18687	387
股份有限公司	1	30	5614			
私营企业	91	6257	1037858	420768	62672	4951
私营独资企业	13	720	223051	96997	6437	
私营合伙企业	1	45	8011	6107		
私营有限责任公司	76	5452	791140	312664	56235	4951
私营股份有限公司	1	40	15656	5000		
其他企业	1	150	16756			
港、澳、台商投资企业	5	962	270146	15324		
与港澳台商合资经营企业	1	234	53892			
港澳台商独资经营企业	4	728	216254	15324		
外商投资企业	13	3064	1277660	18046		
中外合资经营企业	2	359	355902	755		
外资企业	10	2605	905270	17291		
外商投资股份有限公司	1	100	16488			
3. 按控股情况分组						
国有控股	2	73	7210	250	1998	
集体控股	6	405	43187		9900	
私人控股	110	7102	1213408	452845	68129	5046
港澳台商控股	5	962	270146	15324		
外商控股	12	3050	1268971	17341		
其他	5	279	41470	730	3934	292
4. 按经营形式分组						
独立门店	107	6708	1260114	431775	61607	786
连锁总店（总部）	3	2382	869335	4296		
连锁门店	3	433	362967	9508	1874	1600
其他	27	2348	351976	40911	20480	2952

单位：千元

餐费收入	#通过公共网络实现的餐费收入	商品销售收入	其他收入	客房数	床位数	餐位数	年末餐饮营业面积（平方米）
178342	11626	4295	39625	4472	7538	8639	22273
37180	3342	2692	7933	2025	3304	3732	25789
252671	5281	9053	59619	7422	11933	14256	58553
2648067	93665	72742	39622	2693	4724	69597	262672
1141224	93557	65846	30086	2657	4652	33080	206244
1352569			1884			34969	50245
66253	108	6579				1158	3623
88021		317	7652	36	72	390	2560
1115820	88056	65846	30959	2693	4724	33594	195348
4951			261	79	150	440	4400
15687			128	60	100	1365	1700
190732	178	35	3275	535	999	9717	57830
190732	178	35	3275	535	999	9717	57830
4359		1255				120	2000
883335	87878	64556	27295	2019	3475	21552	126418
206495	72867	7566	2553	230	360	3694	20789
8011						34	668
653173	15011	56990	24742	1789	3115	17774	104461
15656						50	500
16756						400	3000
256486		6890	6770			3320	9276
46805		317	6770			30	260
209681		6573				3290	9016
1275761	5609	6	1893			32683	58048
355896	108	6				875	3823
903377	4331		1893			31408	49125
16488	1170					400	5100
4951			261	79	150	440	4400
31081			2206	222	424	1765	3000
1050935	88164	65852	28492	2219	3850	28471	163171
256486		6890	6770			3320	9276
1267078	5501		1893			32108	56225
37536				173	300	3493	26600
1099017	85360	70983	28507	2017	3601	32230	180098
867451	4296		1884			30034	43089
361093				140	176	357	2761
320506	4009	1759	9231	536	947	6976	36724

7-4 限额以上批发和零售业

指　　标	法人企业数（个）	#执行《2006年企业会计准则》企业数	年初存货	流动资产合计
总　计	**1505**	**1026**	**22024068**	**172368999**
一、批发业	1056	718	15400218	139582427
1. 按批发行业小类分				
农、林、牧产品批发	59	38	2505999	18632873
谷物、豆及薯类批发	44	29	2419837	18178006
种子批发	5	5	9845	139512
饲料批发	8	4	73142	305359
林业产品批发	1		761	3489
其他农牧产品批发	1		2414	6507
食品、饮料及烟草制品批发	110	78	2491355	13217424
米、面制品及食用油批发	20	10	836536	3465621
糕点、糖果及糖批发	2	2	10218	42270
果品、蔬菜批发	30	27	41272	490368
肉、禽、蛋、奶及水产品批发	23	14	711997	2229251
盐及调味品批发	8	8	62656	343539
营养和保健品批发	4	2	25555	144555
酒、饮料及茶叶批发	16	10	209046	585945
烟草制品批发	2	1	527185	5816352
其他食品批发	5	4	66890	99523
纺织、服装及家庭用品批发	97	57	689358	5099431
纺织品、针织品及原料批发	16	11	41548	630993
服装批发	48	27	351403	2115184
鞋帽批发	3	1	32960	427938
化妆品及卫生用品批发	6	3	40481	162877
厨房、卫生间用具及日用杂货批发	4	1	49544	76802
灯具、装饰物品批发	2	2	1097	13401
家用电器批发	9	5	68562	1291002
其他家庭用品批发	9	7	103763	381234
文化、体育用品及器材批发	15	7	59589	734488
文具用品批发	6	3	17807	278800
体育用品及器材批发	4	2	14823	145993
首饰、工艺品及收藏品批发	4	1	26726	306306
其他文化用品批发	1	1	233	3389
医药及医疗器材批发	37	30	379678	2990750

法人企业财务状况

单位：千元

		固定资产合计	固定资产原价	累计折旧		在建工程
# 应收帐款	# 存货				# 本年折旧	
37081048	**23574807**	**12421901**	**19456320**	**7454543**	**1353981**	**1579903**
34285019	16570689	6732663	9815049	3081109	664141	537829
5131589	2963432	278285	440856	162556	14902	94565
4999897	2859993	267327	420544	153202	13390	94565
85736	3327	8075	12438	4363	733	
40162	98201	2711	7255	4544	701	
1410	461	158	321	163	78	
4384	1450	14	298	284		
789904	2827455	1021681	1544030	522125	72987	77892
195242	882931	100735	149659	50192	3128	1268
9799	14081	505	1233	728	551	
136391	42060	507773	550562	42789	6705	60282
185795	903845	51888	94136	40756	5573	14685
88611	98731	75835	110237	34402	4454	
5469	29676	1837	4775	2938	721	
96589	185361	19799	46313	26514	5163	
49881	613215	262129	580045	317916	45812	1657
22127	57555	1180	7070	5890	880	
2122337	790012	347500	569519	223061	41757	
142698	35392	46289	93645	47356	7044	
706164	424792	219034	339651	120618	24590	
195257	41162	40727	63734	23007	2429	
81292	44577	4357	9505	5147	1288	
12811	51545	1038	2336	1298	442	
7458	1418	344	723	379	115	
820531	85219	9008	21737	12729	1370	
156126	105907	26703	38188	12527	4479	
237340	126764	10627	25855	15228	3379	
80077	18871	3817	10338	6521	1663	
87451	7575	2291	4187	1896	604	
67497	100200	3919	9792	5873	831	
2315	118	600	1538	938	281	
1515651	367505	69646	108771	38125	10968	

7-4 续表 -1

指　　标	法人企业数（个）	#执行《2006年企业会计准则》企业数	年初存货	流动资产合计
西药批发	17	14	227456	1783348
中药批发	5	5	58791	391414
医疗用品及器材批发	15	11	93431	815988
矿产品、建材及化工产品批发	539	370	4858776	66193137
煤炭及制品批发	89	50	652592	15918130
石油及制品批发	186	149	1588654	18181696
非金属矿及制品批发	11	5	36472	210553
金属及金属矿批发	146	97	1778690	23102961
建材批发	28	18	39269	2370354
化肥批发	5	5	284407	2172208
其他化工产品批发	74	46	478692	4237235
机械设备、五金产品及电子产品批发	176	122	4257841	30528863
农业机械批发	3	2	101	36288
汽车批发	17	14	459993	10087033
汽车零配件批发	16	12	908781	2200784
五金产品批发	35	23	203057	1181287
电气设备批发	11	8	141202	531761
计算机、软件及辅助设备批发	12	8	55096	368532
通讯及广播电视设备批发	3	2	293030	1035985
其他机械设备及电子产品批发	79	53	2196581	15087193
贸易经纪与代理	5	4	53460	567236
贸易代理	4	3	41822	242103
其他贸易经纪与代理	1	1	11638	325133
其他批发业	18	12	104162	1618225
再生物资回收与批发	8	4	65723	1173966
其他未列明批发业	10	8	38439	444259
2. 按登记注册类型分				
内资企业	979	654	14562386	125322996
国有企业	15	10	1140070	8225240
集体企业	4	1	77240	177401
股份合作企业	2		408	10855
有限责任公司	204	146	6581297	53091370
国有独资公司	6	6	523776	3366003
其他有限责任公司	198	140	6057521	49725367

单位：千元

		固定资产合计	固定资产原价	累计折旧		在建工程
# 应收帐款	# 存货				# 本年折旧	
1062111	189379	53496	75067	20571	6126	
208148	51383	5237	9308	4071	1500	
245392	126743	10913	24396	13483	3342	
14835467	4812620	4484556	6215938	1734428	438827	259156
2593099	539083	231526	335016	103259	16580	
5252631	1672630	3358684	4474983	1116296	324324	217682
48271	23152	1715	5327	3612	671	
4832314	1854869	681828	1010687	329871	68644	23978
613980	63359	45969	72797	27542	5065	1158
-14019	191277	35095	51381	16286	860	12737
1509191	468250	129739	265747	137562	22683	3601
8463437	4346718	441531	817970	372313	79379	102984
15692	5641	612	1340	728	234	
145379	323690	30891	55235	24202	8545	22045
244563	850145	73646	115418	40023	15021	56444
503246	201510	17954	56844	38896	5396	
243109	141362	10802	28990	18188	1457	
137883	52938	17826	27597	9771	2290	
396602	282400	66808	110946	44138	2702	
6776963	2489032	222992	421600	196367	43734	24495
116188	59652	11908	16809	4901	488	
116188	43641	11885	16763	4878	486	
	16011	23	46	23	2	
1073106	276531	66929	75301	8372	1454	3232
858141	234869	60413	64394	3981	149	3232
214965	41662	6516	10907	4391	1305	
31979399	15789549	6621752	9604955	2981723	633394	515630
571914	1052946	403614	802745	400399	47623	5824
2298	121410	8798	19184	10386	177	
2428	16	2308	5875	3567	400	
17549173	7018252	4428237	5868228	1441890	395768	422830
832843	993837	29473	52386	22913	3172	
16716330	6024415	4398764	5815842	1418977	392596	422830

7-4 续表-2

指　　标	法人企业数（个）	#执行《2006年企业会计准则》企业数	年初存货	流动资产合计
股份有限公司	22	20	643321	10269331
私营企业	720	467	6111516	53497425
私营独资企业	9	6	18272	122198
私营合伙企业	2	2	257	19755
私营有限责任公司	688	449	5844075	51536857
私营股份有限公司	21	10	248912	1818615
其他企业	12	10	8534	51374
港、澳、台商投资企业	16	12	173808	9874220
与港澳台商合资经营企业	3	3	96635	9378171
与港澳台商合作经营企业	1	1		62450
港澳台商独资经营企业	12	8	77173	433599
外商投资企业	61	52	664024	4385211
中外合资经营企业	11	9	119609	819248
外资企业	47	40	519781	3505192
外商投资股份有限公司	3	3	24634	60771
3. 按控股情况分				
国有控股	73	65	4848161	44805195
集体控股	18	10	288409	4276277
私人控股	853	557	8680408	72094419
港澳台商控股	16	11	205805	9827515
外商控股	57	48	614484	4050359
其他	39	27	762951	4528662
4. 按经营形式分				
独立门店	335	248	4300977	40745475
连锁门店	1	1	8123	6781
其他	720	469	11091118	98830171
二、零售业	449	308	6623850	32786572
1. 按零售行业小类分				
综合零售	55	44	1010797	12461878
百货零售	29	27	504751	9580132
超级市场零售	18	12	432597	2703873
其他综合零售	8	5	73449	177873
食品、饮料及烟草制品专门零售	16	6	178050	292229
糕点、面包零售	1		3361	28709

单位：千元

		固定资产合计	固定资产原价	累计折旧		在建工程
# 应收帐款	# 存货				# 本年折旧	
713508	650888	212354	411525	199155	19229	4212
13133955	6932616	1502014	2420353	913708	167956	69908
69204	22360	5102	11541	6438	1043	
4150	238	352	1544	1192	219	
12696635	6634919	1414107	2242924	824188	156772	69908
363966	275099	82453	164344	81890	9922	
6123	13421	64427	77045	12618	2241	12856
423643	153728	26542	45811	20822	4971	22045
170947	92503	16852	24316	7464	3742	22045
300	200	620	1020	400	100	
252396	61025	9070	20475	12958	1129	
1881977	627412	84369	164283	78564	25776	154
248506	95589	20699	38225	17526	4287	
1615129	503512	63157	124769	60262	20953	154
18342	28311	513	1289	776	536	
12041471	5631373	3875425	5424655	1550497	374438	116175
634805	230720	376326	442562	66236	12650	34054
18370690	9211658	2181671	3500616	1316198	237975	309717
355556	174972	26583	46611	21581	5084	22045
1738266	586574	72991	140723	66382	23749	154
1144231	735392	199667	259882	60215	10245	55684
6075987	4590092	1721123	2589816	868519	163597	121553
568	533	87	909	822	163	
28208464	11980064	5011453	7224324	2211768	500381	416276
2796029	7004118	5689238	9641271	4373434	689840	1042074
683010	939851	2198056	4231220	2153571	161763	28832
169074	477611	1854412	3549585	1803388	118487	5074
477968	381307	320997	611493	302169	38168	21626
35968	80933	22647	70142	48014	5108	2132
52488	143271	38674	67405	28733	7148	
1179	3215	8799	24050	15251	1020	

7-4 续表 -3

指　　标	法人企业数（个）	#执行《2006年企业会计准则》企业数	年初存货	流动资产合计
果品、蔬菜零售	1			
肉、禽、蛋、奶及水产品零售	6	1	62114	100286
营养和保健品零售	1		1611	6474
酒、饮料及茶叶零售	3	2	79689	85815
烟草制品零售	3	3	28146	58767
其他食品零售	1		3129	12178
纺织、服装及日用品专门零售	33	19	861964	2336544
纺织品及针织品零售	3	2	12868	32340
服装零售	18	11	372848	1635062
鞋帽零售	1	1	6156	6180
化妆品及卫生用品零售	4	2	23414	79939
钟表、眼镜零售	5	2	439560	564978
厨房用具及日用杂品零售	1		2858	6374
其他日用品零售	1	1	4260	11671
文化、体育用品及器材专门零售	24	19	259653	349458
文具用品零售	2	2	621	2355
体育用品及器材零售	5	4	94104	73833
图书、报刊零售	8	7	51790	101151
珠宝首饰零售	4	2	70708	63149
乐器零售	2	1	23606	40040
照相器材零售	3	3	18824	68930
医药及医疗器材专门零售	31	22	308544	1982546
药品零售	29	21	306411	1960026
医疗用品及器材零售	2	1	2133	22520
汽车、摩托车、燃料及零配件专门零售	193	134	3580151	13450827
汽车零售	145	106	2840508	11493000
汽车零配件零售	11	4	104194	510798
摩托车及零配件零售	3	3	5376	8332
机动车燃料零售	34	21	630073	1438697
家用电器及电子产品专门零售	55	33	284023	1268181
家用视听设备零售	5	3	21232	35095
日用家电设备零售	20	12	141673	900731
计算机、软件及辅助设备零售	23	16	102304	262777

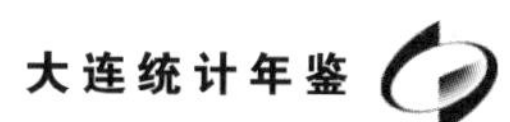

单位：千元

# 应收帐款	# 存货	固定资产合计	固定资产原价	累计折旧	# 本年折旧	在建工程
		2350	2690	340	3	
14145	62174	14735	19363	4628	1666	
3478	987					
32616	43262	1155	2299	1144	262	
1070	30710	6785	10895	4112	3860	
	2923	4850	8108	3258	337	
113941	928999	513363	846872	331839	47819	2904
9453	14608	407	2216	1809	163	
83175	432397	443500	714929	271252	40556	1086
	5076	3	32	29	1	
7099	21356	4741	9234	4493	964	1818
13025	443729	63738	118543	53105	5947	
1189	4256	207	206	206	23	
	7577	767	1712	945	165	
-8263	195556	111964	209445	97480	44836	168
	256	221	592	371		
7530	31029	37347	61929	24582	2327	
7290	42509	66531	126459	59928	41613	168
-32178	68686	1481	4041	2559	332	
487	32813	1225	1705	480	239	
8608	20263	5159	14719	9560	325	
990011	337422	42917	87675	44759	7143	2021
984363	334174	42808	86788	43981	6975	2021
5648	3248	109	887	778	168	
514868	3995488	2217406	3344779	1431053	284856	802904
418873	3518629	1386483	1909057	616911	193706	50180
71344	105525	34583	61038	26455	5759	30241
500	6994	1165	1195	30	15	
24151	364340	795175	1373489	787657	85376	722483
236081	313748	218737	289035	69214	16176	
2943	29256	7507	11589	4082	60	
152145	147706	199739	251852	51029	12688	
62821	118732	8714	19608	10894	2931	

7-4 续表 -4

指　　标	法人企业数（个）	# 执行《2006 年企业会计准则》企业数	年初存货	流动资产合计
通信设备零售	6	1	17770	65667
其他电子产品零售	1	1	1044	3911
五金、家具及室内装饰材料专门零售	21	14	92066	261425
五金零售	9	7	26229	99096
家具零售	3	1	8787	40466
涂料零售	2	1	1349	4266
木质装饰材料零售	1			14880
其他室内装饰材料零售	6	5	55701	102717
货摊、无店铺及其他零售业	21	17	48602	383484
货摊纺织、服装及鞋零售	1	1	3094	41496
邮购及电视、电话零售	1	1	3784	14502
生活用燃料零售	12	9	10064	213003
其他未列明零售业	7	6	31660	114483
2. 按登记注册类型分				
内资企业	415	280	5188250	25611045
国有企业	10	7	56068	114885
集体企业	8	4	8011	35474
股份合作企业	3		4870	15423
联营企业	1	1	288	1495
国有联营企业	1	1	288	1495
有限责任公司	118	80	1446930	7616199
其他有限责任公司	118	80	1446930	7616199
股份有限公司	7	7	949034	8309816
私营企业	267	180	2689140	9488486
私营独资企业	11	8	13233	22450
私营合伙企业	1		536	2452
私营有限责任公司	241	161	2575883	9078574
私营股份有限公司	14	11	99488	385010
其他企业	1	1	33909	29267
港、澳、台商投资企业	17	15	826891	4715183
与港澳台商合资经营企业	9	8	453376	3461054
港澳台商独资经营企业	7	6	370597	1239854
港澳台商投资股份有限公司	1	1	2918	14275

单位：千元

# 应收帐款	# 存货	固定资产合计	固定资产原价	累计折旧	# 本年折旧	在建工程
14989	17544	2777	5986	3209	497	
3183	510					
54652	106743	294469	422970	131835	107339	1498
35648	26733	17397	35535	21337	937	24
4828	11762	12054	16035	3981	1015	503
2391	1132	95	444	349	13	
	8523	1022	1838	816	816	
11785	58593	263901	369118	105352	104558	971
159241	43040	53652	141870	84950	12760	203747
237	3521	9801	17953	8152	3335	
5976	4139	224	624	400	253	
111483	12474	36649	85722	45805	7713	203747
41545	22906	6978	37571	30593	1459	
2238693	5640883	4204084	6950679	3086999	468057	994710
8396	47377	77786	159669	81883	42410	168
3665	7712	10243	16479	6239	4712	
1906	8266	3822	8103	4281	105	
136	340	1172	2272	1100	126	
136	340	1172	2272	1100	126	
837732	1793950	1478331	2207334	843125	161117	32197
837732	1793950	1478331	2207334	843125	161117	32197
108287	689418	1574205	2863954	1498991	144505	719367
1278508	3084588	1057325	1690351	650063	114564	242869
3702	8493	12591	21325	8734	1364	123
1630	388	2	419	417	60	
1229155	2979415	960685	1524053	580405	110662	242746
44021	96292	84047	144554	60507	2478	
63	9232	1200	2517	1317	518	109
298218	800669	792979	1603883	810904	78923	34295
257497	508359	572410	1207910	635500	53076	
39074	290703	218983	391264	172281	25847	34295
1647	1607	1586	4709	3123		

7-4 续表 -5

指　　标	法人企业数（个）	# 执行《2006 年企业会计准则》企业数	年初存货	流动资产合计
外商投资企业	17	13	608709	2460344
中外合资经营企业	6	4	166449	1053998
外资企业	10	8	416822	1399748
其他外商投资企业	1	1	25438	6598
3. 按控股情况分				
国有控股	33	29	1076285	5985717
集体控股	14	6	31088	211775
私人控股	344	228	3821186	18083842
港澳台商控股	15	13	765207	3209740
外商控股	18	15	611176	2720714
其他	25	17	318908	2574784
4. 按经营形式分				
独立门店	304	197	4752360	16494909
连锁总店（总部）	16	9	403586	2436575
连锁门店	8	7	145434	305609
其他	121	95	1322470	13549479
5. 按零售业态分				
有店铺零售	438	300	6594121	32617144
便利店	7	3	63814	190369
超市	17	11	114201	773637
大型超市	11	8	352954	1675172
仓储会员店	1		543	8941
百货店	47	38	731283	10966709
专业店	166	113	2123624	8249825
专卖店	149	103	2936986	9466274
家居建材商店	9	6	54719	83136
购物中心	4	2	21388	48557
厂家直销中心	27	16	194609	1154524
无店铺零售	11	8	29729	169428
电视购物	4	2	9861	70183
邮购	1	1		12016
自动售货亭购物中心	1	1	555	27608
电话购物	1		964	3561

单位：千元

		固定资产合计	固定资产原价	累计折旧		在建工程
# 应收帐款	# 存货				# 本年折旧	
259118	562566	692175	1086709	475531	142860	13069
206858	142033	233866	527941	294075	23674	12098
50156	416039	440447	534490	175040	119186	971
2104	4494	17862	24278	6416		
169143	819595	1374207	2578129	1413264	175189	719535
33667	64648	56518	82532	35196	7371	9042
1704130	4450586	2712179	4140886	1550589	272677	266133
114432	720598	376083	654671	278588	43721	34295
386020	602458	674169	1095565	502393	144333	13069
388637	346233	496082	1089488	593404	46549	
894171	5098938	3141444	5179158	2254114	489216	890819
434043	383430	146382	319873	173699	15923	4436
22259	127491	599016	554790	165116	43249	129032
1445556	1394259	1802396	3587450	1780505	141452	17787
2778116	6978652	5674396	9594834	4341839	684751	1042050
50290	67085	36277	89700	53423	7477	2342
63241	143249	132099	265068	132969	4449	3978
190090	308882	243806	468192	236059	34242	20930
4674	830	190	634	444	87	
431783	646678	2254854	4173317	2025320	154013	3568
1023988	1939438	1633188	2579712	1155936	210754	733583
393744	3574381	1052527	1520377	561104	156668	60548
5030	56861	263842	368803	104959	104363	971
4577	34004	2828	7000	4172	647	
610699	207244	54785	122031	67453	12051	216130
17913	25466	14842	46437	31595	5089	24
12935	9077	10091	18747	8656	3618	
13	746	2838	24103	21265	1010	
437		796	1251	455		

7-4 续表 1

指　标	资产总计	流动负债合计	# 应付帐款	非流动负债
总　计	**225762168**	**158625648**	**30504536**	**9166578**
一、批发业	176783690	128193817	26001157	5451996
1. 按批发行业小类分				
农、林、牧产品批发	21103609	20516074	3928814	38780
谷物、豆及薯类批发	20616455	20152154	3809017	38780
种子批发	157713	74073	8671	
饲料批发	319271	281351	102854	
林业产品批发	3647	2117	1796	
其他农牧产品批发	6523	6379	6476	
食品、饮料及烟草制品批发	15227696	6944271	1392640	740103
米、面制品及食用油批发	3591632	3357170	291878	40242
糕点、糖果及糖批发	42775	17826		290
果品、蔬菜批发	1427855	447390	92967	507559
肉、禽、蛋、奶及水产品批发	2495492	1990587	622328	64334
盐及调味品批发	481230	272348	97358	
营养和保健品批发	148053	109633	7914	
酒、饮料及茶叶批发	634090	419076	50687	127678
烟草制品批发	6304534	229858	179685	
其他食品批发	102035	100383	49823	
纺织、服装及家庭用品批发	6638955	4992807	2322452	86242
纺织品、针织品及原料批发	761801	540059	241542	
服装批发	3249508	2277106	951852	14629
鞋帽批发	512637	391020	51891	
化妆品及卫生用品批发	172716	139139	64408	
厨房、卫生间用具及日用杂货批发	78618	64283	18253	
灯具、装饰物品批发	13755	10450	6479	
家用电器批发	1341756	1238957	870168	4
其他家庭用品批发	508164	331793	117859	71609
文化、体育用品及器材批发	1039643	601936	242995	10148
文具用品批发	283178	234955	73552	
体育用品及器材批发	152137	118212	82649	
首饰、工艺品及收藏品批发	599959	247319	85382	10000
其他文化用品批发	4369	1450	1412	148
医药及医疗器材批发	3144755	2203249	1009904	60513

单位：千元

负债合计	所有者权益合计	# 实收资本				
			# 国家资本	# 集体资本	# 法人资本	# 个人资本
170139427	**55622740**	**24528363**	**2266407**	**295560**	**8799135**	**6748895**
136148326	40635363	18570237	2154938	272360	5988155	5735015
20554853	548755	1086708	131744		384795	563155
20190933	425521	964049	131744		326453	503055
74073	83640	81442			42842	38600
281351	37920	39500			15000	21500
2117	1530	1217				
6379	144	500			500	
7685230	7542466	1244345		1500	394902	703849
3397412	194220	191907		1500	73000	91930
18116	24659	515				
954949	472906	314096			18732	294664
2055777	439715	337210			137850	198960
272348	208882	131621			27499	66115
109633	38420	35530			35030	500
546754	87336	75495			6020	40480
229858	6074676	146271			96271	
100383	1652	11700			500	11200
5055928	1583027	822619		5000	252336	513094
540059	221742	91290			43350	44990
2291735	957773	470538			152981	306644
391020	121617	28510				28510
139139	33577	33760				33760
64283	14335	16400				16400
10450	3305	2300				2300
1238961	102795	67148		5000	30000	30990
380281	127883	112673			26005	49500
612084	427559	122977			42980	67360
234955	48223	47222			11980	23600
118212	33925	8176			1000	6760
257319	342640	67000			30000	37000
1598	2771	579				
2263762	880993	400754		10500	133830	136550

7-4 续表 1-1

指　　标	资产总计	流动负债合计	# 应付帐款	非流动负债
西药批发	1861664	1413353	675041	59848
中药批发	405344	395455	201522	
医疗用品及器材批发	877747	394441	133341	665
矿产品、建材及化工产品批发	88083918	61112485	10924338	3232351
煤炭及制品批发	29269178	10014336	1591729	2536921
石油及制品批发	23689628	19946359	3630388	512600
非金属矿及制品批发	214242	169014	50365	3159
金属及金属矿批发	25492032	23097054	4278411	166621
建材批发	2429904	2006681	427289	2579
化肥批发	2332154	2187026	8947	
其他化工产品批发	4656780	3692015	937209	10471
机械设备、五金产品及电子产品批发	39169941	30261845	5861683	1255956
农业机械批发	37172	13157	11169	
汽车批发	14214978	10849977	208322	1164153
汽车零配件批发	2588344	1904966	211422	50827
五金产品批发	1248130	767146	328528	1100
电气设备批发	545775	373469	255195	
计算机、软件及辅助设备批发	388508	185000	76324	
通讯及广播电视设备批发	1135521	910627	196857	
其他机械设备及电子产品批发	19011513	15257503	4573866	39876
贸易经纪与代理	580950	473366	143153	
贸易代理	255794	147348	124982	
其他贸易经纪与代理	325156	326018	18171	
其他批发业	1794223	1087784	175178	27903
再生物资回收与批发	1317775	668036	44549	27341
其他未列明批发业	476448	419748	130629	562
2. 按登记注册类型分				
内资企业	156300291	114838573	23995359	4177277
国有企业	8906000	1867299	348434	66895
集体企业	189650	182648	14684	
股份合作企业	13196	4768		
有限责任公司	61446380	54682115	13076707	641727
国有独资公司	3470293	3131198	884129	
其他有限责任公司	57976087	51550917	12192578	641727

单位：千元

负债合计	所有者权益合计	# 实收资本				
			# 国家资本	# 集体资本	# 法人资本	# 个人资本
1473201	388463	245780		10500	95880	83400
395455	9889	41000			5000	36000
395106	482641	113974			32950	17150
66562958	21520960	8800677		192160	3949303	3122291
14686237	14582941	2983074		100000	1118996	1002634
20477039	3212589	2409716		2060	1302896	802833
172173	42069	41450			2285	37200
23328736	2163296	2363182			1056393	987232
2009260	420644	286709			207000	61840
2187026	145128	80500		25100	49500	5900
3702487	954293	636046		65000	212233	224652
31528608	7641333	5584955		50000	694929	374743
13157	24015	1377				550
12026938	2188040	1998140			34452	46310
1955793	632551	267603			118000	29000
768246	479884	233621			93201	79501
373469	172306	108246			3020	28800
185000	203508	81033			47145	33392
910627	224894	156500		42000	100000	500
15295378	3716135	2738435		8000	299111	156690
473366	107584	81000			20500	30500
147348	108446	61000			500	30500
326018	-862	20000			20000	
1411537	382686	426202		13200	114580	223473
991227	326548	319597		13200	107580	135873
420310	56138	106605			7000	87600
121518363	34781927	13949732		230360	5836338	5730015
1934194	6971806	539435			96271	
182648	7002	3183		2060	1123	
4768	8428	6680			3020	3660
55363756	6082624	3935663		159600	1995621	941780
3131198	339095	188700			55000	
52232558	5743529	3746963		159600	1940621	941780

7-4 续表 1-2

指　　标	资产总计	流动负债合计	#应付帐款	非流动负债
股份有限公司	24039660	7193714	666724	2365103
私营企业	61529750	50879506	9887248	1099089
私营独资企业	132477	108694	30683	1929
私营合伙企业	20357	10753	532	
私营有限责任公司	58420442	48094439	9747305	971981
私营股份有限公司	2956474	2665620	108728	125179
其他企业	175655	28523	1562	4463
港、澳、台商投资企业	14010652	10523987	331328	1218579
与港澳台商合资经营企业	13465538	10246090	164903	1161186
与港澳台商合作经营企业	92352	33530	400	57393
港澳台商独资经营企业	452762	244367	166025	
外商投资企业	6472747	2831257	1674470	56140
中外合资经营企业	862346	736648	514401	18785
外资企业	5549101	2065602	1133482	37065
外商投资股份有限公司	61300	29007	26587	290
3. 按控股情况分				
国有控股	62897001	36999882	7079466	2822753
集体控股	4807226	4023948	769848	10
私人控股	84109300	69997689	15220208	1226085
港澳台商控股	13963983	10504016	314236	1218579
外商控股	6108373	2558090	1511263	56140
其他	4897807	4110192	1106136	128429
4. 按经营形式分				
独立门店	50510154	32724445	4358994	2186879
连锁门店	7882	17384	9720	
其他	126265654	95451988	21632443	3265117
二、零售业	48978478	30431831	4503379	3714582
1. 按零售行业小类分				
综合零售	20157363	10443683	2159501	2135990
百货零售	16761468	7915453	1346041	1521144
超级市场零售	3185646	2331016	722808	611744
其他综合零售	210249	197214	90652	3102
食品、饮料及烟草制品专门零售	337235	173100	32686	816
糕点、面包零售	37508	11564	8049	

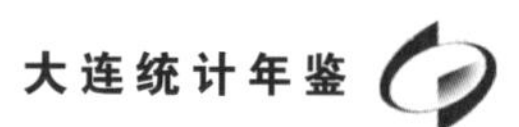

单位：千元

负债合计	所有者权益合计	# 实收资本				
			# 国家资本	# 集体资本	# 法人资本	# 个人资本
9558817	14480843	2522898		45000	1085580	585709
54441194	7088555	6852577		23700	2653491	4110802
110623	21854	13261			2721	10540
10753	9604	550				550
51529019	6891422	6547126		23700	2611970	3846872
2790799	165675	291640			38800	252840
32986	142669	89296			1232	88064
11742566	2268086	2045236			42452	400
11407276	2058262	1929830			12452	
90923	1429	800				400
244367	208395	114606			30000	
2887397	3585350	2575269		42000	109365	4600
755433	106913	139497		42000	50332	4600
2102667	3446434	2427272			51033	
29297	32003	8500			8000	
39820635	23076366	3799429		1500	1225683	530057
4023958	783268	680403		142160	493793	30450
73728287	10381012	9043461		23700	3839548	5068370
11722595	2241388	2042236			39452	400
2614230	3494143	2499892			95601	
4238621	659186	504816		105000	294078	105738
37023922	13486232	6045915		143800	1968945	1554035
17384	-9502	1000				1000
99107020	27158633	12523322		128560	4019210	4179980
33991101	14987377	5958126		23200	2810980	1013880
12595406	7561957	1922907		2318	1292748	177660
9451830	7309638	1404424			1080979	134278
2943260	242386	472408		300	193769	22325
200316	9933	46075		2018	18000	21057
173916	163319	136744		300	75180	61264
11564	25944	8000				8000

7-4 续表 1-3

指　　标	资产总计	流动负债合计	# 应付帐款	非流动负债
果品、蔬菜零售	2846	510		
肉、禽、蛋、奶及水产品零售	120294	90827	14698	
营养和保健品零售	6474	7099	3618	
酒、饮料及茶叶零售	86986	39122	6249	780
烟草制品零售	66099	7472	58	
其他食品零售	17028	16506	14	36
纺织、服装及日用品专门零售	3007537	2004038	354309	557204
纺织品及针织品零售	32861	42471	6319	
服装零售	2205453	1345336	300566	538000
鞋帽零售	6183	2856	662	
化妆品及卫生用品零售	95508	52848	12597	
钟表、眼镜零售	647556	548438	30479	19204
厨房用具及日用杂品零售	7301	7449	636	
其他日用品零售	12675	4640	3050	
文化、体育用品及器材专门零售	534624	320378	98983	10969
文具用品零售	2710	1633		
体育用品及器材零售	158168	96278	40217	7614
图书、报刊零售	182871	73764	52518	3355
珠宝首饰零售	71215	76213	1245	
乐器零售	45571	35342	4222	
照相器材零售	74089	37148	781	
医药及医疗器材专门零售	2056157	1687398	847995	47000
药品零售	2033075	1672896	844289	47000
医疗用品及器材零售	23082	14502	3706	
汽车、摩托车、燃料及零配件专门零售	19814027	13695541	715851	684249
汽车零售	15111474	11785145	620237	342584
汽车零配件零售	610554	439500	78182	28884
摩托车及零配件零售	11860	5849	2491	2500
机动车燃料零售	4080139	1465047	14941	310281
家用电器及电子产品专门零售	1586143	1114118	167033	16049
家用视听设备零售	43432	19999	5266	7240
日用家电设备零售	1192134	860581	118355	
计算机、软件及辅助设备零售	277719	174158	27717	8809

单位：千元

负债合计	所有者权益合计	# 实收资本	# 国家资本	# 集体资本	# 法人资本	# 个人资本
510	2336	2336				2336
90827	29467	50680			3680	47000
7099	-625	500			500	
39902	47084	51276			50500	776
7472	58627	20800		300	20500	
16542	486	3152				3152
2561244	446293	738020			16500	104520
42471	-9610	4500			500	4000
1883336	322117	670810			14000	76200
2856	3327	2000			2000	
52848	42660	37410				4500
567644	79912	16300				16300
7449	-148	1000				1000
4640	8035	6000				2520
331347	203277	178621		50	42900	25543
1633	1077	1200			1100	100
103892	54276	75416			23800	2190
77119	105752	61005		50		253
76213	-4998	27000			16000	11000
35342	10229	7000			2000	5000
37148	36941	7000				7000
1734398	321759	206168			101360	70878
1719896	313179	200168			95760	70478
14502	8580	6000			5600	400
14208943	5605084	2145398		20032	988625	429098
11957215	3154259	1990028		18402	946361	374458
468384	142170	115816			34500	25200
8349	3511	3010			2630	380
1774995	2305144	36544		1630	5134	29060
1130167	455976	237791		500	161250	76041
27239	16193	15590			7590	8000
860581	331553	109139		500	97350	11289
182967	94752	102462			49310	53152

7-4 续表 1-4

指　　标	资产总计	流动负债合计	#应付帐款	非流动负债
通信设备零售	68947	57003	14915	
其他电子产品零售	3911	2377	780	
五金、家具及室内装饰材料专门零售	721347	607935	75054	262170
五金零售	117980	93847	36781	50
家具零售	124088	118225	7697	
涂料零售	4871	4122	2289	
木质装饰材料零售	15902	16631	625	
其他室内装饰材料零售	458506	375110	27662	262120
货摊、无店铺及其他零售业	764045	385640	51967	135
货摊纺织、服装及鞋零售	65129	36813	23869	
邮购及电视、电话零售	19764	10619	494	
生活用燃料零售	557603	274757	7893	135
其他未列明零售业	121549	63451	19711	
2. 按登记注册类型分				
内资企业	39219875	24001762	3520009	3364143
国有企业	209435	112816	69586	
集体企业	45958	14153	6911	102
股份合作企业	19868	16571	3372	
联营企业	2667	193	1	
国有联营企业	2667	193	1	
有限责任公司	11412327	7564002	1168218	1808189
其他有限责任公司	11412327	7564002	1168218	1808189
股份有限公司	15360667	7161932	897151	946340
私营企业	12136849	9096971	1374110	609512
私营独资企业	40907	37195	6708	2428
私营合伙企业	2454	1988	1968	
私营有限责任公司	11611456	8712231	1277106	577430
私营股份有限公司	482032	345557	88328	29654
其他企业	32104	35124	660	
港、澳、台商投资企业	6228558	4183856	420417	27202
与港澳台商合资经营企业	4454644	2553723	372272	27202
港澳台商独资经营企业	1758053	1559970	30129	
港澳台商投资股份有限公司	15861	70163	18016	

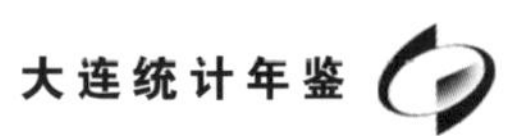

单位：千元

负债合计	所有者权益合计	# 实收资本	# 国家资本	# 集体资本	# 法人资本	# 个人资本
57003	11944	10100			6500	3600
2377	1534	500			500	
869598	-148251	259232			39200	32779
93897	24083	21865			5950	15915
118225	5863	21000			10950	10050
4131	740	694			600	94
16631	-729	100			100	
636714	-178208	215573			21600	6720
386082	377963	133245			93217	36097
36813	28316	30000			30000	
10619	9145	900			900	
275199	282404	39645			22617	13097
63451	58098	62700			39700	23000
27210623	12009252	3300578		23200	2160029	1005880
112816	96619	75629			730	
13922	32036	4425		3718	650	57
16571	3297	3210		480	20	1990
193	2474	646			646	
193	2474	646			646	
9217247	2195080	980981		15002	797935	132880
9217247	2195080	980981		15002	797935	132880
8108272	7252395	700119			655119	45000
9706478	2430371	1527568		4000	704929	817953
39623	1284	7728			519	7209
1988	466	40				40
9289656	2321800	1412325		4000	667794	739845
375211	106821	107475			36616	70859
35124	-3020	8000				8000
4211058	2017500	1610763			387158	8000
2580925	1873719	951352			371158	8000
1559970	198083	619411			16000	
70163	-54302	40000				

7-4 续表 1-5

指　　标	资产总计	流动负债合计	#应付帐款	非流动负债
外商投资企业	3530045	2246213	562953	323237
中外合资经营企业	1328908	762486	289852	9377
外资企业	2111041	1393631	271769	313860
其他外商投资企业	90096	90096	1332	
3. 按控股情况分				
国有控股	11952044	4844784	1000160	416529
集体控股	270774	197155	40779	102
私人控股	25524774	17664075	2036175	2917886
港澳台商控股	3995633	3231569	114716	
外商控股	3709697	2457280	657013	339920
其他	3525556	2036968	654536	40145
4. 按经营形式分				
独立门店	24124872	16809327	1611365	1777955
连锁总店（总部）	2709407	1966307	375997	227377
连锁门店	1209681	524640	101836	87812
其他	20934518	11131557	2414181	1621438
5. 按零售业态分				
有店铺零售	48774355	30325360	4461457	3714582
便利店	235727	208036	91231	3036
超市	965119	817156	113025	203652
大型超市	2041690	1380268	618860	380061
仓储会员店	9132	7293	737	
百货店	18657680	9045467	1524517	2060246
专业店	13453977	8564598	946921	517077
专卖店	11312921	8678111	739179	272301
家居建材商店	509074	442175	20603	262120
购物中心	52529	49608	8631	
厂家直销中心	1536506	1132648	397753	16089
无店铺零售	204123	106471	41922	
电视购物	99165	58388	34726	
邮购	12469	9003		
自动售货亭购物中心	30449	84	30	
电话购物	4357	1310	-175	

单位：千元

负债合计	所有者权益合计	# 实收资本				
			# 国家资本	# 集体资本	# 法人资本	# 个人资本
2569420	960625	1046785			263793	
771833	557075	397666			168693	
1707491	403550	649119			95100	
90096						
5261313	6690731	499894			378861	10970
196924	73850	37125		14698	21650	57
20427011	5097763	2572663		8402	1575418	984912
3231569	764064	1270763			162158	
2797170	912527	1114395			294648	8000
2077114	1448442	463286		100	378245	9941
18468595	5656277	3641039		23150	1245278	665966
2193685	515722	207451			87929	17040
575825	633856	141754			83950	57804
12752996	8181522	1967882		50	1393823	273070
33884630	14889725	5871226		23200	2728480	1009480
211072	24655	103952		480	66000	31752
1021308	-56189	98589		100	31050	16320
1760329	281361	369308		200	90769	22325
7293	1839	1000			950	50
11120947	7536733	1869201		2018	1121219	150963
9044993	4408984	1263610		1200	597157	259158
8816555	2496366	1777440		19202	776959	408025
703779	-194705	206673			11800	7620
49608	2921	8836			500	8336
1148746	387760	172617			32076	104931
106471	97652	86900			82500	4400
58388	40777	37900			37900	
9003	3466	1000			600	400
84	30365	37500			37500	
1310	3047	1000			1000	

7-4 续表 2

指　　标			营业收入	# 主营业务收入
	# 港澳台资本	# 外商资本		
总　计	**3161782**	**3256584**	**344613518**	**341648474**
一、批发业	2002384	2417385	270901686	269940106
1. 按批发行业小类分				
农、林、牧产品批发	5797	1217	30981245	30856203
谷物、豆及薯类批发	2797		28180650	28055608
种子批发			1675407	1675407
饲料批发	3000		1040716	1040716
林业产品批发		1217	36180	36180
其他农牧产品批发			48292	48292
食品、饮料及烟草制品批发	400	28995	21361050	21326317
米、面制品及食用油批发			5279617	5276043
糕点、糖果及糖批发			83752	83752
果品、蔬菜批发			1413368	1410448
肉、禽、蛋、奶及水产品批发	400		4684435	4672864
盐及调味品批发			808546	798434
营养和保健品批发			118150	118116
酒、饮料及茶叶批发		28995	1035144	1032639
烟草制品批发			7666641	7662624
其他食品批发			271397	271397
纺织、服装及家庭用品批发	30021	21297	14227193	14142041
纺织品、针织品及原料批发		2950	1597032	1596698
服装批发	1559	9354	6981840	6971019
鞋帽批发			1377326	1376761
化妆品及卫生用品批发			531161	463499
厨房、卫生间用具及日用杂货批发			105924	102895
灯具、装饰物品批发			44970	44970
家用电器批发		1158	3085309	3084214
其他家庭用品批发	28462	7835	503631	501985
文化、体育用品及器材批发	416	12221	1091632	1091600
文具用品批发		11642	433406	433374
体育用品及器材批发	416		115492	115492
首饰、工艺品及收藏品批发			521997	521997
其他文化用品批发		579	20737	20737
医药及医疗器材批发		51874	6223622	6220691

单位：千元

营业成本	# 主营业务成本	营业税金及附加	# 主营业务税金及附加	其他业务利润	销售费用	管理费用	# 税金
321800841	**320693470**	**1025156**	**1014665**	**1004612**	**9131631**	**6895540**	**223852**
257577468	256892647	708353	705291	456862	4859828	3423764	120421
29979977	29976114	14761	14680	108141	432928	177112	13838
27309106	27305243	14637	14556	100535	348252	162050	13087
1618560	1618560	50	50	619	38807	5176	540
972019	972019	74	74	6987	44177	8529	183
34874	34874				549	667	
45418	45418				1143	690	28
18631879	18629182	466322	466318	10398	463312	463402	14851
5145606	5145581	887	887	360	97500	30962	1132
72956	72956	310	310		8755	1726	24
1216236	1216236	7155	7153		42471	46502	3188
4479327	4479327	1788	1786	1402	100228	42285	1696
736695	734197	1556	1556	2374	28100	35702	478
100052	100052	260	260	2002	15069	6757	46
939838	939823	1508	1508	4224	67326	33126	727
5691030	5690871	452393	452393	36	89199	255277	7387
250139	250139	465	465		14664	11065	173
13128883	13065242	12740	11484	5899	553810	415662	9165
1508744	1508703	947	947	1926	25671	42264	1432
6293495	6291792	3263	3263	1561	344844	286842	3680
1320492	1320492	1334	1334		10406	14873	1237
478409	423517	2744	1539	1614	21987	25179	126
93052	90103	206	206		4884	10344	2
34627	34627	16	16		7739	1749	21
3016623	3016615	1815	1774	307	29496	22487	1912
383441	379393	2415	2405	491	108783	11924	755
1006009	1006009	1212	1212	4954	42378	32958	805
397613	397613	476	476		24224	11748	187
102875	102875	262	262		5968	3558	25
489513	489513	407	407	4954	11824	13714	583
16008	16008	67	67		362	3938	10
5096656	5095030	21323	21323	26524	383131	289583	2819

7-4 续表 2-1

指　　标	# 港澳台资本	# 外商资本	营业收入	# 主营业务收入
西药批发			3757577	3756745
中药批发			807301	807301
医疗用品及器材批发		51874	1658744	1656645
矿产品、建材及化工产品批发	17439	72800	155670127	155354110
煤炭及制品批发			21190821	21177925
石油及制品批发			64553797	64396431
非金属矿及制品批发		1965	770009	770009
金属及金属矿批发		17777	52395014	52334979
建材批发	9823	8046	2382567	2380258
化肥批发			2282599	2282599
其他化工产品批发	7616	45012	12095320	12011909
机械设备、五金产品及电子产品批发	1948311	2218621	35438505	35050535
农业机械批发		827	74868	74769
汽车批发	1917378		2385385	2238056
汽车零配件批发			6427399	6415748
五金产品批发	10655	50264	1953043	1952320
电气设备批发	20278	56148	1295595	1295037
计算机、软件及辅助设备批发		496	672854	656955
通讯及广播电视设备批发		14000	826311	812397
其他机械设备及电子产品批发		2096886	21803050	21605253
贸易经纪与代理			1746384	1746029
贸易代理			1347623	1347268
其他贸易经纪与代理			398761	398761
其他批发业		10360	4161928	4152580
再生物资回收与批发		10360	2339608	2330427
其他未列明批发业			1822320	1822153
2. 按登记注册类型分				
内资企业			259690198	258897418
国有企业			13288778	13269210
集体企业			2012695	2012695
股份合作企业			84941	84941
有限责任公司			103764623	103324428
国有独资公司			4581911	4417522
其他有限责任公司			99182712	98906906

单位：千元

营业成本	# 主营业务成本	营业税金及附加	# 主营业务税金及附加	其他业务利润	销售费用	管理费用	# 税金
3407343	3407314	7913	7913	26524	117790	115228	1488
647882	647882	1905	1905		103669	30428	484
1041431	1039834	11505	11505		161672	143927	847
151001418	150608183	125183	123519	113328	2217063	1305443	63308
20500172	20489975	19655	19565	7853	351339	245101	15897
62730712	62723322	39329	39215	37333	886397	381553	14715
719222	719222	919	919		25235	12621	350
51263591	50911912	52154	50792	32187	470211	397872	25230
2238846	2238774	1798	1798	1974	59473	48036	1349
2208541	2208541	1498	1498		45112	22075	206
11340334	11316437	9830	9732	33981	379296	198185	5561
33010440	32799883	35063	35006	186835	690947	696690	14944
62729	62729	192	192	99	908	5874	37
2013331	1972265	5322	5322	117081	81351	89575	783
6157910	6157900	5680	5678	2162	51993	71382	2448
1697503	1697488	5595	5594	11217	67355	76713	1034
1192449	1192153	964	960	237	30899	54918	1232
574517	565727	1380	1380	483	27190	30408	494
789011	788866	972	925	13769	15917	14098	815
20522990	20362755	14958	14955	41787	415334	353722	8101
1708907	1708907	448	448		24004	8803	280
1309004	1309004	438	438		24004	7944	117
399903	399903	10	10			859	163
4013299	4004097	31301	31301	783	52255	34111	411
2240039	2230857	30505	30505		21379	24870	63
1773260	1773240	796	796	783	30876	9241	348
248211628	247529487	677722	674705	335322	4218296	2930243	114388
10993479	10992652	458272	458272	11017	186739	320399	9064
1955367	1954215	1414	1407	2826	19821	16354	105
78501	78501	86	86		1410	4672	33
100014273	99770395	71007	69596	134423	1268963	850762	50806
4404479	4245502	1626	1568	4632	61329	24162	2278
95609794	95524893	69381	68028	129791	1207634	826600	48528

7-4 续表 2-2

指　　标			营业收入	#主营业务收入
	#港澳台资本	#外商资本		
股份有限公司			11268133	11233346
私营企业			128829329	128531099
私营独资企业			377912	376297
私营合伙企业			80228	80228
私营有限责任公司			120850686	120567267
私营股份有限公司			7520503	7507307
其他企业			441699	441699
港、澳、台商投资企业	2002384		1327199	1203619
与港澳台商合资经营企业	1917378		781749	668169
与港澳台商合作经营企业	400		92400	82400
港澳台商独资经营企业	84606		453050	453050
外商投资企业		2417385	9884289	9839069
中外合资经营企业		40646	1783799	1783491
外资企业		2376239	7957516	7912604
外商投资股份有限公司		500	142974	142974
3. 按控股情况分				
国有控股		1013	74537996	74230315
集体控股		14000	12148011	12111938
私人控股			164273749	163828907
港澳台商控股	2002384		1401197	1277617
外商控股		2402372	9046683	9001771
其他			9494050	9489558
4. 按经营形式分				
独立门店	1900400	121983	64511621	64291900
连锁门店			19713	19713
其他	101984	2295402	206370352	205628493
二、零售业	1159398	839199	73711832	71708368
1. 按零售行业小类分				
综合零售	115000	316014	20070856	18604888
百货零售	115000	60000	14968666	13682164
超级市场零售		256014	4315302	4150659
其他综合零售			786888	772065
食品、饮料及烟草制品专门零售			530462	526648
糕点、面包零售			95558	91918

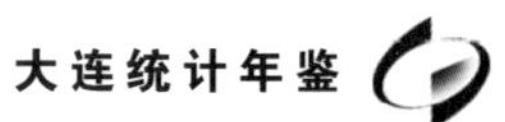

单位：千元

营业成本	#主营业务成本	营业税金及附加	#主营业务税金及附加	其他业务利润	销售费用	管理费用	#税金
10629553	10624707	40592	40514	11985	273097	221205	5955
124160907	123729469	106122	104603	175071	2463194	1502087	48336
331893	331893	1526	1526	1614	9909	23739	101
66100	66100	93	93		9361	2765	
116399254	115981247	99248	97786	168043	2370896	1424688	43621
7363660	7350229	5255	5198	5414	73028	50895	4614
379548	379548	229	227		5072	14764	89
964018	964018	5697	5697	113580	66570	101395	1757
516955	516955	4984	4984	113580	29993	72014	634
65620	65620	22	22		14	12	10
381443	381443	691	691		36563	29369	1113
8401822	8399142	24934	24889	7960	574962	392126	4276
1593050	1593031	2298	2298	229	136118	32510	550
6684275	6681614	22397	22352	7731	429572	353323	3693
124497	124497	239	239		9272	6293	33
70025239	69855118	500312	500146	48341	746470	843236	37322
11807059	11779256	33813	33577	-2796	185698	64989	5946
157886360	157402124	138412	135822	283943	3223857	1955781	66594
1038641	1038641	5456	5456	113580	70551	97324	1437
7635291	7632630	24764	24719	7960	538694	372920	4132
9184878	9184878	5596	5571	5834	94558	89514	4990
59382980	59033050	549213	548905	208624	1476097	1009581	36765
17163	17163	71	71		1996	2716	81
198177325	197842434	159069	156315	248238	3381735	2411467	83575
64223373	63800823	316803	309374	547750	4271803	3471776	103431
15809435	15605648	208005	203297	255882	1610804	1804382	51138
11638540	11444518	185328	180620	133606	965327	1493439	49810
3518903	3509827	19505	19505	110080	531792	289268	1243
651992	651303	3172	3172	12196	113685	21675	85
424390	419684	3035	3034	6787	56449	46420	324
54058	51313	980	980		17649	16657	79

7-4 续表 2-3

指　　标			营业收入	
	#港澳台资本	#外商资本		#主营业务收入
果品、蔬菜零售			8050	8050
肉、禽、蛋、奶及水产品零售			154135	153961
营养和保健品零售			6420	6420
酒、饮料及茶叶零售			120370	120370
烟草制品零售			142516	142516
其他食品零售			3413	3413
纺织、服装及日用品专门零售	411295	202225	2534111	2440194
纺织品及针织品零售			27236	27236
服装零售	378385	202225	1693478	1611228
鞋帽零售			11081	11081
化妆品及卫生用品零售	32910		231414	224554
钟表、眼镜零售			512298	507811
厨房用具及日用杂品零售			21849	21849
其他日用品零售			36755	36435
文化、体育用品及器材专门零售		49426	810979	799691
文具用品零售			15573	15572
体育用品及器材零售		49426	336085	333954
图书、报刊零售			235132	225976
珠宝首饰零售			102648	102648
乐器零售			53890	53890
照相器材零售			67651	67651
医药及医疗器材专门零售		32000	3081488	3079184
药品零售		32000	3036661	3034357
医疗用品及器材零售			44827	44827
汽车、摩托车、燃料及零配件专门零售	633103	49036	41087918	40744303
汽车零售	576987	49036	25217668	25078556
汽车零配件零售	56116		428808	428010
摩托车及零配件零售			18957	18957
机动车燃料零售			15422485	15218780
家用电器及电子产品专门零售			3797024	3729261
家用视听设备零售			138478	138263
日用家电设备零售			2951393	2898839
计算机、软件及辅助设备零售			512608	506850

单位：千元

营业成本	# 主营业务成本	营业税金及附加	# 主营业务税金及附加	其他业务利润	销售费用	管理费用	# 税金
6755	6755	110	110		40	25	
126332	124371	543	542		17632	16936	126
5417	5417				907	58	
116952	116952	370	370	6385	9849	4284	78
112636	112636	1032	1032	402	9123	7189	12
2240	2240				1249	1271	29
1829429	1822563	14724	14723	21723	336740	329691	8816
17430	17430	190	190		7630	1250	
1190080	1186513	11347	11347	15334	235223	269409	7766
6543	6543	91	91		3865	15	14
162278	159104	1588	1587	5898	40127	17911	689
417402	417277	1158	1158	171	31885	38855	326
9790	9790	200	200		11210	852	11
25906	25906	150	150	320	6800	1399	10
628806	626748	3857	3857	9070	80842	77727	855
14429	14429	30	30		33	712	
253571	252456	1811	1811	1368	47430	30907	51
163555	162612	284	284	7622	19341	28014	730
94288	94288	1450	1450		10292	5237	25
40566	40566	154	154	80	1528	11119	17
62397	62397	128	128		2218	1738	32
2691591	2691394	7085	7061	28675	199468	93971	1566
2653906	2653709	6841	6817	28675	198700	90286	1557
37685	37685	244	244		768	3685	9
38089120	37902552	56757	55160	147776	1496555	822415	34486
23484488	23479281	32081	30999	118327	766754	644373	24401
369041	368967	1348	1348	7220	12287	39780	379
15038	15038	211	211		850	371	
14220553	14039266	23117	22602	22229	716664	137891	9706
3295446	3277082	13464	13046	50684	307047	134816	2566
113687	113687	1025	1025	2061	2366	3669	512
2560269	2546987	9955	9955	39601	277921	86357	1446
455219	450703	1633	1616	826	13603	31329	395

7-4 续表 2-4

指　　标			营业收入	
	#港澳台资本	#外商资本		#主营业务收入
通信设备零售			188002	178766
其他电子产品零售			6543	6543
五金、家具及室内装饰材料专门零售		187253	732560	718461
五金零售			262066	260154
家具零售			57698	45511
涂料零售			7868	7868
木质装饰材料零售			6105	6105
其他室内装饰材料零售		187253	398823	398823
货摊、无店铺及其他零售业		3245	1066434	1065738
货摊纺织、服装及鞋零售			190155	190155
邮购及电视、电话零售			32191	32055
生活用燃料零售		3245	653903	653603
其他未列明零售业			190185	189925
2. 按登记注册类型分				
内资企业			57584482	55955608
国有企业			305726	296076
集体企业			99908	99908
股份合作企业			38429	38428
联营企业			88083	87267
国有联营企业			88083	87267
有限责任公司			16936169	16333016
其他有限责任公司			16936169	16333016
股份有限公司			22145800	21412903
私营企业			17812538	17530181
私营独资企业			97071	97071
私营合伙企业			3697	3697
私营有限责任公司			16982913	16703055
私营股份有限公司			728857	726358
其他企业			157829	157829
港、澳、台商投资企业	1159398	56207	10614763	10373244
与港澳台商合资经营企业	515987	56207	8411818	8211747
港澳台商独资经营企业	603411		2054748	2028353
港澳台商投资股份有限公司	40000		148197	133144

单位：千元

营业成本	# 主营业务成本	营业税金及附加	# 主营业务税金及附加	其他业务利润	销售费用	管理费用	# 税金
160117	159551	832	431	8196	13157	13160	210
6154	6154	19	19			301	3
546323	546319	7401	6721	14472	92116	108693	3389
230533	230529	1163	1163	3004	7755	16521	608
23467	23467	1735	1055	11468	21574	17404	1727
7327	7327	13	13		50	482	
4883	4883	3	3		100	1139	
280113	280113	4487	4487		62637	73147	1054
908833	908833	2475	2475	12681	91782	53661	291
133288	133288	833	833		46146	18709	48
29145	29145	82	82		2310	654	
599227	599227	1116	1116	12421	22098	14397	189
147173	147173	444	444	260	21228	19901	54
50349000	49928113	242512	236244	454381	3209050	2687548	78399
218341	217398	1008	1008	15013	23408	34587	1510
89474	89474	489	489	402	3752	4537	3
34902	34901	46	45	1368	478	1417	78
84364	83688	78	78		3496	-239	9
84364	83688	78	78		3496	-239	9
14615118	14414630	67701	64267	225527	1022539	832161	20382
14615118	14414630	67701	64267	225527	1022539	832161	20382
19526669	19342650	105809	105320	22087	1156612	899019	34214
15629804	15595044	67114	64860	189984	993773	911718	22164
89025	89025	344	214		3209	4324	106
3218	3218	12	12		467	7	7
14895284	14861767	64032	61908	179422	970578	849387	20429
642277	641034	2726	2726	10562	19519	58000	1622
150328	150328	267	177		4992	4348	39
9349796	9348617	49450	49085	32523	446589	561932	20154
7400107	7400107	44262	44262	6470	315693	421080	15740
1838066	1838066	4490	4125	12149	90369	133444	4300
111623	110444	698	698	13904	40527	7408	114

7-4 续表 2-5

指　　标			营业收入	#主营业务收入
	#港澳台资本	#外商资本		
外商投资企业		782992	5512587	5379516
中外合资经营企业		228973	2046502	1969001
外资企业		554019	3195224	3143327
其他外商投资企业			270861	267188
3. 按控股情况分				
国有控股			22952816	22187442
集体控股			606100	591353
私人控股		3245	30131522	29465448
港澳台商控股	1084398	24207	7027011	6984503
外商控股		811747	5753403	5614210
其他	75000		7240980	6865412
4. 按经营形式分				
独立门店	1051488	553142	45032612	44413440
连锁总店（总部）	32910	64572	4083179	4033180
连锁门店			4251236	4020445
其他	75000	221485	20344805	19241303
5. 按零售业态分				
有店铺零售	1159398	839199	73241338	71240079
便利店			692515	680522
超市		49426	826779	815810
大型超市		256014	3845908	3691806
仓储会员店			20248	20248
百货店	520834	60000	16618594	15243634
专业店	194101	203245	28874039	28556322
专卖店	444463	51261	19523175	19409005
家居建材商店		187253	442509	430322
购物中心			142125	137429
厂家直销中心		32000	2255446	2254981
无店铺零售			470494	468289
电视购物			255247	254871
邮购			27180	27180
自动售货亭购物中心			16113	15853
电话购物			14321	14321

单位：千元

营业成本	# 主营业务成本	营业税金及附加	# 主营业务税金及附加	其他业务利润	销售费用	管理费用	# 税金
4524577	4524093	24841	24045	60846	616164	222296	4878
1632955	1632955	11923	11283	51160	264165	98184	2697
2645304	2645304	12717	12717	9686	344323	117917	1715
246318	245834	201	45		7676	6195	466
20241721	20057859	102831	102189	56404	1252631	841128	29956
522133	521608	1443	1442	9511	29673	22715	475
26308183	26240773	117861	112317	384707	1707462	1668035	46740
6490403	6489224	11114	10749	32523	266623	215375	7110
4749484	4748792	24880	24240	61106	621257	258525	4724
5911449	5742567	58674	58437	3499	394157	465998	14426
40638668	40448850	105773	99528	344775	2110781	1526109	50231
3242557	3242056	19233	19233	65429	530784	238570	394
3627056	3422224	22609	22590	27388	321658	115768	3105
16715092	16687693	169188	168023	110158	1308580	1591329	49701
63843635	63421651	315250	307821	547250	4207693	3440290	103337
554075	553191	2914	2913	12196	125039	33052	597
688255	687563	5631	5468	32303	65576	139260	195
3133196	3124812	16042	16042	77788	497654	156661	728
17311	17311	60	60		970	1647	
12925426	12725421	194719	190115	151070	1086755	1744390	58167
26336010	26133616	55189	54195	111961	1428515	618536	22609
17711907	17703041	30210	29223	111506	824663	589671	17445
293668	293668	6662	5982	11468	82636	87081	2789
115148	114390	881	881	3938	23130	4756	35
2068639	2068638	2942	2942	35020	72755	65236	772
379738	379172	1553	1553	500	64110	31486	94
193816	193816	953	953	240	49309	20806	48
24300	24300	150	150		690	1015	
9350	9350	133	133	260	5272	759	22
13065	13065	14	14			1191	

7-4 续表 3

指　　标	财务费用	# 利息收入	# 利息支出	资产减值损失	公允价值变动收益	投资收益
总　计	**3217241**	**800507**	**2622772**	**202982**	**740**	**1796663**
一、批发业	2201758	506023	1890090	193981	722	843958
1. 按批发行业小类分						
农、林、牧产品批发	725934	86136	538320	551	-84	44848
谷物、豆及薯类批发	713418	85958	531473	551	-84	44848
种子批发	4142	31	4152			
饲料批发	8593	70	2688			
林业产品批发	-70	77	7			
其他农牧产品批发	-149					
食品、饮料及烟草制品批发	-92879	186830	29724	3304		-18613
米、面制品及食用油批发	29966	843	8478			-24365
糕点、糖果及糖批发	-21	42	8			
果品、蔬菜批发	11165	-9	5022			
肉、禽、蛋、奶及水产品批发	35339	2580	14442	3109		3946
盐及调味品批发	608	1224				-856
营养和保健品批发	778	480				157
酒、饮料及茶叶批发	8812	1505	1215	189		
烟草制品批发	-180076	180118				2505
其他食品批发	550	47	559	6		
纺织、服装及家庭用品批发	71573	32711	88925	2498		27478
纺织品、针织品及原料批发	4009	1617	1952	1506		1503
服装批发	52153	19702	58424	-848		24517
鞋帽批发	11928	9895	21272			405
化妆品及卫生用品批发	703	628	7	1829		
厨房、卫生间用具及日用杂货批发	810	520	2			
灯具、装饰物品批发	-40					
家用电器批发	-802	47	5020			1053
其他家庭用品批发	2812	302	2248	11		
文化、体育用品及器材批发	8784	1298	6206			
文具用品批发	-11	486	33			
体育用品及器材批发	2237	11				
首饰、工艺品及收藏品批发	6530	801	6173			
其他文化用品批发	28					
医药及医疗器材批发	48203	3152	34489	7243		6996

单位：千元

营业利润	营业外收入	#补贴收入	利润总额	应交所得税	本年应付职工薪酬	应交增值税	从事批发和零售业活动的从业人员平均人数（人）
4386956	**620321**	**277556**	**4548553**	**1059931**	**19495779**	**3965465**	**71616**
2939592	471854	266876	3156329	881885	16683440	2420876	25567
−226919	94927	30925	−216774	17262	88491	68829	1195
−244263	94897	30895	−234571	16617	81009	68185	1003
8672			9255	319	4295	107	123
7322	30	30	7192	315	2629	528	59
160			160	10	298	9	5
1190			1190	1	260		5
1396527	31568	13486	1433578	349969	390239	331717	4326
−49669	16960	10100	−24585	2136	15216	−51934	396
26	920		941	589	3351	1278	76
89783	2820	2820	91473	917	34075	15009	1093
15861	671	337	15621	2187	38586	3042	703
5048	6355	136	14326	3048	17158	9796	281
−4609	18		−4599	679	6085	1079	123
−15423	2278	60	−13314	226	27094	17683	642
1361002	1539	33	1359204	339702	240206	331375	850
−5492	7		−5489	485	8468	4389	162
75785	98994	92883	177003	52927	280646	96457	4731
17324	90309	90080	110657	29032	20422	21660	347
30874	7113	2666	36296	14229	197081	37475	2676
18291	65	52	18721	4710	6084	2883	74
310	319		577	304	17160	9424	369
−3372	5		−3374	144	5575	1035	186
879			879	209	1331	170	38
16743	84	17	16736	3920	20068	12683	474
−5264	1099	68	−3489	379	12925	11127	567
292	19298	18718	19152	1315	20685	4371	268
−643	176		−542	99	6799	4028	119
592	232		638	610	1294	1934	29
9	18890	18718	18888	349	8269	−2165	87
334			168	257	4323	574	33
384566	1481	3	378043	100743	116144	170096	1555

7-4 续表 3-1

指　　标	财务费用	# 利息收入	# 利息支出	资产减值损失	公允价值变动收益	投资收益
西药批发	36222	244	20417	2689		
中药批发	2807	2958	5613	3021		
医疗用品及器材批发	9174	-50	8459	1533		6996
矿产品、建材及化工产品批发	848110	139357	846499	118567	797	905984
煤炭及制品批发	177113	-153535	220590	3832	714	891539
石油及制品批发	245800	180234	263884	18044		-9169
非金属矿及制品批发	3563	645	2023			
金属及金属矿批发	334356	91071	298506	94250		23319
建材批发	11613	11706	16214		83	192
化肥批发	3687	21	2905			
其他化工产品批发	71978	9215	42377	2441		103
机械设备、五金产品及电子产品批发	547459	56162	325766	61860	9	-122173
农业机械批发	-183	-70				
汽车批发	323487	536	24935			-344
汽车零配件批发	-33899	5535	19305			30828
五金产品批发	11116	282	9373	595		
电气设备批发	3432	230	3269	-464	9	-99
计算机、软件及辅助设备批发	-3844	2464	-2209	-274		53
通讯及广播电视设备批发	23783	89	23853			
其他机械设备及电子产品批发	223567	47096	247240	62003		-152611
贸易经纪与代理	13403	566	13343	-42		
贸易代理	1619	132	1125	-42		
其他贸易经纪与代理	11784	434	12218			
其他批发业	31171	-189	6818			-562
再生物资回收与批发	22026	4	1580			
其他未列明批发业	9145	-193	5238			-562
2. 按登记注册类型分						
内资企业	1886575	497371	1879081	182721	630	837276
国有企业	-207170	185986	12775	-224		16766
集体企业	5231					
股份合作企业	-2	5				
有限责任公司	872126	329042	950789	176689	-84	25365
国有独资公司	13515	1040	12646	33456	-84	942
其他有限责任公司	858611	328002	938143	143233		24423

单位：千元

营业利润	营业外收入	#补贴收入	利润总额	应交所得税	本年应付职工薪酬	应交增值税	从事批发和零售业活动的从业人员平均人数（人）
70486	158		70542	19202	31705	63389	821
17589	88		13148	5879	18124	13834	281
296491	1235	3	294353	75662	66315	92873	453
965884	120114	39830	1052104	161712	646391	1319959	7815
786834	21114	9418	807683	36108	90067	135781	1082
245097	53313	18508	276409	66262	201012	726806	2604
8451	434	76	2644	636	5897	6640	108
-199064	35211	5353	-166524	27944	179229	234272	2347
23090	1478	583	24112	5393	63880	190438	368
1686	4352	4097	6030	147	4011	295	82
99790	4212	1795	101750	25222	102295	25727	1224
353366	33152	2812	338972	194193	15114296	393398	5216
5348	493		5831	1704	3545	1575	24
-127219	3677		-125478	10911	49138	175295	569
284127	2885	93	283548	83056	14718039	24969	511
94169	1462	690	60685	15644	38190	22867	693
13307	1548	667	10612	6945	37075	9041	259
43530	1526	20	45032	7308	28237	26678	424
-17432			17549	164	5683	1051	95
57536	21561	1342	76291	68461	234389	131922	2641
-9141	266	206	-8897	2587	6042	3042	87
4654	266	206	4897	2577	5879	2959	83
-13795			-13794	10	163	83	4
-768	72054	68013	-16852	1177	20506	33007	374
791	69		-35005	194	12656	27562	212
-1559	71985	68013	18153	983	7850	5445	162
2589795	460876	263724	2844505	750857	16387327	2210041	22540
1553726	37008	9933	1582272	399818	303160	347656	1432
17334			307	213	13477	3667	205
274			274	9	1053	720	40
614847	143671	61051	774087	218012	15254475	1276418	6446
44202	20384	617	64547	25974	30098	19714	226
570645	123287	60434	709540	192038	15224377	1256704	6220

7-4 续表 3-2

指　　标	财务费用	# 利息收入	# 利息支出	资产减值损失	公允价值变动收益	投资收益
股份有限公司	197820	-112484	348680	-1636	714	793911
私营企业	1017784	94822	566837	7892		1234
私营独资企业	642	1	3			
私营合伙企业	136					
私营有限责任公司	908380	93202	527897	7874		1234
私营股份有限公司	108626	1619	38937	18		
其他企业	786					
港、澳、台商投资企业	299722	58	1546	11		-344
与港澳台商合资经营企业	297414	32	270			-344
与港澳台商合作经营企业	13					
港澳台商独资经营企业	2295	26	1276	11		
外商投资企业	15461	8594	9463	11249	92	7026
中外合资经营企业	10242	793	2214	201		
外资企业	5244	7796	7432	11048	92	7026
外商投资股份有限公司	-25	5	-183			
3. 按控股情况分						
国有控股	366756	304945	842414	177310	630	984768
集体控股	74842	16994	66452	-6565		-6424
私人控股	1422412	173640	946244	12587		-116756
港澳台商控股	299378	89	1240	11		-344
外商控股	7071	8556	7465	11048	92	7026
其他	31299	1799	26275	-410		-24312
4. 按经营形式分						
独立门店	546083	199456	204006	2276	9	-5534
连锁门店	381	1	359			
其他	1655294	306566	1685725	191705	713	849492
二、零售业	1015483	294484	732682	9001	18	952705
1. 按零售行业小类分						
综合零售	185654	187058	138481	6627	18	944364
百货零售	114561	174172	140694	6191	18	929584
超级市场零售	65109	12819	-3426	436		14780
其他综合零售	5984	67	1213			
食品、饮料及烟草制品专门零售	3996	954	2198	424		4775
糕点、面包零售	364	26				

单位：千元

营业利润	营业外收入	# 补贴收入	利润总额	应交所得税	本年应付职工薪酬	应交增值税	从事批发和零售业活动的从业人员平均人数（人）
705737	22622	42	731583	5073	135189	56093	1179
-343423	257575	192698	-282312	127626	674475	520056	13047
10202			10195	76	3038	7645	97
1773	276		2049	748	3092	723	84
-274460	255604	191704	-215143	124848	653919	474144	12573
-80938	1695	994	-79413	1954	14426	37544	293
41300			38294	106	5498	5431	191
-121277	2868	1862	-118897	13343	28715	27569	448
-139955	1460	867	-138556	10671	13116	17918	227
16000	5		15995	20	345		10
2678	1403	995	3664	2652	15254	9651	211
471074	8110	1290	430721	117685	267398	183266	2579
9609	2324	20	10648	3996	36266	25769	785
458767	5580	1270	417204	112552	226658	155682	1704
2698	206		2869	1137	4474	1815	90
2863938	129870	24840	2982313	537332	714378	1086077	4865
-15423	5644	4497	-27656	3556	31635	32945	491
-316234	316803	229973	-175714	194522	15632046	1114853	16764
-121227	1991	996	-119726	12934	27575	27650	421
464234	6727	1270	422499	115864	241794	162327	2238
64304	10819	5300	74613	17677	36012	-2976	788
1531564	212390	177187	1626243	459519	747798	578643	9725
-2614	2		-2616	118	2258	3004	55
1410642	259462	89689	1532702	422248	15933384	1839229	15787
1447364	148467	10680	1392224	178046	2812339	1544589	46049
1421989	44710	310	1410657	85156	1212234	508686	21595
1494893	36037		1489283	67740	909462	336171	12946
-63281	4023	3	-72759	17398	239568	67841	6595
-9623	4650	307	-5867	18	63204	104674	2054
16704	4062	1089	8145	5105	40955	14086	921
5850	147		4160	1040	18595	8164	450

7-4 续表 3-3

指　　标	财务费用	#利息收入	#利息支出	资产减值损失	公允价值变动收益	投资收益
果品、蔬菜零售	20					
肉、禽、蛋、奶及水产品零售	1368	855	1027	434		
营养和保健品零售						
酒、饮料及茶叶零售	308	4				
烟草制品零售	765	69		-10		4775
其他食品零售	1171		1171			
纺织、服装及日用品专门零售	46748	31229	14615	56		1600
纺织品及针织品零售	2189			12		
服装零售	33718	29734	11575	44		1600
鞋帽零售	81					
化妆品及卫生用品零售	-1009	1373	358			
钟表、眼镜零售	11533	56	2589			
厨房用具及日用杂品零售	159	1	93			
其他日用品零售	77	65				
文化、体育用品及器材专门零售	8947	305	3285	150		
文具用品零售	11					
体育用品及器材零售	2876	3	466	150		
图书、报刊零售	-49	296	90			
珠宝首饰零售	4997	3	1650			
乐器零售	28	3				
照相器材零售	1084		1079			
医药及医疗器材专门零售	38867	19707	14813	1465		
药品零售	37451	19705	13501	1465		
医疗用品及器材零售	1416	2	1312			
汽车、摩托车、燃料及零配件专门零售	514498	54597	371900	10		-2517
汽车零售	508823	17877	337047	10		-3265
汽车零配件零售	9101	219	4183			
摩托车及零配件零售	-67	67				
机动车燃料零售	-3359	36434	30670			748
家用电器及电子产品专门零售	10977	312	5089	316		
家用视听设备零售	995	1				
日用家电设备零售	4989	55	1650			
计算机、软件及辅助设备零售	4513	248	3401			

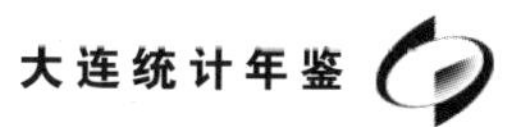

单位：千元

营业利润	营业外收入	#补贴收入	利润总额	应交所得税	本年应付职工薪酬	应交增值税	从事批发和零售业活动的从业人员平均人数（人）
1100					830		30
286	1090	1089	-8038	112	10615	4822	211
38			38	4			2
-5008			-5010	4	2820	107	82
16956	19		16971	3939	7286	993	131
-2518	2806		24	6	809		15
-22543	3018	1680	-16763	15877	122559	75951	2657
-1465	16		-1479	530	3161	563	74
-44743	2800	1600	-43015	3068	68056	49822	1618
486			485	158	1166	790	10
13692	150	80	13728	9725	11429	10760	315
7426	30		11467	1707	30165	13555	482
-362			-367	91	4517	330	125
2423	22		2418	598	4065	131	33
10648	4397		14698	2444	43665	16056	1052
358			78		423		14
-660	135		-813	2248	13942	12339	276
23987	4257		28438	44	20381	561	577
-13618	2		-13666	15	5372	1288	79
495	3		576	136	2457	1317	78
86			85	1	1090	551	28
54990	6654	4386	58100	8879	154840	49328	3514
53961	6654	4386	57072	8700	154010	48217	3490
1029			1028	179	830	1111	24
124735	46444	1210	80510	55673	1040993	819138	12450
-210295	39829	1204	-247721	26841	557464	620720	7627
4114	1303		5704	5487	20720	7835	407
2554	230		2783	185	676	135	20
328362	5082	6	319744	23160	462133	190448	4396
34346	36140		36951	3262	98059	30273	2427
16736	760		17470	212	2821	359	88
11290	35351		13062	2228	67899	23738	1635
6311	14		6175	295	19070	4015	530

7-4 续表 3-4

指　　标	财务费用	# 利息收入	# 利息支出	资产减值损失	公允价值变动收益	投资收益
通信设备零售	479	8	38	316		
其他电子产品零售	1					
五金、家具及室内装饰材料专门零售	24996	213	2891			
五金零售	2622	173	1538			
家具零售	1318	38	1353			
涂料零售	1					
木质装饰材料零售						
其他室内装饰材料零售	21055	2				
货摊、无店铺及其他零售业	180800	109	179410	-47		4483
货摊纺织、服装及鞋零售	23					
邮购及电视、电话零售	46					
生活用燃料零售	179633		179169			4483
其他未列明零售业	1098	109	241	-47		
2. 按登记注册类型分						
内资企业	794913	274099	657420	5637	18	952489
国有企业	1575	319	1693			
集体企业	-101	-10				4775
股份合作企业	466		466			
联营企业	145	28				
国有联营企业	145	28				
有限责任公司	346451	69880	218149	1922		18707
其他有限责任公司	346451	69880	218149	1922		18707
股份有限公司	20642	149140	149104	3680	18	927586
私营企业	425036	54425	286992	35		2581
私营独资企业	492	1	397			
私营合伙企业	-3	4				
私营有限责任公司	417607	54201	280697	35		4483
私营股份有限公司	6940	219	5898			-1902
其他企业	699	317	1016			-1160
港、澳、台商投资企业	154263	4690	38567	2642		216
与港澳台商合资经营企业	118986	550	9563	2642		32
港澳台商独资经营企业	35338	3996	29004			184
港澳台商投资股份有限公司	-61	144				

单位：千元

营业利润	营业外收入	#补贴收入	利润总额	应交所得税	本年应付职工薪酬	应交增值税	从事批发和零售业活动的从业人员平均人数（人）
-59	15		176	520	8154	2112	171
68			68	7	115	49	3
-45010	857	13	-46251	928	46292	13788	790
3471	46	13	3513	300	8880	2349	217
-7839	8		-7857	59	5502	451	171
-5			-5	1	308	60	9
-20			-20		940		38
-40617	803		-41882	568	30662	10928	355
-148495	2185	1992	-153823	722	52742	17283	643
8845	1992	1992	-6891		29984	8205	320
-46			-46		933		20
-157682	9		-147286	248	7976	5533	126
388	184		400	474	13849	3545	177
1334808	138140	10600	1283478	98740	2198883	1148151	37830
26807	4260		28380	336	26261	1651	622
6930			6803	1320	4110	1056	144
1120			1117	274	976	378	30
239			208	48	994	647	13
239			208	48	994	647	13
136879	77974	6754	77454	39985	560365	518895	12356
136879	77974	6754	77454	39985	560365	518895	12356
1370369	22756	1035	1339140	25436	1013045	283205	11030
-203571	33150	2811	-165565	31341	589512	340844	13559
-323	9	6	-318	6	6854	8323	139
-4			-4		311		8
-200736	32760	2805	-170929	30701	550419	319184	12226
-2508	381		5686	634	31928	13337	1186
-3965			-4059		3620	1475	76
57170	6814	80	56894	51146	343524	205220	2555
109078	6008		109411	36393	275961	174975	1562
-39910	806	80	-41514	14753	63718	29431	891
-11998			-11003		3845	814	102

7-4 续表 3-5

指　　标	财务费用	# 利息收入	# 利息支出	资产减值损失	公允价值变动收益	投资收益
外商投资企业	66307	15695	36695	722		
中外合资经营企业	-1496	11489	-1057	253		
外资企业	61471	4172	31386	469		
其他外商投资企业	6332	34	6366			
3. 按控股情况分						
国有控股	-48017	140125	81657	3002		847662
集体控股	1674	107	351			4393
私人控股	802652	117198	573863	714	18	98247
港澳台商控股	138054	4663	29718			184
外商控股	65820	15780	36041	880		100
其他	55300	16611	11052	4405		2119
4. 按经营形式分						
独立门店	806582	85373	570521	-125		8625
连锁总店（总部）	27972	2847	237	117		14680
连锁门店	24658	1072	6593	1036		2087
其他	156271	205192	155331	7973	18	927313
5. 按零售业态分						
有店铺零售	1014727	294412	732598	8685	18	952705
便利店	6375	99	1347			
超市	24198	314	69	150		14780
大型超市	42653	12609	-3557	436		
仓储会员店	-4	7				
百货店	127132	178913	155033	6191	18	931184
专业店	206911	59154	176549	876		-969
专卖店	377418	39251	207700	443		3227
家居建材商店	21293	84				
购物中心	6	117				
厂家直销中心	208745	3864	195457	589		4483
无店铺零售	756	72	84	316		
电视购物	50	-20				
邮购	95					
自动售货亭购物中心	-88	92				
电话购物	13					

单位：千元

营业利润	营业外收入	# 补贴收入	利润总额	应交所得税	本年应付职工薪酬	应交增值税	从事批发和零售业活动的从业人员平均人数（人）
55386	3513		51852	28160	269932	191218	5664
40518	1081		36432	6315	132086	19688	2861
10729	2432		11281	19970	132232	121545	2719
4139			4139	1875	5614	49985	84
1407182	27809		1387170	31259	1050078	379323	12749
33252	75		32859	8020	17696	22980	458
-306723	95321	8605	-311349	46522	1033938	715123	22486
-87511	2500	80	-91873	14154	178196	115108	1705
30363	3740		10170	26285	277545	142600	5773
370801	19022	1995	365247	51806	254886	169455	2878
-106117	55559	2439	-171405	74492	1368180	745452	21258
62188	12544	4466	86226	17451	289982	179075	6973
149933	13542	1035	146930	1584	61657	27175	2104
1341360	66822	2740	1330473	84519	1092520	592887	15714
1437142	146359	8634	1397639	177593	2770178	1532392	45490
-28940	7443	307	-23676	284	67352	106136	2226
-63898	1343	3	-67244	2195	32177	9775	1168
13303	2352		8018	17119	205037	49113	5163
264			264	59	836	441	23
1468363	39456	1680	1465508	80271	973438	391519	14649
235354	62426	4792	235616	37890	905092	412148	12663
20340	31837	1852	-23121	37793	506179	530302	8186
-46871	810		-48118	174	32698	11635	438
-1796			-2991	7	3643	6562	110
-158977	692		-146617	1801	43726	14761	864
10222	2108	2046	-5415	453	42161	12197	559
8002	2046	2046	-7690		31695	8596	362
930			930	154	282	1028	6
687	47		726		3504	1046	37
36			36		342		9

7-5 限额以上住宿和餐饮业

指　　标	法人企业数（个）	#执行《2006年企业会计准则》企业数	年初存货	流动资产合计
总　计	**280**	**165**	**419853**	**5473860**
一、住宿业	140	84	234145	4169762
1. 按住宿行业小类分组				
旅游饭店	113	69	169683	3623912
一般旅馆	22	12	63505	514185
其他住宿业	5	3	957	31665
2. 按登记注册类型分组				
内资企业	121	75	158239	2489479
国有企业	19	13	24119	204909
集体企业	10	7	6743	41793
联营企业	1	1	1196	19845
集体联营企业	1	1	1196	19845
有限责任公司	38	20	78638	1553449
国有独资公司	3	1	1229	36648
其他有限责任公司	35	19	77409	1516801
股份有限公司	2	1	1536	23848
私营企业	51	33	46007	645635
私营合伙企业	1		16	480
私营有限责任公司	46	30	45441	622150
私营股份有限公司	4	3	550	23005
港、澳、台商投资企业	8	3	16352	1350031
与港澳台商合资经营企业	5	3	6850	1206044
港澳台商独资经营企业	3		9502	143987
外商投资企业	11	6	59554	330252
中外合资经营企业	7	5	56017	287046
中外合作经营企业	1		510	11315
外资企业	3	1	3027	31891
3. 按控股情况分组				
国有控股	31	22	33320	1404427
集体控股	16	10	23676	313373
私人控股	70	43	95157	1702316
港澳台商控股	6	1	11486	215373
外商控股	7	4	57499	259679
其他	10	4	13007	274594
4. 按经营形式分组				
独立门店	107	59	131641	3717344
连锁门店	3	1	45	25697
其他	30	24	102459	426721
5. 按星级分组				
五星	7	4	15628	1785137
四星	27	17	63522	1199433

法人财务状况

单位：千元

		固定资产合计	固定资产原价	累计折旧		在建工程
# 应收帐款	# 存货				# 本年折旧	
350235	**483927**	**5769086**	**11731638**	**6023072**	**498236**	**663225**
189513	338269	4641863	9799085	5205627	333240	581273
180316	275636	4378420	9301863	4971849	309141	560548
8695	62220	180004	383242	203237	23023	16655
502	413	83439	113980	30541	1076	4070
145872	131263	3130414	5837933	2755923	218042	382482
25029	22383	490124	999996	504906	27644	79142
1211	5932	47791	109112	61321	4154	
4386	8266	5002	5362	360	360	9846
4386	8266	5002	5362	360	360	9846
59947	59568	1972039	3403705	1485028	121448	231417
6048	1075	166043	262378	96335	3635	
53899	58493	1805996	3141327	1388693	117813	231417
4	1532	17591	135528	117937	4583	
55295	33582	597867	1184230	586371	59853	62077
33	20	131	409	278	54	
54933	32977	567320	1134035	566723	57864	62077
329	585	30416	49786	19370	1935	
28695	157088	1252568	3020857	1768290	103716	180881
23490	20105	510193	1366340	856148	45916	
5205	136983	742375	1054517	912142	57800	180881
14946	49918	258881	940295	681414	11482	17910
6498	47815	129701	459813	330112	3455	
364	181	79786	341037	261251	3731	
8084	1922	49394	139445	90051	4296	17910
37972	44250	1251204	2650546	1394376	69403	81163
20071	33057	341629	840176	545344	36026	56643
84998	61480	1760231	3137996	1384338	130058	244477
23579	138718	944458	2067922	1123464	68607	180881
12704	48535	135703	439903	304200	6094	17910
10189	12229	208638	662542	453905	23052	199
152485	266105	3931189	8201344	4311985	278548	395862
308	87	6163	13728	7565	5921	
36720	72077	704511	1584013	886077	48771	185411
23677	164000	1284442	2616790	1332349	96945	197536
88487	50260	1673035	3851677	2185206	107481	28381

7-5 续表-1

指　　标	法人企业数（个）	#执行《2006年企业会计准则》企业数	年初存货	流动资产合计
三星	33	20	26113	394230
二星	15	8	10498	82102
其他	58	35	118384	708860
二、餐饮业	140	81	185708	1304098
1. 按餐饮行业小类分组				
正餐服务	123	66	166293	872294
快餐服务	8	8	16075	311319
饮料及冷饮服务	3	2	779	36109
其他餐饮业	6	5	2561	84376
2. 按登记注册类型分组				
内资企业	122	72	164086	901294
国有企业	2	1	193	1545
集体企业	4	4	631	3146
有限责任公司	23	16	6139	149382
其他有限责任公司	23	16	6139	149382
股份有限公司	1			843
私营企业	91	50	154477	716925
私营独资企业	13	7	7291	56107
私营合伙企业	1		537	1643
私营有限责任公司	76	42	146649	654831
私营股份有限公司	1	1		4344
其他企业	1	1	2646	29453
港、澳、台商投资企业	5	2	9476	116951
与港澳台商合资经营企业	1	1	1708	31608
港澳台商独资经营企业	4	1	7768	85343
外商投资企业	13	7	12146	285853
中外合资经营企业	2	2	5060	160557
外资企业	10	4	6410	95522
外商投资股份有限公司	1	1	676	29774
3. 按控股情况分组				
国有控股	2	1	193	1545
集体控股	6	6	1494	50643
私人控股	110	62	158709	807772
港澳台商控股	5	2	9476	116951
外商控股	12	6	11983	284203
其他	5	4	3853	42984
4. 按经营形式分组				
独立门店	107	55	158370	917573
连锁总店（总部）	3	3	4998	65889
连锁门店	3	1	5662	160434
其他	27	22	16678	160202

单位：千元

		固定资产合计	固定资产原价	累计折旧		在建工程
# 应收帐款	# 存货				# 本年折旧	
40467	31363	685447	1441128	797512	52122	82642
3488	10392	112553	203841	91288	6359	27434
33394	82254	886386	1685649	799272	70333	245280
160722	145658	1127223	1932553	817445	164996	81952
76296	109404	858611	1460953	614457	81718	65365
49299	33055	147221	281895	134674	46063	13064
597	947	4489	13523	9034	1217	1815
34530	2252	116902	176182	59280	35998	1708
95820	105872	964002	1589115	636228	114315	67646
101	146	1015	1710	695	183	
658	545	841	5380	4539	180	
35204	6193	150751	234806	84056	40005	3157
35204	6193	150751	234806	84056	40005	3157
	627	2198	2267	69		
59793	97326	808140	1337966	540940	73747	64489
12057	7506	151096	277156	131636	12932	
	520	164	688	524	141	
43669	89300	656875	1056419	405082	60674	64489
4067		5	3703	3698		
64	1035	1057	6986	5929	200	
16708	9845	21032	62871	41839	13545	1509
16514	1254	10540	33072	22532	1350	
194	8591	10492	29799	19307	12195	1509
48194	29941	142189	280567	139378	37136	12797
43304	4073	24095	45708	21613	7061	3892
3746	25402	117969	233461	116492	30013	8905
1144	466	125	1398	1273	62	
101	146	1015	1710	695	183	
15434	1472	95420	140988	45568	31144	1708
72835	102229	857020	1415485	569580	79557	66011
16708	9845	21032	62871	41839	13545	1509
48015	29808	141496	278034	137538	36953	12491
7629	2158	11240	33465	22225	3614	233
94251	101637	830181	1407275	590993	94854	19461
1662	23995	115824	222141	107317	29835	8905
43158	4705	33960	63823	29863	9260	3586
21651	15321	147258	239314	89272	31047	50000

7-5 续表 1

指　标	资产总计	流动负债合计	#应付帐款	非流动负债合计
总　计	**13923506**	**8139647**	**895064**	**2971439**
一、住宿业	10930212	6072024	632660	2748649
1. 按住宿行业小类分组				
旅游饭店	9965585	5304223	591619	2647428
一般旅馆	847856	748500	37304	98008
其他住宿业	116771	19301	3737	3213
2. 按登记注册类型分组				
内资企业	6969130	4264543	439152	1539169
国有企业	820892	474999	98370	30898
集体企业	125992	117982	12611	1313
联营企业	24847	566		671
集体联营企业	24847	566		671
有限责任公司	4136614	2157039	146530	1127660
国有独资公司	206667	168323	46386	23856
其他有限责任公司	3929947	1988716	100144	1103804
股份有限公司	47752	5217	1500	
私营企业	1813033	1508740	180141	378627
私营合伙企业	9021	12838	72	
私营有限责任公司	1747910	1467724	172963	363977
私营股份有限公司	56102	28178	7106	14650
港、澳、台商投资企业	3305189	901699	167854	761102
与港澳台商合资经营企业	1913655	788453	155452	546210
港澳台商独资经营企业	1391534	113246	12402	214892
外商投资企业	655893	905782	25654	448378
中外合资经营企业	454518	463489	15705	68399
中外合作经营企业	93322	245369	8972	379979
外资企业	108053	196924	977	
3. 按控股情况分组				
国有控股	3025627	1448091	164826	590758
集体控股	731485	419303	33061	167704
私人控股	4529187	2916083	234122	1691236
港澳台商控股	1678099	400619	154094	225102
外商控股	439028	624319	9874	36886
其他	526786	263609	36683	36963
4. 按经营形式分组				
独立门店	9261457	4935267	553770	2016957
连锁门店	49796	20070	17979	
其他	1618959	1116687	60911	731692
5. 按星级分组				
五星	3862726	1167782	47619	905748
四星	3136591	1571118	290485	971758

单位：千元

负债合计	所有者权益合计	# 实收资本				
			# 国家资本	# 集体资本	# 法人资本	# 个人资本
10870510	**3052996**	**5006080**	**482927**	**198684**	**1749852**	**1125326**
8580644	2349568	3935280	474965	70447	1350039	710820
7715772	2249813	3767028	424463	69990	1317612	694330
846508	1348	139835	23042		31927	16490
18364	98407	28417	27460	457	500	
5563683	1405447	2063225	417982	34247	905176	705820
503007	317885	205444	204619		825	
118034	7958	28548		24732	3816	
1237	23610	450			450	
1237	23610	450			450	
3113871	1022743	1281109		9515	604155	454076
192179	14488	60800			6000	
2921692	1008255	1220309		9515	598155	454076
5217	42535	86960			86460	500
1822317	-9284	460714			209470	251244
12838	-3817					
1766651	-18741	432134			188690	243444
42828	13274	28580			20780	7800
1662801	1642388	1382886			200447	5000
1334663	578992	380557			200447	5000
328138	1063396	1002329				
1354160	-698267	489169		36200	244416	
531888	-77370	262193		36200	39286	
625348	-532026	205130			205130	
196924	-88871	21846				
2036271	989356	709316			207323	
420056	311429	197550		24747	171827	976
4542269	-13082	1446481		9500	732137	704844
625721	1052378	1118945			43000	5000
661205	-222177	206563		9200	26856	
295122	231664	256425		27000	168896	
6713752	2547705	3017770		42890	938558	358240
20070	29726	6500			500	6000
1846822	-227863	911010		27557	410981	346580
2073530	1789196	1229081		9500	150298	
2542875	593716	1660092		36200	757449	508681

7-5 续表 1-1

指　　标	资产总计	流动负债合计	# 应付帐款	非流动负债合计
三星	1466368	1470868	96876	368615
二星	238978	191966	22516	49026
其他	2225549	1670290	175164	453502
二、餐饮业	2993294	2067623	262404	222790
1. 按餐饮行业小类分组				
正餐服务	1942336	1411300	162997	205476
快餐服务	782886	595200	85020	16969
饮料及冷饮服务	54177	16109	5630	345
其他餐饮业	213895	45014	8757	
2. 按登记注册类型分组				
内资企业	2083431	1439542	191908	187417
国有企业	2560	4410	1104	
集体企业	5356	3886	645	1289
有限责任公司	347794	160573	20858	4150
其他有限责任公司	347794	160573	20858	4150
股份有限公司	3041	4368	1569	
私营企业	1683745	1205210	163162	181978
私营独资企业	217423	65533	21567	1100
私营合伙企业	1807	2504	477	
私营有限责任公司	1459999	1133246	137698	180878
私营股份有限公司	4516	3927	3420	
其他企业	40935	61095	4570	
港、澳、台商投资企业	166170	5387	-17139	345
与港澳台商合资经营企业	42148	13046	3075	
港澳台商独资经营企业	124022	-7659	-20214	345
外商投资企业	743693	622694	87635	35028
中外合资经营企业	279301	148525	20818	
外资企业	434174	465350	63526	15305
外商投资股份有限公司	30218	8819	3291	19723
3. 按控股情况分组				
国有控股	2560	4410	1104	
集体控股	156622	42890	2399	1289
私人控股	1855643	1319003	182044	186128
港澳台商控股	166170	5387	-17139	345
外商控股	739543	616528	87147	35028
其他	72756	79405	6849	
4. 按经营形式分组				
独立门店	1957441	1230169	156013	171617
连锁总店（总部）	400056	429977	57445	15305
连锁门店	292275	169180	21006	1227
其他	343522	238297	27940	34641

单位：千元

负债合计	所有者权益合计	# 实收资本				
			# 国家资本	# 集体资本	# 法人资本	# 个人资本
1673762	-207394	454326		504	252474	66376
241304	-2326	28287		700	9470	530
2049173	176376	563494		23543	180348	135233
2289866	703428	1070800		128237	399813	414506
1616229	326107	701325		2954	271268	395401
612169	170717	167907			111215	9000
16454	37723	34227			17330	
45014	168881	167341		125283		10105
1626411	457020	823242		128237	279299	414506
4410	-1850	300			300	
4627	729	2154		2154		
164722	183072	175638		125283	21431	28924
164722	183072	175638		125283	21431	28924
4368	-1327	673				673
1387189	296556	642677		800	255768	384909
66633	150790	126008			779	125229
2504	-697	200			200	
1314125	145874	515969		800	254289	259680
3927	589	500			500	
61095	-20160	1800			1800	
5732	160438	37600				
13046	29102	13260				
-7314	131336	24340				
657723	85970	209958			120514	
148525	130776	103000			103000	
480656	-46482	104958			17514	
28542	1676	2000				
4410	-1850	300			300	
43631	112991	128437		127437	1000	
1505131	350512	688275		800	277769	408506
5732	160438	37600				
651557	87986	197958			108514	
79405	-6649	18230			12230	6000
1401787	555654	832608		126383	274770	367754
445283	-45227	72596			17514	
170407	121868	91700			91500	200
272389	71133	73896		1854	16029	46552

7-5 续表 2

指　　标	# 港澳台资本	# 外商资本	营业收入	# 主营业务收入
总　计	**1169243**	**280048**	**5744069**	**5709860**
一、住宿业	1138405	190604	2895787	2865334
1. 按住宿行业小类分组				
旅游饭店	1137072	123561	2599428	2578614
一般旅馆	1333	67043	227871	219029
其他住宿业			68488	67691
2. 按登记注册类型分组				
内资企业			1990810	1962753
国有企业			327984	320077
集体企业			77593	77593
联营企业			9500	9500
集体联营企业			9500	9500
有限责任公司			947229	928419
国有独资公司			48171	47935
其他有限责任公司			899058	880484
股份有限公司			27016	27016
私营企业			601488	600148
私营合伙企业			8489	8489
私营有限责任公司			570468	570128
私营股份有限公司			22531	21531
港、澳、台商投资企业	1125439		741608	741608
与港澳台商合资经营企业	123110		429329	429329
港澳台商独资经营企业	1002329		312279	312279
外商投资企业	12966	190604	163369	160973
中外合资经营企业	12966	168758	113750	112083
中外合作经营企业			20349	19620
外资企业		21846	29270	29270
3. 按控股情况分组				
国有控股	84011		769791	746861
集体控股			334700	330947
私人控股			1002858	1000789
港澳台商控股	1013962		402810	402810
外商控股	1333	169174	85564	84037
其他	39099	21430	300064	299890
4. 按经营形式分组				
独立门店	1137072	105505	2409746	2382826
连锁门店			50303	50182
其他	1333	85099	435738	432326
5. 按星级分组				
五星	1069283		695665	695665
四星	35331	111990	883233	878529

单位：千元

营业成本	# 主营业务成本	营业税金及附加	# 主营业务税金及附加	其他业务利润	销售费用	管理费用	# 税金
2005302	**2001185**	**313465**	**312370**	**319895**	**2012259**	**1665151**	**50842**
732950	729547	157998	157801	283155	960265	1294205	41202
625073	622856	141720	141523	282821	857241	1173379	38091
67062	65876	12851	12851	334	89808	102383	2890
40815	40815	3427	3427		13216	18443	221
579129	576693	107725	107528	86367	769722	750034	26264
154664	153979	17094	17094	17118	62673	148710	4333
52324	50855	3817	3776	3212	24292	5252	100
3617	3610	504	504		2765	2377	
3617	3610	504	504		2765	2377	
220800	220676	51278	51265	17781	386041	395578	14811
12268	12268	2695	2682	222	37597	15186	614
208532	208408	48583	48583	17559	348444	380392	14197
4187	4187	1456	1456		8506	14419	1098
143537	143386	33576	33433	48256	285445	183698	5922
8188	8188	475	475			687	
131105	130954	31806	31719	48256	273865	176757	5689
4244	4244	1295	1239		11580	6254	233
112356	112356	40011	40011	195882	152539	459150	12056
71722	71722	23274	23274	195882	121359	205015	11855
40634	40634	16737	16737		31180	254135	201
41465	40498	10262	10262	906	38004	85021	2882
21824	20857	7430	7430	743	26849	63432	215
6017	6017	1099	1099		6996	9870	2354
13624	13624	1733	1733	163	4159	11719	313
243194	242499	40278	40265	192250	231646	334083	17311
120526	118936	17506	17465	6850	119962	99438	5223
234793	234642	55582	55439	48295	448034	375011	12492
55245	55245	21829	21829	33597	59367	299386	1102
25940	24973	5944	5944	334	9564	55519	508
53252	53252	16859	16859	1829	91692	130768	4566
583758	582995	133352	133276	280873	763759	1121399	37315
2138	2138	2846	2846		38133	8665	4
147054	144414	21800	21679	2282	158373	164141	3883
105466	105466	37407	37407	162285	143902	417917	7972
212062	211948	48244	48244	37889	346870	366088	14509

7-5 续表 2-1

指 标			营业收入	
	#港澳台资本	#外商资本		#主营业务收入
三星	12966	11571	409340	395174
二星			140221	139033
其他	20825	67043	767328	756933
二、餐饮业	30838	89444	2848282	2844526
1. 按餐饮行业小类分组				
正餐服务	1182	29320	1312349	1308834
快餐服务	6261	41431	1354453	1354453
饮料及冷饮服务	16897		72792	72786
其他餐饮业	6498	18693	108688	108453
2. 按登记注册类型分组				
内资企业			1299722	1295981
国有企业			7210	7210
集体企业			16361	16361
有限责任公司			219508	216175
其他有限责任公司			219508	216175
股份有限公司			5614	5614
私营企业			1034273	1033865
私营独资企业			223091	222821
私营合伙企业			8011	8011
私营有限责任公司			787515	787377
私营股份有限公司			15656	15656
其他企业			16756	16756
港、澳、台商投资企业	30838		270900	270900
与港澳台商合资经营企业	6498		53892	53892
港澳台商独资经营企业	24340		217008	217008
外商投资企业		89444	1277660	1277645
中外合资经营企业			355902	355896
外资企业		87444	905270	905261
外商投资股份有限公司		2000	16488	16488
3. 按控股情况分组				
国有控股			7210	7210
集体控股			49874	48443
私人控股			1209857	1208326
港澳台商控股	30838		270900	270900
外商控股		89444	1268971	1268962
其他			41470	40685
4. 按经营形式分组				
独立门店	24577	32362	1259158	1255672
连锁总店（总部）		55082	869335	869335
连锁门店			362943	362943
其他	6261	2000	356846	356576

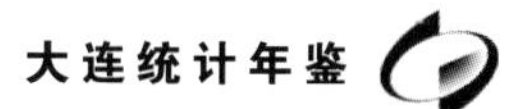

单位：千元

营业成本	# 主营业务成本	营业税金及附加	# 主营业务税金及附加	其他业务利润	销售费用	管理费用	# 税金
124753	124729	21224	21217	36114	161348	129563	10238
34053	34053	7886	7873	3018	76239	31628	1051
256616	253351	43237	43060	43849	231906	349009	7432
1272352	1271638	155467	154569	36740	1051994	370946	9640
642535	641821	79684	78786	36516	408199	233142	8598
545724	545724	69167	69167	-38	599072	102418	607
24938	24938	3487	3487		31487	3436	1
59155	59155	3129	3129	262	13236	31950	434
640795	640081	78440	77542	36778	379336	240256	8749
2848	2848	354	354		3492	867	12
9373	9373	810	615	128	4521	1918	8
102891	102414	12064	12024	11311	56987	48964	726
102891	102414	12064	12024	11311	56987	48964	726
3520	3520	314	314		1280	2978	
514213	513976	63955	63292	25409	301501	184179	7060
132324	132324	12032	12032		39182	25840	120
4558	4558	498	498		2354	446	
363626	363389	50555	49892	24328	259240	157687	6940
13705	13705	870	870	1081	725	206	
7950	7950	943	943	-70	11555	1350	943
117695	117695	10017	10017		93962	31134	309
36394	36394	664	664			14055	48
81301	81301	9353	9353		93962	17079	261
513862	513862	67010	67010	-38	578696	99556	582
132178	132178	19903	19903		158656	35125	197
374710	374710	46184	46184	-38	407541	63686	385
6974	6974	923	923		12499	745	
2848	2848	354	354		3492	867	12
22187	22187	2324	2129	363	13702	12070	386
603663	603426	73930	73267	36485	341783	223588	7408
117695	117695	10017	10017		93962	31134	309
509182	509182	66524	66524	-38	574270	98613	582
16777	16300	2318	2278	-70	24785	4674	943
622568	621854	73930	73507	17614	375054	215106	7979
357898	357898	44179	44179	-38	400264	55165	373
136218	136218	20266	20266	472	165459	35189	227
155668	155668	17092	16617	18692	111217	65486	1061

7-5 续表 3

指　　标	财务费用	# 利息收入	# 利息支出	资产减值损失	公允价值变动收益
总　计	**152113**	**29518**	**73165**	**2958**	**-16311**
一、住宿业	99804	27997	48330	989	-16311
1. 按住宿行业小类分组					
旅游饭店	92225	27770	47146	989	-16311
一般旅馆	7697	32	1179		
其他住宿业	-118	195	5		
2. 按登记注册类型分组					
内资企业	75350	22326	38610	72	
国有企业	431	368	2573		
集体企业	144	34	3		
联营企业	11				
集体联营企业	11				
有限责任公司	48761	21112	15044	23	
国有独资公司	101	70			
其他有限责任公司	48660	21042	15044	23	
股份有限公司	751	3	633		
私营企业	25252	809	20357	49	
私营合伙企业	36				
私营有限责任公司	24380	809	20357	49	
私营股份有限公司	836				
港、澳、台商投资企业	26765	5120	9720	917	-16311
与港澳台商合资经营企业	14107	4965	9152	344	
港澳台商独资经营企业	12658	155	568	573	-16311
外商投资企业	-2311	551			
中外合资经营企业	-2512	547			
中外合作经营企业	105	1			
外资企业	96	3			
3. 按控股情况分组					
国有控股	5537	3697	9911	358	
集体控股	11851	252	10019		
私人控股	59221	18838	21169	49	
港澳台商控股	17155	4585	568	573	-16311
外商控股	328	5			
其他	5712	620	6663	9	
4. 按经营形式分组					
独立门店	87432	27106	42596	989	-16311
连锁门店	217	4			
其他	12155	887	5734		
5. 按星级分组					
五星	36409	590	9152	917	
四星	6187	22069	5862		

单位：千元

投资收益	营业利润	营业外收入	#补贴收入	利润总额	应交所得税	应付职工薪酬	应交增值税	从事住宿和餐饮业活动的从业人员平均人数（人）
1445	**-400194**	**87455**	**17936**	**-277875**	**42494**	**1080435**	**10685**	**29148**
1960	-344674	83418	15745	-217354	12931	578828	4382	16512
1960	-284753	76392	9054	-181850	10657	507015	4313	14761
	-52596	335		-36499	1759	54360	66	1464
	-7325	6691	6691	995	515	17453	3	287
1960	-287301	81421	15745	-232049	9184	453254	1482	12477
	-56254	34598	6691	-20195	5665	99723	825	1800
	-6766	8		-7094	174	15591		626
	226					1612		65
	226							65
	-155176	11632	9054	-140076	881	203152	551	6131
	-19676	67	54	-19638		17532		404
	-135500	11565	9000	-120438	881	185620	551	5727
	-2303	22		-2367	172	4457	42	178
1960	-67028	35161		-62317	2292	128719	64	3677
	-897			-897	279	840		28
1960	-64452	35142		-59757	1686	124790	64	3483
	-1679	19		-1663	327	3089		166
	-48873	1838		24546	1682	92772	2820	3124
	-5235	1446		-4596	1682	69444	2416	2083
	43038	392		29142		23328	404	1041
	-8500	159		-9851	2065	32802	80	911
	-2701	141		-3706	2055	24068	79	564
	-3738			-3738		2630		171
	-2061	18		-2407	10	6104	1	176
	-85971	35632	6745	-49082	7557	191661	3595	4148
	-33112	249		-33517	174	70418	41	2170
1960	-166716	45473	9000	-155134	2566	207748	101	6539
	-50745	1833		23189	22	45087	407	1536
	-11731	26		-12949	172	14215	36	450
	3601	205		10139	2440	49699	202	1669
-81	-280289	43261	6745	-162556	12111	469455	4339	13005
	-1696	31		-1666	53	6030	2	221
2041	-62689	40126	9000	-53132	767	103343	41	3286
	-45096	761		43220	638	63310	2670	3177
2041	-92502	7668		-86841	3504	215416	692	5523

7-5 续表 3-1

指　　标	财务费用	# 利息收入	# 利息支出	资产减值损失	公允价值变动收益
三星	39424	4813	22895	23	
二星	2457	72	1561	49	
其他	15327	453	8860		-16311
二、餐饮业	52309	1521	24835	1969	
1. 按餐饮行业小类分组					
正餐服务	41203	382	13635	54	
快餐服务	11238	1002	11199	1915	
饮料及冷饮服务	-99	128			
其他餐饮业	-33	9	1		
2. 按登记注册类型分组					
内资企业	38140	356	11141	85	
国有企业	61	1	23		
集体企业	32				
有限责任公司	3721	15	2222	5	
其他有限责任公司	3721	15	2222	5	
股份有限公司					
私营企业	34201	340	8886	80	
私营独资企业	1450				
私营合伙企业					
私营有限责任公司	32751	340	8886	80	
私营股份有限公司					
其他企业	125		10		
港、澳、台商投资企业	-969	1031	1		
与港澳台商合资经营企业	-23	29			
港澳台商独资经营企业	-946	1002	1		
外商投资企业	15138	134	13693	1884	
中外合资经营企业	1494	46	496		
外资企业	12651	92	12299	1915	
外商投资股份有限公司	993	-4	898	-31	
3. 按控股情况分组					
国有控股	61	1	23		
集体控股	164	6			
私人控股	37782	346	11105	85	
港澳台商控股	-969	1031	1		
外商控股	15118	134	13693	1884	
其他	153	3	13		
4. 按经营形式分组					
独立门店	30322	323	5132		
连锁总店（总部）	11693	88	11537	1915	
连锁门店	1477	46	499		
其他	8817	1064	7667	54	

单位：千元

投资收益	营业利润	营业外收入	# 补贴收入	利润总额	应交所得税	应付职工薪酬	应交增值税	从事住宿和餐饮业活动的从业人员平均人数（人）
-81	-67000	972		-85919	576	87738	162	2661
	-12122	95	54	-12228	695	27711		751
	-127954	73922	15691	-75586	7518	184653	858	4400
-515	-55520	4037	2191	-60521	29563	501607	6303	12636
485	-90810	1896	1057	-87482	11087	276516	134	7613
	24919	1181	244	15355	14719	171369	2777	3930
-1000	8543	41		6956	2750	18667	40	210
	1828	919	890	4650	1007	35055	3352	883
485	-71916	3049	2191	-68239	12451	273791	134	7842
	-412			-420	95	2722	66	72
	-10			-165	136	4099		118
225	-4931	321		-4898	2951	46893		1354
225	-4931	321		-4898	2951	46893		1354
	-2478			-2478	168	1350		30
260	-59792	2728	2191	-55973	9101	213980	68	6118
	12237	583	17	10475	1649	29597		716
	155	10		165	18	1720		43
260	-72334	2135	2174	-66613	7409	181463	68	5319
	150				25	1200		40
	-4293			-4305		4747		150
	19061	211		18689	6356	56428	4687	1007
	2802	24		2826	1003	22135	3352	234
	16259	187		15863	5353	34293	1335	773
-1000	-2665	777		-10971	10756	171388	1482	3787
-1000	7546	372		2353	4212	69882		366
	-4596	405		-7709	6544	94924	1482	3321
	-5615			-5615		6582		100
	-412			-420	95	2722	66	72
	-290	217		-248	139	12862		378
-515	-67717	2855	2191	-64743	11822	247365	68	7125
	19061	211		18689	6356	56428	4687	1007
	201	741		-7124	10756	170764	1482	3771
	-6363	13		-6675	395	11466		283
-1015	-49543	1348	17	-45601	13875	279401	3508	6861
	-1779	383		-7347	6497	84725	1482	3052
	4351	336		552	4228	73894	18	442
500	-8549	1970	2174	-8125	4963	63587	1295	2281

7-6 社会消费品零售总额

指　　标	绝对量（万元）	增速（%）
社会消费品零售总额	**28284239.2**	**12.0**
一、按销售单位所在地分组		
1. 城镇	26994889.3	11.6
# 城区	24830441.3	10.9
2. 乡村	1289349.9	19.9
二、按行业分组		
1. 批发业	3194726.6	10.4
2. 零售业	22277303.9	12.0
3. 住宿业	342734.4	7.4
4. 餐饮业	2469474.3	14.0

主要统计指标解释

【社会消费品零售总额】指企业（单位、个体户）通过交易直接售给个人、社会集团非生产、非经营用的实物商品金额，以及提供餐饮服务所取得的收入金额。个人包括城乡居民和入境人员，社会集团包括机关、社会团体、部队、学校、企事业单位、居委会或村委会等。

【商品购进额】指从本企业以外的单位和个人购进（包括从国外直接进口）作为转卖或加工后转卖的商品金额（含增值税）。本指标反映批发和零售业从国内外市场上购进商品的总价。

【商品销售额】指对本单位以外的单位和个人出售的商品金额（包括售给本单位消费用的商品，含增值税），本指标反映批发和零售业在国内市场上销售商品以及出口商品的总量。

【期末商品库存额】对于批发和零售业法人企业和个体经营户，是指取得所有权的全部商品金额（含增值税）；对于批发和零售业产业活动单位，是指期末实际在库且归属法人具有所有权的全部商品金额（含增值税）。这个指标反映批发和零售业的商品库存情况，以及对市场商品供应的保证程度。

【营业额】指住宿和餐饮业单位在经营活动中因提供服务或销售商品等取得的全部收入，包括：客房收入、餐费收入、商品销售额（含增值税）和其他收入。

【客房收入】指住宿和餐饮业单位在经营活动中因提供服务或销售商品等取得的全部收入，包括：客房收入、餐费收入、商品销售额（含增值税）和其他收入。

【餐费收入】指住宿和餐饮业企业提供就餐服务取得的收入。包括经烹饪、调制加工后出售的各种食品，如主食、炒菜、凉拌菜等的收入。

【商品销售收入】指住宿和餐饮业企业出售商品的销售总额（含增值税）。

【其他收入】指营业额中除客房收入、餐费收入、商品销售额（含增值税）以外的其他收入。包括娱乐、健身和商务服务等。

批发和零售业统计限额标准

行业类别	统计指标名称	限额标准
批发业	年主营业务收入	2000 万元
零售业	年主营业务收入	500 万元

住宿和餐饮业统计限额标准

行业类别	统计指标名称	限额标准
住宿业	年主营业务收入	200 万元
餐饮业		

外经、外贸与旅游业

责任编辑

桑凤民　　刘　嫔

8-1 外商直接投资和进出口情况（1984-2014年）

年　份	项目（个）	合同外资（亿美元）	实际利用外资（亿美元）	进出口总额（亿美元）	出口额（亿美元）	进口额（亿美元）
1984	21	0.3				
1985	50	1.4	0.1	0.9	0.8	0.1
1986	26	0.6	0.3	2.5	2.0	0.5
1987	31	0.9	0.5	3.6	2.8	0.8
1988	127	0.9	0.7	5.1	4.2	1.0
1989	144	2.1	0.7	8.2	5.6	2.5
1990	185	3.9	1.8	9.3	6.7	2.6
1991	252	3.2	2.6	14.0	10.0	4.1
1992	785	9.9	3.1	19.0	12.4	6.6
1993	1655	17.8	6.7	27.4	15.7	11.6
1994	1013	21.5	8.1	37.1	20.0	17.0
1995	1073	22.0	7.1	41.4	25.3	16.2
1996	802	24.7	10.1	43.7	26.3	17.4
1997	812	25.7	13.2	51.0	30.2	20.9
1998	760	25.2	12.4	56.7	34.5	22.2
1999	621	24.6	11.7	69.7	40.6	29.1
2000	697	23.8	13.1	107.1	54.8	52.3
2001	723	25.0	14.5	113.3	60.3	53.0
2002	832	30.2	16.0	129.9	71.5	58.4
2003	879	45.7	22.1	155.4	82.9	72.5
2004	963	31.6	22.0	194.3	101.5	92.8
2005	1058	46.0	10.0	235.2	124.3	110.9
2006	853	47.3	22.4	293.2	156.6	136.7
2007	680	59.5	31.6	363.0	196.9	166.1
2008	507	60.2	50.1	449.1	238.4	210.7
2009	473	65.7	60.2	403.5	208.2	195.3
2010	472	80.9	100.3	502.0	260.5	241.5
2011	365	52.8	110.1	585.3	303.5	281.8
2012	283	91.6	123.5	625.6	336.9	288.7
2013	240	111.1	136.0	676.5	367.5	309.0
2014	223	102.7	140.0	645.9	294.9	351.0

注：1. 本表数据由大连市对外贸易经济合作局提供。
　　2. 2005 年以后实际利用外资数据为口径调整后数据。
　　3. 进出口总额、出口额、进口额为大连市自营进出口总额、自营出口额、自营进口额。

8-2 外商直接投资情况

指　　标	单位	合计	合资企业	合作企业	独资企业
项目数					
2014 年	个	223	64		159
2013 年	个	240	74	1	165
注册外资额					
2014 年	万美元	1027107	460228	221	566658
2013 年	万美元	1111409	460959	3105	647345
实际使用外资					
2014 年	万美元	1400458	571587	2208	826663
2013 年	万美元	1359987	570318	6876	782793

注：1. 本表数据由大连市对外贸易经济合作局提供。
　　2. 注册外资额即合同外资额。

8-3 对外经济合作情况

指　　标	单位	2014 年	2013 年
一、对外承包工程			
新签合同份数	份	50	38
新签合同额	万美元	67883	95231
完成营业额	万美元	109416	97838
派出人数	人	1747	2682
在境外人数	人	2917	3900
二、对外劳务合作			
新签劳务人员合同工资总额	万美元	26466	21124
劳务人员实际收入总额	万美元	19584	19109
派出人数	人	11114	10079
在境外人数	人	22391	20806

注：本表数据由大连市对外贸易经济合作局提供。

8-4 外商直接投资国别（地区）分布情况

单位：个、万美元

国别（地区）	项目个数		注册外资额		实际使用外资额	
	2014 年	2013 年	2014 年	2013 年	2014 年	2013 年
总　计	**223**	**240**	**1027107**	**1111409**	**1400458**	**1359987**
亚洲	175	192	699131	870034	946110	988625
# 香港	45	68	399668	465211	578316	573680
台湾	5	4	3094	3119	160	4465
新加坡	8	10	73958	86902	63801	39944
日本	61	75	187342	218295	253480	262746
韩国	44	27	24983	96507	39172	107565
非洲	4	2	1918	991	375	3615
欧洲	23	23	48492	44427	65157	71095
# 德国	5	4	25019	21085	25992	35270
法国	1	3	388	1020		459
意大利	1	2	631	5965	1011	1143
英国	2	3	912	3117	10234	8017
荷兰	1	2	3471	993	7290	1611
卢森堡		1	4500	20	13152	10735
奥地利			6000	12100	6000	12103
俄罗斯	7	1	434	-843	4	316
拉美州	7	2	60755	41952	75163	61949
# 英属维尔京群岛	6	2	42123	37262	54088	60491
开曼群岛			5079	3414	7505	1458
北美洲	14	15	71024	52079	130906	88773
# 加拿大	4	3	-1391	6006	4979	1175
美国	10	12	49815	23473	113837	44998
大洋州	1	2	21645	8880	33289	6389
# 澳大利亚		1	16130	7880	16299	4636
新西兰			-10385			6
马绍尔群岛共和国		1	9100	1000	9997	50
其他		4	124142	93046	149458	139541

注：本表数据由大连市对外贸易经济合作局提供。

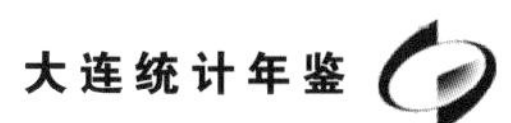

8-5 外商直接投资行业分布情况

单位：个、万美元

行业	项目个数		注册外资额		实际使用外资额	
	2014年	2013年	2014年	2013年	2014年	2013年
合 计	**223**	**240**	**1027107**	**1111409**	**1400458**	**1359987**
第一产业	2	3	15273	8182	8125	8153
#农业	2	3	10299	2862	7300	2833
第二产业	26	23	521869	580421	693884	757173
制造业	24	23	507507	537874	665948	702364
#农副食品加工业	2	1	12184	5565	13205	5632
食品制造业	3	2	12609	10487	19557	11310
化学原料及化学制品制造业		3	18014	19502	31133	22880
塑料制品业		2	27245	20	30426	526
金属制品业	2	1	11766	8616	12982	9858
通用设备制造业	5	4	22825	45164	25115	72469
专用设备制造业	2	3	83584	55467	93736	59060
交通运输设备制造业	3	4	135830	227640	168147	235096
电气机械及器材制造业		2	2442	14234	4487	11455
通信设备、计算机及其电子设备制造业			65028	51357	98962	113419
仪器仪表及文化、办公用机械制造业	1		22151	30669	23347	33287
建筑业	2		-18311	17347	5402	17090
第三产业	176	214	489965	522806	705749	594661
#信息传输、计算机服务和软件业	19	20	54324	53867	69316	99079
交通运输、仓储及邮政业	4	4	54324	106083	118653	101737
批发和零售业	71	92	60125	52852	53160	49765
住宿和餐饮业	10	4	27275	14020	39466	9936
房地产业	15	30	36241	182993	170127	144443
租赁和商务服务业	40	39	36182	54669	55713	53724
科学研究、技术服务和地质勘查业	17	15	62007	49444	24910	27967

注：本表数据由大连市对外贸易经济合作局提供。

8-6 地区（在地经营单位）进出口分企业类型情况

单位：万美元

企业类型	进出口总额		出口额		进口额	
	2014 年	2013 年	2014 年	2013 年	2014 年	2013 年
合　计	**6577425**	**6882274**	**3022477**	**3743740**	**3554948**	**3138534**
国有企业	1354447	1231384	425373	547459	929074	683925
外资企业	3392583	3240016	1611923	1670161	1780660	1569855
# 合资企业	34850	46079	27910	36574	6940	9505
合作企业	1963589	1721620	742749	729375	1220840	992245
独资企业	1394144	1472317	841264	904212	552880	568105
集体企业	42632	41960	39615	37395	3017	4565
私营企业	1783372	2364957	942665	1486483	840707	878474
个体工商户	3272	2600	2901	2240	371	360
其他	1119	1357		2	1119	1355

注：本表数据由大连海关提供。

8-7 自营进出口总值分企业类型情况

单位：万美元

企业类型	进出口总额	出口额	进口额
总　计	**6458594**	**2948895**	**3509699**
一、国有企业	1243027	361023	882004
二、外商投资企业	3392135	1611491	1780644
三、集体企业	41983	38975	3008
四、私营企业	1780330	937406	842924
五、其他企业	1119		1119

注：本表数据由大连市对外贸易经济合作局提供。

8-8 自营进出口总值分国别（地区）情况

单位：万美元

国家（地区）	进出口总额		出口额		进口额	
	2014 年	2013 年	2014 年	2013 年	2014 年	2013 年
合　计	**6458594**	**6765454**	**2948895**	**3675118**	**3509699**	**3090336**
一、亚洲小计	3940793	4101149	1782882	2189957	2157911	1911192
# 孟加拉国	3785	6612	3587	6335	198	277
朝鲜	41597	37056	23989	19927	17608	17129
香港	274080	335742	193461	256655	80619	79087
印度	60160	77995	48452	68485	11708	9510
印度尼西亚	98842	150680	83634	139358	15208	11322
伊朗	178633	174390	8053	9472	170580	164918
伊拉克	100669	43050	729	1820	99940	41230
以色列	6205	11354	4858	9664	1347	1690
日本	1179756	1275009	727696	805954	452060	469055
约旦	1113	3243	1079	3243	34	
科威特	2781	3564	1441	2177	1340	1387
马来西亚	131397	137598	97638	103833	33759	33765
蒙古	1393	1219	1326	1182	67	37
巴基斯坦	6449	5910	4244	3838	2205	2072
菲律宾	37016	37849	15241	19863	21775	17986
卡塔尔	168212	17415	773	2505	167439	14910
沙特阿拉伯	245987	435375	8626	23090	237361	412285
新加坡	227152	308383	175795	282850	51357	25533
韩国	540379	524114	244662	241423	295717	282691
斯里兰卡	1550	8282	1536	8257	14	25
叙利亚	443	682	443	682		
泰国	94130	138245	34942	45849	59188	92396
土耳其	19594	20671	10230	11340	9364	9331
阿联酋	172290	165946	13957	25217	158333	140729
也门共和国	15141	13028	834	4659	14307	8369
越南	50638	53754	36493	45567	14145	8187
台湾	41613	39011	17526	18600	24087	20411

注：本表数据由大连市对外贸易经济合作局提供。

8-8 续表 1 单位：万美元

国家（地区）	进出口总额		出口额		进口额	
	2014 年	2013 年	2014 年	2013 年	2014 年	2013 年
二、非洲小计	121496	133688	53028	93937	68468	39751
# 阿尔及利亚	12084	2799	2076	2786	10008	13
安哥拉	25911	3955	1441	3955	24470	
埃及	4158	6283	4152	6272	6	11
赤道几内亚	4824	14959	1458	1662	3366	13297
肯尼亚	1795	2793	1795	2793		
利比里亚	6396	9986	6396	7589		2397
莫桑比克	3160	1976	3145	1072	15	904
尼日利亚	16590	10592	5862	10586	10728	6
南非	21924	34928	11239	26779	10685	8149
苏丹	6286	5009	322	2017	5964	2992
三、欧洲小计	983253	1041794	466084	574359	517169	467435
# 比利时	115933	70553	26742	23183	89191	47370
丹麦	16753	21462	10029	9998	6724	11464
英国	66450	93864	53421	84539	13029	9325
德国	277753	274006	102409	112092	175344	161914
法国	51649	48108	22476	30122	29173	17986
爱尔兰	2707	3555	1267	1339	1440	2216
意大利	61502	57740	39224	39730	22278	18010
荷兰	107354	181006	81347	110834	26007	70172
希腊	6457	10185	2999	7989	3458	2196
葡萄牙	4767	5373	4468	5277	299	96
西班牙	35482	33484	24399	30230	11083	3254
奥地利	6304	7904	1855	2054	4449	5850
芬兰	10473	9470	4997	6672	5476	2798
匈牙利	9536	11862	8488	8773	1048	3089
马耳他	8682	5641	2514	5621	6168	20
挪威	32035	11976	3173	3782	28862	8194
波兰	16371	25142	12241	19794	4130	5348
瑞典	8943	14332	3266	7834	5677	6498
瑞士	3356	3927	1728	2465	1628	1462
俄罗斯	112831	121084	41853	37661	70978	83423
乌克兰	8012	4770	2181	4388	5831	382
斯洛文尼亚	3153	2723	2311	2019	842	704

8-8 续表 2 单位：万美元

国家（地区）	进出口总额		出口额		进口额	
	2014 年	2013 年	2014 年	2013 年	2014 年	2013 年
克罗地亚	987	1370	749	1305	238	65
捷克共和国	4174	5450	3689	5043	485	407
斯洛伐克	1812	2233	1734	2114	78	119
四、拉丁美洲小计	534339	560630	182964	226085	351375	334545
#阿根廷	6499	18659	4136	6297	2363	12362
巴哈马	680	16844	680	7897		8947
巴西	141043	188449	62934	80719	78109	107730
智利	18702	16024	5071	9489	13631	6535
哥伦比亚	81675	19679	3192	4350	78483	15329
哥斯达黎加	1624	1397	1383	1362	241	35
古巴	596	2520	588	2520	8	
厄瓜多尔	10886	4072	1260	1736	9626	2336
墨西哥	63717	59457	63332	58666	385	791
巴拿马	12969	19150	12757	19150	212	
秘鲁	10541	16374	2698	10110	7843	6264
波多黎各	11590	9388	5047	1875	6543	7513
乌拉圭	13617	43744	344	1351	13273	42393
委内瑞拉	98735	134419	6648	10238	92087	124181
五、北美洲小计	663833	741584	394033	517620	269800	223964
#加拿大	67429	80755	38542	49068	28887	31687
美国	596333	660812	355421	468535	240912	192277
六、大洋洲小计	195565	186609	69904	73160	125661	113449
#澳大利亚	124884	120545	60757	51705	64127	68840
新西兰	51481	46150	5955	7241	45526	38909
巴布亚新几内亚	11223	239	155	239	11068	
马绍尔群岛	2349	2232	2349	2232		
七、其他	19315				19315	
八、区域集团情况						
1. 东盟	647790	840933	451927	651496	195863	189437
2. 中东	1138725	941815	61309	100397	1077416	841418
3. 欧盟	821164	890176	413447	520224	407717	369952
4. 东欧	3495	5530	2416	4806	1079	724
5. 南美	382280	442145	86861	124908	295419	317237

8-9 出口100强企业排序

序 号	企业名称	序 号	企业名称
1	大连西太平洋石油化工有限公司	51	利勃海尔机械（大连）有限公司
2	大连船舶重工集团有限公司	52	唯特利管道设备（大连）有限公司
3	中国石油大连国际事业有限公司	53	时代万恒（辽宁）民族贸易有限公
4	大连船舶重工集团海洋工程有限公司	54	TDK大连电子有限公司
5	大连松下汽车电子系统有限公司	55	凯威塑胶工业有限公司
6	大连中远船务工程有限公司	56	中粮麦芽（大连）有限公司
7	大连今冈船务工程有限公司	57	简柏特（大连）有限公司
8	大连阿尔派电子有限公司	58	辉瑞制药有限公司
9	东北特钢集团国际贸易有限公司	59	大连应捷食品有限公司
10	大连日通外运国际物流有限公司	60	大连欣万代制衣有限公司
11	大连华锐重工国际贸易有限公司	61	大连农垦北大荒国际贸易有限公司
12	中国华录·松下电子信息有限公司	62	大连沈宏贸易有限公司
13	佳能大连办公设备有限公司	63	万代国际贸易（大连）有限公司
14	大连利旺贸易有限公司	64	大连美森木业有限公司
15	大连爱丽思生活用品有限公司	65	大连海青水产有限公司
16	大连阿尔卑斯电子有限公司	66	大连闻达化工股份有限公司
17	中国船舶燃料供应大连公司	67	松下系统网络科技（大连）有限公司
18	京大物流（大连保税物流园区）有限公司	68	大连豹豪进出口有限公司
19	欧姆龙（大连）有限公司	69	大连三洋压缩机有限公司
20	海尔集团大连电器产业有限公司	70	大连三洋制冷有限公司
21	中远川崎船舶工程有限公司	71	汉拿空调（大连）有限公司
22	大连通世泰建材有限公司	72	大连泰阳水产食品有限公司
23	罗姆电子大连有限公司	73	大连万大国际贸易有限公司
24	菱重叉车制造（大连）有限公司	74	大连大森服装有限公司
25	淡水河谷镍业（大连）有限公司	75	莫莱克斯（大连）有限公司
26	东芝物流（大连）有限公司	76	大连三垦变压器有限公司
27	大连天宝绿色食品股份有限公司	77	大连和顺通物流有限公司
28	逸盛大化石化有限公司	78	大连凯美进出口集团有限公司
29	大化国际经济贸易公司	79	大成食品（大连）有限公司
30	日本电产（大连）有限公司	80	大连北村阀门有限公司
31	大连现代液晶显示器有限公司	81	大连捷通物流有限公司
32	三菱电机大连机器有限公司	82	大连洋尔特服装有限公司
33	大连杰迪高电器有限公司	83	大连保税区迪爱特物流有限公司
34	大连韩顺石油化工有限公司	84	瓦房店龙城肉食品加工有限公司
35	大连中集物流装备有限公司	85	瓦房店轴承股份有限公司
36	大连原田工业有限公司	86	中冶焦耐（大连）工程技术有限公司
37	大连丸祐金属有限公司	87	大连万林进出口有限公司
38	利优比（大连）机器有限公司	88	IMC国际金属切削（大连）有限公司
39	奥镁（大连）有限公司	89	大连东霖食品有限公司
40	大连星玛电梯有限公司	90	大连九信生物化工科技有限公司
41	万宝至马达大连有限公司	91	富士电机大连有限公司
42	大连固特异轮胎有限公司	92	大连新中海产食品有限公司
43	大连道氏贸易有限公司	93	大连筑岛食品有限公司
44	斯大精密（大连）有限公司	94	大连碧海环保设备有限公司
45	大连生源化工有限公司	95	大连鹏鸿地板有限公司
46	大连中黎伟业贸易有限公司	96	大连西姆五矿集团有限公司
47	大连华联食品有限公司	97	大连国富水产食品有限公司
48	丰源制靴大连有限公司	98	中联食品（大连）有限公司
49	柯尼卡美能达精密光学（大连）有限公司	99	大连集装箱码头物流有限公司
50	大连远东工具有限公司	100	大连隆生服饰有限公司

注：本表数据由大连市对外贸易经济合作局提供。

8-10 旅游收入和接待游客情况

指　　标	单位	2014 年	2013 年
一、旅游收入合计	亿元	993.6	900.8
#外汇收入	万美元	46012.3	81341.3
二、接待游客数	万人次	5716.4	5349.9
海外旅游者	万人次	96.6	119.0
外国人	万人次	81.9	101.2
港澳台同胞	万人次	14.7	17.8
国内旅游者	万人次	5619.8	5230.9

注：1. 本表数据由大连旅游局提供。

2. 2014 年海外旅游者人数国家口径调整为海外过夜旅游人数。表中 2013 年数据为原口径数据。

8-11 旅行社基本情况

指　　标	单位	2014 年	2013 年
国际旅行社	家	398	398
#出境国际旅行社	家	52	41
年末职工人数	人	2912	2813
接待旅游人数	万人次	156.89	185.24
#国际旅游者	万人次	12.64	18.34
国内旅游者	万人次	144.25	166.9
本市居民出境旅游	万人次	38.1	31.55

注：本表数据由大连市旅游局提供。

8-12 星级宾馆酒店数量及接待能力

指　标	单位	2014 年	2013 年
一、星级宾馆酒店	个	166	163
五星级	个	10	10
四星级	个	26	26
三星级	个	67	62
二星级	个	61	63
一星级	个	2	2
二、客房总数	万间	2.80	2.71
床位总数	万张	4.63	4.48

注：本表数据由大连市旅游局提供。

8-13 会展业情况

指　标	单　位	2013 年	2012 年
展会数	个	95	92
展出面积	万平方米	110	107
参展企业	家	21955	21755
# 国外参展企业	家	1950	1900
参展客商	万人次	11	10.0
# 国外参展客商	万人次	1.0	1.0
观众	万人次	830.0	820.0
# 国外观众	万人次	4.5	4.0

注：本表数据由大连市展览工作领导小组办公室提供。

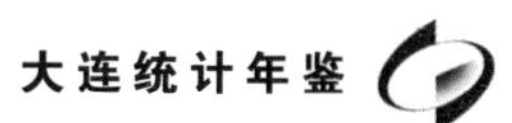

8-14 接待入境过夜旅游人数

单位：人次、人天

月份	合计		外国人		香港同胞		澳门同胞		台湾同胞	
	人数	人天数	人数	人天数	人数	人天数	人数	人天数	人数	人天数
总　计	**966000**	**2049165**	**818873**	**1763798**	**69442**	**139670**	**2061**	**4822**	**75624**	**140869**
一　月	78555	264284	65708	221486	6245	23340	158	577	6444	18881
二　月	69257	185396	58595	161383	5568	12916	210	449	4884	10648
三　月	70406	227091	59686	194241	6087	19447	203	696	4430	12707
四　月	78286	191072	65469	162590	7274	15175	130	302	5413	13005
五　月	84240	162056	71618	140598	5494	9320	147	351	6981	11781
六　月	93895	173569	76225	146386	8021	11074	251	473	9398	15636
七　月	88041	167340	73432	143221	5651	10249	163	489	8795	13381
八　月	86614	162136	74301	142107	5697	8860	84	206	6532	10963
九　月	85126	151892	73914	133220	3464	7010	135	256	7613	11406
十　月	81662	150799	69620	130452	5599	9350	223	486	6220	10511
十一月	75499	135603	69990	124941	2705	5021	176	339	2628	5302
十二月	74419	77927	60315	63173	7637	7908	181	198	6286	6648

注：本表数据由大连市旅游局提供。

主要统计指标解释

一、利用外资

【批准企业（项目）个数】是指外商直接投资管理部门批准设立的外商投资企业个数、批准的合作开发项目个数。

【合同外资金额】是指批准外商投资企业的合同、章程中规定的外国投资者认缴的出资额和企业投资总额内的应由外方投资者以自己的境外自有资金直接向企业提供的贷款。包括新批准企业合同外资和原有企业的增资减资，增资减资不对企业（项目）个数进行调整。

【实际使用外资金额】是指批准的合同外资金额的实际执行数，外国投资者根据批准外商投资企业的合同（章程）的规定实际缴付的出资额和企业投资总额内外国投资者以自己的境外自有资金实际直接向企业提供的贷款。

【外商直接投资】是指外国投资者在我国境内通过设立外商投资企业、与中方投资者共同进行石油资源的合作勘探开发以及设立外国公司分支机构等方式进行投资。

外国投资者可以用现金、实物、技术等投资，还可以用从外商投资企业获得的利润进行再投资。

二、对外经济合作

【对外承包工程】对外承包工程指我市企业法人或者其他经济组织按照国际通行做法，在国外及港澳台地区承揽、实施工程建设项目的勘察、设计、施工、监理、设备材料采购、安装调试、工程咨询、工程管理等经营活动。

【对外劳务合作】对外劳务合作指我市企业法人与国（境）外允许招收或雇用外籍劳务人员的公司、中介机构或私人雇主签订合同，并按合同约定的条件有组织地招聘、选拔、派遣我国公民到国（境）外为外方雇主提供劳务服务并进行管理的经济活动。

【对外设计咨询】指我市企业法人或者其他经济组织在国外及港澳台地区承担地形地貌测绘，地质资源普查与勘探，建设区域规划，工程设计、生产工艺、技术资料和工程技术咨询，工程项目的可行性考察、研究和评估，工程监理，技术指导等经济活动。

【新签合同额】指企业在报告期内签订的合法有效的对外承包工程、劳务合作和设计咨询项目合同的金额。

【完成营业额】指企业在报告期内完成的以货币形式表现的工作量。

【派出人数】指企业在报告期内派往国（境）外执行对外承包工程、劳务合作和设计咨询项目的人数。

【年末在境外人数】指报告期末企业在国（境）外执行对外承包工程、劳务合作和设计咨询项目的人数。

三、对外贸易

【进出口总额】海关进出口总额是指实际进、出我国口岸、国境，并能引起我国境内物质资源增加或减少的进出口货物总金额。包括我国境内法人和其他组织以一般贸易、国家间或国际组织无偿援助和赠送的物资、补偿贸易、加工贸易、易货贸易、寄售代销贸易等方式进出口的货物、租赁期一年及以上的租赁进出口货物、边境小额贸易、保税区和保税仓库进出境货物等的金额合计。进出口总额用以观察一个国家在对外贸易方面的总规模。我国规定出口货物按离岸价格统计，进口货物按到岸价格统计。

【自营进出口总额】指企业自营组织的实际进、出我国口岸、国境，并能引起我国境内物质资源增加或减少的进出口货物总金额。本年鉴自营进出口口径范围指大连市所属企业（不包括经营地在大连的辽宁省省属企业和部分中央直属企业）。

四、国际旅游

【入境游客】指报告期内来中国（大陆）观光、度假、探亲、就医疗养、购物、参加会议或从事经济、文化、体育、宗教活动的外国人、港澳台同胞等游客（即入境旅游人数）。统计时，入境游客按每入境一次统计 1 人次。入境游客包括入境过夜游客和入境一日游游客。

【国际旅游外汇收入】入境游客在中国（大陆）境内旅行、浏览过程中用于交通、参观游览、住宿、餐饮、购物、娱乐等全部花费。

五、会展

【展览会】即展会，是指一定期限内在固定场所由一个或多个主办者组织若干个生产经营者（参展者），将物品陈列出来供人参观，达到产品、服务的推广和信息、技术交流的社会活动。本年鉴数据是指在我市两个专业展馆（大连星海会展中心、大连世界博览广场）的办展数据。

【展览面积】指展览会用于展出的面积总和，现指主办（承办）单位与展馆实际租用面积。

财政与金融

大连统计年鉴 2015

责任编辑

武文静　　文　枫

魏　林　　苑小丰

9-1 财政收支（1980-2014年）

单位：万元

年份	地区财政收入	地方公共财政收入	#各项税收	地区财政支出	地方公共财政支出
1980		106092			38652
1981	218907	95129	13172	82021	33425
1982	227281	88857	14331	98495	40326
1983	265933	48628	17913	75581	43495
1984	307630	48822	22379	102581	52959
1985	392423	157175	176611	113405	68770
1986	417363	193317	188869	152114	94698
1987	448807	222026	207653	200235	129092
1988	443295	220138	233837	182124	143024
1989	483183	254585	268546	206760	172127
1990	461523	240546	264932	229972	195110
1991	604191	311166	288052	264189	228793
1992	679723	293304	312042	269788	219847
1993	760724	432060	426681	359573	307620
1994	882394	350286	329844	472826	404444
1995	996547	429187	416881	703560	563070
1996	1066300	503910	471768	808102	643797
1997	1325635	581457	517282	827309	731523
1998	1434474	643524	572343	1029126	797183
1999	1893007	709227	630919	1185254	846809
2000	2285545	776055	722967	1156908	950531
2001	3024000	952000	890000	1454000	1147000
2002	3284000	987573	904812	1800386	1311000
2003	4298151	1105405	984805	2059119	1474000
2004	5064809	1171712	1001955	2351470	1703000
2005	5826477	1514247	1303569	4210161	2077009
2006	7154938	1961357	1621158	5588391	2665249
2007	9506678	2679757	2211492	6888593	3445728
2008	5684428	3390691	2699095	6362033	4100017
2009	8355756	4002338	3183543	8773026	4711687
2010		5008310	3985636		6114368
2011		6511226	5148541		7349406
2012		7501085	5979981		8909590
2013		8501646	6778282		10835360
2014		7808645	6153385		9894552

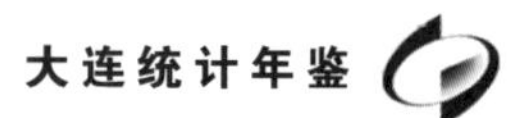

9-2 金融机构存贷款（1978-2014年）

单位：万元

年 份	金融机构本外币存款年末余额	金融机构人民币存款年末余额	金融机构本外币贷款年末余额	金融机构人民币贷款年末余额	金融机构人民币现金收入	金融机构人民币现金支出	城乡居民人民币储蓄存款年末余额	城乡居民人均人民币储蓄存款年末余额（元／人）
1978		91100		281100	123000	126000	37400	84
1979		111400		296200	156000	160000	51300	114
1980		95900		162500	200028	200330	48405	106
1981		110500		193100	240475	240672	63014	137
1982		133800		202100	254216	252781	78924	169
1983		151900		217000	320597	321498	100974	213
1984		204300		255300	397371	401719	139328	291
1985		434900		796200	503136	512890	194260	402
1986		578900		1087000	664377	657795	279265	572
1987		699000		1290900	889463	888546	396446	801
1988		872400		1514000	1336136	1407654	515281	1025
1989		1057100		1817200	1635000	1635000	673535	1321
1990		1424500		2216100	1808358	1840440	936621	1817
1991		2312200		3001300	2122754	2212515	1219642	2350
1992		3131500		3607000	3074517	3246325	1519946	2915
1993		3945600		4369600	5035742	5387236	1959584	3733
1994		5272400		5200000	6129019	6612728	2712526	5125
1995		6751800		6514900	8091287	8446920	3891647	7300
1996		9027739		7777302	10029700	10521275	5294278	9877
1997		10014612		9143563	12905365	13415549	6076959	11277
1998	11409400	11060485	12180400	9995509	18264583	18711089	6889832	12717
1999	14173800	12243494	13568300	11215037	22185063	22594081	7556796	13884
2000	16071800	13746799	13169300	11624734	25682996	26007693	7776033	14179
2001	18126400	15639000	14739200	13072000	28740000	29048000	8390000	15169
2002	21153870	18418000	16603413	15010000	34976000	35293000	9548000	17163
2003	25206000	22633000	21008000	18793000	42410000	42854000	11302000	20218
2004	29357600	26924700	22997500	20700300	52616900	52900400	13032900	23248
2005	34510267	32141275	25551647	23698720	56261269	56640051	15325987	25458
2006	39748378	37213409	29745310	28082806	67466306	67882816	17360940	28767
2007	44539015	41824265	34181846	32441615	82148190	82596751	18369933	30293
2008	55351639	53036705	40627148	37108156	75007216	75678450	23889658	39131
2009	72113868	68747790	53894741	48942788	78635487	79236332	29306487	47692
2010	88872946	85035192	68119954	61589983	86719757	87691459	33748155	52485
2011	93950797	90926669	79188790	71658388			37444898	55581
2012	107677779	103223415	91117244	81273830			41604680	60728
2013	119536466	114817355	101849897	91085545			44837717	64580
2014	121530312	116137779	109593553	99263729			49433069	70994

注：1. 本表数据根据人民银行提供历史数据及近年报表整理。
　　2. 1985、1997 年分别执行新贷款口径，数据与以前年度不可比。

9-3 公共财政收入

单位：万元

收入项目	2014 年	2013 年
一、税收小计	6153385	6778282
增值税	699655	626444
营业税	1818416	1869796
企业所得税	802210	774668
个人所得税	265334	228963
资源税	280696	522985
城市维护建设税	333163	309164
房产税	251638	216486
印花税	101619	93287
城镇土地使用税	225378	222802
土地增值税	481650	754393
车船税	64852	58049
耕地占用税	318570	324532
契税	510204	776713
二、非税收入	1655260	1723364
专项收入	175596	170261
行政事业性收费收入	326785	392636
罚没收入	152203	218591
国有资本经营收入	229558	271001
国有资源（资产）有偿使用收入	546329	634099
其他收入	224789	36776
公共财政收入合计	**7808645**	**8501646**

资料来源：大连市 2014 年度财政总决算报表。

9-4 公共财政支出

单位：万元

支出项目	2014年	2013年
一、一般公共服务支出	711131	776305
二、国防支出	11926	14582
三、公共安全支出	393079	429913
四、教育支出	1049086	1222048
五、科学技术支出	430258	462566
六、文化体育与传媒支出	112485	182262
七、社会保障和就业	1419795	1336267
八、医疗卫生支出	508469	489542
九、节能环保支出	157159	105412
十、城乡社区支出	2305474	2201173
十一、农林水支出	409811	704978
十二、交通运输支出	676829	736307
十三、资源勘探信息等支出	626485	897275
十四、商业服务业等支出	71676	128064
十五、金融支出	8863	7962
十六、国土海洋气象等支出	184897	178857
十七、住房保障支出	212997	191898
十八、粮油物资储备支出	9615	11234
十九、国债还本付息支出	235178	198375
二十、其他支出	359339	560340
公共财政支出合计	**9894552**	**10835360**

数据来源：大连市 2014 年度财政总决算报表。

9-5 金融机构本外币信贷收支

单位：万元

项　　目	2014年年末余额	2013年年末余额
资金来源总计	**149258400**	**140332677**
一、各项存款	121530312	119536466
1. 企事业单位存款	60980164	62494908
2. 个人存款（注）	50442154	47980245
3. 委托存款	984450	1053652
4. 其他存款	9123544	8007661
二、所有者权益	4705556	4652188
#实收资本	1342709	1293269
三、其他	23022532	16144023
资金运用总计	**149258400**	**140332677**
一、各项贷款	109593553	101849897
1. 短期贷款	39660020	38162346
2. 中长期贷款	64400438	60237008
3. 其它贷款	975136	1041918
4. 票据融资	4027888	2270281
5. 各项垫款	530071	138344
二、有价证券、投资及其它	39664847	38482780

注：个人存款包括储蓄存款、结构性存款和保证金存款。

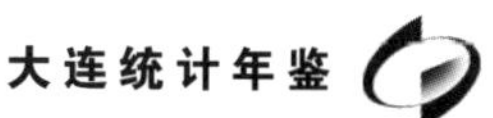

9-6 保险业经营状况

单位：万元

项目	2014年	2013年
一、原保险保费收入	1992748	1760042
1．财产险	718641	636012
企财险	52143	48395
家财险	3611	3317
机动车辆保险	504668	451137
船舶保险	14273	13475
货物运输保险	19060	18752
农业险	14599	9387
2．人身险	1274107	1124030
寿险	1071420	968374
意外伤害险	44457	38955
健康保险	158229	116701
二、赔款及给付支出	612682	601088
1．财产险	320796	321169
企财险	12165	17933
家财险	485	514
机动车辆保险	253833	241632
船舶保险	3121	8838
货物运输保险	6324	5712
农业险	21921	7554
2．人身险赔款支出	28260	23604
3．人身险给付支出	263626	256314
#满期给付支出	174309	179785
三、机构情况（含中介）		
保险公司、分公司（家）	45	45
#外资公司数	6	6
保险中介机构（家）	114	93
保险营销代理人人数（人）	25703	23631
保险营销代理人佣金	99787	82022

数据来源：保险行业监督管理委员会大连监管局。

9-7 证券业经营状况

单位：亿元、%

指　　标	绝对量	同比增速
1．证券交易额	26182.41	88.15
股票成交额	8868.97	47.41
#A股成交额	8852.23	47.72
B股成交额	16.74	-30.02
基金	404.3	162.98
债券	16888.63	119.39
#债券现货成交额	145.06	37.22
债券回购成交额	16743.57	120.53
其他	20.51	-56.65
2. 证券机构客户资产合计	2830.4	72.99
#客户交易结算资金	153.31	172.7
托管股份总市值	2677.1	69.45
#机构客户	1621.9	73.98
个人客户	1208.51	65.35
3．期末从业人员数（人）	2361	46.46
4．资金帐户数（户）	1417575	38.43

数据来源：证券成交金额，源自中国证监会大连监管局。

主要统计指标解释

【财政收入】指国家财政参与社会产品分配所取得的收入，是实现国家职能的财力保证。地方财政收入主要包括各项税收和非税收入。

【财政支出】指国家财政将筹集起来的资金进行分配使用，以满足经济建设和各项事业的需要。地方财政支出包括一般公共服务，公共安全支出，地方统筹的各项社会事业支出等。

【信贷资金】指金融机构以信用方式积聚和分配的货币资金。金融机构信贷资金的来源有各项存款、金融债券、对国际金融机构负债、流通中现金、其他项目等；信贷资金的运用有各项贷款、有价证券及投资、金银占款、外汇占款、财政借款及在国际金融机构中的资产等。

【存款】指企业、机关、团体或居民根据资金必须收回的原则，把货币资金存入银行或其他信贷机构保管并取得一定利息的一种信用活动形式。根据存款对象或性质的不同可划分为企业存款、财政存款、机关团体存款、城乡储蓄存款、农业存款、信托及委托类存款、其他存款等科目。它是银行信贷资金的主要来源。

【贷款】指银行或其他信贷机构根据资金必须归还的原则，按一定利率，为企业、个人等提供资金的一种信用活动形式。我国银行贷款分为短期贷款、中长期贷款、委托及信托类贷款、其他类贷款等。

【保险公司】在中国境内的、经过保险监督管理部门批准设立，并依法登记注册的各类商业保险公司。

【保险金额】指保险人承担赔偿或者给付保险金责任的最高限额。

【保费】指投保人为取得保险人在约定范围内所承担赔偿责任而支付给保险人的费用。

【赔款】指保险人根据保险合同的规定，向被保险人支付的赔偿保险责任损失的金额。

【给付】包括死伤医疗给付和满期给付。死伤医疗给付是指保险人根据人寿保险及长期健康保险合同的规定，因被保险人在保险期内发生保险责任范围内的保险事故支付给被保险人（或受益人）的金额。满期给付是指被保险人生存期满，保险人按人寿保险合同规定支付给被保险人的满期保险金额。

城市公用事业

大连统计年鉴 2015

责任编辑

李雪芬　　刘　艳　　袁勇超

10-1 城市园林绿化、建设用地情况

指　　标	数 值	指　　标	数 值
城市绿化覆盖面积（公顷）	18759	城市建设用地面积（平方公里）	378.0
城市园林绿地面积（公顷）	18341	#居住用地	105.0
城市公园绿地面积（公顷）	3660	公共管理与公共服务用地	30.2
建成区绿地率（%）	43.77	商业服务业设施用地	21.0
建成区绿化覆盖率（%）	44.84	工业用地	100.2
人均公园绿地面积（平方米/人）	11.18	物流仓储用地	10.0
公园（个）	90	道路与交通设施用地	53.9
公园面积（公顷）	2115	公共设施用地	11.0
建成区面积（平方公里）	395.5	绿地与广场用地	46.7

注：本表数据由市建委提供，为市辖区口径，即不含北三市及长海县（下同）。

10-2 城市维护建设资金收支情况

单位：万元

指　　标	数 值
一、城市维护建设资金（财政性资金）收入	1128807
1. 中央预算资金	17866
2. 省级预算资金	
3. 市（县）级预算资金	1110941
#城市维护建设税	260540
城市公用事业附加	15247
城市基础设施配套费	124181
市政公用设施有偿使用费	33223
二、城市维护建设资金（财政性资金）支出	961337
#城乡社区规划与管理	116745
市政公用设施建设维护与管理	841319
其他支出	3273

10-3 城市供水、排水、煤气、液化石油气情况

指　　标		数　值	指　　标		数　值
供水			**人工煤气**		
综合生产能力	（万立方米／日）	163.0	煤气生产能力	（万立方米／日）	140.0
供水管道长度	（公里）	5375.4	储气能力	（万立方米）	58.0
供水总量	（万立方米）	39210.4	供气管道长度	（公里）	2147.4
#售水量	（万立方米）	28262.0	煤气供气总量	（万立方米）	25903.0
用水人口	（万人）	327.3	#居民家庭	（万立方米）	18285.0
用水普及率	（%）	100	用气总人口	（万人）	228.1
排水			**液化石油气**		
			储气能力	（吨）	9230.0
排水管道长度	（公里）	2678.9	供气管道长度	（公里）	420.5
污水年排放量	（万立方米）	38387	供气总量	（吨）	158112.0
污水处理厂	（座）	18	#居民家庭	（吨）	52830.0
污水年处理量	（万立方米）	34620	用气总人口	（万人）	98.00
污水处理率	（%）	90.19	燃气普及率	（%）	99.63

10-4 城市市政公用设施建设固定资产投资完成情况

单位：万元

指　　标	数　值	指　　标	数　值
本年完成投资合计	1206484	排水	9415
供水	75541	#污水处理	2123
燃气	5781	园林绿化	21383
集中供热	70521	市容环境卫生	996
轨道交通	650260	其他	9014
道路桥梁	363573	本年新增固定资产	236486

10-5 城市道路、公共交通、环境卫生情况

指　　标	数　值	指　　标	数　值
一、道路长度（公里）	3053.18	六、公共交通	
二、道路面积（万平方米）	4409.90	1. 年末运营车辆数（辆）	5383
#人行道面积	1149.99	#公共汽车	5094
三、桥梁数（座）	220	无轨电车	61
四、道路照明灯盏数（盏）	275685	有轨电车	72
五、环境卫生		轻轨	156
环卫专用车辆设备总数（辆）	899	2. 运营线路总长度（公里）	3291
清运生活垃圾（万吨）	121.49	#公共汽车、无轨电车	3204
垃圾无害化处理量（万吨）	121.49	有轨电车	24
粪便清运量（万吨）	2.53	轻轨	63
粪便处理量（万吨）	2.53	3. 客运量（万人次）	113712
道路清扫保洁面积（万平方米）	5284	#公共汽车、无轨电车	104487
#机械化	2507	有轨电车、轻轨	9225
公共厕所（座）	471	4. 年末出租汽车数量（辆）	11193
垃圾无害化处理厂（座）	2	客运量（万人次）	53655

注：本表数据由市建委和市交通局提供，为市辖区口径，即不含北三市及长海县。

能

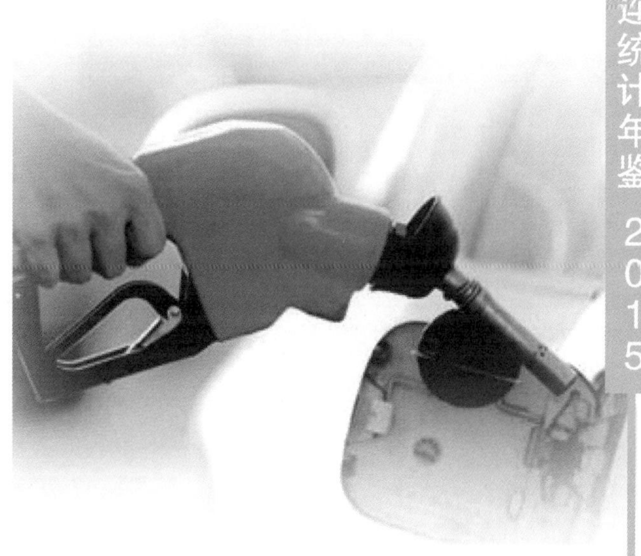

责任编辑

周庆利　　常　阳

刘亚非　　王晓伟

刘亮亮

11-1 年主营业务收入2000万元及以上

指　　标		年初库存量	购进量	
			实物量	金额（千元）
原煤	（吨）	1705724.52	20587302.47	8734023.84
#无烟煤	（吨）	81697.39	429048.14	218676.48
炼焦烟煤	（吨）	119.81	4273.00	2846.90
一般烟煤	（吨）	1199027.86	10029797.74	5497954.81
褐煤	（吨）	424371.44	10121935.39	3010706.53
洗精煤	（吨）	14222.99	61495.47	45006.18
其它洗煤	（吨）	36262.68	136938.41	79205.22
煤制品	（吨）	3035.20	9318.36	5174.89
焦炭	（吨）	13397.38	66574.01	131367.23
焦炉煤气	（万立方米）		90.07	2161.69
高炉煤气	（万立方米）		0.43	3.20
发生炉煤气	（万立方米）		11.63	52.34
天然气（气态）	（万立方米）	13.18	15113.15	480663.68
液化天然气（液态）	（吨）	21.00	13660.46	84241.48
煤层气（煤田）	（万立方米）		0.58	5.57
原油	（吨）	1344478.00	22185891.28	100171040.70
汽油	（吨）	123.10	31336.25	252757.78
煤油	（吨）	85.13	1267.30	10560.87
柴油	（吨）	9460.11	119584.33	881413.56
燃料油	（吨）	2945.05	44023.05	187373.77
液化石油气	（吨）	2071.20	127349.07	690243.93
炼厂干气	（吨）		7866.00	28806.60
石脑油	（吨）	101690.00	2044194.00	12067107.00
润滑油	（吨）	113.65	6709.82	76843.19
溶剂油	（吨）	123.15	329.91	2957.30
石油焦	（吨）	2159.81	37852.74	30556.87
石油沥青	（吨）	101.92	3542.03	13150.00
其它石油制品	（吨）	4339.79	66677.12	639166.62
热力	（百万千焦）		30999848.89	1439124.44
电力	（万千瓦时）		1587167.67	10794572.23
煤矸石用于燃料	（吨）		1140.00	99.00
生物质废料用于燃料	（吨）	40.00	4568.69	4690.00
余热余压	（百万千焦）			
其它工业废料用于燃料	（吨）		320.00	352.00
其他燃料	（吨标准煤）	1.00	550.12	605.40
能源合计	（吨标准煤）			

工业企业能源购进、消费及库存情况

消费量				年末库存量
合计	1. 工业生产消费	2. 非工业生产消费	合计中：运输工具消费	
20652529.13	20605864.58	46664.55		1594152.65
396552.85	393884.53	2668.32		110242.78
4249.40	3552.40	697.00		145.91
10143373.40	10102954.17	40419.23		1063773.96
10108353.48	10105473.48	2880.00		418366.00
69971.48	49107.71	20863.77		5604.48
143197.04	137507.87	5689.17		29917.40
7190.47	1660.47	5530.00		5180.42
62009.16	61867.92	141.24		17695.98
90.07	90.07			
0.43		0.43		
1809.63	1809.63			
15386.97	15267.57	119.32		23.69
13563.64	13523.33	40.31		27.88
0.58		0.58		
22681281.28	22681281.28			849088.00
32836.22	18295.43	14540.74	11182.72	152.04
1251.73	1225.73	26.00	1.00	101.64
122024.57	107379.12	14645.44	14928.47	8176.67
458677.33	458535.91	141.42		2252.75
128022.13	126231.45	1790.68	60.00	1438.68
652250.00	652250.00			
2043879.00	2043879.00			102004.00
5380.97	5344.75	36.22		1441.82
345.90	345.90			107.16
39412.06	39412.06			600.49
3363.43	3363.43			280.52
66646.66	66517.66	129.00		4369.50
50443880.42	49508307.53	935572.89		
1876399.12	1848802.12	27597.15	451.02	
1140.00	1140.00			
4550.38	4550.38			58.31
848659.90	848659.90			
320.00	320.00			
651.92	650.92	1.00		
54377414.57	54209313.43	168101.95		

11-2 年主营业务收入 2000 万元及以上工业企业能源购进、消费及库存情况附表

指　　标		工业生产消费量	#加工转换投入合计	火力发电	供热	炼油及煤制油	制气	能源加工转换产出
原煤	（吨）	17982984.87	17150062.49	11572181.91	5566956.58		10924.00	
#无烟煤	（吨）	190394.23	190394.23		179470.23		10924.00	
一般烟煤	（吨）	7729187.64	6896265.26	3646708.91	3249556.35			
褐煤	（吨）	10063403.00	10063403.00	7925473.00	2137930.00			
其它洗煤	（吨）	45060.48	45060.48		45060.48			
焦炭	（吨）	17171.00	17171.00				17171.00	
发生炉煤气	（万立方米）	1798.00						30380.80
天然气（气态）	（万立方米）	9386.36	6360.40				6360.40	
液化天然气（液态）	（吨）	6637.00						
原油	（吨）	22681270.00	22662255.00			22662255.00		
汽油	（吨）	694.12	18.00		18.00			4637790.00
煤油	（吨）	201.00						2539319.00
柴油	（吨）	29993.21	1229.17	755.05	474.12			8665454.00
燃料油	（吨）	414153.00	310404.00	41912.00	257310.00	11182.00		1049793.00
液化石油气	（吨）	57505.80	57505.80				57505.80	469336.00
炼厂干气	（吨）	652048.00	308017.00	6419.00	44210.00	249724.00	7664.00	828348.00
石脑油	（吨）							1936677.00
石蜡	（吨）							224076.00
石油沥青	（吨）							330201.00
其它石油制品	（吨）	61556.00	61431.00			61431.00		1118013.00
热力	（百万千焦）	21972083.85						91357320.66
电力	（万千瓦时）	539419.75						2173879.79
余热余压	（百万千焦）	848544.00	848544.00	622816.00	225728.00			
能源合计	（吨标准煤）	46077971.07	43243576.88	6233984.92	3931487.20	32869691.79	208412.98	37945034.51

11-3 年主营业务收入2000万元及以上工业企业综合能源消费量情况

单位：吨标准煤

指　　标	综合能源消费量
总　　计	**16224844**
轻工业	930072
重工业	15294772
按工业行业门类分	
一、采矿业	18804
#黑色金属矿采选业	92
有色金属矿采选业	1832
非金属矿采选业	16812
二、制造业	11746348
#农副食品加工业	416721
食品制造业	35866
酒、饮料和精制茶制造业	99583
纺织业	43104
纺织服装、服饰业	45963
皮革、毛皮、羽毛及其制品和制鞋业	6144
木材加工和木、竹、藤、棕、草制品业	26916
家具制造业	26655
造纸及纸制品业	62608
印刷和记录媒介复制业	7918
文教、工美、体育和娱乐用品制造业	5306
石油加工炼焦及核燃料加工业	2147701
化学原料及化学制品制造业	5225763
医药制造业	37614
化学纤维制造业	5021
橡胶和塑料制品业	128226
非金属矿物制品业	1693770
黑色金属冶炼及压延加工业	601288
有色金属冶炼及压延加工业	23433
金属制品业	84790
通用设备制造业	342061
专用设备制造业	131954
汽车制造业	134305
铁路、船舶、航空航天和其他运输设备制造业	202087
电气机械和器材制造业	85089
计算机、通信和其他电子设备制造业	89275
仪器仪表制造业	14096
其他制造业	7912
废弃资源综合利用业	1263
金属制品、机械和设备修理业	13912
三、电力、热力、燃气及水生产和供应业	4459692
电力、热力生产和供应业	4338562
燃气生产和供应业	69122
水的生产和供应业	52008

11-4 年主营业务收入2000万元及

指　　标	原煤（吨）	无烟煤（吨）	炼焦烟煤（吨）	一般烟煤（吨）
总　计	**20652529.13**	**396552.85**	**4249.40**	**10143373.40**
轻工业	388162.25	31030.72	3370.00	313634.65
重工业	20264366.88	365522.13	879.40	9829738.75
按工业行业门类分				
一、采矿业	15016.00			15016.00
#黑色金属矿采选业				
有色金属矿采选业	432.00			432.00
非金属矿采选业	14584.00			14584.00
二、制造业	5374103.82	68902.62	4249.40	5258881.32
#农副食品加工业	159262.43	14975.94	3272.00	141014.49
食品制造业	19346.96	3199.00		16147.96
酒、饮料和精制茶制造业	131348.72	800.00		90421.84
纺织业	6582.00		98.00	6484.00
纺织服装、服饰业	23488.33	2555.50		20932.83
皮革、毛皮、羽毛及其制品和制鞋业	388.00			388.00
木材加工和木、竹、藤、棕、草制品业	13082.19	1726.89		11355.30
家具制造业	2404.80			2404.80
造纸及纸制品业	12602.00	2579.00		10023.00
印刷和记录媒介复制业	50.00	50.00		
文教、工美、体育和娱乐用品制造业	29.28	29.28		
石油加工炼焦及核燃料加工业	1230.00	980.00	120.00	130.00
化学原料及化学制品制造业	2611226.46	750.77	341.00	2610134.69
医药制造业	12953.21	5899.00		7054.21
化学纤维制造业				
橡胶和塑料制品业	36602.00	1400.00		35202.00
非金属矿物制品业	1830501.54	1756.40	39.40	1827555.74
黑色金属冶炼及压延加工业	325331.09	7376.00		317955.09
有色金属冶炼及压延加工业	3765.28	1635.28		2130.00
金属制品业	13115.93	1483.24	379.00	11253.69
通用设备制造业	77208.92	19709.26		56965.06
专用设备制造业	8174.18	1044.44		7129.74
汽车制造业	11570.79	129.96		11440.83
铁路、船舶、航空航天和其他运输设备制造业	65712.70	201.00		65511.70
电气机械和器材制造业	4485.01	131.66		4094.35
计算机、通信和其他电子设备制造业	2880.00			2880.00
仪器仪表制造业				
其他制造业				
废弃资源综合利用业				
金属制品、机械和设备修理业	762.00	490.00		272.00
三、电力、热力、燃气及水生产和供应业	15263409.31	327650.23		4869476.08
电力、热力生产和供应业	15257356.01	327650.23		4863422.78
燃气生产和供应业	170.00			170.00
水的生产和供应业	5883.30			5883.30

以上工业企业主要能源品种分行业消费情况

褐煤（吨）	洗精煤（吨）	其它洗煤（吨）	煤制品（吨）	焦炭（吨）	焦炉煤气（万立方米）	高炉煤气（万立方米）	发生炉煤气（万立方米）
10108353.48	**69971.48**	**143197.04**	**7190.47**	**62009.16**	**90.07**	**0.43**	**1809.63**
40126.88	41923.09	88466.29	5481.35				11.63
10068226.60	28048.39	54730.75	1709.12	62009.16	90.07	0.43	1798.00
42070.48	51138.34	95668.96	7190.47	44838.16	90.07	0.43	1809.63
	35818.42	13866.83					
	1330.00	1244.37					
40126.88							
	1469.00						
	1438.67	4438.00	5460.00				
			21.35				
		65120.09					
		920.00					
	2115.00	1331.94	5.00				
	657.00	2877.00					
	563.00	2049.00		130.00			
1150.00	453.00		48.93	183.00			
	4220.00		198.00	21632.51			
		2075.00		3617.00			
				206.00			
534.60	2710.75	1746.73	270.63	16816.01			1798.00
	166.50			1662.44			
	197.00			380.00			
			1166.56	186.20	90.07		
259.00			20.00	25.00			11.63
						0.43	
10066283.00	18833.14	47528.08		17171.00			
10066283.00	18833.14	45060.48					
		2467.60		17171.00			

11-4 续表 1

指　　标	天然气（气态，万立方米）	液化天然气（液态，吨）	原油（吨）	汽油（吨）
总　　计	**15386.97**	**13563.64**	**22681281.28**	**32836.22**
轻工业	1003.89	271.09		7549.00
重工业	14383.08	13292.55	22681281.28	25287.22
按工业行业门类分				
一、采矿业				64.00
#黑色金属矿采选业				
有色金属矿采选业				
非金属矿采选业				64.00
二、制造业	9026.37	12327.28	22681281.28	30769.76
#农副食品加工业	32.40			1755.63
食品制造业		237.09		429.60
酒、饮料和精制茶制造业				398.17
纺织业	1.35			388.92
纺织服装、服饰业	28.00	34.00		1062.24
皮革、毛皮、羽毛及其制品和制鞋业				78.62
木材加工和木、竹、藤、棕、草制品业		1.96		296.17
家具制造业				924.81
造纸及纸制品业	43.00			739.14
印刷和记录媒介复制业				215.17
文教、工美、体育和娱乐用品制造业				102.43
石油加工炼焦及核燃料加工业		6637.00	22681270.00	313.00
化学原料及化学制品制造业	508.00			1166.23
医药制造业	309.81			324.01
化学纤维制造业				12.00
橡胶和塑料制品业	797.14			899.67
非金属矿物制品业	1105.00	18.00	11.28	1139.99
黑色金属冶炼及压延加工业	3050.13	208.88		2099.35
有色金属冶炼及压延加工业		108.00		100.22
金属制品业	95.73	6.90		1621.35
通用设备制造业	285.17	687.00		5841.97
专用设备制造业	809.99	305.74		2288.11
汽车制造业	192.37			2676.54
铁路、船舶、航空航天和其他运输设备制造业	4.00	4081.00		2605.78
电气机械和器材制造业	1008.28	1.71		2155.72
计算机、通信和其他电子设备制造业	341.31			432.90
仪器仪表制造业	412.54			552.28
其他制造业	2.15			46.68
废弃资源综合利用业				37.86
金属制品、机械和设备修理业				65.20
三、电力、热力、燃气及水生产和供应业	6360.60	1236.36		2002.46
电力、热力生产和供应业	0.20			878.99
燃气生产和供应业	6360.40	1236.36		599.21
水的生产和供应业				524.26

煤油（吨）	柴油（吨）	燃料油（吨）	液化石油气（吨）	炼厂干气（吨）	石脑油（吨）	润滑油（吨）	溶剂油（吨）
1251.73	**122024.57**	**458677.33**	**128022.13**	**652250.00**	**2043879.00**	**5380.97**	**345.90**
20.00	38701.10	357.38	3127.93		114.00		345.90
1231.73	83323.47	458319.95	124894.20	652250.00	2043765.00	5380.97	
	459.00						
	459.00						
1251.73	118182.14	458481.33	70002.43	644586.00	2043879.00	5380.97	345.90
2.00	29310.16		191.87				345.90
	665.98	145.00	204.00				
	976.26						
	279.57		31.00				
	569.41	80.00	614.36				
	19.13		742.00				
	393.12						
	3686.09		379.78				
	1186.10		131.00				
	200.55		558.00				
	16.79						
25.00	186.00	413957.00		644384.00		5174.70	
1.00	2693.33	2546.12	627.61		2043879.00	36.22	
	62.45	132.38					
	3.00		63.00				
	989.15	1104.35	151.90				
	14461.73	33859.76	5307.84			2.00	
2.98	7598.47		29819.00				
	31.36	508.00	122.94				
1.98	2337.68	208.00	409.31				
320.50	8040.13		1507.85			168.05	
0.25	4389.62		20584.94				
9.37	6365.50		3486.68				
871.31	30436.88	5940.72	2760.94	202.00			
	1562.16		311.03				
	571.35		1868.49				
17.34	54.02		87.22				
	43.55		41.67				
	498.85						
	553.75						
	3383.43	196.00	58019.70	7664.00			
	2643.16	196.00	0.50				
	183.20		57959.20	7664.00			
	557.07		60.00				

11-4 续表 2

指　　标	石油焦（吨）	石油沥青（吨）	其它石油制品（吨）	热力（百万千焦）
总　　计	**39412.06**	**3363.43**	**66646.66**	**50443880.42**
轻工业				4240364.66
重工业	39412.06	3363.43	66646.66	46203515.76
按工业行业门类分				
一、采矿业				
#黑色金属矿采选业				
有色金属矿采选业				
非金属矿采选业				
二、制造业	39412.06	3363.43	66646.66	48206466.72
#农副食品加工业				2817671.73
食品制造业				156120.31
酒、饮料和精制茶制造业				
纺织业				514456.00
纺织服装、服饰业				57490.00
皮革、毛皮、羽毛及其制品和制鞋业				23560.00
木材加工和木、竹、藤、棕、草制品业				
家具制造业				29638.00
造纸及纸制品业				22133.50
印刷和记录媒介复制业				60526.70
文教、工美、体育和娱乐用品制造业				8227.50
石油加工炼焦及核燃料加工业			61556.00	6503306.00
化学原料及化学制品制造业				33736028.04
医药制造业				297279.60
化学纤维制造业				
橡胶和塑料制品业				443654.20
非金属矿物制品业	39412.06	3363.43		154618.19
黑色金属冶炼及压延加工业				54872.84
有色金属冶炼及压延加工业				9600.00
金属制品业				228860.74
通用设备制造业			225.01	603778.21
专用设备制造业			5.00	147640.89
汽车制造业			4857.93	778128.92
铁路、船舶、航空航天和其他运输设备制造业			2.72	338177.93
电气机械和器材制造业				435534.91
计算机、通信和其他电子设备制造业				641924.41
仪器仪表制造业				50541.10
其他制造业				92697.00
废弃资源综合利用业				
金属制品、机械和设备修理业				
三、电力、热力、燃气及水生产和供应业				2237413.70
电力、热力生产和供应业				2182722.00
燃气生产和供应业				54691.70
水的生产和供应业				

电力（万千瓦时）	煤矸石用于燃料（吨）	生物质废料用于燃料（吨）	其它工业废料用于燃料（吨）	其他燃料（吨标准煤）
1876399.12	**1140.00**	**4550.38**	**320.00**	**651.92**
311220.36		4381.38	320.00	89.00
1565178.76	1140.00	169.00		562.92
6250.45				
75.00				
1239.35				
4881.10				
1589842.83	1140.00	4550.38	320.00	651.92
110572.71				11.00
10395.87				
14694.22				
15971.40				
18588.95		875.31		1.00
3087.50				
14222.68				
17409.93		230.00	320.00	77.00
15529.35				
3518.13				
4024.82				
196309.30				
170496.04				
8809.14		3276.07		
3980.00				
59631.22				
157921.83	1140.00			
203181.76				
11738.17				
50820.73		169.00		4.00
190943.93				
56743.67				545.12
66669.41				
70782.13				13.80
42495.35				
50890.05				
5130.67				
3723.00				
962.16				
10598.71				
280305.84				
235409.48				
7274.87				
37621.49				

11-5 年主营业务收入2000万元

指　标	合计	工业生产消费	非工业生产消费
总　计	**54377414.57**	**54209313.43**	**168101.95**
轻工业	972356.46	935608.79	36747.67
重工业	53405058.11	53273704.64	131354.28
按工业行业门类分			
一、采矿业	19101.16	18736.16	365.00
#黑色金属矿采选业	92.18	92.18	
有色金属矿采选业	1831.75	1831.75	
非金属矿采选业	17177.23	16812.23	365.00
二、制造业	45332918.16	45207044.11	125874.86
#农副食品加工业	434847.16	422257.71	12589.45
食品制造业	37001.30	35866.27	1135.03
饮料制造业	102397.27	99583.19	2814.08
纺织业	44264.34	43104.15	1160.19
纺织服装、鞋、帽制造业	52840.38	45963.34	6877.04
皮革、毛皮、羽毛及其制品和制鞋业	6290.65	6144.35	146.30
木材加工及木、竹、藤等制品业	28230.94	26916.11	1314.83
家具制造业	31852.35	26655.48	5196.87
造纸及纸制品业	63353.72	62607.51	746.21
印刷业和记录媒介的复制业	8427.44	7918.28	509.16
文教体育用品制造业	5429.85	5306.02	123.83
石油加工炼焦及核燃料加工业	34605423.12	34597086.50	8336.62

及以上工业企业能源消费分行业情况

单位：吨标准煤

指　　标	合计	工业生产消费	非工业生产消费
化学原料及化学制品制造业	6305495.07	6299706.97	5788.10
医药制造业	40006.52	37614.23	2392.29
化学纤维制造业	5021.45	5021.45	
橡胶制品业	131674.47	128226.02	3448.45
塑料制品业	1700665.02	1693769.90	6895.12
非金属矿物制品业	614739.43	611786.84	2952.59
黑色金属冶炼及压延加工业	23613.69	23433.17	180.52
有色金属冶炼及压延加工业	88291.59	84789.61	3502.79
金属制品业	368444.46	348481.77	19962.69
通用设备制造业	136862.71	131953.75	4908.96
专用设备制造业	145863.41	134305.49	11557.92
交通运输设备制造业	217072.23	202087.45	14984.78
电气机械及器材制造业	95703.29	89275.02	6428.27
计算机、通信和其他电子设备制造业	14582.12	14096.28	485.84
仪器仪表制造业	7968.71	7912.30	56.41
工艺品及其他制造业	1965.08	1262.99	702.09
废弃资源和废旧材料回收	14590.39	13911.96	678.43
三、电力、热力、燃气及水生产和供应业	8935547.72	8898376.09	37171.63
电力、热力生产和供应业	8668035.48	8633880.52	34154.96
燃气生产和供应业	215387.02	212487.55	2899.47
水的生产和供应业	52125.22	52008.02	117.20

11-6 年主营业务收入2000万元及以上工业企业能源消费分行业情况附表

单位：吨标准煤

指　　标	工业生产消费量	#加工转换投入合计	火力发电	供热	炼油及煤制油	制气	能源加工转换产出
总　计	**46077971.07**	**43243576.88**	**6233984.92**	**3931487.20**	**32869691.79**	**208412.98**	**37945034.51**
轻工业	51239.52	7844.95	2853.20	4991.75			5536.40
重工业	46026731.55	43235731.93	6231131.72	3926495.45	32869691.79	208412.98	37939498.11
按工业行业门类分							
一、采矿业							
二、制造业	37427439.16	34859332.78	423936.55	1556419.03	32869691.79	9285.40	33506350.73
#农副食品加工业	51239.52	7844.95	2853.20	4991.75			5536.40
石油加工炼焦及核燃料加工业	34584384.49	33405374.10	90920.32	444761.98	32869691.79		32420449.89
化学原料及化学制品制造业	2368447.27	1436828.33	330163.03	1106665.30			1073943.78
通用设备制造业	38284.57	9285.40				9285.40	6420.66
三、电力、燃气及水的生产和供应业	8650531.91	8384244.10	5810048.37	2375068.17		199127.58	4438683.78
电力、热力的生产和供应业	8446701.59	8185116.52	5810048.37	2375068.17			4295318.17
燃气生产和供应业	203830.32	199127.58				199127.58	143365.61

11-7 年主营业务收入2000万元及以上工业企业主要能源产品销售情况

单位：吨

指　　标	销售量		
		出口	售于外省
汽油	1298078	1298078	
煤油	1685086	1112098	572988
柴油	2394653	351130	2043523
燃料油	394278		394278
液化石油气	129018		129018
其他石油制品	2100344		2100344

11-8　年主营业务收入2000万元及以上工业企业主要能源地区流向情况

单位：吨

指　　标	购入量			
		#进口	#外省购入	#外市购入
原煤	20587302.47	325286.00	5939252.63	2047162.83
洗精煤	61495.47			
其他洗煤	136938.41			
焦炭	66574.01			
原油	22185891.28	17804233.80	4381646.20	
汽油	31336.25			
煤油	1267.30			
柴油	119584.33			
燃料油	44023.05			
液化石油气	127349.07			
其他石油制品	2159305.12	1533060.00	81763.20	61322.40
其他燃料	6578.81			

11-9 用电量情况

单位：万千瓦时

指　　标	用电量	指　　标	用电量
全社会用电总计	**3104773**	14. 黑色金属冶炼及压延加工业	126282
1. 全行业用电合计	2697502	# 铁合金冶炼	8
第一产业	49875	15. 有色金属冶炼及压延加工业	12868
第二产业	2088990	16. 金属制品业	65286
第三产业	558637	# 轻工业	1943
2. 城乡居民生活用电合计	407271	17. 通用及专用设备制造业	256843
城镇居民	276648	# 轻工业	1973
乡村居民	130623	18. 交通运输、电气、电子设备制造业	193906
全行业用电分类	2697502	# 轻工业	6094
一、农、林、牧、渔业	49875	# 交通运输设备制造业	106619
1. 农业	15564	19. 工艺品及其他制造业	29460
2. 林业	336	20. 废弃资源和废旧材料回收加工业	2080
3. 畜牧业	12522	（三）电力、燃气及水的生产和供应业	556381
4. 渔业	18509	1. 电力、热力的生产和供应业	487449
5. 农、林、牧、渔服务业	2944	# 电厂生产全部耗用电量	302476
# 排灌	2132	线路损失电量	139824
二、工业	2026237	2. 燃气生产和供应业	10244
轻工业	266987	3. 水的生产和供应业	58688
重工业	1759250	# 轻工业	44422
（一）采矿业	12793	三、建筑业	62753
1. 煤炭开采和洗选业	69	四、交通运输、仓储和邮政业	76017
2. 石油和天然气开采业	47	1. 交通运输业	65987
3. 黑色金属矿采选业	29	# 城市公共交通	5787
4. 有色金属矿采选业	521	管道运输业	334
5. 非金属矿采选业	11851	电气化铁路	24831
6. 其他采矿业	276	2. 仓储业	8679
（二）制造业	1457063	3. 邮政业	1351
1. 食品、饮料和烟草制造业	86353	五、信息传输、计算机服务和软件业	37174
# 农副食品加工业	52225	1. 电信和其他信息传输服务业	26392
2. 纺织业	13739	2. 计算机服务和软件业	10782
3. 服装鞋帽、皮革羽绒及其制品业	13823	六、商业、住宿和餐饮业	196426
4. 木材加工及制品和家具制品业	23120	1. 批发和零售业	134327
# 轻工业	15200	2. 住宿和餐饮业	62099
5. 造纸及纸制品业	13918	七、金融、房地产、商务及居民服务业	115257
6. 印刷业和记录媒介的复制	3691	1. 金融业	14276
7. 文体用品制造业	1275	2. 房地产业	54110
8. 石油加工、炼焦及核燃料加工业	209969	3. 租赁和商务服务业、居民服务和其它服务业	46871
9. 化学原料及化学制品制造业	179685	八、公共事业及管理组织	133763
# 轻工业	2052	1. 科学研究、技术服务和地质勘查业	8906
# 肥料制造	553	# 地质勘查业	161
10. 医药制造业	10199	2. 水利、环境和公共设施管理业	17341
11. 化学纤维制造业	3931	# 水利管理业	787
12. 橡胶和塑料制品业	61545	# 公共照明业	10903
# 轻工业	17119	3. 教育、文化、体育和娱乐业	54739
13. 非金属矿物制品业	149090	# 教育	41859
# 轻工业	1795	4. 卫生、社会保障和社会福利也	19529
# 水泥制造	81260	5. 公共管理和社会组织、国际组织	33248

11-10 年主营业务收入 2000 万元及以上工业企业用水情况

单位：立方米

指　　标	取水量		外供水量	
	本期	上年同期	本期	上年同期
总　计	**1242088682**	**1212499221**	**956961645**	**939154063**
1. 地表淡水	1073343392	1048611192	445000000	406380000
2. 地下淡水	17661517	20954559	992	5
3. 自来水	101804027	106038765	511953948	532768492
4. 海水	14034381	9967713		
5. 陆地苦咸水	2236	3445		
6. 矿井水	1905	1629		
7. 雨水	20253	15853		
8. 再生水（中水）	31263773	27955587		
9. 海水淡化水	3506011	3593020		
10. 其他水	451187	367728	6705	5430

补充资料：

外排水量　115624140 立方米

重复用水量　2262589952 立方米

直流冷却水量（海水）　2445226999 立方米

污水处理企业污水处理量　45273546 立方米

11-11 年主营业务收入 2000 万元

单位：立方米

指　　标	取水量	外供水量	用水量
总　计	**1242088682**		
轻工业	1096977685	956953350	140024335
重工业	145110997	8295	145102702
按工业行业门类分			
一、采矿业	6484499		6484499
#黑色金属矿采选业	2200		2200
有色金属矿采选业	264160		264160
非金属矿采选业	6218139		6218139
二、制造业	122478928	53299	122425629
#农副食品加工业	11418162	45002	11373160
食品制造业	1598526		1598526
饮料制造业	4574543		4574543
纺织业	1277592		1277592
纺织服装、鞋、帽制造业	1635055		1635055
皮革、毛皮、羽毛及其制品和制鞋业	109345		109345
木材加工及木、竹、藤制品业	467161	2	467159
家具制造业	525694		525694
造纸及纸制品业	579143		579143
印刷业和记录媒介的复制业	198868		198868

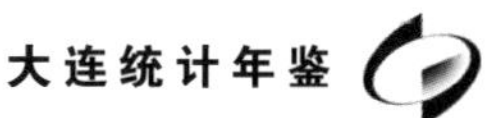

及以上工业企业取水总量分行业消费情况

单位：立方米

指　　标	取水量	外供水量	用水量
文教体育用品制造业	73311		
石油加工炼焦及核燃料加工业	16814815		16814815
化学原料及化学制品制造业	44670287	6705	44663582
医药制造业	973055		973055
化学纤维制造业	60656		60656
橡胶和塑料制品业	1649045		1649045
非金属矿物制品业	4437229		4437229
黑色金属冶炼和压延加工业	4726589		4726589
有色金属冶炼和压延加工业	238118		238118
金属制品业	1171703		1171703
通用设备制造业	8404125	990	8403135
专用设备制造业	5087522		5087522
汽车制造业	2450128		2450128
铁路和其他运输设备制造业	3414906		3414906
电气机械和器材制造业	1944640		1944640
通信和其他电子设备制造业	3196690	600	3196090
仪器仪表制造业	299776		299776
其他制造业	298294		298294
废弃资源综合利用业	33010		33010
金属制品、机械和设备修理业	150941		150941
三、电力、煤气及水的生产和供应业	1113125255	956908346	156216909
# 电力、热力的生产和供应业	41342793		41342793
燃气生产和供应业	561860		561860
水的生产和供应业	1071220603	956908346	114312257

主要统计指标解释

【标准煤】亦称煤当量，指具有统一规定的标准热值的一种能源标准计量单位。我国规定每千克标准煤的热值为7000千卡。把不同的品种、不同品质的能源按各自不同的热值，以7000千卡为一个计量单位换算成标准燃料，即为标准煤。

【当量热值】亦称理论热值（或实际发热值），是指某种能源一个度量单位本身所含热量。当量热值是能源统计中经常使用的一个热值概念，其热值的计算可根据试样在充氧的弹筒中（放有浸没氧弹的水的容器）完全燃烧所放出的热量（用燃烧后水温升高计算出来的）进行实测。

【等价热值】能源统计经常使用的一个热值概念，指加工转换产出的某种二次能源与相应投入的一次能源的当量，即获得一个度量单位的某种二次能源所消耗的、以热值表示的一次能源量，也就是消耗一个度量单位的某种二次能源，等价于消耗了以热值表示的一次能源量。因此，等价热值是个变动值，随着能源加工转换工艺的提高和能源管理工作的加强，转换损失逐渐减少，等价热值会不断降低。所以，等价热值是对二次能源及消耗工质而言。

等价热值 = 二次能源具有的热值 / 加工转换效率

= 加工转换投入的一次能源具有的热量 / 二次能源产量

【能源消费量统计的原则】

1. 谁消费、谁统计。即不论其所有权的归属，由哪个单位消费，就由哪个单位统计其消费量。

2. 何时投入使用，何时计算消费量。企业的能源消费，在时间、工艺界限上，以投入第一道生产工序为标志，即投入第一道生产工序即计算消费；何时投入第一道生产工序，何时计算消费量。

3. 在计算综合能源消费量时，不应重复计算，应扣除二次能源的产出量和余热、余能的回收利用量。

4. 耗能工质（如水、氧气、压缩空气等），不论是外购的还是自产自用的，均不统计在能源消费量中（计算单位产品能耗时是否包括耗能工质，视统计指标的具体规定而定）。

5. 企业自产的能源，作为企业生产另一种产品的原料或燃料，是否计算消费量，视以下两种情况而定：一是自产的能源如果计算产量，消费时则计算消费量，二是自产的能源如果不计算产量，消费时则不计算消费量，视同产品生产过程中的半成品和中间产品。原则是：计算产量，则计算消费；不计算产量，则不计算消费。

【工业企业的能源消费量】指工业企业在工业生产活动和非工业生产活动中消费的能源，包括工业生产活动中作为燃料、动力、原料、辅助材料使用的能源，生产工艺中使用的能源，用于能源加工转换的能源；非工业生产活动中使用的能源。具体包括：

1. 用于本企业产品生产、工业性作业和其他生产性活动的能源。

2. 用于技术更新改造措施、新技术研究和新产品试制以及科学试验等方面的能源。

3. 用于经营维修、建筑及设备大修理、机电设备和交通运输工具等方面的能源。

4. 用于劳动保护的能源。

5. 生产交通运输工具的企业（如造船厂、汽车制造厂），向成品轮船、汽车中添加动力用油，应算作企业的能源消费，但不作为工业生产消费，应作为非工业生产消费和交通运输工具消费。

6. 其他非生产消费的能源。

【工业生产能源消费】指工业企业为进行工业生产活动所消费的能源。主要包括：

1. 用于本企业产品生产、工业性作业的能源，包括用作原料、材料、燃料、动力的能源；作为能源加工转换企业，还包括用作加工转换的能源。

2. 产品生产过程中作为辅助材料使用的能源。

3. 生产工艺过程使用的能源。

4. 新技术研究、新产品试制、科学试验使用的能源。

5. 为了工业生产活动而在进行的各种修理过程中使用的能源。

6. 生产区内的劳动保护用能等。

【非工业生产能源消费】指在工业企业能源消费中，除“工业生产能源消费”以外的能源消费，即非工业生产用能和工业企业附属的不从事工业生产活动的非独立核算单位用能。比如本企业施工单位进行技术更新改造、维修等过程用能，非生产区的劳动保护用能，科研单位、农场、车队、学校、医院、食堂、托儿所等单位用能。但是必须注意，上述单位如果是独立核算的，其用能既不能包括在“工业企业能源消费”中，亦不能包括在“非工业生产能源消费”中。

生产交通运输工具的企业（如造船厂、汽车制造厂），向成品轮船、汽车中添加动力用油，应算作企业的非工业生产消费。

【综合能源消费量】指企业在报告期内工业生产实际消费的各种能源（扣除能源加工转换和能源回收利用等重复因素）的总和。计算综合能源消费量时，需要将各种能源品种的消费量换算成按照标准计量单位（如：吨标准煤）计量的消费量。

【取水量】指企业从各种水源直接提取或者从市场购买的用于厂区、办公区内工业生产活动的水量，以实际获得的新水量为准。

用于工业生产活动的水量，包括主要生产用水、辅助生产用水（如机修、运输、空压站等）和附属生产用水（如绿化、办公室、浴室、食堂、厕所、保健站等），不包括非工业生产单位的用水量（如基建用水、厂内居民家庭用水和企业附属幼儿园、学校、对外营业的浴室、游泳池等的用水量）和居民生活用水量。

取水量包括企业取自地表、地下、城镇供水工程的水，外购的再生水（中水）、其他水或水的产品，以及企业为生产外供水或水产品而取用的水。不包括重复用水量、直流冷却水量、未利用直接排放的矿井水和雨水量、污水处理企业处理的污（废）水量、水力发电动力用水量。

【外供水量】指企业外供给其他单位的水或水产品的量，以离厂水量为准。包括外供给其他企业或市场的原水、自来水、再生水（中水）、海水淡化水、矿泉水、纯净水等。不包括直流冷却水量、未利用直接排放的矿井水和雨水量、北方地区供暖企业供给城镇热力网内循环的热水量、进入城镇污水管网和直接排到自然环境中的水量。

【用水量】指企业所使用的水量。

用水量 = 取水量 - 外供水量

【外排水量】指完成生产过程和生产活动之后，经过企业厂区、办公区所有排水口排到企业外部的水量。包括进入城镇污水管网的污（废）水量、直接排到自然环境中的水量。不包括外供水量、直流冷却水量、未利用就直接排放的矿井水量。

【污水处理企业污水处理量】指污水处理企业取自企业外部并实际处理的污（废）水量。

科教文卫体与其他社会事业

大连统计年鉴 2015

责任编辑

王年新　耿　英

于雪梅　肖　江

12-1 各级各类学校情况

指　　标	学校数（所）	毕业生数（人）	招生数（人）	在校生数（人）
研究生	12	11678	13093	39628
#普通高校研究生	11	11672	13088	39610
普通高等学校	30	65673	77827	286224
#市属	2	7098	7989	27073
成人高校	7	22620	19260	56288
独立设置成人高校	7	6040	5532	16368
高中阶段学校	158	54620	53896	165032
普通高中	79	32373	30427	95017
职业高中（职业中专）	34	7243	7229	22187
普通中等专业学校	18	8699	8893	24389
#市属	18	8699	8893	24389
中等技工学校	27	5263	6530	20131
农广校	(1)	1042	817	3308
九年义务教育阶段学校	771	97686	104292	438269
小学	551	50050	53640	287555
初中	208	47301	50236	148856
特殊教育学校	11	204	271	1646
工读学校	1	131	145	212
幼儿园	1272	41501	38411	144326
民办（非学历）培训机构	1120	237432	258516	258516

注：本表数据由市教育局提供。

12-1 续表 1

指　　标	教职工数（人）	#专任教师	校舍建筑面积（平方米）
研究生		5644	
#普通高校研究生		5626	
普通高等学校	27916	18281	8797528
#市属	2546	1548	718441
成人高校	1049	659	185196
#独立设置成人高校	1049	659	185196
高中阶段学校	15408	12106	3474238.45
普通高中	9490	7861	1939244
职业高中（职业中专）	2376	1689	443919
普通中等专业学校	1782	1204	390128
#市属	1782	1204	390128
中等技工学校	1760	1352	700947.45
九年义务教育阶段学校	36951	32441	4338716
小学	20274	18009	2222637
初中	16172	14081	2062661
特殊教育学校	463	328	53418
工读学校	42	23	
幼儿园	19116	10392	1125703
民办（非学历）培训机构	14651	7631	703817

12-2 普通高等学校教职工情况

单位：人

学　　校	校本部教职员工数	# 专任教师	正副教授	中级	初级和无职称	# 教辅人员	科研机构人员	其他附设机构人员
合　　计	**27916**	**18281**	**8326**	**7124**	**2831**	**1977**	**472**	**570**
大连理工大学	3762	2184	1495	615	74	101	377	107
大连海事大学	2343	1280	790	387	103	293	10	174
大连民族学院	1349	858	436	391	31	106		
大连交通大学	1612	1113	495	564	54	96	16	16
大连工业大学	1243	846	314	417	115	149		
大连海洋大学	1294	867	392	401	74	48		
辽宁师范大学	1886	1161	619	445	97	192		86
大连外国语大学	909	768	243	309	216			
东北财经大学	1882	850	518	324	8	111	51	32
大连医科大学	1320	946	439	398	109	153		
辽宁警察学院	488	338	124	152	62	6		
辽宁税务高等专科学校	299	147	65	77	5	41		
辽宁轻工职业学院	297	248	57	86	105	6		
大连职业技术学院	775	519	247	205	67	58		
大连大学	1771	1029	563	426	40	223	18	155
辽宁对外经贸学院	814	629	273	284	72	38		
大连商务职业学院	137	62	20	20	22	24		
大连理工大学城市学院	579	424	149	205	70	27		
大连工业大学艺术与信息工程学院	418	345	70	106	169	9		
大连科技学院	554	506	121	227	158	10		
大连医科大学中山学院	448	349	163	126	60	9		
大连财经学院	529	478	145	203	130	14		
大连艺术学院	867	669	183	242	244	39		
大连东软信息学院	884	697	210	186	301	107		
大连软件职业学院	210	126	27	49	50	13		
大连翻译职业学院	88	38	4	12	22	8		
大连枫叶职业技术学院	238	178	42	46	90	9		
大连航运职业技术学院	442	338	77	141	120	54		
大连装备制造职业技术学院	314	160	34	40	86	20		
大连汽车职业技术学院	164	128	11	40	77	13		

注：本表数据由市教育局提供。

12-3 普通高校及科研院所研究生人数

单位：人

学　　校	毕业生数	招生数	在学研究生数
合　　计	**11678**	**13093**	**39628**
大连理工大学	3452	4226	14064
大连海事大学	981	1762	4896
大连民族学院	30	49	113
东北财经大学	2000	2005	5927
辽宁师范大学	1678	1679	4714
大连医科大学	1428	1566	4256
大连交通大学	452	438	1377
大连工业大学	543	531	1594
大连海洋大学	300	253	830
大连外国语学院	464	339	871
大连大学	344	240	968
大连测控技术研究所	6	5	18

注：1. 大连测控技术研究所不计校数。
　　2. 本表数据由市教育局提供。

12-4 普通高等学校本专科生情况

单位：人

学　　校	招生数	在校学生数	毕业生数
合　　计	**77827**	**286224**	**65673**
大连理工大学	6191	22210	4553
大连海事大学	4101	16517	3912
大连民族学院	4203	15126	3667
大连交通大学	4297	18118	3709
大连工业大学	4079	16259	3322
大连海洋大学	3830	15086	3765
辽宁师范大学	3912	15336	3647
大连外国语大学	3396	13754	3186
东北财经大学	2960	12411	3274
大连医科大学	1808	9189	1900
辽宁警察学院	1439	5825	1905
辽宁税务高等专科学校			
辽宁轻工职业学院	2151	5159	1101
大连职业技术学院	4144	11308	3585
大连大学	3845	15765	3513
辽宁对外经贸学院	3228	11721	3223
大连商务职业学院			277
大连理工大学城市学院	1672	7742	2456
大连工业大学艺术与信息工程学院	1925	6982	1140
大连科技学院	3046	9041	1237
大连医科大学中山学院	1054	5540	975
大连财经学院	3242	11312	1781
大连艺术学院	3297	11117	2393
大连东软信息学院	3979	14066	3334
大连软件职业学院	887	2356	628
大连翻译职业学院		511	353
大连枫叶职业技术学院	1304	3374	390
大连航运职业技术学院	1446	4134	1100
大连装备制造职业技术学院	1382	3600	706
大连汽车职业技术学院	1009	2665	641

注：本表数据由市教育局提供。

12-5 普通高等学校办学条件情况

学　校	产权建筑面积（平方米）	占地面积（平方米）	图书藏量（万册）	教学用计算机（台）
合　计	**8797528**	**18228794**	**2738.25**	**125198**
大连理工大学	1437401	3515268	304.7	36542
大连海事大学	871338	1357571	216.24	7145
大连民族学院	492554	775951	141.9	6849
大连交通大学	541227	820864	116.96	6374
大连工业大学	354649	544683	92.05	5709
大连海洋大学	334689	798345	111.89	4674
辽宁师范大学	673647	1050136	194.72	8856
大连外国语大学	475020	1261565	177.8	2253
东北财经大学	488136	622178	160.8	6994
大连医科大学	522066	1509710	96.04	3733
辽宁警察学院	183305	590298	63.6	1949
辽宁税务高等专科学校	58221	117339	12.34	220
辽宁轻工职业学院	121899	159253	34.43	1542
大连职业技术学院	211763	332536	71.66	5377
大连大学	506678	1248157	171.6	8221
辽宁对外经贸学院	205379	562763	127.07	2236
大连商务职业学院			19.55	985
大连理工大学城市学院			69	3853
大连工业大学艺术与信息工程学院			28.02	750
大连科技学院	145137	366040	64	1516
大连医科大学中山学院	135172		47.3	960
大连财经学院	281516	532618	83.6	1261
大连艺术学院	240102	764336	61.41	1512
大连东软信息学院	154779	333438	119.5	2520
大连软件职业学院		11776	24.7	840
大连翻译职业学院	39401	23397	29.28	146
大连枫叶职业技术学院			28.8	826
大连航运职业技术学院	154515	363601	38.26	723
大连装备制造职业技术学院	76318	174299	14.26	255
大连汽车职业技术学院	92616	392672	16.77	377

注：本表数据由市教育局提供。

12-6 文化艺术基本情况

指　　标	单　　位	数　　值
艺术表演团体		
剧团数	个	4
从业人员	人	405
演出场次	场次	749
# 国内演出	场次	749
# 农村演出	场次	388
国内演出观众人次	人次	555020
艺术表演场所		
机构数	个	6
从业人员	人	65
演（映）出场次	场	410
# 艺术演出场次	场	389
# 电影放映场次	场	
观众人次合计	千人次	152
# 艺术演出观众人次	千人次	135
公共图书馆		
机构数	个	14
从业人员	人	474
总藏量	册、件	9096406
累计发放有效借书证数	个	494412
本年新购藏量	册、件	751143
公用房屋建筑面积	平方米	132997
阅览室座席数	个	8067
群众艺术馆、文化馆		
机构数	个	14
从业人员	人	274
举办展览个数	个	156
组织文艺活动次数	次	804
馆办文艺团体	个	30
群众业余文艺团队	个	370
文化站		
机构数	个	159
从业人员	人	526
举办展览个数	个	513
组织文艺活动次数	次	5484

注：本表数据由市文化局提供。

12-7 档案工作情况

指　　标	单　位	档案馆	档案室
机构、人员情况			
个数	个	12	626
面积	平方米	54127	66242
专职人员	人	142	454
兼职人员	人		1399
保存档案情况			
全宗	个	1797	723
案卷	万卷	178.61	496.15
案卷排架长度	米	38837	123810
录音、录像、影片档案	盘	2592	35234
照片档案	万张	6.59	45.86
馆藏档案历史分期			
建国前档案	卷	12652	2102
建国后档案	卷	1773462	4959362
档案馆利用档案情况			
本年利用档案人次	万人次	5.26	14.28
本年利用档案卷次	万卷次	5.28	17.37
政务信息公开场所			
本年利用现行文件人次	人	468	
本年利用现行文件件次	件	1160	
机读目录			
案卷级	万条	57.48	438.84
文件级	万条	1016.35	410.94
档案信息网站建设	个	4	

注：本表数据由市档案局提供。

12-8 文联工作情况

单位：个

指　　标	数值	指　　标	数值
文艺家协会	15	专题座谈、研讨会	23
获省级以上奖项（项）	377	培训班	5
#国家级奖项（项）	136	国外文艺交流	16
举办大赛	20	其他活动项（项）	20
展览和展演活动	131		

注：本表数据由市文联提供。

12-9 广播电视覆盖情况

	广播人口综合覆盖		无线广播综合覆盖	
	人口（万人）	覆盖率（%）	人口（万人）	覆盖率（%）
大连市	587.84	99.40	587.84	99.40

12-9 附表 1

	电视人口综合覆盖		无线电视综合覆盖	
	人口（万人）	覆盖率（%）	人口（万人）	覆盖率（%）
大连市	590.52	99.90	590.52	99.90

注：本表数据由市广播电视台提供。

12-10 公共体育场馆综合情况

指　　标	场馆数（个）	使用场次(场次)	从业人员（人）	座席数（万个）	参加人次（万人次）
合　　计	**248**	**56432**	**683**	**12015.32**	**3981.92**
按系统分					
体育系统	22	2707	392	12011.12	149.92
教育系统	209	51525	290	4.15	3827
其他系统	17	2200	1	0.05	5
按级别分					
市级	56	12370	234	1	2080.6
区县级	192	44062	449	12014.32	1901.32
按场馆性质分					
体育场	56	12900	118	12012.3	3511.8
#用于体育活动	192	12840	118	12012.1	3511.7
体育馆	37	7465	298	0.83	184.4
#用于体育活动	30	6150	156	0.6	171.5
有固定看台灯管球场	7	1820	7	1	54.6
#用于体育活动	7	1820	7	1	54.6
游泳池	2	352	43	0.12	1.82
运动场	58	15060	74	0.72	193.6
训练房	14	1820	39		18.2
其他	78	17015	104	0.35	17.5

注：本表数据由市体育局提供。

12-11 举办体育业务情况

单位：次、人、人次

地　　区	举办运动会或比赛		举办全民健身活动		
	举办综合运动会	举办单项比赛	举办全民健身活动	# 1000 人以上的活动	参加活动人数
合　　计	**16**	**198**	**295**	**66**	**326111**
市本级		70	11	2	2200
中山区		32	20	10	41600
西岗区	1	3	20	2	51000
沙河口区	1	12	20	4	50000
甘井子区	3	12	119	6	11
旅顺口区	6	4	35	4	30000
金州新区	1	20	20	10	20000
普湾新区	2	18	7	3	21000
保税区					
高新园区					
长兴岛			3		300
花园口		5	5		2000
瓦房店市	1	2	9	2	2000
庄河市	1	15	20	20	100000
长海县		5	6	3	6000

注：本表数据由市体育局提供。

12-12 卫生机构情况

指　　标	机构数（个）	实有床位数（张）	人员数（人）	#卫生技术人员	#执业（助理）医师
合　　计	**2583**	**42201**	**56372**	**46097**	**17914**
医院	123	36654	40087	32612	11250
疗养院	4	1120	236	102	37
社区卫生服务中心（站）	119	525	2895	2295	971
卫生院	95	3593	3029	2229	970
门诊部	195		2448	2076	1039
急救中心（站）	4		274	160	80
采供血机构	3		256	195	29
妇幼保健院（所、站）	12	299	828	692	335
专科疾病防治院（所、站）	4	10	114	56	24
疾病预防控制中心（防疫站）	17		912	701	361
卫生监督所	11		410	345	
医学科学研究机构	3		59	41	20
其他卫生机构	19		453	326	98
诊所、卫生所、医务室	1974		4371	4267	2700

注：本表数据由市卫计委提供。

12-12 续表 1

单位：人

指 标	从业人员	# 卫生技术人员							其他技术人员	管理人员	工勤人员
			执业医师	执业助理医师	注册护士	药师（士）	技师（士）	其他			
合 计	**56372**	**46097**	**16998**	**916**	**20818**	**2165**	**2517**	**2683**	**2061**	**2853**	**5361**
医院	40087	32612	10927	323	16482	1507	1691	1682	1567	2065	3843
疗养院	236	102	36	1	49	7	6	3	4	69	61
社区卫生服务中心（站）	2895	2295	888	83	845	242	151	86	129	207	264
卫生院	3029	2229	690	280	710	151	154	244	166	189	445
门诊部	2448	2076	972	67	661	111	186	79			372
急救中心（站）	274	160	80		77	3			14	21	79
采供血机构	256	195	26	3	86		57	23	36	14	11
妇幼保健院（所、站）	828	692	315	20	236	29	69	23	24	70	42
专科疾病防治院（所、站）	114	56	19	5	15	5	8	4	6	42	10
疾病预防控制中心（防疫站）	912	701	315	46	99	3	143	95	41	113	57
卫生监督所	410	345						345	10	37	18
医学科学研究机构	59	41	20		4	1		16	12	6	
其他卫生机构	453	326	91	7	104	24	44	56	52	20	55
诊所、卫生所、医务室	4371	4267	2619	81	1450	82	8	27			104

注：本表数据由市卫计委提供。

12-13 平均每千人口医院卫生院床位与医生护士情况

地　　区	实有数		
	医院、社区、卫生院床位数（张）	执业（助理）医师数（人）	注册护士数（人）
合　　计	**40772**	**17914**	**20818**
中 山 区	4910	2019	2508
西 岗 区	3603	1976	2705
沙河口区	7776	4379	5361
甘井子区	4761	2433	2813
旅顺口区	2063	873	860
金州新区	3640	1845	1745
普湾新区	3582	1137	1191
瓦房店市	7172	1885	2326
庄 河 市	3046	1239	1182
长 海 县	219	128	127

注：本表数据由市卫计委提供。

12-13 续表 1

地　　区	平均每千人口拥有		
	医院、社区、卫生院床位数（张）	执业（助理）医师数（人）	注册护士数（人）
合　　计	**6.88**	**3.02**	**3.51**
中 山 区	13.62	5.60	6.96
西 岗 区	12.13	6.65	9.10
沙河口区	11.87	6.68	8.18
甘井子区	5.82	2.97	3.44
旅顺口区	9.30	3.94	3.88
金州新区	5.40	2.74	2.59
普湾新区	3.87	1.23	1.29
瓦房店市	7.17	1.88	2.32
庄 河 市	3.37	1.37	1.31
长 海 县	3.02	1.76	1.75

注：本表数据由市卫计委提供。

12-14 计划生育节育情况

地　　区	已婚育龄妇女（人）	政策内出生人口（人）	符合政策生育率（%）
合　　计	**965669**	**63401**	**98.99**
中 山 区	55009	4201	99.29
西 岗 区	41587	3248	98.93
沙河口区	102179	8559	98.28
甘井子区	129090	10283	99.89
旅顺口区	33137	1937	99.59
金州新区	110257	7620	96.46
普湾新区	151091	7586	99.74
保 税 区	11642	861	92.78
高新园区	14723	1652	99.94
长 兴 岛	10322	762	99.87
花 园 口	11484	814	97.37
瓦房店市	150188	8687	99.77
庄 河 市	132944	6664	99.98
长 海 县	12016	527	99.62

注：1. 2013 统计年为 2013.10.1--2014.9.30。
2. 本表数据由市卫计委提供。

12-14 续表 1

地　　区	独生子女领证数（人）	已婚有偶育龄妇女对数（人）	采取节育措施人数（人）	节育率（%）
合　　计	**172685**	**906872**	**686822**	**71.12**
中山区	12231	49271	35521	64.57
西岗区	10500	38658	26338	63.33
沙河口区	25022	92632	66810	65.39
甘井子区	33153	120371	87400	67.7
旅顺口区	6761	31018	24338	73.45
金州新区	25470	103239	83372	75.62
普湾新区	21714	142757	114824	76
高新园区	3073	10860	8804	75.62
保税区	5228	13987	10824	73.52
长兴岛	1115	9807	8005	77.55
花园口	1594	11033	9127	79.48
瓦房店市	14312	144348	108172	72.02
庄河市	10372	127982	93534	70.36
长海县	2140	10909	9753	81.17

注：1. 2013 统计年为 2013.10.1--2014.9.30。
2. 本表数据由市卫计委提供。

12-15 老龄事业情况

指标名称	老龄人口情况（人）					老年法律援助/救助案件（件）	老龄系统接待来信来访（次）	老年服务设施		老年社会组织（个）		老年教育	
	合 计	60-64岁	65-79岁	80-99岁	100岁以上			活动站/中心/室（个）	老年医疗护理机构床位（床）	老年人协会	其他老年社团组织	各类老年学校（所）	在校人数（人）
合　计	**1224469**	**413872**	**627110**	**183139**	**348**	**280**	**1409**	**712**	**1628**	**1256**	**381**	**16**	**5984**
大连市本级	684971	242688	346616	95479	188	102	944	489	1408	631	380	13	5142
中 山 区	86418	19850	50440	16102	26	50	732	59	70	60	120	4	2132
西 岗 区	119577	64280	40908	14369	20	10	105	57	70	52	161		
沙河口区	142592	46521	77125	18900	46	12	58	80	100	81		2	600
甘井子区	132033	44320	68230	19451	32	8		90	160	152		2	623
旅顺口区	54266	14022	33222	7002	20	5		92	596	81			
金州新区	111676	31495	64882	15265	34	14	13	94	356	200	82	4	1305
保 税 区	22525	10650	9224	2645	6	1							
高新园区	15884	11550	2585	1745	4	2	36	17	56	5	17	1	482
县（县级市）	539498	171184	280494	87660	160	178	465	223	220	625	1	3	842
瓦房店市	183195	78590	73254	31301	50	40	377	36	70	318		1	282
长 兴 岛	13208	4057	6899	2250	2	1		2					
普湾新区	145198	51021	74250	19870	57	110	28	107	80	252	1	1	273
花 园 口	10003	5228	3942	831	2	1	60						
庄 河 市	174832	28390	115147	31250	45	25		46	70	25		1	287
长 海 县	13062	3898	7002	2158	4	1		32		30			

注：本表数据由市民政局提供。

12-16 残联工作情况

指　　标	单　　位	数值
一、康复情况		
白内障复明手术	例	339
低视力配用助视器	人	217
盲人定向行走训练	人	160
肢体残疾康复训练数	人	3543
辅助器具供应件数	件	5095
矫形器装配总例数	例	151
普及型假肢装配总例数	例	180
二、教育情况		
特教学校	所	11
特教学校、特教班就读的学生	人	1355
学龄残疾儿童少年	人	675
#盲儿童少年	人	43
聋儿童少年	人	102
弱智儿童少年	人	122
达到普通高等院校录取分数线人数	人	38
职业培训机构	个	11
职业技术年培训	人次	7453
城镇	人次	4587
农村	人次	2596
未入学学龄残疾儿童少年总数	人	378
本年度资助残疾儿童少年入学人数	人	675
三、就业情况		
就业人数	人	53039
农村残疾人就业人数	人	52700

12-16 续表 1

指　　标	单　　位	数值
未就业人数	人	690
残疾人就业保障金		
本年度收取金额	万元	29762.9
本年度支出金额	万元	19278.5
本年度培训支出	万元	877.5
四、社会保障		
参加社会保险人数	人	40707
五、机构建设		
盲人协会	个	12
聋人协会	个	12
肢残人协会	个	13
智力残疾人及亲友协会	个	12
精神残疾人及亲友协会	个	12
按摩机构	个	103
六、宣传、文化体育及维权		
报刊专栏	个	3
广播专题发稿量	个	110
电视专栏	个	1
盲人有声读物阅览室	个	15
残疾人文化艺术类比赛及展览	个	6
体育活动场所	个	4
残疾人体育基地	个	1
参赛残疾人运动员	人次	2000
制定残疾人权益保障政策文件	个	9
政协视察或专题调研	次	1
普法宣传教育活动	次	5

注：本表数据由市残联提供。

12-17 结婚及离婚登记情况

地区	内地居民登记结婚对数（对）	再婚人数（人）	#内地居民恢复结婚对数（对）	内地居民准予登记离婚对数（对）
合计	**62729**	**12444**	**1191**	**18912**
中山区	4624	896	81	1494
西岗区	3882	1049	110	1172
沙河口区	8593	1623	221	2917
甘井子区	9139	1772	101	3351
旅顺口区	2419	394	105	605
金州新区	8258	1446	138	2373
普湾新区	8278	1529	59	1859
瓦房店市	9285	2154	169	2600
庄河市	7703	1534	188	2399
长海县	548	47	19	142

注：本表数据由市民政局提供。

12-18 工会基本情况

指标	单位	数值
工会组织建设情况		
基层工会数	个	19904
工会会员	人	1979781
专职工会工作人员	人	1716
兼职工会工作人员	人	63686
建立工会劳动法律监督组织的单位数	个	6187
工会劳动法律监督员人数	人	14804
本年度工会劳动法律监督组织受理的违法、违规案件数	件	147
建立工会经费审查组织的基层工会数	个	17259

注：本表数据由市总工会提供。

12-19 市区环境质量情况

指　　标		数值
自然降尘年均值	（吨 / 平方公里 . 月）	7.4
中心城区二氧化硫年均值	（毫克 / 立方米）	0.034
中心城区二氧化氮年均值	（毫克 / 立方米）	0.044
中心城区一氧化碳年均值	（毫克 / 立方米）	0.9
中心城区可吸入颗粒物年均浓度	（毫克 / 立方米）	0.09
交通干线噪声均值	（分贝）	67.7
功能区环境噪声均值（昼间）	（分贝）	53.6
功能区环境噪声均值（夜间）	（分贝）	43.9

注：本表数据由市环保局提供。

12-20 工业废水、废气、固体废物等排放情况

指　　标		数值
工业废水排放量	（万吨）	40150.30
化学需氧量	（吨）	19152.11
氨氮	（吨）	2291.12
石油类	（吨）	238.81
挥发酚	（吨）	113.69
氰化物	（吨）	0.05
工业废气排放量	（亿标立方米）	4686.78
二氧化硫	（吨）	110761.25
烟（粉）尘	（吨）	89471.31
工业固体废物产生量	（万吨）	547.7
# 危险废物	（吨）	131901.78

注：本表数据由市环保局提供。

12-21 工业废气、固体废物等污染防治情况

指　　标		数值
化学需氧量去除量	（吨）	60786.89
氨氮去除量	（吨）	27486.54
石油类去除量	（吨）	1370.78
挥发酚去除量	（吨）	110.16
氰化物去除量	（吨）	7.04
废气		
二氧化硫去除量	（吨）	149686.05
氮氧化物去除量	（吨）	20731.92
烟（粉）尘去除量	（吨）	3735417.39
固体废物综合利用量	（万吨）	458.23
固体废物处置量	（万吨）	89.5

注：本表数据由市环保局提供。

12-22 海区海洋环境质量状况

单位：平方公里

指　　标	当年	上年
较清洁海域	28657	25240
轻度污染海域	121	2735
中度污染海域	33	382
严重污染海域	189	643

注：此表数据由大连海洋渔业局提供。

12-23 森林面积情况

单位：公顷

项　　目	数　　值	项　　目	数　　值
森林面积	465084.4	当年营造林面积	41053
#公益林	282029	#当年造林面积	40200
商品林	222614.8	本年新封山育林面积	853

注：本表数据由市林业局提供。

12-24 法院审结案件情况

单位：件

指　　标	数值	指　　标	数值
受理各类案件	91328	#刑事	6148
#刑事	6165	民商事	48405
民商事	53858	执行	31121
审结各类案件	81608	执结	26874
#中级法院	7366		

注：本表数据由市法院提供。

12-25 律师办理各类法律事务情况

单位：件

指　　标	数值	指　　标	数值
担任法律顾问（家）	2352	非诉讼法律事务	4827
刑事诉讼辩护及代理	3655	解答法律咨询（万人次）	18779
民事案件诉讼代理	13139	代写法律事务文书	2096
行政案件诉讼代理	296		

注：本表数据由市司法局提供。

12-26 公 证 工 作 情 况

单位：件

指　　标	数值	指　　标	数值
公证机构（个）	11	民事公证	77365
办理公证文件	137697	涉外公证	35208
国内公证	102849	# 涉港、澳、台公证	703
经济公证	25484		

注：本表数据由市司法局提供。

12-27 审 计 工 作 情 况

指　　标		数值
审计单位	（个）	318
审计调查单位	（个）	40
违规金额	（万元）	441788
应上交财政	（万元）	165924
已上交财政	（万元）	165796
移送司法、纪检监察机关处理案件	（件）	21
审计提出建议	（条）	950
提交审计专题、综合性报告和信息简报	（篇）	779
被批示采用的审计专题、综合性报告和信息简报	（篇）	572

注：本表数据由市审计局提供。

12-28 各类技术合同情况

单位：项、亿元

合同类别	合同数	合同成交金额	
			# 技术交易额
合　计	**6659**	**67.1**	**60.7**
技术开发合同	5275	29.5	23.6
技术转让合同	568	18.1	17.5
技术咨询合同	409	1.6	1.6
技术服务合同	407	17.9	17.9

注：本表数据由市科技局提供。

12-29 国内专利申请受理情况

单位：件

地　区	当年累计	发明	实用新型	外观设计
大连市	10993	5329	4672	992

注：本表数据由市科技局提供。

12-30 专利授权情况

单位：件

地　区	当年累计	发明	实用新型	外观设计
大连市	5886	1363	3988	535

注：本表数据由市科技局提供。

12-31 科学技术普及情况

指　　标		数值
举办科普讲座	（次）	1618
听讲人数	（人次）	135048
举办科普展览	（次）	91
参观人数	（人次）	150600
科普活动站（室）	（个）	1014
科普教育基地	（个）	11
标准科普画廊	（个）	7937
本年展览总长度	（米）	16210

注：本表数据由市科协提供。

12-32 科协青少年科技教育情况

指　　标		数值
举办青少年科普宣讲活动和展览	（次）	173
听讲和参观人数	（人次）	26500
举办青少年科技竞赛	（次）	63
参加人数	（人次）	39280
举办青少年科技夏冬令营	（次）	2
参加人数	（人次）	155
举办青少年科技教育培训	（次）	16
参加人数	（人次）	1880

注：本表数据由市科协提供。

 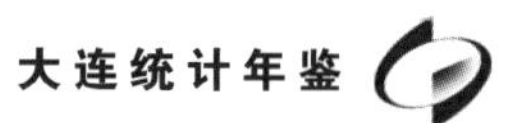

12-33 城镇房屋情况

单位：万平方米

指　标	数值
一、房屋状况	
年末实有房屋建筑面积	27679.44
#住宅	16524.17
#私有住宅	13439.52
年末成套住宅套数（套）	1970624
年末成套住宅建筑面积	16495.11
本年房屋减少面积	94.13
#住宅	12.53

注：本表数据由市国土资源和房屋局提供。

12-34 质量技术监督情况

指　标	数值	指　标	数值
执法情况		获强制性产品生产认证企业（家）	37
质量技术监督违法行为（类）	239	制定农业标准规范（项）	39
质量技术监督违法行为处罚标准（项）	697	完成采标项目（项）	167
执法案件（起）	122	计量器具	
名牌战略情况		计量器具受检（万台（件））	32.6
荣获辽宁名牌（个）	4	#强制检定器具（万台（件））	18.9
荣获大连名牌（个）	1	特种设备	
专业技术认可情况		特种设备事故结案率（%）	100
获质量认证企业（家）	16	特种设备作业人员上岗率（%）	95

注：本表数据由市质监局提供。

12-35 共青团组织情况

单位：人

指　　标	数值	指　　标	数值
14 周岁至 35 周岁青年数	1078894	# 女团员	7368
# 14 周岁至 28 周岁青年数	532497	团组织数（个）	
现有团员	428824	基层团委数	2648
# 女团员	240290	团总支数	1041
# 少数民族团员	59892	团支部数	14290
团员入党情况		基层团工委数	82
“推优”数	90738	专职团干部配备数	4713
团员入党数	8151	少先队基层组织个数	565
发展新团员数	17867	少先队员人数	443509

注：本表数据由团市委提供。

12-36 妇联工作情况

单位：人

指　　标	数值	指　　标	数值
科技培训		五好文明家庭户数（个）	10000
接受技术培训人数	85570	活动中心情况	
下岗失业妇女再就业		妇女儿童中心（个）	2
培训下岗失业妇女人数	14292	实施春蕾计划	
从事家政服务人数	17991	社会捐资总额（万元）	100
实现再就业妇女人数	18291	维权服务机构（个）	1700
妇联报刊发生情况		维权服务机构帮助的妇女人数	5702
全国公开发行报纸种类（种）	1	普法工作	
期发行量（万份）	4	妇联干部普法培训人数	
三八红旗手	225	妇女法制宣传教育普及妇女人数	136576
三八红旗集体（个）	98		

注：本表数据由市妇联提供。

物价与居民收支

大连统计年鉴 2015

责任编辑

陈丽莉　姜　玲　肖　利

13-1 居民消费价格指数（1978-2014年）

上年 =100

年 份	居民消费价格总指数	消费品价格指数	食品类	衣着类	日用品类	文化娱乐用品类	药及医疗用品类	燃料类	服务项目价格指数
1978	100.8	100.6	100.7	99.6	100.1	100.2	100.4	100.0	103.0
1979	101.4	101.5	102.7	97.9	102.1	101.9	102.1	100.0	100.0
1980	105.2	105.6	106.6	101.0	102.3	100.2	102.8	102.4	100.4
1981	101.3	101.3	101.8	100.4	100.8	100.0	101.6	111.0	100.9
1982	101.7	101.8	102.5	98.6	99.5	99.8	102.1	100.0	100.5
1983	103.1	103.2	105.2	100.4	100.2	99.4	105.3	102.0	102.1

13-1 续表 1

上年 =100

年 份	居民消费价格总指数	消费品价格指数	食品类	衣着类	日用品类	文化娱乐用品类	书报杂志类	药及医疗用品类	建筑材料类	燃料类	服务项目价格指数
1984	106.8	107.3	110.6	100.8	100.7	100.8	110.9	106.2		100.0	101.9
1985	112.8	113.2	118.6	101.4	103.2	102.7	120.0	106.9		108.1	108.3
1986	108.4	108.3	109.4	107.1	104.9	101.1	126.7	100.9		113.5	109.8
1987	109.6	110.0	112.4	107.8	106.5	100.1	100.0	110.4		111.0	104.5
1988	118.8	120.0	124.1	115.2	113.2	114.8	120.2	126.2	109.1	104.4	105.5
1989	115.7	116.4	113.3	122.2	118.0	119.1	152.4	119.9	128.6	103.4	108.0
1990	103.6	101.9	103.8	106.4	97.8	92.4	109.9	103.4	102.6	117.7	124.9
1991	107.4	105.7	106.7	106.8	105.3	96.3	98.4	98.2	97.1	142.9	123.2
1992	111.4	109.8	112.1	109.0	102.6	94.6	100.1	109.3	97.6	174.7	125.9
1993	121.4	118.3	118.8	124.3	109.7	100.1	106.0	110.7	139.4	186.2	152.6

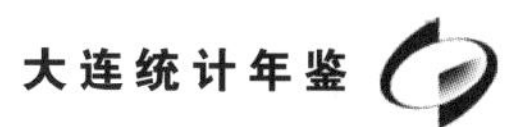

13-1 续表 2

上年 =100

年 份	居民消费价格总指数	消费品价格指数	食品类	衣着类	家庭设备及用品	医疗保健	交通和通讯工具	娱乐教育文化用品	居住	服务项目价格指数
1994	124.5	123.6	128.4	122.7	110.7	112.1	89.3	114.9	114.5	136.6
1995	115.7	115.5	118.6	116.8	107.3	108.6	93.6	104.5	107.3	118.5
1996	108.8	109.0	108.0	106.2	103.8	103.9	94.4	112.2	137.5	106.7
1997	103.7	102.0	101.0	102.8	102.7	102.3	99.0	101.7	106.9	120.9
1998	100.3	98.8	96.0	101.2	98.7	105.4	90.1	98.4	110.0	113.9
1999	99.5	96.9	96.0	92.8	96.9	103.4	93.8	93.5	105.9	118.5
2000	99.6	99.4	98.9	97.2	93.3	98.9	98.0	99.2	112.5	101.0

13-1 续表 3

上年 =100

年 份	居民消费价格总指数	服务项目价格指数	消费品价格指数	食品	烟酒及用品	衣着	家庭设备用品及维修服务	医疗保健和个人用品	交通和通讯	娱乐教育文化用品及服务	居住
2001	99.5	102.2	98.9	102.3	100.3	93.9	93.1	100.0	99.3	97.0	100.5
2002	98.0	98.6	97.7	98.8	100.5	93.7	95.7	98.6	99.9	95.5	99.4
2003	100.6	102.8	99.9	103.2	96.8	96.1	97.8	99.2	98.2	102.2	100.1
2004	102.6	103.4	102.4	106.9	102.0	100.4	99.5	96.6	97.9	102.1	103.1
2005	101.4	106.0	100.0	100.7	101.8	101.9	101.9	99.0	97.7	106.7	102.9
2006	101.4	102.3	101.0	102.5	100.2	100.8	101.5	100.5	98.2	96.1	108.0
2007	104.0	102.7	104.5	110.2	100.0	97.5	102.3	102.9	98.3	97.6	104.7
2008	104.4	101.6	105.7	110.6	102.6	97.1	107.1	104.6	97.7	97.6	103.0
2009	100.2	97.4	101.3	103.5	100.5	100.8	100.6	102.1	96.9	97.5	94.1
2010	102.7	101.9	103.0	107.4	100.7	92.9	101.0	102.2	99.9	99.8	104.3
2011	105.4	104.6	105.8	110.7	100.9	102.5	104.8	104.5	100.2	100.7	105.9
2012	103.4	103.2	103.4	105.3	103.5	100.6	106.2	103.6	101.1	102.2	102.4
2013	102.5	103.1	102.2	103.4	101.0	101.3	102.5	103.0	101.1	100.9	103.2
2014	102.0	102.0	102.0	102.5	100.6	103.9	101.1	101.3	100.7	102.4	101.4

13-2 原材料、燃料、动力

年　份	全部原材料	燃料、动力类	黑色金属材料类	有色金属材料和电线类
1995	114.7	119.1	98.7	126.1
1996	105.6	108.3	101.0	93.1
1997	102.7	110.6	99.6	93.7
1998	91.7	92.2	95.7	94.9
1999	99.4	109.5	95.2	95.5
2000	109.7	124.5	101.7	106.1
2001	100.1	99.1	100.3	99.4
2002	98.2	98.8	98.0	96.3
2003	108.4	112.1	112.1	103.8
2004	116.7	113.1	127.9	120.9
2005	116.0	123.3	110.6	114.0
2006	108.3	117.2	98.1	137.1
2007	105.4	102.3	109.8	112.8
2008	117.69	123.82	119.86	94.74
2009	90.51	93.14	83.04	80.27
2010	113.03	120.12	104.22	124.05
2011	110.38	118.10	109.33	106.48
2012	98.33	104.42	92.80	92.95
2013	97.73	98.54	92.97	95.15
2014	97.64	96.93	96.17	97.89

购进价格指数 (1995−2014年)

上年=100

化工原料类	木材及纸浆类	建筑材料及非金属矿类	其它工业原材料及半成品类	农副产品类	纺织原料类
120.0		98.8	96.8	148.1	134.1
97.1		97.4	102.9	115.0	81.0
98.2	76.4	99.9	95.8	90.7	93.7
88.7	102.3	92.8	90.8	85.3	89.0
100.2	90.5	95.2	91.4	83.7	99.0
110.6	101.2	102.1	100.4	96.9	100.6
101.0	101.4	99.7	99.9	104.1	96.9
97.3	103.5	97.4	95.7	100.2	98.7
104.9	98.8	100.5	101.9	109.5	103.2
117.0	105.3	116.5	111.3	118.0	105.8
118.1	103.3	134.5	105.9	102.8	103.4
102.6	102.8	85.2	106.4	101.8	103.6
106.3	101.7	94.6	105.7	113.8	99.5
126.20	110.13	107.01	107.39	124.62	101.27
83.03	98.71	97.50	95.35	93.38	99.45
114.92	109.97	106.41	110.63	109.67	104.59
110.51	107.82	110.17	102.27	113.17	133.96
98.61	100.26	101.11	94.81	101.94	101.17
96.15	98.64	86.70	99.82	99.01	96.55
97.70	101.47	103.75	97.78	96.43	100.04

13-3 工业品

年份	全部工业品	按轻重工业分					
		轻工业	以农产品为原料	以非农产品为原材料	重工业	采掘	原料
1995	112.0	123.6	127.1	114.8	108.4	99.1	108.8
1996	103.8	102.8	102.7	103.2	104.0	100.8	105.3
1997	103.4	94.9	95.2	94.2	105.0	100.9	105.1
1998	95.3	95.5	92.9	100.0	95.2		94.0
1999	98.9	97.9	95.5	103.3	99.4	96.4	99.8
2000	104.9	97.0	96.1	90.9	108.3	95.6	117.6
2001	98.8	97.0	97.8	94.8	99.4	97.8	100.0
2002	97.9	98.1	99.1	95.8	97.7	95.9	99.8
2003	102.7	100.1	104.7	97.1	104.4	96.4	111.9
2004	104.6	103.1	107.1	100.4	105.7	125.9	108.8
2005	104.2	99.2	96.6	100.9	107.8	190.8	115.8
2006	102.7	98.7	99.5	98.2	105.9	90.6	114.9
2007	103.3	103.3	109.2	99.4	103.3	94.2	105.5
2008	108.01	106.55	114.04	101.53	109.12	111.63	116.29
2009	99.93	99.64	96.71	101.73	100.13	91.24	96.20
2010	103.56	101.58	105.09	99.09	104.78	121.72	119.46
2011	107.70	107.59	110.43	99.68	107.74	119.73	115.67
2012	99.99	99.88	99.86	99.91	100.02	110.31	100.18
2013	97.96	99.92	98.16	104.89	97.40	101.38	96.32
2014	97.64	98.37	97.70	100.22	97.42	97.68	95.87

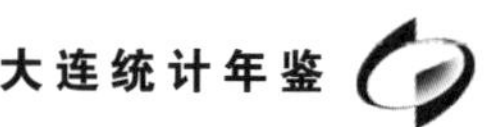

出厂价格指数（1995-2014年）

上年=100

加工	按用途划分								
	生产资料	采掘	原料	加工	生活资料	食品	衣着	一般日用品	耐用消费品
97.9	109.7	99.1	109.4	110.2	109.6	122.3	121.4	114.5	101.7
101.7	104.0	100.8	105.3	101.7	103.0	103.9	96.4	111.9	103.8
103.2	104.6	100.9	105.1	102.9	95.2	96.2	95.6	90.0	92.6
101.8	95.2		94.0	101.5	95.7	96.7	92.3	89.7	98.5
99.0	99.3	96.4	99.7	98.8	97.9	98.4	92.0	98.1	98.6
101.2	108.2	95.6	117.0	101.4	94.9	93.0	98.5	97.5	91.5
99.3	99.2	97.8	92.1	99.1	97.1	97.5	97.9	99.7	94.2
97.0	97.5	95.9	99.7	96.8	98.6	100.8	97.8	98.4	95.2
100.0	103.1	96.4	111.4	99.6	101.1	106.1	96.6	95.8	95.1
103.7	105.5	125.9	108.6	104.1	101.8	104.8	102.9	102.2	92.1
102.3	106.5	190.8	115.2	102.2	97.3	94.5	101.4	101.0	98.8
99.5	103.7	90.6	114.8	98.9	99.4	98.7	98.9	103.4	97.9
101.9	102.5	94.2	105.5	101.3	106.1	113.5	100.6	101.1	98.8
104.51	107.61	111.63	115.84	104.23	109.44	115.87	104.16	106.97	100.80
103.24	100.32	91.24	96.03	102.37	98.57	93.88	100.13	103.68	102.51
96.55	104.22	121.72	119.35	98.25	100.99	105.11	100.83	98.45	94.95
104.26	107.90	119.73	115.91	104.54	106.96	111.25	107.48	99.94	100.78
99.91	100.08	100.31	100.39	99.91	99.64	99.40	99.26	96.41	102.16
97.84	97.41	101.38	96.34	97.83	100.03	96.80	101.57	99.33	106.32
98.09	97.39	97.68	95.81	98.04	98.55	96.90	98.95	98.97	101.58

13-3 续表 1

年　份	按　工　业					
	冶金工业	电力工业	煤炭及炼焦工　业	石油工业	化学工业	机械工业
1995	92.1	101.8	100.4	117.1	121.9	106.9
1996	92.8	109.3	161.0	94.7	101.3	101.6
1997	99.3	112.3	115.1	107.9	94.2	104.6
1998	95.3	105.0	100.2	98.9	94.3	103.6
1999	94.3	99.0	100.6	104.6	95.6	99.4
2000	101.5	92.2	104.0	143.9	106.8	98.9
2001	97.2	100.1	102.0	101.9	99.7	98.3
2002	98.1	100.3	104.2	97.4	97.0	96.8
2003	102.8	100.9	116.6	120.1	99.1	98.7
2004	117.0	101.5	111.6	111.1	104.5	101.0
2005	107.9	102.9	101.0	120.8	108.4	100.7
2006	102.6	103.9	99.5	122.4	98.7	98.3
2007	106.8	105.5	99.6	104.5	103.9	100.5
2008	109.82	101.23	103.88	118.06	113.40	103.03
2009	94.53	104.31	148.22	93.71	91.18	104.21
2010	107.23	103.96	100.00	124.57	102.05	96.12
2011	110.50	104.25	100.00	117.67	110.36	102.92
2012	94.27	104.95	100.00	103.54	93.71	100.14
2013	95.23	99.60	100.00	97.95	94.30	98.87
2014	97.85	99.30	100.00	95.77	99.42	97.69

上年=100

部门划分								
建筑材料工业	森林工业	食品工业	纺织工业	缝纫工业	皮革工业	造纸工业	文教艺术用品工业	其它工业
98.0	115.1	122.3	127.8	113.6		134.9	109.1	134.1
96.1		103.9	97.1	102.6		97.1	98.7	133.9
94.3		87.0	94.1	102.1	91.8	99.0	99.6	97.2
91.2		94.2	89.7	96.9	104.8	98.9	92.7	119.3
99.4	96.0	94.8	96.0	96.4	91.2	97.9	88.0	120.1
109.6	99.3	94.1	106.8	99.3	96.4	98.3	100.4	101.3
99.3	96.0	97.7	95.0	99.0	97.9	97.9	101.1	105.4
95.7	97.5	100.0	93.9	99.9	94.3	98.6	98.7	113.0
99.0	104.0	107.2	87.2	96.5	98.4	103.4	100.8	99.7
105.8	102.1	108.8	106.4	104.1	95.3	101.8	102.1	103.2
102.5	100.0	94.9	104.5	101.5	100.7	98.6	100.2	102.1
102.4	104.8	98.2	99.4	98.4	101.4	99.5	99.4	100.1
101.2	105.9	116.6	99.7	99.6	104.7	102.3	99.0	98.9
101.47	111.72	121.65	100.45	105.20	97.59	118.25	103.99	102.11
100.08	101.65	92.89	98.84	100.80	97.04	97.14	105.25	102.73
104.05	101.44	106.07	121.29	100.84	102.30	103.14	95.55	102.70
111.77	106.99	112.01	108.56	107.64	103.60	108.40	99.33	105.02
104.95	105.29	99.73	92.31	99.25	99.88	102.35	98.87	98.67
95.52	98.60	97.06	97.64	101.60	100.29	94.86	96.29	97.18
97.30	101.75	96.83	95.48	98.94	99.79	96.64	99.74	103.06

13-4 居民消费价格指数

上年＝100

商品类别	指数	商品类别	指数
居民消费价格总指数	102.0	5. 肉禽及其制品	98.8
非食品价格指数	101.7	(1) 食用畜肉及副产品	98.3
服务项目价格指数	102.0	猪　　肉	96.4
工业品价格指数	101.4	牛　　肉	103.9
扣除食品烟酒和能源价格指数	101.7	羊　　肉	104.4
扣除鲜菜鲜果总指数	102.0	畜肉副产品	91.9
消费品价格指数	102.0	其　　他	99.6
一、食品	102.5	(2) 禽	99.3
1. 粮食	107.5	鸡	100.7
大　　米	103.1	鸭	96.8
面　　粉	105.7	其　　他	97.1
粮食制品	106.2	(3) 加工肉禽	100.6
其　　他	127.5	畜肉制品	100.7
2. 淀粉及制品	102.8	禽 制 品	100.3
淀粉及制品	102.8	6. 蛋	111.6
3. 干豆类及豆制品	102.4	鲜　　蛋	112.0
干　　豆	108.0	蛋 制 品	106.6
豆 制 品	100.5	7. 水产品	97.7
4. 油脂	95.2	(1) 鱼	99.9
食用植物油	94.4	淡 水 鱼	103.2
植物油制品	95.5	海 水 鱼	98.5
其　　他	98.6	(2) 其他水产品	96.5

13-4 续表 1

上年＝100

商品类别	指数	商品类别	指数
虾蟹类	100.3	液体饮料	100.7
其　他	90.8	冷冻饮品	101.1
8. 菜	91.0	12. 干鲜瓜果	111.0
鲜　菜	90.0	鲜瓜果	114.6
干菜及菜制品	101.9	干（坚）果	97.9
薯　类	92.4	13. 糕点饼干面包	101.0
9. 调味品	103.5	糕　点	104.0
食用盐	100.0	饼　干	101.1
酱　油	102.7	面　包	98.6
食　醋	108.3	14. 液体乳及乳制品	116.9
味　精	99.5	巴氏杀菌乳或灭菌乳	121.1
其　他	106.3	酸牛乳	118.0
10. 糖	101.1	乳　粉	105.6
食　糖	99.5	其　他	112.5
糖　果	102.1	15. 在外用膳食品	104.6
巧克力制品	101.0	主　食	103.4
糖类小食品	100.6	炒　菜	105.1
11. 茶及饮料	103.9	地方小吃	108.1
(1) 茶叶	110.6	其　他	99.3
茶　叶	110.6	16. 其他食品	105.3
(2) 饮料	100.0	其他食品	105.3
固体饮料	97.1	二、烟酒	100.6

13-4 续表 2　　上年＝100

商品类别	指数	商品类别	指数
1. 烟草	100.0	其　他	109.5
高档卷烟	100.0	(2) 女式服装	107.0
中档卷烟	100.0	大　衣	105.6
其　他	100.0	毛线衣	110.0
2. 酒	101.3	羽绒衣	106.7
白　酒	99.4	套　装	111.7
葡萄酒	107.4	衬　衫	112.9
啤　酒	102.1	T 恤衫	103.8
其　他	101.0	裙　子	116.1
三、衣着	103.9	裤　子	105.2
1. 服　装	105.8	运动衫裤	113.0
(1) 男式服装	105.2	内　衣	91.6
大　衣	110.9	其　他	105.5
毛线衣	105.8	(3) 儿童服装	103.0
夹克衫	95.0	上　衣	106.7
衬　衫	113.2	裤　子	97.3
T 恤衫	92.4	裙　子	106.0
裤　子	108.7	其　他	105.5
西　服	103.6	2. 衣着材料	106.9
运动衫裤	111.6	棉　布	100.0
内　衣	104.6	化纤布	100.0
羽绒衣	108.7	毛　线	108.0

13-4 续表 3

上年＝100

商品类别	指数	商品类别	指数
其　他	100.0	椅	104.0
3. 鞋袜帽	99.1	沙　发	100.8
(1) 鞋	99.0	其　他	99.8
男　鞋	97.7	(2) 家庭设备	101.0
女　鞋	99.7	洗衣机	102.6
童　鞋	97.5	电风扇	105.0
(2) 袜子	100.6	电冰箱（柜）	101.4
男　袜	100.8	吸排油烟机	102.7
女　袜	100.5	空调器	100.0
(3) 帽子	96.5	热水器	103.4
男　帽	97.4	微波炉	101.1
女　帽	96.2	其　他	96.3
4. 衣着加工服务费	110.6	2. 室内装饰品	106.2
缝　纫	116.6	纺织装饰品	109.3
清　洗	109.1	装饰灯具	102.7
其　他	111.5	其　他	100.4
四、家庭设备用品及维修服务	101.1	3. 床上用品	94.0
1. 耐用消费品	101.4	被　子	93.9
(1) 家　具	101.9	床上套件	95.1
柜	103.1	其　他	89.6
床	102.7	4. 家庭日用杂品	101.5
桌	102.6	茶　具	100.0

13-4 续表 4　　上年＝100

商品类别	指数	商品类别	指数
餐　　具	96.6	心血管系统用药	99.8
厨　　具	106.0	中枢神经系统用药	101.1
家用手工工具	100.0	消毒防腐及创伤外科用药	101.7
洗涤用品	99.9	泌尿系统用药	96.1
其　　他	100.2	维生素类	100.0
5. 家庭服务及加工维修服务	110.6	其　　他	104.0
家庭服务	110.2	(4) 保健器具及用品	100.7
加工维修服务	111.2	保健器具	100.0
五、医疗保健和个人用品	101.3	滋补保健用品	100.8
1. 医疗保健	101.1	(5) 医疗保健服务	100.7
(1) 医疗器具及用品	101.1	挂号诊疗费	100.7
医疗器具及用品	101.1	注 射 费	101.1
(2) 中药材及中成药	103.2	检 查 费	101.2
中 药 材	105.2	手 术 费	100.0
中 成 药	99.2	床 位 费	100.0
(3) 西药	100.3	理 疗 费	100.5
抗菌素（抗感染药）	99.0	化 验 费	100.6
消化系统用药	100.0	其　　他	100.0
呼吸系统用药	98.2	2. 个人用品及服务	101.5
解热镇痛药	100.0	(1) 化妆美容用品	100.8
抗肿瘤药	100.0	化妆美容器具	102.2
激素类药	100.4	美容化妆品	102.1

13-4 续表 5 上年＝100

商品类别	指数	商品类别	指数
护肤品	100.5	自行车	100.0
护发美容品	99.1	其他	100.0
(2) 清洁类化妆品	103.2	(2) 车用燃料及零配件	100.0
洗发用品	101.7	汽油	100.0
洗浴用品	105.4	柴油	96.0
其他	100.2	零配件	100.0
(3) 个人饰品	96.9	其他	100.0
首饰	91.9	(3) 车辆使用及维修费	100.5
皮件	101.5	保险费	100.0
手表	103.7	停车费	100.0
领带	100.0	车辆修理服务费	100.0
其他	100.0	其他	107.0
(4) 个人服务	103.3	(4) 市区公共交通费	101.6
美容	100.0	公共汽车票	100.0
理（烫）发	101.2	出租汽车	105.1
洗浴	108.2	其他	100.0
其他	100.0	(5) 城市间交通费	100.0
六、交通和通信	100.7	飞机票	100.2
1. 交通	100.3	火车票	99.9
(1) 交通工具	100.0	长途汽车	99.3
助动自行车	100.0	短途汽车	99.5
轿车	100.0	其他	100.0

13-4 续表 6　　　上年＝100

商品类别	指数	商品类别	指数
2. 通信	101.3	电　脑	99.0
(1) 通信工具	110.0	修理服务	98.6
固定电话机	98.4	其　他	94.5
移动电话机	112.3	2. 教育	103.6
其　他	100.0	(1) 教材及参考书	104.0
(2) 通信服务	100.5	工具书	100.0
移动通信费	100.0	教　材	105.5
市内电话费	100.0	参考书	104.3
长途电话费	100.0	教育软件	100.0
月租费	100.0	(2) 教育服务	103.6
上网费	101.9	学前教育	122.4
邮政邮寄	100.0	中等教育	107.6
其他邮寄	100.0	高等教育	100.0
其　他	100.0	专业技能培训	98.8
七、娱乐教育文化用品及服务	102.4	其　他	100.0
1. 文娱用耐用消费品及服务	96.4	3. 文化娱乐类	101.3
电视机	94.3	(1) 文化娱乐用品	99.3
激光视盘机	97.7	乐　器	95.4
摄像机	98.6	音像光盘和视盘	100.0
照相机	81.3	电子存储器	96.9
家用音响	108.5	儿童玩具	100.5
便携式音响	99.0	纸张本册	100.1

13-4 续表 7

上年＝100

商品类别	指数	商品类别	指数
文具	100.6	水泥	98.2
体育用品	100.0	涂料	100.0
其他	100.0	板材	102.4
(2) 书报杂志	100.7	玻璃	93.6
书籍	100.0	粘胶	98.6
报纸	100.0	厨卫设备	102.8
杂志	102.3	其他	105.1
(3) 文娱费	102.8	2. 住房租金	101.0
电影票	98.0	公房房租	100.0
景点门票	103.1	私房房租	101.9
有线电视	100.0	其他费用	100.0
健身活动	105.0	3. 自有住房	101.6
其他	120.9	住房估算租金	102.3
4. 旅游	104.0	物业管理费用	100.0
旅行社收费	103.2	维护修理费用	100.0
宾馆住宿	107.3	其他	100.0
其他住宿	107.2	4. 水、电、燃料	100.1
八、居住	101.4	水	100.0
1. 建房及装修材料	102.2	电	100.0
木材	101.4	液化石油气	103.0
木地板	105.3	管道燃气	100.0
砖	95.1	其他燃料	96.1

13-5 居民消费价格

项目名称	1月	2月	3月	4月
居民消费价格总指数	101.5	101.1	99.4	99.3
非食品价格指数	100.5	99.6	100.2	100.0
服务项目价格指数	101.3	99.0	99.9	100.6
工业品价格指数	99.8	100.2	100.5	99.5
扣除食品烟酒和能源价格指数	100.5	99.6	100.2	100.0
扣除鲜菜鲜果总指数	100.7	100.4	99.8	99.8
消费品价格指数	101.6	102.1	99.2	98.8
一、食品	103.4	103.9	98.0	98.1
#粮食	100.1	100.4	100.5	100.5
肉禽及其制品	98.9	97.9	95.7	98.2
蛋	99.0	94.0	102.4	103.8
水产品	107.5	109.2	95.6	96.9
鲜　菜	117.2	113.4	89.2	84.0
鲜瓜果	112.2	111.4	101.2	100.5
二、烟酒	99.0	100.2	100.5	100.0
三、衣着	99.1	101.1	101.4	97.2
四、家庭设备用品及维修服务	99.9	99.6	100.4	100.6
五、医疗保健和个人用品	100.1	100.8	100.2	100.3
六、交通和通信	103.2	97.3	100.2	101.4
七、娱乐教育文化用品及服务	101.9	98.9	98.7	99.7
八、居住	99.2	100.2	100.3	100.4

各月环比指数

上月＝100

5 月	6 月	7 月	8 月	9 月	10 月	11 月	12 月
100.4	99.0	100.1	100.1	99.9	100.0	100.2	101.1
99.9	100.1	100.5	100.0	100.4	100.3	99.9	100.1
100.2	100.3	101.6	99.5	101.0	100.0	99.6	99.7
99.7	99.9	99.5	100.5	99.9	100.5	100.1	100.4
99.9	100.1	100.5	100.0	100.5	100.3	99.9	100.1
100.6	100.0	100.4	100.0	99.8	99.8	99.9	100.4
100.5	98.4	99.4	100.3	99.4	100.0	100.5	101.8
101.3	96.9	99.4	100.1	98.9	99.4	100.8	103.3
101.8	101.5	100.2	100.2	101.2	100.1	100.0	100.3
106.6	100.7	99.8	103.1	100.2	99.1	99.4	100.0
118.7	89.1	105.4	113.2	102.2	93.9	99.7	93.3
103.3	100.9	100.4	92.4	87.5	95.4	99.9	109.2
86.4	82.3	98.5	103.8	102.1	105.0	107.8	132.6
105.2	81.7	91.5	99.2	103.5	102.0	104.2	100.0
99.6	100.3	100.1	100.3	99.7	100.3	100.7	100.0
98.6	99.8	98.4	101.8	100.2	102.3	100.9	101.4
100.1	99.9	100.1	100.0	100.1	99.9	100.2	100.4
100.1	100.0	100.0	100.2	100.0	100.1	100.0	100.0
100.7	99.2	101.6	99.2	98.5	99.7	98.6	99.0
100.2	100.7	102.5	99.3	103.7	98.7	98.9	99.9
99.8	100.6	100.0	100.0	100.2	100.7	100.6	100.1

13－6 居民消费价格

项目名称	1月	2月	3月	4月
居民消费价格总指数	101.9	101.6	102.3	102.6
非食品价格指数	102.1	101.9	101.8	102.2
服务项目价格指数	103.8	102.0	102.3	102.5
工业品价格指数	100.5	101.9	101.3	101.9
扣除食品烟酒和能源价格指数	102.1	102.0	101.8	102.2
扣除鲜菜鲜果总指数	101.9	101.8	101.9	102.4
消费品价格指数	101.0	101.4	102.3	102.6
一、食品	101.5	100.9	103.4	103.4
#粮食	104.9	104.7	105.2	106.1
肉禽及其制品	97.1	94.2	95.0	99.0
蛋	91.9	89.2	99.0	102.7
水产品	100.4	99.8	100.5	97.6
鲜　菜	89.9	85.7	99.4	90.5
鲜瓜果	119.6	119.6	121.5	124.6
二、烟酒	100.3	100.6	100.7	100.6
三、衣着	101.2	106.0	103.9	104.6
四、家庭设备用品及维修服务	101.0	100.7	100.9	101.4
五、医疗保健和个人用品	100.2	101.1	101.0	101.5
六、交通和通信	103.5	99.3	100.9	102.5
七、娱乐教育文化用品及服务	102.8	101.8	101.5	101.8
八、居住	102.9	102.8	102.3	101.7

各月同比指数

上年同期＝100

5 月	6 月	7 月	8 月	9 月	10 月	11 月	12 月
103.1	102.4	102.1	102.0	101.0	101.3	101.4	102.1
101.9	101.8	101.7	101.3	101.0	101.7	101.5	101.5
101.5	100.9	101.3	100.7	101.7	102.5	102.5	102.5
102.3	102.7	102.1	101.9	100.5	100.9	100.6	100.5
101.8	101.8	101.7	101.3	101.1	101.8	101.7	101.7
102.9	102.2	102.3	102.4	101.5	101.7	101.6	101.6
103.8	103.1	102.5	102.7	100.7	100.8	100.8	101.9
105.4	103.6	103.0	103.6	100.9	100.7	101.0	103.3
107.8	109.7	109.8	109.2	109.4	109.0	107.5	106.9
103.4	100.5	99.5	100.2	99.7	99.0	99.0	99.4
120.8	110.6	126.0	126.3	116.5	126.1	122.7	111.4
104.5	97.2	99.4	103.1	91.7	89.5	90.5	95.8
101.4	99.0	82.3	76.8	78.1	83.7	84.1	111.0
110.2	113.0	114.6	119.9	106.9	104.2	112.9	109.1
100.2	100.7	100.6	100.5	100.4	100.5	100.8	100.8
105.9	107.1	105.2	104.1	101.3	102.8	102.6	102.2
101.4	101.6	101.8	101.3	101.1	100.8	100.6	101.1
100.9	101.2	101.3	101.7	101.4	101.4	101.6	101.7
101.7	100.5	101.3	101.0	99.7	100.6	98.9	98.5
102.8	102.2	102.4	102.1	102.7	102.7	102.6	102.9
100.3	100.4	100.2	99.4	100.7	101.7	102.4	102.2

13-7 居民消费价格

项目名称	1月	2月	3月	4月
居民消费价格总指数	101.9	101.7	101.9	102.1
非食品价格指数	102.1	102.0	101.9	102.0
服务项目价格指数	103.8	102.9	102.7	102.7
工业品价格指数	100.5	101.2	101.2	101.4
扣除食品烟酒和能源价格指数	102.1	102.0	102.0	102.0
扣除鲜菜鲜果总指数	101.9	101.8	101.9	102.0
消费品价格指数	101.0	101.2	101.6	101.8
一、食品	101.5	101.2	101.9	102.3
#粮食	104.9	104.8	104.9	105.2
肉禽及其制品	97.1	95.6	95.4	96.3
蛋	91.9	90.5	93.2	95.4
水产品	100.4	100.1	100.2	99.6
鲜　菜	89.9	87.6	91.1	91.0
鲜瓜果	119.6	119.6	120.3	121.3
二、烟酒	100.3	100.4	100.5	100.5
三、衣着	101.2	103.5	103.7	103.9
四、家庭设备用品及维修服务	101.0	100.9	100.9	101.0
五、医疗保健和个人用品	100.2	100.7	100.8	101.0
六、交通和通信	103.5	101.4	101.2	101.5
七、娱乐教育文化用品及服务	102.8	102.3	102.0	102.0
八、居住	102.9	102.9	102.7	102.4

各月累计比指数

上年同期＝100

5 月	6 月	7 月	8 月	9 月	10 月	11 月	12 月
102.3	102.3	102.3	102.2	102.1	102.0	102.0	102.0
102.0	101.9	101.9	101.8	101.7	101.7	101.7	101.7
102.4	102.2	102.0	101.8	101.8	101.9	102.0	102.0
101.6	101.8	101.8	101.8	101.7	101.6	101.5	101.4
102.0	101.9	101.9	101.8	101.7	101.7	101.7	101.7
102.2	102.2	102.2	102.2	102.1	102.1	102.0	102.0
102.2	102.4	102.4	102.4	102.2	102.1	102.0	102.0
102.9	103.0	103.0	103.1	102.8	102.6	102.5	102.5
105.7	106.4	106.9	107.2	107.4	107.6	107.6	107.5
97.7	98.1	98.3	98.6	98.7	98.7	98.8	98.8
100.3	102.0	105.0	107.7	108.8	110.5	111.6	111.6
100.5	99.9	99.9	100.2	99.4	98.5	97.8	97.7
92.5	93.2	91.9	90.3	89.0	88.6	88.2	90.0
118.8	117.9	117.5	117.7	116.5	115.3	115.1	114.6
100.5	100.5	100.5	100.5	100.5	100.5	100.5	100.6
104.3	104.7	104.8	104.7	104.3	104.2	104.0	103.9
101.1	101.2	101.3	101.3	101.2	101.2	101.1	101.1
101.0	101.0	101.0	101.1	101.2	101.2	101.2	101.3
101.6	101.4	101.4	101.3	101.1	101.1	100.9	100.7
102.1	102.2	102.2	102.2	102.2	102.3	102.3	102.4
102.0	101.7	101.5	101.2	101.2	101.2	101.3	101.4

13-8 工业品出厂价格指数

上年＝100

类　别	指　数	类　别	指　数
全部工业品	97.64	按行业分	
#轻工业	98.37	有色金属矿采选业	96.20
以农产品为原料	97.70	非金属矿采选业	97.96
以非农产品为原料	100.22	农副食品加工业	96.21
重工业	97.42	食品制造业	102.04
采掘	97.68	饮料制造业	96.20
原料	95.87	纺织业	96.23
加工	98.09	纺织服装、鞋、帽制造业	99.11
#生产资料	97.39	皮革、毛皮、羽毛（绒）及其制品业	99.89
采掘	97.68	木材加工及木、竹、藤、棕、草制品业	98.83
原料	95.81	家具制造业	103.63
加工	98.04	造纸及纸制品业	96.64
生活资料	98.55	印刷业和记录媒介的复制	100.60
食品	96.90	文教体育用品制造业	100.16
衣着	98.95	石油加工、炼焦及核燃料加工业	95.77
一般日用品	98.97	化学原料及化学制品制造业	99.90
耐用消费品	101.58	医药制造业	99.23
按工业部门分		橡胶制品业	96.76
冶金工业	97.85	塑料制品业	99.08
电力工业	99.30	非金属矿物制品业	99.53
煤炭及炼焦工业	100.00	黑色金属冶炼及压延加工业	95.34
石油工业	95.77	有色金属冶炼及压延加工业	98.36
化学工业	99.42	金属制品业	101.16
机械工业	97.69	通用设备制造业	96.82
建筑材料工业	97.30	专用设备制造业	101.13
森林工业	101.75	交通运输设备制造业	96.68
食品工业	96.83	电气机械及器材制造业	98.27
纺织工业	95.48	通信设备、计算机及其他电子设备制造业	98.27
缝纫工业	98.94	仪器仪表及文化、办公用机械制造业	101.15
皮革工业	99.79	工艺品及其他制造业	96.23
造纸工业	96.64	电力、热力的生产和供应业	99.30
文教艺术用品工业	99.74	燃气生产和供应业	100.00
其他工业	103.06	水的生产和供应业	91.77

 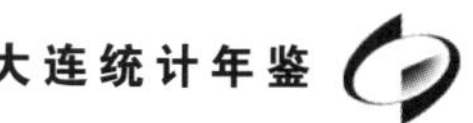

13-9 原材料、燃料、动力购进价格指数

上年＝100

类　　别	指　　数
全部原材料	97.64
一、燃料、动力类	96.93
二、黑色金属材料类	96.17
#钢材	96.90
其他	94.26
三、有色金属材料和电线类	97.89
四、化工原料类	97.70
五、木材及纸浆类	101.47
六、建筑材料及非金属矿类	103.75
七、其它工业原材料及半成品类	97.78
八、农副产品类	96.43
九、纺织原料类	100.04

注：工业品价格包括工业品第一次出售时的出厂价格和企业作为中间投入的原材料、燃料、动力购进价格。工业品价格调查采用重点调查、抽样调查和典型调查多种调查方法相结合的方式，是以代表产品的价格变动来反映全部产品的价格变化趋势。

13-10 城镇常住居民收支情况

单位：元／人

类　别	2013年	2014年
可支配收入	30903	33591
一、工资性收入	18763	20298
二、经营净收入	2592	2660
三、财产净收入	2535	2587
四、转移净收入	7012	8047
消费支出	23071	24782
一、食品烟酒	6501	6992
二、衣着	1922	2062
三、居住	5494	5936
四、生活用品及服务	1418	1523
五、交通通信	3184	3394
六、教育文化娱乐	2294	2447
七、医疗保健	1534	1664
八、其他用品和服务	724	764

13-11 农村常住居民收支情况

单位：元 / 人

类　别	2013年	2014年
可支配收入	12348	13547
一、工资性收入	4571	5098
二、经营净收入	6863	6979
三、财产净收入	152	209
四、转移净收入	762	1262
消费支出	8168	8830
一、食品烟酒	2561	2688
二、衣着	545	586
三、居住	1905	2033
四、生活用品及服务	364	385
五、交通通信	995	1140
六、教育文化娱乐	834	825
七、医疗保健	703	861
八、其他用品和服务	260	310
县（市）可支配收入		
长海县	22040	24002
瓦房店市	11887	13063
普兰店市	11632	12749
庄河市	11748	12951

主要统计指标解释

【可支配收入】指调查户在调查期内获得的、可用于最终消费支出和储蓄的总和，即调查户可以用来自由支配的收入。可支配收入既包括现金，也包括实物收入。按照收入的来源，可支配收入包含四项，分别为：工资性收入、经营净收入、财产净收入和转移净收入。计算公式为：

可支配收入 = 工资性收入 + 经营净收入 + 财产净收入 + 转移净收入

其中：经营净收入 = 经营收入 - 经营费用 - 生产性固定资产折旧 - 生产税

财产净收入 = 财产性收入 - 财产性支出

转移净收入 = 转移性收入 - 转移性支出

【消费支出】指住户用于满足家庭日常生活消费需要的全部支出，包括用于消费品的支出和用于服务性消费的支出。根据用途不同，消费支出可划分为食品烟酒、衣着、居住、生活用品及服务、交通通信、教育文化娱乐、医疗保健、其他用品及服务八大类。根据来源不同，消费支出可划分为现金消费支出、实物消费支出（含自产自用、来自单位、来自政府和其他社会组织）。

区市县主要经济指标

大连统计年鉴 2015

责任编辑

李雪芬　　刘　艳

刘衍生　　王洪建

李　倩

14-1 中山区社会经济发展主要指标

指　　标		2014年
一、人口与就业		
年末总人口	（万人）	36.14
年平均人口	（万人）	36.05
当年出生人口	（人）	3993
当年死亡人口	（人）	2777
年末总户数	（万户）	13.71
年末城镇非私营单位从业人员数	（万人）	15.51
#第二产业	（万人）	0.65
第三产业	（万人）	14.82
二、综合经济		
（一）地区生产总值（当年价格）	（万元）	6647224
第一产业增加值	（万元）	
第二产业增加值	（万元）	272916
第三产业增加值	（万元）	6374308
（二）财政		
公共财政收入	（万元）	250058
#各项税收	（万元）	243821
公共财政支出	（万元）	175000
#一般性公共服务支出	（万元）	19765
科学技术支出	（万元）	7606
教育支出	（万元）	39303
文化体育与传媒支出	（万元）	1756
医疗卫生支出	（万元）	10743
城乡社区事务支出	（万元）	38560
社会保障和就业支出	（万元）	45267
住房保障支出	（万元）	3441
三、工业（规模以上工业法人企业）		
工业企业数	（个）	7
工业总产值（现价）	（万元）	83019
#内资企业	（万元）	59956
港、澳、台商投资企业	（万元）	23063
外商投资企业	（万元）	
从业人员年平均人数	（万人）	0.13
流动资产	（万元）	86696
固定资产	（万元）	16088
主营业务收入	（万元）	85703
主营业务成本	（万元）	75831
本年应交增值税	（万元）	1081
利润总额	（万元）	1204
四、贸易、外经		
社会消费品零售总额	（万元）	5910653
限额以上批发零售贸易业商品销售总额	（万元）	11915544
限额以上批发零售企业数（法人数）	（个）	300
当年实际使用外资额	（万美元）	57000
五、固定资产投资		
固定资产投资（不含农户）	（万元）	2476267
#房地产开发投资	（万元）	2267264
#住宅	（万元）	2267264
商品房销售面积	（万平方米）	31.11
#住宅	（万平方米）	25.91
商品房销售额	（万元）	586906
#住宅	（万元）	465937
六、教育、卫生		
普通中学学校数	（所）	13
小学学校数	（所）	23
普通中学专任教师数	（人）	1303
小学专任教师数	（人）	1066
普通中学在校学生数	（万人）	1.10
小学在校学生数	（万人）	1.30
初中毕业生升学率	（%）	99.1
医院、卫生院数	（个）	16
医院、卫生院床位数	（张）	4910
医生数（执业医师+执业助理医师）	（人）	2019
注册护士	（人）	2508
七、人民生活与社会保障		
城镇非私营单位在岗职工平均人数	（万人）	13.77
城镇非私营单位在岗职工工资总额	（万元）	1113637
城镇居民人均可支配收入	（元）	37301
城镇居民最低生活保障人数	（人）	3488

14-2 西岗区社会经济发展主要指标

指标		2014年	指标		2014年
一、人口与就业			从业人员年平均人数	（万人）	1.44
年末总人口	（万人）	29.67	流动资产	（万元）	8383419
年平均人口	（万人）	29.71	固定资产	（万元）	1596285
当年出生人口	（人）	3298	主营业务收入	（万元）	2697029
当年死亡人口	（人）	2554	主营业务成本	（万元）	2505345
年末总户数	（万户）	11.51	本年应交增值税	（万元）	13637
年末城镇非私营单位从业人员数	（万人）	10.27	利润总额	（万元）	251975
#第二产业	（万人）	3.57	四、贸易、外经		
第三产业	（万人）	6.69	社会消费品零售总额	（万元）	2497873
二、综合经济			限额以上批发零售贸易业商品销售总额	（万元）	2291452
（一）地区生产总值（当年价格）	（万元）	3070849	限额以上批发零售企业数（法人数）	（个）	118
第一产业增加值	（万元）		当年实际使用外资额	（万美元）	35300
第二产业增加值	（万元）	895205	五、固定资产投资		
第三产业增加值	（万元）	2175644	固定资产投资（不含农户）	（万元）	439003
（二）财政			#房地产开发投资	（万元）	156840
公共财政收入	（万元）	145006	#住宅	（万元）	91833
#各项税收	（万元）	141036	商品房销售面积	（万平方米）	2.55
公共财政支出	（万元）	139624	#住宅	（万平方米）	2.46
#一般性公共服务支出	（万元）	25665	商品房销售额	（万元）	37046
科学技术支出	（万元）	1379	#住宅	（万元）	34431
教育支出	（万元）	22500	六、教育、卫生		
文化体育与传媒支出	（万元）	2192	普通中学学校数	（所）	11
医疗卫生支出	（万元）	10701	小学学校数	（所）	20
城乡社区事务支出	（万元）	25503	普通中学专任教师数	（人）	800
社会保障和就业支出	（万元）	33681	小学专任教师数	（人）	735
住房保障支出	（万元）	6042	普通中学在校学生数	（万人）	0.69
三、工业（规模以上工业法人企业）			小学在校学生数	（万人）	1.10
工业企业数	（个）	16	初中毕业生升学率	（%）	99.3
工业总产值（现价）	（万元）	2872685	医院、卫生院数	（个）	23
#内资企业	（万元）	2863723	医院、卫生院床位数	（张）	3603
港、澳、台商投资企业	（万元）		医生数（执业医师+执业助理医师）	（人）	1976
外商投资企业	（万元）	8962	注册护士	（人）	2705
			七、人民生活与社会保障		
			城镇非私营单位在岗职工平均人数	（万人）	9.8
			城镇非私营单位在岗职工工资总额	（万元）	654756
			城镇居民人均可支配收入	（元）	36284
			城镇居民最低生活保障人数	（人）	4297

14-3 沙河口区社会经济发展主要指标

指　　标		2014年	指　　标		2014年
一、人口与就业			从业人员年平均人数	（万人）	1.91
年末总人口	（万人）	65.40	流动资产	（万元）	1334759
年平均人口	（万人）	65.51	固定资产	（万元）	857692
当年出生人口	（人）	7775	主营业务收入	（万元）	2080626
当年死亡人口	（人）	4707	主营业务成本	（万元）	1828527
年末总户数	（万户）	24.11	本年应交增值税	（万元）	52259
年末城镇非私营单位从业人员数	（万人）	11.86	利润总额	（万元）	65653
#第二产业	（万人）	4.29	四、贸易、外经		
第三产业	（万人）	7.57	社会消费品零售总额	（万元）	4367429
二、综合经济			限额以上批发零售贸易业商品销售总额	（万元）	3625510
（一）地区生产总值（当年价格）	（万元）	3949142	限额以上批发零售企业数（法人数）	（个）	187
第一产业增加值	（万元）		当年实际使用外资额	（万美元）	35210
第二产业增加值	（万元）	1174824	五、固定资产投资		
第三产业增加值	（万元）	2774318	固定资产投资（不含农户）	（万元）	1928483
（二）财政			#房地产开发投资	（万元）	1313477
公共财政收入	（万元）	248369	#住宅	（万元）	732847
#各项税收	（万元）	203849	商品房销售面积	（万平方米）	38.00
公共财政支出	（万元）	232460	#住宅	（万平方米）	26.67
#一般性公共服务支出	（万元）	17933	商品房销售额	（万元）	622820
科学技术支出	（万元）	1704	#住宅	（万元）	438057
教育支出	（万元）	49038	六、教育、卫生		
文化体育与传媒支出	（万元）	986	普通中学学校数	（所）	20
医疗卫生支出	（万元）	10768	小学学校数	（所）	31
城乡社区事务支出	（万元）	16575	普通中学专任教师数	（人）	1267
社会保障和就业支出	（万元）	44627	小学专任教师数	（人）	1266
住房保障支出	（万元）	1431	普通中学在校学生数	（万人）	1.21
三、工业（规模以上工业法人企业）			小学在校学生数	（万人）	2.25
工业企业数	（个）	37	初中毕业生升学率	（%）	99.0
工业总产值（现价）	（万元）	1640362	医院、卫生院数	（个）	30
#内资企业	（万元）	1463254	医院、卫生院床位数	（张）	7776
港、澳、台商投资企业	（万元）		医生数（执业医师+执业助理医师）	（人）	4379
外商投资企业	（万元）	177108	注册护士	（人）	5361
			七、人民生活与社会保障		
			城镇非私营单位在岗职工平均人数	（万人）	11.2
			城镇非私营单位在岗职工工资总额	（万元）	754121
			城镇居民人均可支配收入	（元）	35855
			城镇居民最低生活保障人数	（人）	7300

14-4 甘井子区社会经济发展主要指标

指　　标		2014年	指　　标		2014年
一、基本情况			六、贸易、外经、旅游		
行政区域面积	（平方公里）	492	社会消费品零售总额	（万元）	4639753
乡个数	（个）		出口总额	（万美元）	449935
镇个数	（个）		当年实际使用外资金额	（万美元）	102600
街道办事处个数	（个）	14	星级饭店客房总数	（间）	1349
二、人口与就业			七、固定资产投资		
常住户数	（户）	453229	固定资产投资	（万元）	7895253
常住人口	（万人）	123	新增固定资产	（万元）	4414283
户籍人口	（万人）	74	房地产开发投资	（万元）	3544281
#农业户籍人口	（万人）		#住宅	（万元）	2766215
三、综合经济			八、教育、科技、文化、卫生		
（一）地区生产总值	（万元）	9635337	普通中学	（所）	22
第一产业增加值	（万元）	94290	小学数	（所）	69
第二产业增加值	（万元）	5586586	普通中学在校学生数	（人）	28846
第三产业增加值	（万元）	3954461	小学在校学生数	（人）	58206
（二）财政、金融			全年专利授权数	（件）	850
公共财政收入	（万元）	475311	公共图书馆图书总藏量	（千册）	592
各项税收	（万元）	2744995	剧场、影剧院个数	（个）	1
公共财政支出	（万元）	541779	体育场馆个数	（个）	3
#农林水事务支出	（万元）	6306	医疗卫生机构床位数	（床）	5266
科学技术支出	（万元）	8117	医疗卫生机构技术人员	（人）	6219
医疗卫生支出	（万元）	18713	#执业（助理）医师	（人）	2433
教育支出	（万元）	98713	九、居民收入		
年末金融机构各项存款余额	（万元）		城镇居民人均可支配收入	（元）	34046
#城乡居民储蓄存款余额	（万元）		十、社会保障		
年末金融机构各项贷款余额	（万元）		各种社会福利收养性单位数	（个）	65
四、工业及建筑业			各种社会福利收养性单位床位数	（床）	8000
规模以上工业企业单位数	（个）	272	城镇基本养老保险参保人数	（人）	
规模以上工业总产值	（万元）	3911061	城镇基本医疗保险参保人数	（人）	
建筑业企业单位数	（个）	276	城镇居民最低生活保障人数	（人）	7923
五、交通、通信与能源			农村居民最低生活保障人数	（人）	
公路里程	（公里）		十一、资源与环境		
民用汽车拥有量	（辆）		森林面积	（公顷）	23285
固定电话用户	（户）	150990	自然保护区面积	（公顷）	
移动电话用户	（户）	315214	污水处理厂数	（座）	
全社会用电量	（万千瓦时）	318727	垃圾处理站数	（个）	8

14-5 旅顺口区社会经济发展主要指标

指　　标		2014年	指　　标		2014年
一、基本情况			六、贸易、外经、旅游		
行政区域面积	（平方公里）	404.5	社会消费品零售总额	（万元）	690132
乡个数	（个）		出口总额	（万美元）	120001
镇个数（个）	（个）		当年实际使用外资金额	（万美元）	38550
街道办事处个数	（个）	10	星级饭店客房总数	（间）	282
二、人口与就业			七、固定资产投资		
常住户数	（户）	111628	固定资产投资	（万元）	4226611
常住人口	（万人）	30.57	新增固定资产	（万元）	2265691
户籍人口	（万人）	20.97	房地产开发投资	（万元）	1091435
#农业户籍人口	（万人）	4.27	#住宅	（万元）	958505
三、综合经济			八、教育、科技、文化、卫生		
（一）地区生产总值	（万元）	2840156	普通中学	（所）	14
第一产业增加值	（万元）	193615	小学数	（所）	28
第二产业增加值	（万元）	1684725	普通中学在校学生数	（人）	10596
第三产业增加值	（万元）	961816	小学在校学生数	（人）	13187
（二）财政、金融			全年专利授权数	（件）	61
公共财政收入	（万元）	355196	公共图书馆图书总藏量	（千册）	242
各项税收	（万元）	266323	剧场、影剧院个数	（个）	2
公共财政支出	（万元）	366859	体育场馆个数	（个）	2
#农林水事务支出	（万元）	12202	医疗卫生机构床位数	（床）	2010
科学技术支出	（万元）	5936	医疗卫生机构技术人员	（人）	1659
医疗卫生支出	（万元）	18217	#执业（助理）医师	（人）	532
教育支出	（万元）	36721	九、居民收入		
年末金融机构各项存款余额	（万元）	2936571	城镇居民人均可支配收入	（元）	32978
#城乡居民储蓄存款余额	（万元）	1934976	十、社会保障		
年末金融机构各项贷款余额	（万元）	1802382	各种社会福利收养性单位数	（个）	18
四、工业及建筑业			各种社会福利收养性单位床位数	（床）	2187
规模以上工业企业单位数	（个）	142	城镇基本养老保险参保人数	（人）	130677
规模以上工业总产值	（万元）	2197218	城镇基本医疗保险参保人数	（人）	174527
建筑业企业单位数	（个）	59	城镇居民最低生活保障人数	（人）	3918
五、交通、通信与能源			农村居民最低生活保障人数	（人）	
公路里程	（公里）	287.6	十一、资源与环境		
民用汽车拥有量	（辆）	39000	森林面积	（公顷）	14387
固定电话用户	（户）	504138	自然保护区面积	（公顷）	9072
移动电话用户	（户）	109694	污水处理厂数	（座）	3
全社会用电量	（万千瓦时）	110913	垃圾处理站数	（个）	

14-6 金州新区社会经济发展主要指标

指　　标		2014年
一、基本情况		
行政区域面积	（平方公里）	1043.6
乡个数	（个）	
镇个数	（个）	
街道办事处个数	（个）	20
二、人口与就业		
常住户数	（户）	240150
常住人口	（万人）	89
户籍人口	（万人）	60.8
#农业户籍人口	（万人）	18.5
三、综合经济		
（一）地区生产总值	（万元）	16611661
第一产业增加值	（万元）	502749
第二产业增加值	（万元）	10485372
第三产业增加值	（万元）	5623540
（二）财政、金融		
公共财政收入	（万元）	1034143
各项税收	（万元）	2323196
公共财政支出	（万元）	958466
#农林水事务支出	（万元）	35178
科学技术支出	（万元）	34990
医疗卫生支出	（万元）	54313
教育支出	（万元）	126239
年末金融机构各项存款余额	（万元）	15252172
#城乡居民储蓄存款余额	（万元）	7430925
年末金融机构各项贷款余额	（万元）	11422901
四、工业及建筑业		
规模以上工业企业单位数	（个）	556
规模以上工业总产值	（万元）	28889775
建筑业企业单位数	（个）	309
五、交通、通信与能源		
公路里程	（公里）	813.5
民用汽车拥有量	（辆）	242662
固定电话用户	（户）	377468
移动电话用户	（户）	1761127
全社会用电量	（万千瓦时）	793289

指　　标		2014年
六、贸易、外经、旅游		
社会消费品零售总额	（万元）	3798479
出口总额	（万美元）	1013034
当年实际使用外资金额	（万美元）	429000
星级饭店客房总数	（间）	2989
七、固定资产投资		
固定资产投资	（万元）	15435839
新增固定资产	（万元）	10617233
房地产开发投资	（万元）	2727415
#住宅	（万元）	1982828
八、教育、科技、文化、卫生		
普通中学	（所）	39
小学数	（所）	55
普通中学在校学生数	（人）	32582
小学在校学生数	（人）	52123
全年专利授权数	（件）	940
公共图书馆图书总藏量	（千册）	1419.78
剧场、影剧院个数	（个）	2
体育场馆个数	（个）	1
医疗卫生机构床位数	（床）	3280
医疗卫生机构技术人员	（人）	3997
#执业（助理）医师	（人）	1157
九、居民收入		
城镇居民人均可支配收入	（元）	35196
十、社会保障		
各种社会福利收养性单位数	（个）	18
各种社会福利收养性单位床位数	（床）	2221
城镇基本养老保险参保人数	（人）	305130
城镇基本医疗保险参保人数	（人）	800000
城镇居民最低生活保障人数	（人）	3701
农村居民最低生活保障人数	（人）	3281
十一、资源与环境		
森林面积	（公顷）	22599.6
自然保护区面积	（公顷）	
污水处理厂数	（座）	5
垃圾处理站数	（个）	1

14-7 普湾新区（普兰店市）社会经济发展主要指标

指　　标		2014年	指　　标		2014年
一、基本情况			**六、贸易、外经、旅游**		
行政区域面积	(平方公里)	3375.02	社会消费品零售总额	(万元)	1791352
乡个数	(个)	3	出口总额	(万美元)	150600
镇个数	(个)	5	当年实际使用外资金额	(万美元)	60535
街道办事处个数	(个)	15	星级饭店客房总数	(间)	48
二、人口与就业			**七、固定资产投资**		
常住户数	(户)	331968	固定资产投资	(万元)	7268017
常住人口	(万人)	94	新增固定资产	(万元)	5885405
户籍人口	(万人)	92.3	房地产开发投资	(万元)	412182
#农业户籍人口	(万人)	61.3	#住宅	(万元)	323532
三、综合经济			**八、教育、科技、文化、卫生**		
(一) 地区生产总值	(万元)	7123563	普通中学	(所)	36
第一产业增加值	(万元)	916613	小学数	(所)	89
第二产业增加值	(万元)	4258829	普通中学在校学生数	(人)	19551
第三产业增加值	(万元)	1948121	小学在校学生数	(人)	33236
(二) 财政、金融			全年专利授权数	(件)	19
公共财政收入	(万元)	433472	公共图书馆图书总藏量	(千册)	1630
各项税收	(万元)	303300	剧场、影剧院个数	(个)	2
公共财政支出	(万元)	517878	体育场馆个数	(个)	1
#农林水事务支出	(万元)	27610	医疗卫生机构床位数	(床)	3560
科学技术支出	(万元)	2326	医疗卫生机构技术人员	(人)	2972
医疗卫生支出	(万元)	20621	#执业（助理）医师	(人)	1142
教育支出	(万元)	89175	**九、居民收入**		
年末金融机构各项存款余额	(万元)	4221039	城镇居民人均可支配收入	(元)	
#城乡居民储蓄存款余额	(万元)	3185730	**十、社会保障**		
年末金融机构各项贷款余额	(万元)	2352861	各种社会福利收养性单位数	(个)	32
四、工业及建筑业			各种社会福利收养性单位床位数	(床)	4436
规模以上工业企业单位数	(个)	421	城镇基本养老保险参保人数	(人)	93000
规模以上工业总产值	(万元)	12894561	城镇基本医疗保险参保人数	(人)	257000
建筑业企业单位数	(个)	244	城镇居民最低生活保障人数	(人)	5622
五、交通、通信与能源			农村居民最低生活保障人数	(人)	20157
公路里程	(公里)	3631.3	**十一、资源与环境**		
民用汽车拥有量	(辆)	83757	森林面积	(公顷)	123700
固定电话用户	(户)	185593	自然保护区面积	(公顷)	
移动电话用户	(户)	557547	污水处理厂数	(座)	3
全社会用电量	(万千瓦时)	255195	垃圾处理站数	(个)	

14-8 瓦房店市社会经济发展主要指标

指标		2014年	指标		2014年
一、基本情况			六、贸易、外经、旅游		
行政区域面积	（平方公里）	3643	社会消费品零售总额	（万元）	1860463
乡个数	（个）	8	出口总额	（万美元）	64500
镇个数	（个）	13	当年实际使用外资金额	（万美元）	202421
街道办事处个数	（个）	9	星级饭店客房总数	（间）	673
二、人口与就业			七、固定资产投资		
常住户数	（户）	342684	固定资产投资	（万元）	10849284
常住人口	（万人）	98	新增固定资产	（万元）	4478639
户籍人口	（万人）	99	房地产开发投资	（万元）	418639
#农业户籍人口	（万人）	63	#住宅	（万元）	362929
三、综合经济			八、教育、科技、文化、卫生		
（一）地区生产总值	（万元）	10227642	普通中学	（所）	36
第一产业增加值	（万元）	902108	小学数	（所）	76
第二产业增加值	（万元）	6729380	普通中学在校学生数	（人）	25635
第三产业增加值	（万元）	2596154	小学在校学生数	（人）	40658
（二）财政、金融			全年专利授权数	（件）	172
公共财政收入	（万元）	728145	公共图书馆图书总藏量	（千册）	1640
各项税收	（万元）	505827	剧场、影剧院个数	（个）	3
公共财政支出	（万元）	806611	体育场馆个数	（个）	1
#农林水事务支出	（万元）	43558	医疗卫生机构床位数	（床）	7709
科学技术支出	（万元）	3519	医疗卫生机构技术人员	（人）	4645
医疗卫生支出	（万元）	35417	#执业（助理）医师	（人）	2602
教育支出	（万元）	108200	九、居民收入		
年末金融机构各项存款余额	（万元）	5709122	城镇居民人均可支配收入	（元）	
#城乡居民储蓄存款余额	（万元）	4278635	十、社会保障		
年末金融机构各项贷款余额	（万元）	4054978	各种社会福利收养性单位数	（个）	39
四、工业及建筑业			各种社会福利收养性单位床位数	（床）	5962
规模以上工业企业单位数	（个）	829	城镇基本养老保险参保人数	（人）	87000
规模以上工业总产值	（万元）	25465502	城镇基本医疗保险参保人数	（人）	280000
建筑业企业单位数	（个）	96	城镇居民最低生活保障人数	（人）	102563
五、交通、通信与能源			农村居民最低生活保障人数	（人）	176345
公路里程	（公里）	2855	十一、资源与环境		
民用汽车拥有量	（辆）	132995	森林面积	（公顷）	135441
固定电话用户	（户）	460000	自然保护区面积	（公顷）	
移动电话用户	（户）	860000	污水处理厂数	（座）	4
全社会用电量	（万千瓦时）	305597	垃圾处理站数	（个）	3

14-9 庄河市社会经济发展主要指标

指标		2014年	指标		2014年
一、基本情况			**六、贸易、外经、旅游**		
行政区域面积	（平方公里）	4114	社会消费品零售总额	（万元）	1718112
乡个数	（个）	6	出口总额	（万美元）	74809
镇个数	（个）	15	当年实际使用外资金额	（万美元）	67242
街道办事处个数	（个）	5	星级饭店客房总数	（间）	290
二、人口与就业			**七、固定资产投资**		
常住户数	（户）	284830	固定资产投资	（万元）	5466208
常住人口	（万人）	90.03	新增固定资产	（万元）	4058286
户籍人口	（万人）	90.37	房地产开发投资	（万元）	340396
#农业户籍人口	（万人）	66.7	#住宅	（万元）	284477
三、综合经济			**八、教育、科技、文化、卫生**		
（一）地区生产总值	（万元）	6683873	普通中学	（所）	34
第一产业增加值	（万元）	1216647	小学数	（所）	140
第二产业增加值	（万元）	3412284	普通中学在校学生数	（人）	30248
第三产业增加值	（万元）	2054942	小学在校学生数	（人）	30675
（二）财政、金融			全年专利授权数	（件）	89
公共财政收入	（万元）	418251	公共图书馆图书总藏量	（千册）	1200
各项税收	（万元）	418145	剧场、影剧院个数	（个）	24
公共财政支出	（万元）	583670	体育场馆个数	（个）	2
#农林水事务支出	（万元）	43901	医疗卫生机构床位数	（床）	2976
科学技术支出	（万元）	4996	医疗卫生机构技术人员	（人）	3871
医疗卫生支出	（万元）	41078	#执业（助理）医师	（人）	1631
教育支出	（万元）	83518	**九、居民收入**		
年末金融机构各项存款余额	（万元）	4170030	城镇居民人均可支配收入	（元）	24428
#城乡居民储蓄存款余额	（万元）	3257167	**十、社会保障**		
年末金融机构各项贷款余额	（万元）	2703074	各种社会福利收养性单位数	（个）	30
四、工业及建筑业			各种社会福利收养性单位床位数	（床）	5737
规模以上工业企业单位数	（个）	537	城镇基本养老保险参保人数	（人）	93048
规模以上工业总产值	（万元）	14269400	城镇基本医疗保险参保人数	（人）	221285
建筑业企业单位数	（个）	780	城镇居民最低生活保障人数	（人）	4297
五、交通、通信与能源			农村居民最低生活保障人数	（人）	21746
公路里程	（公里）	3342.7	**十一、资源与环境**		
民用汽车拥有量	（辆）	84827	森林面积	（公顷）	161727
固定电话用户	（户）	200922	自然保护区面积	（公顷）	3775
移动电话用户	（户）	570352	污水处理厂数	（座）	3
全社会用电量	（万千瓦时）	109928	垃圾处理站数	（个）	1

14-10 长海县社会经济发展主要指标

指标		2014年	指标		2014年
一、基本情况			六、贸易、外经、旅游		
行政区域面积	(平方公里)	142.04	社会消费品零售总额	(万元)	135491
乡个数	(个)	3	出口总额	(万美元)	826
镇个数	(个)	2	当年实际使用外资金额	(万美元)	11000
街道办事处个数	(个)		星级饭店客房总数	(间)	221
二、人口与就业			七、固定资产投资		
常住户数	(户)	28131	固定资产投资	(万元)	502047
常住人口	(万人)	8.84	新增固定资产	(万元)	481305
户籍人口	(万人)	7.24	房地产开发投资	(万元)	23750
#农业户籍人口	(万人)	0.3	#住宅	(万元)	16973
三、综合经济			八、教育、科技、文化、卫生		
(一)地区生产总值	(万元)	892955	普通中学	(所)	7
第一产业增加值	(万元)	504888	小学数	(所)	8
第二产业增加值	(万元)	72092	普通中学在校学生数	(人)	3129
第三产业增加值	(万元)	315975	小学在校学生数	(人)	3382
(二)财政、金融			全年专利授权数	(件)	10
公共财政收入	(万元)	48123	公共图书馆图书总藏量	(千册)	152.77
各项税收	(万元)	18373	剧场、影剧院个数	(个)	3
公共财政支出	(万元)	83216	体育场馆个数	(个)	2
#农林水事务支出	(万元)	5593	医疗卫生机构床位数	(床)	295
科学技术支出	(万元)	837	医疗卫生机构技术人员	(人)	291
医疗卫生支出	(万元)	5586	#执业(助理)医师	(人)	131
教育支出	(万元)	12525	九、居民收入		
年末金融机构各项存款余额	(万元)	441472	城镇居民人均可支配收入	(元)	29700
#城乡居民储蓄存款余额	(万元)	345383	十、社会保障		
年末金融机构各项贷款余额	(万元)	265100	各种社会福利收养性单位数	(个)	4
四、工业及建筑业			各种社会福利收养性单位床位数	(床)	432
规模以上工业企业单位数	(个)	5	城镇基本养老保险参保人数	(人)	14539
规模以上工业总产值	(万元)	68786	城镇基本医疗保险参保人数	(人)	49813
建筑业企业单位数	(个)	11	城镇居民最低生活保障人数	(人)	1571
五、交通、通信与能源			农村居民最低生活保障人数	(人)	
公路里程	(公里)	307.23	十一、资源与环境		
民用汽车拥有量	(辆)	4906	森林面积	(公顷)	6733
固定电话用户	(户)	22000	自然保护区面积	(公顷)	1720
移动电话用户	(户)	59700	污水处理厂数	(座)	26
全社会用电量	(万千瓦时)	12689	垃圾处理站数	(个)	2

附　录

责任编辑

李雪芬　　刘　艳

袁勇超　　周　荔

附录一

中华人民共和国2014年国民经济和社会发展统计公报[1]

中华人民共和国国家统计局

2015年2月26日

2014 年，面对复杂多变的国际环境和艰巨繁重的国内发展改革稳定任务，党中央、国务院团结带领全国各族人民，牢牢把握国内外发展大势，坚持稳中求进工作总基调，全力推进改革开放，着力创新宏观调控，奋力激发市场活力，努力培育创新动力，国民经济在新常态下平稳运行，结构调整出现积极变化，发展质量不断提高，民生事业持续改善，实现了经济社会持续稳定发展。

一、综合

年末全国大陆总人口为 136782 万人，比上年末增加 710 万人，其中城镇常住人口为 74916 万人，占总人口比重为 54.77%。全年出生人口 1687 万人，出生率为 12.37‰；死亡人口 977 万人，死亡率为 7.16‰；自然增长率为 5.21‰。全国人户分离的人口[2]为 2.98 亿人，其中流动人口[3]为 2.53 亿人。

表 1　2014 年年末人口数及其构成

单位：万人

指　　标	年末数	比重(%)
全国总人口	136782	100.0
其中：城镇	74916	54.77
乡村	61866	45.23
其中：男性	70079	51.2
女性	66703	48.8
其中：0-15 岁[4]（含不满 16 周岁）	23957	17.5
16-59 岁（含不满 60 周岁）	91583	67.0
60 周岁及以上	21242	15.5
其中：65 周岁及以上	13755	10.1

国民经济稳定增长。初步核算，全年国内生产总值[5]636463 亿元，比上年增长 7.4%。其中，第一产业增加值 58332 亿元，增长 4.1%；第二产业增加值 271392 亿元，增长 7.3%；第三产业增加值 306739 亿元，增长 8.1%。第一产业增加值占国内生产总值的比重为 9.2%，第二产业增加值比重为 42.6%，第三产业增加值比重为 48.2%。

就业继续增加。年末全国就业人员 77253 万人，其中城镇就业人员 39310 万人。全年城镇新增就业

注：本统计公报中原有图示均未予转载。

1322 万人。年末城镇登记失业率为 4.09%。全国农民工[6]总量为 27395 万人，比上年增长 1.9%。其中，外出农民工 16821 万人，增长 1.3%；本地农民工 10574 万人，增长 2.8%。

劳动生产率稳步提高。全年国家全员劳动生产率[7]为 72313 元 / 人，比上年提高 7.0%。

价格水平涨幅较低。全年居民消费价格比上年上涨 2.0%，其中食品价格上涨 3.1%。固定资产投资价格上涨 0.5%。工业生产者出厂价格下降 1.9%。工业生产者购进价格下降 2.2%。农产品生产者价格[8]下降 0.2%。

表 2　2014 年居民消费价格比上年涨跌幅度

单位：%

指　　标	全　国	城　市	农　村
居民消费价格	2.0	2.1	1.8
其中：食　品	3.1	3.3	2.6
烟酒及用品	-0.6	-0.7	-0.5
衣　着	2.4	2.4	2.4
家庭设备用品及维修服务	1.2	1.2	1.2
医疗保健和个人用品	1.3	1.2	1.5
交通和通信	-0.1	-0.2	0.0
娱乐教育文化用品及服务	1.9	1.9	1.7
居　住[9]	2.0	2.1	1.9

70 个大中城市新建商品住宅销售价格月同比上涨城市个数上半年各月均为 69 个，下半年月同比上涨城市个数逐月减少，12 月份为 2 个，月同比价格下降城市个数增加至 68 个。

财政收入稳定增长。全年全国一般公共财政收入 140350 亿元，比上年增加 11140 亿元，增长 8.6%，其中税收收入 119158 亿元，增加 8627 亿元，增长 7.8%。

外汇储备略有增加。年末国家外汇储备 38430 亿美元，比上年末增加 217 亿美元。全年人民币平均汇率为 1 美元兑 6.1428 元人民币，比上年升值 0.8%。

二、农业

全年粮食种植面积 11274 万公顷，比上年增加 78 万公顷。棉花种植面积 422 万公顷，减少 13 万公顷。油料种植面积 1408 万公顷，增加 6 万公顷。糖料种植面积 191 万公顷，减少 9 万公顷。

粮食再获丰收。全年粮食产量 60710 万吨，比上年增加 516 万吨，增产 0.9%。其中，夏粮产量 13660 万吨，增产 3.6%；早稻产量 3401 万吨，减产 0.4%；秋粮产量 43649 万吨，增产 0.1%。全年谷物产量 55727 万吨，比上年增产 0.8%。其中，稻谷产量 20643 万吨，增产 1.4%；小麦产量 12617 万吨，增产 3.5%；玉米产量 21567 万吨，减产 1.3%。

全年棉花产量 616 万吨，比上年减产 2.2%。油料产量 3517 万吨，与上年持平。糖料产量 13403 万吨，减产 2.5%。茶叶产量 209 万吨，增产 8.7%。

全年肉类总产量 8707 万吨，比上年增长 2.0%。其中，猪肉产量 5671 万吨，增长 3.2%；牛肉产量 689 万吨，增长 2.4%；羊肉产量 428 万吨，增长 4.9%；禽肉产量 1751 万吨，下降 2.7%。禽蛋产量 2894 万吨，增长 0.6%。牛奶产量 3725 万吨，增长 5.5%。年末生猪存栏 46583 万头，下降 1.7%；生猪出栏 73510 万头，增长 2.7%。

全年水产品产量 6450 万吨，比上年增长 4.5%。其中，养殖水产品产量 4762 万吨，增长 4.9%；捕捞水产品产量 1688 万吨，增长 3.5%。

全年木材产量 8178 万立方米，比上年下降 3.1%。

全年新增耕地灌溉面积 132 万公顷，新增节水灌溉面积 223 万公顷。

三、工业和建筑业

工业生产平稳增长。全年全部工业增加值 227991 亿元，比上年增长 7.0%。规模以上工业增加值增长 8.3%。在规模以上工业中，分经济类型看，国有及国有控股企业增长 4.9%；集体企业增长 1.7%，股份制企业增长 9.7%，外商及港澳台商投资企业增长 6.3%；私营企业增长 10.2%。分门类看，采矿业增长 4.5%，制造业增长 9.4%，电力、热力、燃气及水生产和供应业增长 3.2%。

全年规模以上工业中，农副食品加工业增加值比上年增长 7.7%，纺织业增长 6.7%，通用设备制造业增长 9.1%，专用设备制造业增长 6.9%，汽车制造业增长 11.8%，计算机、通信和其他电子设备制造业增长 12.2%，电气机械和器材制造业增长 9.4%。六大高耗能行业增加值比上年增长 7.5%。其中，非金属矿物制品业增长 9.3%，化学原料和化学制品制造业增长 10.3%，有色金属冶炼和压延加工业增长 12.4%，黑色金属冶炼和压延加工业增长 6.2%，电力、热力生产和供应业增长 2.2%，石油加工、炼焦和核燃料加工业增长 5.4%。高技术制造业[10]增加值比上年增长 12.3%，占规模以上工业增加值的比重为 10.6%。装备制造业[11]增加值增长 10.5%，占规模以上工业增加值的比重为 30.4%。

年末全国发电装机容量 136019 万千瓦，比上年末增长 8.7%。其中[15]，火电装机容量 91569 万千瓦，增长 5.9%；水电装机容量 30183 万千瓦，增长 7.9%；核电装机容量 1988 万千瓦，增长 36.1%；并网风电装机容量 9581 万千瓦，增长 25.6%；并网太阳能发电装机容量 2652 万千瓦，增长 67.0%。

全年规模以上工业企业实现利润 64715 亿元，比上年增长 3.3%，其中国有及国有控股企业 14007 亿元，下降 5.7%；集体企业 538 亿元，增长 0.4%，股份制企业 42963 亿元，增长 1.6%，外商及港澳台商投资企业 15972 亿元，增长 9.5%；私营企业 22323 亿元，增长 4.9%。

表3 2014年主要工业产品产量及其增长速度[12]

产品名称	单 位	产 量	比上年增长(%)
纱	万吨	3379.2	5.6
布	亿米	893.7	-0.4
化学纤维	万吨	4389.8	5.5
成品糖	万吨	1642.7	3.1
卷 烟	亿支	26098.5	1.9
彩色电视机	万台	14128.9	10.9
其中：液晶电视机	万台	13865.9	13.3
家用电冰箱	万台	8796.1	-5.0
房间空气调节器	万台	14463.3	10.7
一次能源生产总量	亿吨标准煤	36.0	0.5
原 煤	亿吨	38.7	-2.5
原 油	万吨	21142.9	0.7
天然气[13]	亿立方米	1301.6	7.7
发电量	亿千瓦小时	56495.8	4.0
其中：火电	亿千瓦小时	42337.3	-0.3
水电	亿千瓦小时	10643.4	15.7
核电	亿千瓦小时	1325.4	18.8
粗 钢	万吨	82269.8	1.2
钢 材[14]	万吨	112557.2	4.0
十种有色金属	万吨	4380.1	7.4
其中：精炼铜（电解铜）	万吨	764.4	15.0
原铝（电解铝）	万吨	2435.8	10.3
氧化铝	万吨	4777.3	7.3
水 泥	亿吨	24.8	2.3
硫 酸（折100%）	万吨	8846.3	8.5
纯 碱	万吨	2514.2	3.4
烧 碱（折100%）	万吨	3059.0	4.5
乙 烯	万吨	1696.7	6.1
化 肥（折100%）	万吨	6887.2	-2.0
发电机组（发电设备）	万千瓦	15053.0	6.0
汽 车	万辆	2372.5	7.3
其中：基本型乘用车（轿车）	万辆	1248.3	3.1
大中型拖拉机	万台	64.4	-3.3
集成电路	亿块	1015.5	12.4
程控交换机	万线	3123.1	15.7
移动通信手持机	万台	162719.8	6.8
微型计算机设备	万台	35079.6	-0.8

全年全社会建筑业增加值44725亿元，比上年增长8.9%。全国具有资质等级的总承包和专业承包建筑业企业实现利润6913亿元，增长13.7%，其中国有及国有控股企业1639亿元，增长11.7%。

四、固定资产投资

固定资产投资增速放缓。全年全社会固定资产投资512761亿元，比上年增长15.3%[16]，扣除价格因素，实际增长14.7%。其中，固定资产投资（不含农户）502005亿元，增长15.7%，农户投资10756亿元，增长2.0%。东部地区投资[17]206454亿元，比上年增长15.4%；中部地区投资124112亿元，增长17.6%；西部地区投资129171亿元，增长17.2%；东北地区投资46096亿元，增长2.7%。

在固定资产投资（不含农户）中，第一产业投资11983亿元，比上年增长33.9%；第二产业投资208107亿元，增长13.2%；第三产业投资281915亿元，增长16.8%。民间固定资产投资[18]321576亿元，增长18.1%，占固定资产投资（不含农户）的比重为64.1%。

表4 2014年分行业固定资产投资（不含农户）及其增长速度

单位：亿元

行业	投资额	比上年增长(%)
总计	502005	15.7
农、林、牧、渔业	14697	31.3
采矿业	14681	0.7
制造业	166918	13.5
电力、热力、燃气及水生产和供应业	22916	17.1
建筑业	4450	27.2
批发和零售业	15669	25.7
交通运输、仓储和邮政业	42984	18.6
住宿和餐饮业	6237	4.2
信息传输、软件和信息技术服务业	4187	38.6
金融业	1360	10.5
房地产业[19]	123690	11.1
租赁和商务服务业	7970	36.2
科学研究和技术服务业	4205	34.7
水利、环境和公共设施管理业	46274	23.6
居民服务、修理和其他服务业	2262	14.2
教育	6678	24.0
卫生和社会工作	3983	27.6
文化、体育和娱乐业	6192	18.9
公共管理、社会保障和社会组织	6652	13.6

表5　2014年固定资产投资新增主要生产与运营能力

指　　标	单　位	绝对数
新增220千伏及以上变电设备	万千伏安	22394
新建铁路投产里程	公里	8427
其中：高速铁路[20]	公里	5491
增、新建铁路复线投产里程	公里	7892
电气化铁路投产里程	公里	8653
新建公路里程	公里	65260
其中：高速公路	公里	7394
港口万吨级码头泊位新增吞吐能力	万吨	43553
新增民用运输机场	个	9
新增光缆线路长度	万公里	301

全年房地产开发投资 95036 亿元，比上年增长 10.5%。其中，住宅投资 64352 亿元，增长 9.2%；办公楼投资 5641 亿元，增长 21.3%；商业营业用房投资 14346 亿元，增长 20.1%。

全年全国城镇保障性安居工程基本建成住房 511 万套，新开工 740 万套。

表6　2014年房地产开发和销售主要指标完成情况及其增长速度

指　　标	单 位	绝对数	比上年增长(%)
投资额	亿元	95036	10.5
其中：住宅	亿元	64352	9.2
其中：90平方米及以下	亿元	20335	4.6
房屋施工面积	万平方米	726482	9.2
其中：住宅	万平方米	515096	5.9
房屋新开工面积	万平方米	179592	-10.7
其中：住宅	万平方米	124877	-14.4
房屋竣工面积	万平方米	107459	5.9
其中：住宅	万平方米	80868	2.7
商品房销售面积	万平方米	120649	-7.6
其中：住宅	万平方米	105182	-9.1
本年到位资金	亿元	121991	-0.1
其中：国内贷款	亿元	21243	8.0
其中：个人按揭贷款	亿元	13665	-2.6

五、国内贸易

市场销售稳定增长。全年社会消费品零售总额[21]262394 亿元，比上年增长 12.0%，扣除价格因素，实际增长 10.9%。按经营地统计，城镇消费品零售额 226368 亿元，增长 11.8%；乡村消费品零售额 36027 亿元，增长 12.9%。按消费类型统计，商品零售额 234534 亿元，增长 12.2%；餐饮收入额 27860 亿元，增长 9.7%。

在限额以上企业商品零售额中，粮油、食品、饮料、烟酒类零售额比上年增长 11.1%，服装、鞋帽、针纺织品类增长 10.9%，化妆品类增长 10.0%，金银珠宝类与上年持平，日用品类增长 11.6%，家用电器和音像器材类增长 9.1%，中西药品类增长 15.0%，文化办公用品类增长 11.6%，家具类增长 13.9%，通讯器材类增长 32.7%，石油及制品类增长 6.6%，建筑及装潢材料类增长 13.9%，汽车类增长 7.7%。

全年网上零售额[22]27898 亿元，比上年增长 49.7%，其中限额以上单位网上零售额 4400 亿元，增长 56.2%。

六、对外经济[23]

全年货物进出口总额 264334 亿元，比上年增长 2.3%。其中，出口 143912 亿元，增长 4.9%；进口 120423 亿元，下降 0.6%。进出口差额（出口减进口）23489 亿元，比上年增加 7395 亿元。

表7　2014年货物进出口总额及其增长速度

单位：亿元

指　　标	金　　额	比上年增长(%)
货物进出口总额	264334	2.3
货物出口额	143912	4.9
其中：一般贸易	73944	9.6
加工贸易	54320	1.8
其中：机电产品	80527	2.6
高新技术产品	40570	-1.0
货物进口额	120423	-0.6
其中：一般贸易	68162	-1.0
加工贸易	32211	4.5
其中：机电产品	52509	0.7
高新技术产品	33876	-2.2
进出口差额（出口减进口）	23489	—

表 8　2014 年主要商品出口数量、金额及其增长速度

商品名称	单位	数量	比上年增长(%)	金额（亿元）	比上年增长(%)
煤（包括褐煤）	万吨	574	-23.5	43	-35.5
钢材	万吨	9378	50.5	4350	31.6
纺织纱线、织物及制品	—	—	—	6888	3.8
服装及衣着附件	—	—	—	11445	4.2
鞋类	—	—	—	3455	9.7
家具及其零件	—	—	—	3195	-0.7
自动数据处理设备及其部件	万台	191836	2.6	11159	-1.3

续表

商品名称	单位	数量	比上年增长(%)	金额（亿元）	比上年增长(%)
手持或车载无线电话	万台	131199	10.6	7085	20.2
集装箱	万个	302	12.1	553	13.0
液晶显示板	万个	245080	-25.0	1952	-12.4
汽车	万辆	90	-2.8	770	3.5

表9　2014年主要商品进口数量、金额及其增长速度

商品名称	数量（万吨）	比上年增长(%)	金额（亿元）	比上年增长(%)
谷物及谷物粉	1951	33.8	382	20.7
大豆	7140	12.7	2474	5.0
食用植物油	650	-19.7	364	-27.3
铁矿砂及其精矿	93251	13.8	5748	-12.8
氧化铝	528	37.7	118	35.5
煤（包括褐煤）	29122	-10.9	1366	-24.4
原油	30838	9.5	14017	2.8
成品油	3000	-24.2	1439	-27.7
初级形状的塑料	2535	3.0	3167	4.0
纸浆	1796	6.6	741	4.9
钢材	1443	2.5	1101	4.0
未锻轧的铜及铜材	483	7.4	2188	0.8

表10　2014年对主要国家和地区货物进出口额及其增长速度

单位：亿元

国家和地区	出口额	比上年增长(%)	进口额	比上年增长(%)
欧盟	22787	8.3	15031	9.7
美国	24328	6.4	9764	3.1
东盟	16712	10.3	12794	3.3
中国香港	22307	-6.6	792	-21.5
日本	9187	-1.4	10027	-0.5
韩国	6162	8.9	11677	2.8
中国台湾	2843	12.7	9337	-3.9
俄罗斯	3297	7.2	2555	3.7
印度	3331	10.7	1005	-4.6

全年服务进出口[24]总额6043亿美元，比上年增长12.6%。其中，服务出口2222亿美元，增长7.6%；服务进口3821亿美元，增长15.8%。服务进出口逆差1599亿美元。

全年非金融领域新设立外商直接投资企业23778家，比上年增长4.4%。实际使用外商直接投资金额7364亿元，按美元计价为1196亿美元，增长1.7%。

表11　2014年非金融领域外商直接投资及其增长速度

行　　业	企业数（家）	比上年增长(%)	实际使用金额（亿美元）	比上年增长(%)
总　计	23778	4.4	1195.6	1.7
其中：农、林、牧、渔业	719	-5.0	15.2	-15.4
制造业	5178	-20.4	399.4	-12.3
电力、燃气及水生产和供应业	208	4.0	22.0	-9.3
交通运输、仓储和邮政业	376	-6.2	44.6	5.7
信息传输、计算机服务和软件业	981	23.2	27.6	-4.4
批发和零售业	7978	8.6	94.6	-17.8
房地产业	446	-15.9	346.3	20.2
租赁和商务服务业	3963	18.0	124.9	20.5
居民服务和其他服务业	181	9.0	7.2	9.3

全年非金融领域对外直接投资额6321亿元，按美元计价为1029亿美元，比上年增长14.1%。

表12　2014年非金融领域对外直接投资额及其增长速度

行　　业	实际使用金额（亿美元）	比上年增长(%)
总　计	1028.9	14.1
其中：农、林、牧、渔业	17.4	19.2
采矿业	193.3	-4.1
制造业	69.6	-19.8
电力、热力、燃气及水生产和供应业	18.4	36.3
建筑业	70.2	7.5
批发和零售业	172.7	26.3
交通运输、仓储和邮政业	29.3	17.2
信息传输、软件和信息技术服务业	17.0	100.0
房地产业	30.9	45.8
租赁和商务服务业	372.5	26.5

全年对外承包工程业务完成营业额8748亿元，按美元计价为1424亿美元，比上年增长3.8%。对外劳务合作派出各类劳务人员56.2万人，增长6.6%。

七、交通、邮电和旅游

交通运输平稳增长。全年货物运输总量439亿吨，比上年增长7.1%。货物运输周转量184619亿吨公里，增长9.9%。全年规模以上港口完成货物吞吐量111.6亿吨，比上年增长4.8%，其中外贸货物吞吐量35.2亿吨，增长5.9%。规模以上港口集装箱吞吐量20093万标准箱，增长6.1%。

表13　2014年各种运输方式完成货物运输量及其增长速度

指　　标	单　　位	绝对数	比上年增长（%）
货物运输总量	亿　　吨	439.1	7.1
铁路	亿　　吨	38.1	-3.9
公路	亿　　吨	334.3	8.7
水运	亿　　吨	59.6	6.4
民航	万　　吨	593.3	5.7
管道	亿　　吨	6.9	5.2
货物运输周转量	亿吨公里	184619.2	9.9
铁路	亿吨公里	27530.2	-5.6
公路	亿吨公里	61139.1	9.7
水运	亿吨公里	91881.1	15.7
民航	亿吨公里	186.1	9.3
管道	亿吨公里	3882.7	10.9

全年旅客运输总量221亿人次，比上年增长3.9%。旅客运输周转量29994亿人公里，增长8.8%。

表14　2014年各种运输方式完成旅客运输量及其增长速度

指　　标	单　　位	绝对数	比上年增长（%）
旅客运输总量	亿人次	220.7	3.9
铁路	亿人次	23.6	11.9
公路	亿人次	190.5	2.8
水运	亿人次	2.6	12.3
民航	亿人次	3.9	10.6
旅客运输周转量	亿人公里	29994.2	8.8
铁路	亿人公里	11604.8	9.5
公路	亿人公里	11981.7	6.5
水运	亿人公里	74.4	8.9
民航	亿人公里	6333.3	12.0

年末全国民用汽车保有量达到15447万辆（包括三轮汽车和低速货车972万辆），比上年末增长12.4%，其中私人汽车保有量12584万辆，增长15.5%。民用轿车保有量8307万辆，增长16.6%，其中私人轿车7590万辆，增长18.4%。

邮电业务快速增长。全年完成邮电业务总量[25]21846亿元，比上年增长19.0%。其中，邮政业务总量3696亿元，增长35.6%；电信业务总量18150亿元，增长16.1%。邮政业全年完成邮政函件业务56.1亿件，包裹业务0.6亿件，快递业务量139.6亿件；快递业务收入2045亿元。电信业全年新增移动电话交换机容量[26]7980万户，达到204537万户。年末全国电话用户总数达到153552万户，其中固定电话用户24943万户，移动电话用户128609万户。固定电话普及率下降至18.3部/百人，移动电话普及率上升至94.5部/百人。固定互联网宽带接入用户[27]20048万户，比上年增加1157万户；移动宽带用户[28]58254万户，增加18093万户。互联网上网人数6.49亿人，增加3117万人，其中手机上网人数[29]5.57亿人，增加5672万人。互联网普及率达到47.9%。

全年国内游客36.1亿人次，比上年增长10.7%，国内旅游收入30312亿元，增长15.4%。入境游客12849万人次，下降0.5%。其中，外国人2636万人次，增长0.3%；香港、澳门和台湾同胞10213万人次，下降0.6%。在入境游客中，过夜游客5562万人次，与上年基本持平。国际旅游外汇收入569亿美元，增长10.2%。国内居民出境11659万人次，增长18.7%，其中因私出境11003万人次，增长19.6%。

八、金融

金融市场运行总体平稳。年末广义货币供应量（M_2）余额为122.8万亿元，比上年末增长12.2%；狭义货币供应量（M_1）余额为34.8万亿元，增长3.2%；流通中货币（M_0）余额为6.0万亿元，增长2.9%。

全年社会融资规模[30]为16.5万亿元，按可比口径计算，比上年少8598亿元。年末全部金融机构本外币各项存款余额117.4万亿元，比年初增加10.2万亿元，其中人民币各项存款余额113.9万亿元，增加9.5万亿元。全部金融机构本外币各项贷款余额86.8万亿元，增加10.2万亿元，其中人民币各项贷款余额81.7万亿元，增加9.8万亿元。

表15　2014年年末全部金融机构本外币存贷款余额及其增长速度

单位：亿元

指　　标	年末数	比上年末增长（%）
各项存款余额	1173735	9.6
其中：住户存款	506890	8.9
其中：人民币	502504	8.9
非金融企业存款	400420	5.4
各项贷款余额	867868	13.3
其中：境内短期贷款	336371	7.9
境内中长期贷款	471818	15.0

年末主要农村金融机构（农村信用社、农村合作银行、农村商业银行）人民币贷款余额105742亿元，比年初增加14105亿元。全部金融机构人民币消费贷款余额153660亿元，增加23938亿元。其中，个人短期消费贷款余额32491亿元，增加5902亿元；个人中长期消费贷款余额121169亿元，增加18037亿元。

全年上市公司通过境内市场累计筹资8397亿元，比上年增加1512亿元。其中，首次公开发行A股125只，筹资669亿元；A股再筹资（包括配股、公开增发、非公开增发[31]、认股权证）4165亿元，增加1362亿元；上市公司通过发行可转债、可分离债、公司债、中小企业私募债筹资3563亿元，减少519亿元。全年公开发行创业板股票51只，筹资159亿元。

全年发行公司信用类债券[32]5.15万亿元，比上年增加1.48万亿元。

全年保险公司原保险保费收入[33]20235亿元，比上年增长17.5%。其中，寿险业务原保险保费收入10902亿元，健康险和意外伤害险业务原保险保费收入2130亿元，财产险业务原保险保费收入7203亿元。支付各类赔款及给付7216亿元。其中，寿险业务给付2728亿元，健康险和意外伤害险赔款及给付700亿元，财产险业务赔款3788亿元。

九、人民生活和社会保障

城乡居民收入继续增加。全年全国居民人均可支配收入20167元，比上年增长10.1%，扣除价格因素，实际增长8.0%。按常住地分，城镇居民人均可支配收入[34]28844元，比上年增长9.0%，扣除价格因素，实际增长6.8%；城镇居民人均可支配收入中位数[35]为26635元，增长10.3%。农村居民人均可支配收入10489元，比上年增长11.2%，扣除价格因素，实际增长9.2%；农村居民人均可支配收入中位数为9497元，增长12.7%。全年农村居民人均纯收入为9892元。全国居民人均消费支出14491元，比上年增长9.6%，扣除价格因素，实际增长7.5%。按常住地分，城镇居民人均消费支出19968元，增长8.0%，扣除价格因素，实际增长5.8%；农村居民人均消费支出8383元，增长12.0%，扣除价格因素，实际增长10.0%。

社会保障建设取得新进展。年末全国参加城镇职工基本养老保险人数34115万人，比上年末增加1897万人。参加城乡居民基本养老保险人数50107万人，增加357万人。参加基本医疗保险人数59774万人，增加2702万人。其中，参加职工基本医疗保险人数28325万人，增加882万人；参加居民基本医疗保险人数31449万人，增加1820万人。参加失业保险人数17043万人，增加626万人。年末全国领取失业保险金人数207万人。参加工伤保险人数20621万人，增加703万人，其中参加工伤保险的农民工7362万人，增加98万人。参加生育保险人数17035万人，增加643万人。按照年人均收入2300元（2010年不变价）的农村扶贫标准计算，2014年农村贫困人口为7017万人，比上年减少1232万人。

十、教育、科学技术和文化体育

教育科技和文化体育事业较快发展。全年研究生招生62.1万人，在学研究生184.8万人，毕业生53.6万人。普通本专科招生721.4万人，在校生2547.7万人，毕业生659.4万人。中等职业教育[36]招生628.9

万人，在校生 1802.9 万人，毕业生 633.0 万人。普通高中招生 796.6 万人，在校生 2400.5 万人，毕业生 799.6 万人。初中招生 1447.8 万人，在校生 4384.6 万人，毕业生 1413.5 万人。普通小学招生 1658.4 万人，在校生 9451.1 万人，毕业生 1476.6 万人。特殊教育招生 7.1 万人，在校生 39.5 万人，毕业生 4.9 万人。幼儿园在园幼儿 4050.7 万人。

全年研究与试验发展（R&D）经费支出 13312 亿元，比上年增长 12.4%，与国内生产总值之比为 2.09%，其中基础研究经费 626 亿元。全年国家安排了 3997 项科技支撑计划课题，2129 项“863”计划课题。截至年底，累计建设国家工程研究中心 132 个，国家工程实验室 154 个，国家认定企业技术中心 1098 家。全年国家新兴产业创投计划[37]累计支持设立 213 家创业投资企业，资金总规模 574 亿元，投资创业企业 739 家。全年受理境内外专利申请 236.1 万件，授予专利权 130.3 万件。截至年底，有效专利 464.3 万件。全年共签订技术合同 29.7 万项，技术合同成交金额 8577 亿元，比上年增长 14.8%。

表16　2014年专利申请受理、授权和有效专利情况

指　标	专利数（万件）	比上年增长（%）
专利申请受理数	236.1	-0.7
其中：境内专利申请受理数	218.6	-1.0
其中：发明专利申请受理数	92.8	12.5
其中：境内发明专利	79.0	13.9
专利申请授权数	130.3	-0.8
其中：境内专利授权	119.2	-1.5
其中：发明专利授权	23.3	12.3
其中：境内发明专利	15.8	14.1
年末有效专利数	464.3	10.7
其中：境内有效专利	391.8	11.1
其中：有效发明专利	119.6	15.7
其中：境内有效发明专利	66.3	21.7

全年成功发射卫星 16 次。探月工程三期再入返回试验圆满完成。高分二号卫星成功发射。

年末全国共有产品检测实验室 27051 个，其中国家检测中心 597 个。全国现有产品质量、体系认证机构 183 个，已累计完成对 118354 个企业的产品认证。全国共有法定计量技术机构 4056 个，全年强制检定计量器具 6162 万台（件）。全年制定、修订国家标准 1530 项，其中新制定 1067 项。全国共有地震台站 1687 个，区域地震台网 32 个。全国共有海洋观测站 79 个。测绘地理信息部门公开出版地图 1678 种。

年末全国文化系统共有艺术表演团体 2008 个，博物馆 2760 个。全国共有公共图书馆 3110 个，总流通[38]52252 万人次；文化馆 3311 个。有线电视用户 2.31 亿户，有线数字电视用户 1.87 亿户。年末广播节目综合人口覆盖率为 98.0%，电视节目综合人口覆盖率为 98.6%。全年生产电视剧 429 部 15983 集，电视动画片 138496 分钟。全年生产故事影片 618 部，科教、纪录、动画和特种影片[39]140 部。出版各类报纸 465 亿份，各类期刊32亿册，图书84亿册（张），人均图书拥有量[40]6.12册（张）。年末全国共有档案馆4246个，已开放各类档案12835万卷（件）。

根据第六次全国体育场地普查结果[41]，全国共有体育场地169.5万个，场地面积[42]19.9亿平方米。全年我国运动员在22个运动大项中获得98个世界冠军，共创10项世界纪录。全年我国残疾人运动员在19项国际赛事中获得122个世界冠军。

十一、卫生和社会服务

卫生和社会服务事业不断改善。年末全国共有医疗卫生机构982443个，其中医院25865个，乡镇卫生院36899个，社区卫生服务中心（站）34264个，诊所（卫生所、医务室）188415个，村卫生室646044个，疾病预防控制中心3491个，卫生监督所（中心）2975个。卫生技术人员739万人，其中执业医师和执业助理医师282万人，注册护士292万人。医疗卫生机构床位652万张，其中医院484万张，乡镇卫生院117万张。

年末全国各类提供住宿的社会服务机构[43]3.8万个，其中养老服务机构3.4万个。社会服务床位[44]586.5万张，其中养老床位551.4万张。收留抚养和救助各类人员304.6万人，其中养老人员288.7万人。年末共有社区服务中心2.2万个，社区服务站11.4万个。年末全国共有1880.2万人享受城市居民最低生活保障，5209.0万人享受农村居民最低生活保障，农村五保供养[45]529.5万人。全年资助1310.9万城市困难群众参加医疗保险，资助4118.9万农村困难群众参加新型农村合作医疗。

十二、资源、环境和安全生产

全年全国国有建设用地供应总量[46]61万公顷，比上年下降16.5%。其中，工矿仓储用地15万公顷，下降29.9%；房地产用地[47]15万公顷，下降25.5%；基础设施等其他用地31万公顷，下降1.9%。

全年水资源总量28370亿立方米。全年平均降水量648毫米。年末全国监测的609座大型水库蓄水总量3663亿立方米，比上年末蓄水量增加7.0%。全年总用水量6220亿立方米，比上年增长0.6%。其中，生活用水增长2.7%，工业用水增长1.0%，农业用水增长0.1%，生态补水增长0.6%。万元国内生产总值用水量[48]112立方米，比上年下降6.3%。万元工业增加值用水量64立方米，下降5.6%。人均用水量456立方米，比上年增长0.1%。

全年完成造林面积603万公顷，其中人工造林427万公顷。林业重点工程完成造林面积200万公顷，占全部造林面积的33.2%。截至年底，自然保护区达到2729个，其中国家级自然保护区428个。新增水土流失治理面积5.4万平方公里，新增实施水土流失地区封育保护面积2.0万平方公里。

全年平均气温为10.1℃，共有5个台风登陆。

初步核算，全年能源消费总量42.6亿吨标准煤，比上年增长2.2%。煤炭消费量下降2.9%，原油消费量增长5.9%，天然气消费量增长8.6%，电力消费量增长3.8%。煤炭消费量占能源消费总量的66.0%，水电、风电、核电、天然气等清洁能源消费量占能源消费总量的16.9%。全国万元国内生产总值能耗下降4.8%。工业企业吨粗铜综合能耗同比下降3.76%，吨钢综合能耗下降1.65%，单位烧碱综合能耗下降2.33%，吨水泥综合能耗下降1.12%，每千瓦时火力发电标准煤耗下降0.67%。

十大流域[49]的702个水质监测断面中，Ⅰ～Ⅲ类水质断面比例占71.2%，劣Ⅴ类水质断面比例占9.0%。十大流域水质总体为轻度污染，水质保持稳定。

近岸海域301个海水水质监测点中，达到国家一、二类海水水质标准的监测点占66.8%，三类海水占7.0%，四类、劣四类海水占26.2%。

在按照《环境空气质量标准》（GB3095-2012）监测的161个城市中，城市空气质量达标的城市占9.9%，未达标的城市占90.1%。

在监测的319个城市中，城市区域声环境质量好的城市占1.3%，较好的占70.8%，一般的占27.3%，较差的占0.6%。

年末城市污水处理厂日处理能力达到12896万立方米，比上年末增长3.5%，城市污水处理率达到90.2%，提高0.8个百分点。城市集中供热面积59.1亿平方米，增长3.3%。城市建成区绿地率达到35.9%，提高0.2个百分点。

全年农作物受灾面积2489万公顷，其中绝收309万公顷。全年因洪涝和地质灾害造成直接经济损失1030亿元，因旱灾造成直接经济损失836亿元，因低温冷冻和雪灾造成直接经济损失129亿元，因海洋灾害造成直接经济损失136亿元。全年大陆地区共发生5级以上地震30次，成灾10次，造成直接经济损失356亿元。全年共发生森林火灾3703起，森林火灾受害森林面积1.9万公顷。

全年各类生产安全事故共死亡68061人。亿元国内生产总值生产安全事故死亡人数为0.107人，比上年下降13.7%；工矿商贸企业就业人员10万人生产安全事故死亡人数为1.328人，下降12.9%；道路交通事故万车死亡人数为2.22人，下降5.1%；煤矿百万吨死亡人数为0.255人，下降11.5%。

注释：

[1] 本公报中数据均为初步统计数。各项统计数据均未包括香港特别行政区、澳门特别行政区和台湾省。部分数据因四舍五入的原因，存在着与分项合计不等的情况。

[2] 人户分离的人口是指居住地与户口登记地所在的乡镇街道不一致且离开户口登记地半年以上的人口。

[3] 流动人口是指人户分离人口中扣除市辖区内人户分离的人口。市辖区内人户分离的人口是指一个直辖市或地级市所辖区内和区与区之间，居住地和户口登记地不在同一乡镇街道的人口。

[4]2014年年末，0-14岁（含不满15周岁）人口为22558万人，15-59岁（含不满60周岁）人口为92982万人。

[5] 国内生产总值、各产业增加值绝对数按现价计算，增长速度按不变价格计算；根据第三次全国经济普查结果和国家统计局2012年制定的《三次产业划分规定》对相关数据进行了修订。

[6] 年度农民工数量包括年内在本乡镇以外从业6个月以上的外出农民工和在本乡镇内从事非农产业6个月以上的本地农民工两部分。

[7] 国家全员劳动生产率为国内生产总值（以2010年不变价格计算）与全部就业人员的比率。

[8] 农产品生产者价格是指农产品生产者直接出售其产品时的价格。

[9] 居住类价格包括建房及装修材料、住房租金、自有住房和水电燃料等价格。

[10] 高技术制造业包括医药制造业，航空、航天器及设备制造业，电子及通信设备制造业，计算机及办公设备制造业，医疗仪器设备及仪器仪表制造业，信息化学品制造业。

[11] 装备制造业包括金属制品业，通用设备制造业，专用设备制造业，汽车制造业，铁路、船舶、航空航天和其他运输设备制造业，电气机械和器材制造业，计算机、通信和其他电子设备制造业，仪器仪表制造业，金属制品、机械和设备修理业。

[12] 根据第三次全国经济普查结果对相关数据进行了修订，其中 2013 年原煤产量由 36.8 亿吨修订为 39.7 亿吨。

[13] 天然气包括气田天然气、油田天然气（分为油田气层气、油田伴生溶解气）和煤田天然气（也称煤层气）。

[14] 钢材产量数据中含企业之间重复加工钢材约 33400 万吨。

[15] 少量发电装机容量（如地热等）文中未列出。

[16] 根据第三次全国经济普查结果，对 2013 年全社会固定资产投资数据进行了修订。

[17] 固定资产投资按东部、中部、西部和东北地区计算的合计数据小于全国数据，是因为有部分跨地区的投资未计算在地区数据中。其中，东部地区是指北京、天津、河北、上海、江苏、浙江、福建、山东、广东和海南 10 省（市）；中部地区是指山西、安徽、江西、河南、湖北和湖南 6 省；西部地区是指内蒙古、广西、重庆、四川、贵州、云南、西藏、陕西、甘肃、青海、宁夏和新疆 12 省（区、市）；东北地区是指辽宁、吉林和黑龙江 3 省。

[18] 民间固定资产投资是指具有集体、私营、个人性质的内资企事业单位以及由其控股（包括绝对控股和相对控股）的企业单位建造或购置固定资产的投资。

[19] 房地产业投资除房地产开发投资外，还包括建设单位自建房屋以及物业管理、中介服务和其他房地产投资。

[20] 高速铁路是指最高营运速度达到 200 公里 / 小时及以上的铁路。

[21]2014 年社会消费品零售总额及相关数据均为快报数。

[22] 网上零售额是指通过公共网络交易平台（包括自建网站和第三方平台）实现的商品和服务零售额。其中，网上零售额包括的服务类商品，以及少部分用于生产经营用或被转卖的商品不统计在社会消费品零售总额中。

[23] 根据有关规定，货物贸易改用人民币计价。服务贸易、利用外资、对外投资和对外承包工程由于技术原因仍主要沿用美元计价。

[24] 服务进出口按照《国际收支手册（第六版）》标准统计，不含政府服务，增速按可比口径计算。

[25] 邮电业务总量按 2010 年不变价格计算。

[26] 移动电话交换机容量是指移动电话交换机根据一定话务模型和交换机处理能力计算出来的最大同时服务用户的数量。

[27] 固定互联网宽带接入用户是指报告期末在电信企业登记注册，通过 xDSL、FTTx+LAN、FTTH/0 以及其他宽带接入方式和普通专线接入公众互联网的用户。

[28] 移动宽带用户是指报告期末在计费系统拥有使用信息，占用 3G 或 4G 网络资源的在网用户。

[29] 手机上网人数是指过去半年通过手机接入并使用互联网的 6 周岁及以上中国居民数量。

[30] 社会融资规模是指一定时期内实体经济从金融体系获得的资金总额，是增量概念。

[31] 非公开增发又叫定向增发，不含资产认购部分。

[32] 公司信用类债券包括非金融企业债务融资工具、企业债券以及公司债、可转债等。

[33] 原保险保费收入是指保险企业确认的原保险合同保费收入。

[34] 按一体化住户调查改革前的城镇住户调查老口径推算，全年全国城镇居民人均可支配收入为 29381 元。

[35] 人均收入中位数是指将所有调查户按人均收入水平从低到高（或从高到低）顺序排列，处于最中间位置调查户的人均收入。

[36] 中等职业教育包括普通中专、成人中专、职业高中和技工学校，其中技工学校数据为 2013 年数据。

[37] 国家新兴产业创投计划是指中央财政专项资金通过与地方政府资金、社会资本共同发起设立创业投资企业，或以股权投资模式直接投资创业企业等方式，培育和促进新兴产业发展的活动。

[38] 总流通人次是指本年度内到图书馆场馆接受图书馆服务的总人次，包括借阅书刊、咨询问题以及参加各类读者活动等。

[39] 特种影片是指那些采用与常规影院放映在技术、设备、节目方面不同的电影展示方式，如巨幕电影、立体电影、立体特效（4D）电影、动感电影、球幕电影等。

[40] 人均图书拥有量是指在一年内全国平均每人能拥有的当年出版图书册数。

[41] 数据为截至 2013 年底。

[42] 场地面积是指可供训练、比赛、健身活动的场地有效面积，场地除包括比赛规定的尺寸外，还包括必要的安全区、缓冲区和无障碍地带。

[43] 根据第三次全国经济普查，对提供住宿的社会服务机构、社区服务中心进行归类清理，2014 年相应数据有所调整。

[44] 社会服务床位数除收养性机构外，还包括救助类机构、社区类机构以及军休所、军供站等机构的床位。

[45] 农村五保供养是指老年、残疾和未满 16 周岁的村民，无劳动能力、无生活来源又无法定赡养、抚养、扶养义务人，或者其法定赡养、抚养、扶养义务人无赡养、抚养、扶养能力的村民，在吃、穿、住、医、葬方面得到的生活照顾和物质帮助。

[46] 国有建设用地供应总量是指报告期内市、县人民政府根据年度土地供应计划依法以出让、划拨、租赁等方式将土地使用权提供给单位或个人使用的国有建设用地总量。

[47] 房地产用地是指商服用地和住宅用地的总和。

[48] 万元国内生产总值用水量、万元工业增加值用水量和万元国内生产总值能耗按 2010 年不变价格计算。

[49] 十大流域包括长江、黄河、珠江、松花江、淮河、海河、辽河、浙闽片河流、西北诸河和西南诸河。

资料来源: 本公报中城镇新增就业、登记失业率、社会保障数据来自人力资源社会保障部；财政数据来自财政部；外汇储备、汇率、货币金融、公司信用类债券数据来自人民银行；水产品产量数据来自农业部；木材产量、林业、森林火灾数据来自林业局；灌溉面积、水资源数据来自水利部；发电装机容量、新增 220 千伏及以上变电设备数据来自中电联；新建铁路投产里程、增新建铁路复线投产里程、电气化铁路投产里程、铁路运输数据来自铁路总公司；新建公路里程、港口万吨级码头泊位新增吞吐能力、公路运输、水运、港口货物吞吐量数据来自交通运输部；新增民用运输机场、民航数据来自民航局；新增光缆线路长度、电话交换机容量、电话用户、宽带用户、上网人数等通信数据来自工业和信息化部；保障性住房、城市污水处理、城市集中供热面积、建成区绿地率数据来自住房城乡建设部；货物进出口数据来自海关总署；服务进出口、外商直接投资、对外直接投资、对外承包工程、对外劳务合作等数据来自商务部；管道数据来自中石油、中石化、中海油；民用汽车、交通事故数据来自公安部；邮政业务数据来自邮政局；旅游数据来自旅游局、公安部；上市公司数据来自证监会；保险业数据来自保监会；教育数据来自教育部；安排科技计划课题、技术合同等数据来自科技部；国家工程研究中心、企业技术中心、新兴产业创投等数据来自发展改革委；专利数据来自知识产权局；发射卫星数据来自国防科工局；质量检验、国家标准制定修订等数据来自质检总局；地震数据来自地震局；海洋观测站、海洋灾害造成直接经济损失数据来自海洋局；测绘数据来自测绘地信局；艺术表演团体、博物馆、公共图书馆、文化馆数据来自文化部；广播电视、电影、报纸、期刊、图书数据来自新闻出版广电总局；档案数据来自档案局；体育数据来自体育总局；残疾人运动员数据来自中国残联；卫生数据来自卫生计生委；社会服务、低保和五保供养数据、农作物受灾面积、洪涝地质灾害造成直接经济损失、旱灾造成直接经济损失、低温冷冻和雪灾造成直接经济损失来自民政部；国有建设用地供应数据来自国土资源部；自然保护区、环境监测数据来自环境保护部；平均气温、登陆台风数据来自气象局；安全生产数据来自安全监管总局；其他数据均来自国家统计局。

附录二

2014年辽宁省国民经济和社会发展统计公报

辽宁省统计局
2015年2月27日

根根据年快报统计，现将2014年全省国民经济和社会发展情况公报如下：

2014年，在省委、省政府的正确领导下，全省各地区、各部门坚持稳中求进的工作总基调，积极应对严峻复杂的经济形势和下行压力，统筹稳增长、促改革、调结构、惠民生、防风险，国民经济平稳健康发展，社会事业不断进步，人民生活继续改善。

一、经济总量

初初步核算，全年地区生产总值28626.6亿元，按可比价格计算，比上年增长5.8%。其中，按新口径核算，第一产业增加值2285.8亿元，增长2.2%；第二产业增加值14384.6亿元，增长5.2%；第三产业增加值11956.2亿元，增长7.2%。三次产业增加值占地区生产总值的比重由上年的8.1:51.3:40.6变为8.0:50.2:41.8。人均地区生产总值65201元，按可比价格计算，比上年增长5.7%，按年均汇率折算为10614美元。

二、农、林、牧、渔业

全年农林牧渔业增加值2403.2亿元，按可比价格计算，比上年增长2.5%。其中，农业增加值1047.6亿元，增长1.5%；林业增加值89.2亿元，增长5.2%；畜牧业增加值694.0亿元，增长2.3%；渔业增加值455.0亿元，增长3.0%。

全年粮食作物播种面积3235.1千公顷，比上年增加8.7千公顷。其中，水稻播种面积562.1千公顷，玉米播种面积2330.1千公顷。全年经济作物播种面积929.0千公顷，比上年减少53.4千公顷。其中，油料作物播种面积314.0千公顷，蔬菜及食用菌播种面积473.7千公顷。全年果园面积403.0千公顷，比上年增加2.6千公顷。

受自1951年以来最严重的旱灾影响，全年粮食总产量1753.9万吨，比上年减产441.7万吨，下降20.1%。其中，水稻产量451.5万吨，玉米产量1170.5万吨。全年油料产量63.7万吨，蔬菜及食用菌产量3090.1万吨。全年水果产量870.6万吨。

全年人工造林作业面积126.7千公顷，新增封山育（护）林面积100千公顷；中幼龄林扶育及低产低效林改造面积100千公顷；新增育苗面积8千公顷。义务植树0.9亿株。

注：本统计公报中原有图示均未予转载。

全年猪、牛、羊、禽肉产量422.6万吨，比上年增加9.5万吨。其中，猪肉产量240.3万吨，增加6.7万吨；牛肉产量42.8万吨，减少0.5万吨；羊肉产量8.9万吨，增加0.8万吨；禽肉产量130.6万吨，增加2.5万吨。全年禽蛋产量279.3万吨，比上年增加2.5万吨；生牛奶产量131.2万吨，增加10.3万吨。年末猪出栏2839.4万头，比上年末增加53.6万头；存栏1558.8万头，减少65.7万头。

全年水产品产量（含远洋捕捞）515.7万吨，比上年增加10.8万吨。其中，淡水产品产量96.0万吨，增加2.1万吨；海洋捕捞130.7万吨，增加2.3万吨；海水养殖289.0万吨，增加6.4万吨。

全年机耕面积3828.7千公顷。测土配方施肥面积4210千公顷，增长5.1%。主要作物良种覆盖率96.8%。化肥施用量（折纯）151.6万吨，下降0.1%。农业机械总动力（不包括渔船）2685万千瓦，增长2%。

三、工业和建筑业

全年规模以上工业增加值按可比价格计算比上年增长4.8%。分经济类型看，全年国有及国有控股企业增加值比上年增长1.9%；集体企业增加值下降1.1%；股份制企业增加值增长2.7%；外商及港澳台商投资企业增加值增长10.8%。分企业规模看，大型企业增加值比上年增长6.5%，中型企业增加值下降0.9%，小型企业增加值增长7.8%。分门类看，采矿业增加值增长5.1%；制造业增加值增长4.3%；电力、热力、燃气及水生产和供应业增加值增长11.8%。在41个大类行业中，24个行业增加值保持增长，20个行业增加值增速超过全省平均水平。其中，汽车制造业增加值增长32.3%；铁路、船舶、航空航天和其他运输设备制造业增加值增长16.0%；医药制造业增加值增长15.0%；金属制品业增加值增长8.1%；通用设备制造业增加值增长0.8%。在六大高耗能行业中，化学原料和化学制品制造业增加值增长27.5%，非金属矿物制品业增加值增长7.9%，黑色金属冶炼和压延加工业增加值下降0.4%，石油加工、炼焦及核燃料加工业增加值下降0.6%。

全年规模以上工业企业高新技术产品增加值比上年增长7.8%，占规模以上工业增加值的比重由上年的43.9%提高到47.2%。全年规模以上工业企业完成出口交货值3260.1亿元，比上年增长0.9%。其中，农副食品加工业完成出口交货值514.5亿元，增长0.5%；黑色金属冶炼和压延加工业完成497.5亿元，增长40.1%；专用设备制造业完成261.7亿元，增长11.0%；石油加工、炼焦和核燃料加工业完成240.8亿元，下降14.3%；通用设备制造业完成225.7亿元，增长3.8%。

全年规模以上工业主要产品产量中，粗钢6511.4万吨，增长5.0%；钢材6946.0万吨，增长0.2%；十种有色金属67.0万吨，下降11.7%；烧碱（折100%）64.7万吨，增长14.9%；乙烯155.2万吨，增长20.8%；初级形态的塑料299.9万吨，增长20.4%；发动机16999.5万千瓦，增长16.6%；矿山专用设备60.9万吨，增长13.1%；铁路机车485辆，增长11%；汽车121.8万辆，增长12.7%；移动通信手持机2895.0万台，增长2.8%；原油加工量6326.6万吨，下降1.8%；发电量1607.0亿千瓦小时，增长4.5%，其中核能发电量119.6亿千瓦小时，增长87.8%。清洁能源发电量占发电量的比重由上年的15.5%提高到16.5%。

全年规模以上工业企业产品销售率97.6%。其中，国有及国有控股企业产品销售率98.3%，集体企业产品销售率 98.2%，股份合作企业产品销售率 99.6%，股份制企业产品销售率 97.3%，外商及港澳台商投资企业产品销售率 98.1%。

年末建筑施工企业单位 6388 个，比上年末增长 8.6%。全年具有建筑业资质等级的总承包和专业承包建筑企业共签订工程合同额 12212.5 亿元，比上年下降 2.2%。全年房屋施工面积 48283.2 万平方米，比上年增长 14.2%。全年实现利税 636.9 亿元，比上年增长 1.7%。

四、固定资产投资

全年固定资产投资（不含农户）24426.8 亿元，比上年下降 1.5%。其中，建设项目投资 19125.5 亿元，增长 4.3%；房地产开发投资 5301.3 亿元，下降 17.8%。在建设项目中，新建项目投资 15083.2 亿元，增长 6.8%；改、扩建项目投资 3359.7 亿元，下降 3.5%。

全年第一产业投资 476.4 亿元，比上年增长 6.4%；第二产业投资 10350.8 亿元，增长 0.6%；第三产业投资 13599.6 亿元，下降 3.2%。固定资产投资三次产业构成为 2.0:42.3:55.7。

全年国有及国有控股企业完成投资 5683.8 亿元，占固定资产投资的比重为 23.3%；民间投资 17377.4 亿元，所占比重为 71.1%；港澳台及外商投资控股 1365.6 亿元，所占比重为 5.6%。

全年基础设施投资 4746.1 亿元，比上年增长 8.3%。其中，铁路运输业投资 214.0 亿元，增长 79.2%；道路运输业投资 671.3 亿元，下降 8.5%；水上运输业投资 413.1 亿元，增长 45.3%；水利管理业 224.5 亿元，增长 46.7%；公共设施管理业投资 2180.6 亿元，增长 7.5%。

全年新增固定资产 16204.3 亿元，比上年增长 10.1%。固定资产交付使用率由上年的 59.4% 提高到 66.3%。

五、国内贸易

全年社会消费品零售总额 11793.1 亿元，比上年增长 12.1%。分城乡看，城镇零售额 10678.0 亿元，增长 11.4%；乡村零售额 1115.1 亿元，增长 18.2%。分消费形态看，商品零售额 10466.5 亿元，增长 12.0%；餐饮收入额 1326.6 亿元，增长 12.6%。

在限额以上批发零售业商品零售类值中，全年粮油、食品、饮料、烟酒类零售额 462.7 亿元，比上年增长 6.2%；服装、鞋帽、针纺织品类零售额 681.3 亿元，增长 8.2%；化妆品类零售额 67.2 亿元，增长 3.3%；金银珠宝类零售额 156.5 亿元，下降 2.2%；日用品类零售额 164.3 亿元，增长 14.0%；家用电器和音像器材类零售额 313.2 亿元，增长 11.5%；中西药品类零售额 367.0 亿元，增长 14.7%；文化办公用品类零售额 97.8 亿元，增长 1.3%；家具类零售额 56.4 亿元，增长 14.1%；通讯器材类零售额 122.0 亿元，增长 19.4%；石油及制品类零售额 698.5 亿元，增长 3.3%；建筑及装潢材料类零售额 87.4 亿元，增长 10.3%；汽车类零售额 1110.4 亿元，增长 4.4%。

全年限额以上批发和零售业通过互联网实现零售额 66.9 亿元，比上年增长 90.1%。

六、对外经济贸易

全年进出口总额 1139.6 亿美元，比上年下降 0.5%。其中，出口总额 587.6 亿美元，下降 9.0%；进口总额 552.0 亿美元，增长 10.5%。在进出口总额中，分贸易方式看，一般贸易进出口总额 635.5 亿美元，占 55.8%；加工贸易进出口总额 367.1 亿美元，占 32.2%。分经济类型看，国有企业进出口总额 311.8 亿美元，占 27.4%；私营企业进出口总额 331.3 亿美元，占 29.1%；外商投资企业进出口总额 485.8 亿美元，占 42.6%。分商品类型看，在出口总额中，机电产品出口 219.9 亿美元，钢材出口 76.5 亿美元，农产品出口 53.4 亿美元，高新技术产品出口 51.2 亿美元，船舶出口 18.0 亿美元；在进口总额中，机电产品进口 159.8 亿美元，原油进口 137.0 亿美元，农产品进口 59.4 亿美元，高新技术产品进口 48.9 亿美元。

全年对亚洲出口 360.7 亿美元，占出口总额的比重为 61.4%。其中，对东盟出口 113.6 亿美元，对日本出口 95.9 亿美元，对韩国出口 53.9 亿美元。全年对欧洲出口 89.6 亿美元，所占比重为 15.2%。其中，对欧盟出口 75.5 亿美元，对俄罗斯出口 11.8 亿美元。全年对北美洲出口 73.7 亿美元，所占比重为 12.5%，其中对美国出口 65.4 亿美元。全年对拉丁美洲出口 35.8 亿美元，所占比重为 6.1%。全年对非洲出口 16.9 亿美元，所占比重为 2.9%。年末全省对外贸易国家（地区）213 个。

全年实际利用外资 274.2 亿美元，比上年下降 5.6%。其中，第一产业实际利用外资 4.0 亿美元，占 1.5%；第二产业实际利用外资 141.9 亿美元，占 51.7%；第三产业实际利用外资 128.3 亿美元，占 46.8%。在实际利用外资中，制造业实际利用外资 130.2 亿美元，占 47.5%；房地产业实际利用外资 49.9 亿美元，占 18.2%；交通运输、仓储和邮政业实际利用外资 21.1 亿美元，占 7.7%；信息传输、计算机服务和软件业实际利用外资 13.3 亿美元，占 4.9%；租赁和商务服务业实际利用外资 10.4 亿美元，占 3.8%。

全年对外经济合作新签合同 192 份，新签合同额 28.1 亿美元，比上年增长 1.6%；完成营业额 26.4 亿美元，增长 11.2%。全年共核准对外直接投资企业 222 家。全年对外劳务合作派出人员 1.7 万人次。

七、交通运输、邮电和旅游

全年各种运输方式完成货运量 222097 万吨，比上年增长 7.4%。其中，铁路货运量（含地方铁路）19103 万吨，下降 6.7%；公路货运量 189174 万吨，增长 9.4%；水路货运量 13810 万吨，增长 3.2%；航空货运量 10 万吨，增长 4.7%。全年货物周转量 12236 亿吨公里，比上年增长 2.2%。全年各种运输方式完成客运量 95184 万人，比上年增长 2.8%。其中，铁路客运量 12820 万人，下降 1.5%；公路客运量 80789 万人，增长 3.4%；水路客运量 542 万人，增长 1.5%；航空客运量 1033 万人，增长 12.9%。全年旅客周转量 1137 亿人公里，比上年增长 5.8%。全年港口货物吞吐量 103675 万吨，比上年增长 5.4%。全年港口集装箱吞吐量 1860 万标箱，比上年增长 3.4%。

年末全省铁路营业里程 4891 公里，比上年末增加 24 公里，其中高速铁路 1040 公里。公路里程（不含城管路段）114504 公里，增加 4432 公里，其中高速公路 4172 公里，增加 129 公里。年末民用汽车拥有量 539 万辆，比上年末增长 5.8%。其中，载客汽车 438 万辆，载货汽车 79 万辆。在民用汽车拥有量中，年末个人汽车拥有量433万辆，比上年末增长14.6%。

全年邮电业务总量648.8亿元，比上年增长11.5%。在邮电业务总量中，全年邮政业务总量59.5亿元，比上年增长18.6%。年末函件10433万件，比上年末增长51.2%；快递16656万件，增长46.0%；订销报纸55723万份，下降0.8%；订销杂志3101万份，下降1.4%。在邮电业务总量中，全年电信业务总量589.3亿元，比上年增长10.8%。年末固定电话用户1151万户。其中城市电话用户737万户，农村电话用户414万户。年末移动电话用户4536万户，其中3G用户1646万户，比上年末增长16.0%。年末互联网宽带接入用户772万户，比上年末增长6.2%。

全年接待国内外旅游者46186.0万人次，比上年增长13.5%。其中，接待国内旅游者45925.3万人次，增长13.6%；接待入境过夜旅游者260.7万人次，增长1.5%。接待入境过夜旅游者中，外国人201.2万人次，增长1.7%；港澳台同胞59.5万人次，增长1.4%。全年旅游总收入5289.5亿元，比上年增长13.8%。其中，国内旅游收入5190.2亿元，增长14.0%；旅游外汇收入16.2亿美元，增长1.7%。

年末星级以上宾馆533家，其中五星级宾馆27家；旅行社1296家。年末全省有国家A级旅游景区251个，其中5A级旅游景区3个。

八、市场价格

全年居民消费价格比上年上涨1.7%。其中，城市居民消费价格上涨1.8%，农村居民消费价格上涨1.4%。分类别看，食品类价格上涨2.7%，烟酒及用品类价格上涨0.3%，衣着类价格上涨2.2%，家庭设备用品及维修服务类价格上涨0.3%，医疗保健和个人用品类价格上涨1.6%，交通和通信类价格上涨0.4%，娱乐教育文化用品及服务类价格上涨1.1%，居住类价格上涨1.3%。

全年农产品生产价格比上年上涨1.7%，农业生产资料价格下降1.1%；工业生产者出厂价格下降1.8%，工业生产者购进价格下降2.0%；固定资产投资价格下降0.3%。

九、财政

全年公共财政预算收入3190.7亿元，比上年下降4.6%。全年公共财政预算支出5075.2亿元，比上年下降2.4%。其中，社会保障和就业支出889.3亿元，教育支出611.9亿元，农林水支出444.1亿元，医疗卫生支出272.8亿元，住房保障支出173.7亿元，科学技术支出112.6亿元，节能环保支出104.0亿元。

十、金融、证券和保险业

年末金融机构（含外资）本外币各项存款余额42053.1亿元，比年初增加2629.0亿元。其中，人民币各项存款余额41133.1亿元，比年初增加2465.2亿元。年末金融机构（含外资）本外币各项贷款余额33023.5亿元，比年初增加3231.0亿元。其中，人民币各项贷款余额31250.5亿元，比年初增加3236.2亿元。在金融机构（含外资）本外币各项贷款中，年末短期贷款余额12703.6亿元，比年初增加1000.2亿元；中长期贷款余额 18714.4 亿元，增加 1699.5 亿元。

年末全省境内上市公司 72 家，年内累计实现境内融资 116.8 亿元。其中，首次公开发行融资 14.6 亿元，A 股再融资（包括配股、公开增发、非公开增发、认股权证）102.2 亿元。年末有证券公司 3 家，证券分公司 15 家，证券营业部 277 家；期货经纪公司 6 家，期货经纪公司营业部 98 家。

全年原保险保费收入 757.0 亿元，按可比口径计算，比上年增长 21.6%。其中，财产险原保险保费收入 259.3 亿元，增长 13.2%；人寿保险原保险保费收入 426.2 亿元，增长 25.5%；意外险原保险保费收入 15.5 亿元，增长 17%；健康保险原保险保费收入 56.0 亿元，增长 37.4%。全年支付各类赔款和给付总额 290.9 亿元，比上年增长 21.2%。其中，财产险赔付支出 142.8 亿元，增长 12.9%；人寿保险赔付支出 121.6 亿元，增长 31.6%；意外险赔付支出 3.9 亿元，增长 16.9%；健康保险赔付支出 22.6 亿元，增长 27.8%。

十一、科学技术和教育

全年研究与试验发展（R&D）经费支出 497.0 亿元，比上年增长 11.5%，占地区生产总值的比重由上年的 1.65% 提高到 1.74%。年末从事科技活动人员 29.1 万人，其中研究与试验发展（R&D）人员 16.2 万人。全年专利申请 37860 件，其中发明专利申请 18417 件；全年授权专利 19525 件，其中授权发明专利 3975 件。全年有 6 项成果获国家科技奖，其中自然科学奖 2 项、科技进步奖 2 项；有 263 项成果获省科技进步奖。全年技术市场成交各类技术合同 11578 项，技术合同成交额 250.9 亿元。

年末有产品质量检验机构 1317 个，其中国家检测中心 23 个。质量认证机构 3 个，产品认证机构 2 个，获得质量管理体系认证证书 22520 种。年末有法定计量技术机构 137 个，强制检定计量器具 280 万台件。全年制定、修订地方标准 166 项。年末有气象雷达观测站点 5 个，卫星云图接收站点 9 个，地震台站 17 个，地震监测中心 1 个。

全省义务教育巩固率 96.6%。高等教育毛入学率 50.5%，高中阶段教育毛入学率 99.3%，初中毕业生升学率 96.2%。幼儿园在园幼儿 87.4 万人。普通小学招生 33.2 万人，在校生 198.5 万人，毕业生 35.7 万人。初中学校招生 35.7 万人，在校生 105.6 万人，毕业生 33.5 万人。普通高中招生 20.9 万人，在校生 65.3 万人，毕业生 23.2 万人。普通本专科招生 28.5 万人，在校生 99.8 万人，毕业生 24.8 万人。研究生培养单位招生 3.1 万人，在校生 9.3 万人，毕业生 2.9 万人。

十二、文化、卫生和体育

年末有文化馆、艺术馆 123 个，公共图书馆 129 个，博物馆 63 个，档案馆 150 个。年末广播人口覆盖率为 98.81%，电视人口覆盖率 98.96%，年末有线电视用户 920.1 万户，其中数字电视用户 698.3 万户。全年出版报纸 70 种（不含校报），出版量 15.2 亿份；期刊 314 种，出版量 0.9 亿册；图书 13644 种，出版量 1.1 亿册。

年末有各类卫生机构 35445 个。其中，医院 962 个，卫生院 1025 个，疾病预防控制中心 131 个，妇幼保健院（所、站）110 个，社区卫生服务机构 1138 所，村卫生室 19844 个。在社区卫生服务机构中，社区卫生服务中心 360 所，社区卫生服务站 778 所。年末各类卫生机构拥有病床 25.6 万张，卫生技术人员 25.6 万人，其中执业医师和执业助理医师 10.2 万人。

全年在国内外各项比赛中，辽宁运动员 5 人 7 项 7 次获得世界冠军，13 人 12 项 13 次获得亚洲冠军，90 人 53 项 59 次获得全国冠军。在第 17 届亚洲运动会上，我省运动员获得 16 枚金牌、15 枚银牌、10 枚铜牌。

十三、人民生活和社会保障

全年居民人均可支配收入 22820 元，比上年增长 9.6%，扣除价格因素，实际增长 7.8%。其中，城镇常住居民人均可支配收入 29082 元，增长 8.9%，扣除价格因素，实际增长 7%；农村常住居民人均可支配收入 11191 元，比上年增长 10.1%，扣除价格因素，实际增长 8.6%。

年末城镇职工基本养老保险参保人数 1768.0 万人，比上年末增加 39.4 万人。城镇职工基本医疗保险参保人数 1649.2 万人，增加 24.4 万人；城镇居民基本医疗保险参保人数 738.0 万人，增加 29.5 万人。失业保险参保人数 664.3 万人，增加 1.1 万人。新型农村合作医疗参合农民 1973.0 万人，增加 4.0 万人。80.4 万城镇居民和 80.04 万农村居民得到政府最低生活保障。

年末收养性社会服务机构 1805 个，其中城乡养老服务机构 1679 个。提供收养服务床位 21.5 万张，收养各类人员 11.8 万人。全年销售社会福利彩票 106.5 亿元，直接接受社会捐赠 3.6 亿元。

十四、能源环境保护和安全生产

全年规模以上工业综合能源消费量 1.3 亿吨标准煤，比上年下降 1.6%，在 41 个大类行业中，31 个行业的综合能源消费量比上年下降，其中 15 个行业降幅超过 10%。六大高耗能行业综合能源消费量 1.1 亿吨标准煤，下降 1%，拉动全省规模以上工业能耗下降 0.8 个百分点。

全年城市生活垃圾无害化处理率由上年的 87.61% 提高到 92.5%，供水普及率由 98.77% 提高到 98.87%，燃气普及率由 96.15% 提高到 96.55%。城市人均拥有道路面积由 12.09 平方米增加到 13.44 平方米，人均公园绿地面积由 11.06 平方米增加到 13.44 平方米，建成区绿化覆盖率由 40.17% 提高到 41.16%。全省森林覆盖率 40.82%。

全年城市环境空气中可吸入颗粒物、二氧化硫和二氧化氮浓度均值分别为 99 微克 / 立方米、46 微克 / 立方米和 36 微克 / 立方米，二氧化硫和二氧化氮年均浓度符合国家二级标准。城市功能区噪声总达标率 86.4%。

全年鸭绿江干流、支流保持Ⅱ类水质。辽河流域的辽河、浑河、太子河、大辽河、大凌河、小凌河 6 条河流 36 个干流断面，32 个符合或好于Ⅳ类水质标准；54 条主要支流河中，42 条符合或好于Ⅴ类水质标准。

监测的 45 个集中式生活饮用水水源地水质总达标率为 95.8%。其中，地表水水源地水质达标率为 95.4%，地下水水源地水质达标率为 97.2%。近岸海域功能区水质总达标率为 93%。

全年生产安全事故死亡 2470 人，比上年下降 1.3%；亿元地区生产总值生产安全事故死亡率为 0.086，下降 9.5%；煤矿百万吨死亡率为 1.03，增长 37.3%。

十五、人口和劳动就业

根据 1‰人口抽样调查推算，年末全省常住人口 4391.4 万人。其中，城镇人口 2944.4 万人，占 67.05%；乡村人口 1447 万人，占 32.95%。全年出生人口 28.5 万人，出生率 6.49‰；死亡人口 27.4 万人，死亡率 6.23‰；人口自然增长率 0.26‰。全省 0 ～ 14 岁人口 462.6 万人，占 10.54%；15 ～ 59 岁人口 3077.7 万人，占 70.08%；60 岁及以上人口 851.1 万人，占 19.38%。

年末全省就业人员 2626.0 万人，其中城镇就业人员 1521.5 万人。年末城镇登记失业率 3.4%。

注释：

1. 本公报中数据均为初步统计数。

2. 地区生产总值、各产业增加值绝对数按现价计算，增长速度按不变价计算。

3. 规模以上工业统计范围为年主营业务收入 2000 万元及以上的工业法人企业；固定资产投资统计的建设项目起点为 500 万元及以上项目。

4. 农业机械总动力：指全部农业机械动力的额定功率之和。农机总动力按使用能源不同分为以下四部分：柴油发动机动力指全部柴油发动机额定功率之和；汽油发动机动力指全部汽油发动机额定功率之和；电动机动力指全部电动机（含潜水电泵的电动机）额定功率之和；其他机械动力指采用柴油、汽油、电力之外的其他能源，如水力、风力、煤炭、太阳能等动力机械功率之和。

5. 测土配方施肥面积：指推广测土配方施肥技术面积。通过宣传、培训、试验、示范等手段，推广普及测土配方施肥技术所覆盖的农作物播种面积。

6. 良种覆盖率：指某种作物的优良品种生产面积与该作物全部品种生产面积之间的比率。

7. 出口交货值：指工业企业交给外贸部门或自营（委托）出口（包括销往香港、澳门、台湾），用外汇价格结算的产品价值，以及外商来样、来料加工、来件装配和补偿贸易等生产的产品价值。在计算出口交货值时，要把外汇价格按交易时的汇率折成人民币计算。

8. 产品销售率：指报告期工业销售产值与同期全部工业总产值之比，是反映工业产品已实现销售的程度，分析工业产销衔接情况，研究工业产品满足社会需求程度的指标。

9. 高速铁路：指最高营运速度达到 200 公里 / 小时及以上的铁路。

10. 民用汽车拥有量：指报告期末，在公安交通管理部门按照《机动车注册登记工作规范》，已注册登记领有民用车辆牌照的全部汽车数量。汽车拥有量统计的主要分类：根据汽车结构分为载客汽车、载货汽车、其他汽车；根据汽车所有者不同分为个人（私人）汽车、单位汽车；根据汽车的使用性质分为营运汽车、非营运汽车；根据汽车大小规格不同，载客汽车分为大型、中型、小型和微型，载货汽车分为重型、中型、轻型和微型。

11. 旅客周转量：指在一定时期内有各种运输工具实际运送的旅客人数与相应的运送距离的乘积之和。

12. 货物周转量：指在一定时期内由各种运输工具实际完成的货物运量与相应的运送距离的乘积之和。

13. 移动电话用户：是指报告期末通过移动电话交换机进入移动电话网的全部电话用户。

14. 3G：指第三代蜂窝移动通信系统（3rd-generation，简称3G），3G移动电话用户是指报告期末在计费系统拥有使用信息、占用3G网络资源的在网用户。

15. 农产品生产价格：指农产品生产者直接出售其产品时的价格。

16. 城镇职工基本医疗保险人数包括参保职工和参保退休人员。

17. 城镇居民基本医疗保险的参保对象是不属于城镇职工基本医疗保险覆盖范围的城镇非从业人员。

18. 生活垃圾无害化处理率：指报告期内生活垃圾无害化处理量与生活垃圾产生量的比率。生活垃圾无害化处理量指生活垃圾无害化处理场（厂）所处理的生活垃圾总量。生活垃圾产生量指报告期生活垃圾产生的数量，生活垃圾是指城市日常生活或为城市日常生活提供服务的活动中产生的固体废物以及法律行政规定视为城市生活垃圾的固体废物，包括居民生活垃圾、商业垃圾、集市贸易市场垃圾、街道清扫垃圾、公共场所垃圾和机关、学校、厂矿等单位的生活垃圾。

19. 可吸入颗粒物：指悬浮在空气中，空气动力学当量直径≤10微米的颗粒物。

20. 城市功能区噪声总达标率：指各类功能区昼、夜等效声级达标个数与各类功能区昼、夜等效声级总数的比率。

21. 地表水水源地水质达标率：指地表水水源地达标取水量与地表水水源地总取水量的比率。

22. 近岸海域功能区水质总达标率：指近岸海域达标功能区个数与近岸海域功能区总个数的比率。

23. 人口自然增长率：指在一定时期内（通常为一年）人口自然增加数（出生人数减死亡人数）与该时期内平均人数（或期中人数）之比，一般用千分率表示。

资料来源：

本公报中粮食作物播种面积、粮食产量、猪牛羊禽肉产量、禽蛋产量、生牛奶产量、猪出栏及存栏、物价、城乡居民收入等数据来自国家统计局辽宁调查总队；林业、森林覆盖率等数据来自省林业厅；水产品数据来自省海洋渔业厅；机耕面积、良种覆盖率、测土配方施肥面积、农业机械总动力等数据来自省农村经济委员会；进出口等数据来自沈阳海关；实际使用外商直接投资、对外经济合作等数据来自省对外贸易经济合作厅；铁路运输数据来自沈阳铁路局；公路运输、水运、港口等数据来自省交通厅；汽车拥有量数据来自省公安厅；邮政业务数据来自省邮政管理局；电信业务数据来自省通信管理局；旅游数据来自省旅游局；财政数据来自省财政厅；金融数据来自中国人民银行沈阳分行；小额贷款公司、融资担保机构等数据来自省政府金融工作办公室；证券数据来自中国证券监督管理委员会辽宁监管局和大连监管局；保险数据来自中国保险监督管理委员会辽宁监管局和大连监管局；专利数据来自省知识产权局；国家及省级工程研究中心、科技成果、技术合同等数据来自省科学技术厅；质量检验、质量认证、法定计量数据来自省质量技术监督局；气象雷达观测和卫星云图接收站点数据来自省气象局；地震台站和地震监测中心数据来自省地震局；教育数据来自省教育厅；文化馆、艺术馆、公共图书馆、博物馆数据来自省文化厅；档案馆数据来自省档案局；广播、电视数据来自省广播电影电视局；报纸、期刊、图书数据来自省新闻出版局；卫生、新农合参保人数等数据来自省卫生厅；体育数据来自省体育局；就业、城镇登记失业率、城镇养老保险、城镇基本医疗保险、失业保险等数据来自省人力资源和社会保障厅；城乡最低生活保障人数、社会福利等数据来自省民政厅；生活垃圾无害化处理率、用水普及率、燃气普及率等城市建设数据来自省住房和城乡建设厅；城市环境空气质量、城市功能区噪声总达标率、水质总达标率等环境监测数据来自省环境保护厅；安全生产数据来自省安全生产监督管理局；其他数据均来自省统计局。

附录三

大连保税区2014年经济和社会发展情况

2014年是保税区深入推进转型升级，全面进行开放的一年。在市委、市政府的正确领导下，全区统筹推进“三城联创”，较好完成了年度目标任务，呈现出经济持续发展、民生不断改善、社会和谐稳定的良好态势。

一、2014年主要经济指标完成情况

2014年预计完成地区生产总值355.4亿元，增长7.8%；固定资产投资380亿元，增长0.9%；规模以上工业产值258.7亿元，增长59.6%；公共财政收入19.1亿元；内引外联资金267亿元，增长6%；实际使用外资9.2亿美元；市场交易额1330亿元；自营出口69.2亿美元；城镇登记失业率控制在2.62%以内，货运总量7030万吨。

二、2014年经济社会发展特点

1. 主导产业发展良好，经济保持健康向上势头

全年整车生产13万台，产值达123亿元。东风日产提前下线，奇瑞新增艾瑞泽3等量产车型，黄海汽车改装车项目完成升级。泰极李尔、鞍钢板材、优升冲压等一批关键零部件项目建成投产，东风河西、普洛斯工业地产等重点项目陆续开工，松下汽车动力电池注册入区。全年物流业营业收入180亿元，同比增长12.5%。中石油进口LNG区域结算中心迁入，北良港20万吨粮储设施、润龙一期、北油二期实现竣工验收，稻谷转运项目快速推进。獐子岛中央冷库建成投产，口岸冷冻冷藏能力达到13.5万吨，操作货物40万吨，较上年翻一番。大连港口物资交易市场、环渤海能源交易中心相继成立。汽车广场二手车年交易量突破4000台，世合国际车城项目全面收尾。进口食品交易中心引进20余个国家地区商品2万余种，木材交易市场筹建工作取得突破。

2. 坚持服务创新，各项改革稳步推进

自贸园区申办工作扎实推进，总体方案起草、修订及上报已完成，并获得市委常委会和政府常务会通过。行政审批制度改革全面启动，保留行政许可74项、非行政许可审批29项，首批权力清单已向社会公布。全面实行注册资本认缴制和企业设立登记并联审批制，审批时限由30个工作日压缩至2个工作日。全区新注册企业1056家，同比增长92.7%。工商、质监、食药管理体制调整和相关机构改革工作顺利完成，区市场监督管理局被评为大连唯一的省工商系统先进集体。海关、检验检疫推出10余项改革措施，实施“一次申报、一次查验、一次放行”监管试点，通关效率大大提高。跨境电商平台建设取得阶段性进展，2家跨境电商平台运营商入驻，全区线上跨境贸易额近1000万美元，全区正式成为大连市跨境电商平台建设试验区。

保税政策功能进一步拓展，海尔、爱丽思委内加工业务获得批准，企业效益明显增强。

3. 坚持统筹兼顾，城市功能持续完善

保税生态城顺利开城，水、电、热等市政管线铺设完毕，公交线路开通运营，北大河景观改造竣工验收，绿化面积 38 万平米。三房身、石城回迁小区施工基本结束，预计 2015 年上半年交房入住。奥特莱斯、东北师大保税区实验学校等一批功能性项目正式签约。宣传工作卓有成效，保税生态城项目在全市的知名度和认可度大大提升。北青线二期完成路基施工，十七线、亮山线、山关线进行大修改造，丹大铁路综合货场及客运站配套道路完成规划设计。汽车产业区铁路框构涵、东风日产路网管线、建成区热网改造等重点配套工程全面完成，公共设施管护水平显著提升。土地、资金效用得到更大限度发挥。丹大高铁、金普快轨两大重点工程动迁任务进入收尾阶段。

4. 坚持问题导向，民生保障工作进一步加强

全年实名制就业 1611 人，稳定就业率达到 69%。劳动人事争议结案率达 98.4%，追讨各类薪金补偿 1533 万元。出台《被征地人员社会保障办法》，完成企业退休人员基本养老金待遇调整，全区实现异地就医联网结算。通过政府购买服务，为 1200 名城区“三无”和农村“五保”老人提供养老服务。加大扶贫帮困力度，实施农村饮水管网改造工程，1500 户农村居民实现饮水安全。紧急下拨 100 万元开展抗旱救灾，办理农业保险用地 4 万亩，为 8500 户农户减少了灾年损失。完成学前教育达标大检查，课堂教学改革保持全市领先。扎实开展基本公共卫生服务，高质量推进村卫生室乡村一体化工作，计划生育奖励扶助 6800 余人，免费为 2000 名残疾人进行体检。农村垃圾收集、转运、处置体系全面建立，百姓人居环境大为改观。新建农村公路 32 公里，安装太阳能路灯 1000 盏，在全市率先实现道路“村村通”和“屯屯通”。全年植树 210 万株，造林 8600 亩，治理矿山 6.6 公顷，超额完成青山工程任务。

5. 平安建设扎实推进，着力创新社会治理体制机制

重大决策社会稳定风险评估机制、社会管理综合治理目标责任制逐一建立，“六位一体”防控能力得到增强。新建一批社区警务室，严打各类刑事犯罪，破获侵财案件数量同比上升 47.7%，命案发案率下降 75%，实现命案必破。积极开展领导干部接访、下访“化积案、解难题、办实事”活动，全年化解信访案件 62 件，其中历史积案 35 件，上级交办案件全部化解。设立调委会 55 个、人民调解员和信息员 660 人，重点矛盾纠纷化解率达到 96%，二十里堡街道荣获“全国安全社区”称号。推进安全标准化创建，进一步规范安全生产秩序。完善国家应急指挥平台功能，加大油气管道巡查整治力度。连续三年在全市安全生产考核评比中位列三甲，全区安全生产形势持续稳定。

6. 从严治党，党的建设全面推进

教育实践活动取得丰硕成果，坚持教育和实践并重，纠除“四风”与建章立制并举，党风政风明显转变，党内生活的原则性战斗性显著增强，群众关心的实际问题得到有效解决，管根本管长远的制度体系进一步完善。严格按照习近平总书记提出的“好干部”标准，加大干部选拔任用力度，全年推荐市管副局级领导职务 3 人，处级领导班子结构进一步优化，干部队伍整体素质进一步增强。研究制定《加强基层服务

型党组织建设实施意见》，督促各级党组织书记认真履行党建“第一责任人”职责，村级组织晋位升级工作取得明显成效。推出系列专题报道《大连自贸园区前瞻》和大型专题片《领航大时代》，有力扩大了保税区的影响力和知名度。加强对重点领域和关键环节的监督检查，制定《大连保税区公共资源交易监督管理办法》，加强农村债务债权清查和上级扶持政策专项检查。持之以恒落实中央八项规定精神，强化对领导班子和领导干部的纪律约束和监督检查，推进改进作风常态化。加强党风廉政教育，通过组织开展集体廉政谈话、在干部选拔任用前实施廉政法规考试、举办预防职务犯罪培训班等活动，筑牢党员干部廉政防线，营造反腐倡廉良好氛围。加大案件查办力度，全年受理信访举报 22 件，立案 3 件，结案 3 件，党纪处分 3 人；受理民心网各类诉求 72 件，办结 67 件。

注：摘自发改委《2014 年大连市国民经济和社会发展报告》。

附录四

大连高新技术产业园区2014年经济和社会发展情况

2014年，是深入贯彻落实习近平总书记视察全区重要讲话精神、加快创新驱动转型发展的一年，也是“第三次创业”夯实基础、提质增效的一年。在市委、市政府的正确领导下，高新区党工委、管委会团结带领全区人民克服经济下行压力影响，矢志创新、真抓实干，经济社会呈现出良好的发展态势。

一、2014年主要经济指标完成情况

全区实现地区生产总值308.2亿元，增长7%；公共财政收入51.2亿元，下降18.5%；固定资产投资466亿元，增长0.2%；实际利用外资20.9亿美元，增长10%；内联引进到位资金268.4亿元，增长15%；出口创汇16.09亿美元；城镇登记失业率控制在1.21%。

二、2014年经济社会发展特点

1. 产业转型升级实现了新发展

主导产业规模和聚集度持续扩大。软件和信息技术服务企业1220家，收入 1108亿元，增长15%。全区有5000人以上软件企业6家，万人软件企业2家，全球10大服务外包企业7家。华信、东软、文思海辉对日软件出口额继续保持全国前三名。编制了“新华－大连软件指数”。电子商务企业130家，收入96亿元，增长17.6%。网上交易额达到9000亿元，比上年增长了8倍；建成“大天出口通”跨境电商综合服务平台；泰德煤网、再生资源交易所、东北亚现货交易所等大宗商品交易平台快速崛起。获批辽宁省“电子商务集聚示范区”。科技金融企业73家，资金超过60亿元，发放小额贷款40.7亿元，完成境外融资20亿元。科技信贷风险补偿专项资金稳步推进。新三板签约企业85家，已挂牌上市企业18家，占大连市挂牌企业的81.8%，占辽宁省挂牌企业的43.9%。工业设计企业78家，收入57亿元。展翔海事拥有国内高性能铝合金船舶整套设计制造技术，楼兰科技领先全国车联网行业。大连设计节暨第二届市长杯大连工业设计大赛成功举办。文化创意企业60家，收入52亿元。博涛360度球幕飞行影院和大白鲸游戏乐园落户国内25个城市；辽宁欧谷获批大连市“文化与科技融合研究院”，成功跻身德勤“两高”评选全国50强。举办国际网络游戏精英赛。建立东软大学生创意产业园。

产业新增长点发展迅速。新能源汽车和储能技术企业20家。新源动力燃料电池装配国内第一台新能源汽车；融科储能全钒液流储能电池技术实现全部自主知识产权，成功获得欧美市场 5000万美元订单。生物医药和健康医疗企业30家。东软“IT+医疗”模式的“熙康计划”智慧医疗项目有效推广。物联网和云计算企业300家，收入13.6亿元。新建3个云计算和大数据中心，联合中国电信投资1.5亿元建立互联网数

据中心。航天航空信息系统企业25家。四达飞机的数字化装配系统被多家重点军工企业采用，航天保障中心建成投入使用。

产业发展质量效益提升。基本实现了由劳动力成本推动向价值驱动转变，由价值链低端向高端迈进。软硬件集成、嵌入式软件开发研制稳步增长，KPO、BPM等高端外包业务所占比重达到70%；高新技术产品产值占总产值80%以上。工业化和信息化融合发展水平指数达到了82.1。成功入选国家科技部评定的首批国家高新区创新驱动发展示范工程——大连高新区新兴产业支撑带动老工业基地转型升级示范工程。全区以软件和信息技术服务为主的第三产业占GDP比重达到90%以上。中央办公厅对全区落实习近平总书记视察全区时“关于创新驱动转型发展”的指示情况进行回访检查，给予高度评价。

2. 创新驱动取得了新成效

体制机制创新形成新优势。组建区市场监督管理局，成立高新区检察院。削减78项区级审批事项，向街道下放理顺21项管理权限；实行“并联审批”和窗口充分授权。辽宁省首个“无行政收费区”改革成果持续巩固。“区校一体化”战略顺利推进。涉诉事项会商机制正式启动。“中国－以色列高技术产业合作重点区域”、“国家级文化和科技融合示范基地”和辽宁省科技金融创新服务示范区建设稳步推进。

科技自主创新成果显著。全年专利申请1833件，获得专利授权1033件，有效发明专利拥有量2134件。获得国家、省、市科技立项94项，扶持资金7480万元。省级以上企业研发中心16个。认定高新技术企业158家、技术先进型服务企业108家，分别占大连市认定企业总数的35%和96%。东软汽车电子、九成特种船舶设计制造行业领先。环信科技探测传感识别技术荣获国家技术发明奖。

创新创业支撑体系逐步完善。“一网”、“两库”、“一大厦”创新型科技金融综合服务平台正式运营。“创业工坊”获批国家级企业孵化器，东软信息学院入选辽宁省大学生创业孵化基地。海关“软件保税中心”企业入驻率达100%，为企业节约物流成本超过50%。

3. 招商选资收获了新成果

实行产业链招商。全年新引进美国新聚思、德国梅赛德斯、英国戴德梁行等世界500强项目3项，全区世界500强及行业领军企业项目达到104个。新落户腾讯无线、中兴通讯、中国铁塔等国内外高端总部经济项目18个，全区区域性和综合性总部达到了100家。全年新注册内资企业2207家、外资企业56家。

实施“走出去”战略。完成企业并购项目4个，其中海外并购1个；大连（日本）软件园满席运营，入驻企业达28家；东软、四达等高科技企业与以色列开展交流合作。积极为企业争取526万元国际市场开拓扶持资金和2300万元企业并购补贴资金。公安涉外出入境管理机构高效为企业办理出入境手续2360件。

打造优质营商环境。推动埃森哲、思科等10余家企业扩大规模，帮助260多家企业申请获得沿海经济带省、市政府政策支持资金6300万元，扶持企业通过国家高新技术企业认定（复审）71家，协助企业通过大连市科技计划项目验收26项。全区商会增至10个分会，覆盖重点企业420家。

4. 人才工作实现了新突破

人才引进成果丰硕。全年引进“海创工程”海外高端人才12名、“千人计划”高端人才5名、辽宁省

“十百千”高端人才2名。获评国家引智项目10项，辽宁省海外研发团队项目13项。组织企业赴市内外高校招聘应届毕业生6500余名。节俭务实圆满地举办了“2014中国海创周”活动。

人才培训和稳定落到实处。组织政府公共培训30余次，培训专业人才近3000人。获得市级“公共实训基地”称号企业3家。拓展“人才+资本”的合作模式，3人获得天使投资600万元。提供“海创工程”专项创业资金1800万元。兑现解决人才公寓622套。

人才特区建设快速推进。全区拥有专业软件人才16万余人，国家“千人计划”专家22人，“海创工程”专业人才58名，辽宁省“十百千工程”等省市各类高端人才166人。完善落实外籍人才和高端人才特殊优惠政策，人才高地效应凸显。

5. 发展环境打造了新优势

硬环境建设日益完善。投资45亿元，建设天地软件园百万平米“环境友好低碳示范区”等市政重点项目8个；投资15亿元，启动凌水湾基础设施配套、南部滨海大道西延伸线、英歌石山英南路、龙王塘风采路等重大基础工程10项。实施青山生态系统工程，全年植树431万株，造林2000亩。英歌石植物园和圣水会水上乐园建成使用。华信软件园、海大科技园、韩国浦项IT软件园一期等6家软件园投入使用；龙头分园9家企业投产， 11家企业开工竣工。投资14.35亿元，启动东软国际软件园河口园区研发中心、腾飞软件园研发楼等9个重大项目。

软环境建设不断优化。实行为民服务“三级代办制”，为企业和群众代办业务3万余件。开展“百名领导干部包千企”活动，走访企业838家，解决困难586项。重点领域政务信息公开2.3万余条，行政业务受理56.6万余件，按时办结率100%，行政投诉反馈满意率97%。承办2014国家高新区第十一届主任联席会议，科技部专门发信感谢。

6. 社会事业和民生保障取得了新进步

民生工程持续推进。完成实名制就业4353名，稳定就业3575名，安置残疾人就业21名，以创业带动就业173名，零就业家庭和就业困难人员动态始终保持为零。社会救助体系日益完善，低保标准提高到570元，发放困难群众救助金和慰问金466万元、失业保险556万元，为建筑企业农民工追讨拖欠工资1300余万元。新建社区养老服务中心2个。运用环保新技术建成凌水河高级经理学院段污水处理示范工程，为大连市城市污水厂建设提供了可复制可推广的成功范例。开展“暖房子工程”，投资2.1亿元，修缮漏雨透寒房屋375栋。投资1亿元，完成弃管小区综合改造工程4个。投资3000万元进行路街改造，解决老百姓出行难和摸黑路等实际问题12个。投资6.28亿元，完成城市建设“五个一”工程项目9个。旅顺南路产业带供热基础建设顺利推进。

社会事业全面发展。辽宁省基础教育强区创建工作通过初审。理工附校东方圣克拉校区如期开学。实验学校、河口小学建设项目主体封顶，4所公办幼儿园建设加快实施。市民文体活动中心建设通过市规划审核。投资502万元，完成庙岭幼儿园内部设施改造和大有文化广场建设。凌水街道和大山村被评为大连市群众文化工作先进单位。龙王塘街道被评为辽宁省和谐社区建设示范街道和市环境卫生管理先进单位。实施

“健康高新、幸福百姓”智慧卫生项目，建成“健康小屋”16个，服务群众3万余人次。新农合标准提高到580元。第三次全国经济普查及统计工作顺利完成。民政、民族、宗教、司法、农业、渔业、旅游、应急、防震减灾等工作取得新成绩。

社会和谐稳定。人民调解成功率100%，“民意网”投诉办结率98.3%，群众满意率93.4%。人大代表建议和政协委员提案回复满意率100%。“平安高新区”创建活动成效显著；信访重点时期实现“三无”目标，全年案件化解率75%、结案率100%。安全生产形势稳定，“党政同责”、“一岗双责”和企业主体责任制度有效落实。

注：摘自发改委《2014年大连市国民经济和社会发展报告》。

附录五

大连长兴岛临港工业区2014年经济和社会发展情况

2014年，在市委、市政府的正确领导下，长兴岛经济区党工委、管委会认真学习贯彻党的十八届三中、四中全会、中央经济工作会议以及市委十一届八次全会精神，积极抢抓新机遇，主动适应新常态，以党的群众路线教育实践活动为引领，结合全区工作落实年活动，进一步稳增长、调结构、促改革、惠民生，实现了经济社会持续稳步发展，坚定不移地向现代海岛城市目标迈进。

一、2014年主要经济指标完成情况

2014年，全区实现地区生产总值110.8亿元，同比增长6.9%；实现工业总产值482.9亿元，同比增长24.2%；地方公共财政预算收入37.6亿元，同比增长1.7%；固定资产投资完成380亿元，同比增长16.8%；港口吞吐量实现2005万吨，同比增长27.7%。

二、2014年经济社会发展

1. 重大产业项目建设进一步推进

年初确定的总投资5261亿元的124个重点项目有序推进，其中97个重点实施项目开复工70个，开复工率高于2013年。

石化产业基地纳入国家规划布局。总体发展规划获国家发改委批准，列为国务院近期支持东北振兴重大政策举措的重点。完成了33项支撑性规划的编制及审批，港区总体规划、斑海豹保护区影响评价、港区规划环评、石化产业园区规划环评等14项规划通过国家主管部门批复和审查。热电水联产、工业气体、污水处理、危废处理等公用工程，铁路、公路、供电、防波堤、公共管廊等配套基础设施，以及管控一体化体系建设全面启动。重点石化项目建设实现突破。中石油炼化项目，已完成可研报告评审，以及场区试夯、试桩，在顺利完成首次环评公示的基础上，近期正组织第二次环评公示。恒力石化运营良好，实现产值400多亿元，PTA第三条生产线已试生产，炼化一体化和聚酯园项目加快推进。广泛开展招商引资工作。积极与沙特基础工程公司、台塑集团、中化集团等60多家国内外知名企业洽谈并取得积极成果，意向投资超千亿元。

临港产业在困境中发展。完成游艇产业园控详规、舵轴生产基地总规图设计及环评批复，长美游艇签约；松辽游艇厂房桩基础完工，环保新材料科技园福思达、凯华等项目厂房竣工；泰国MCS钢结构项目开工，乾亿重工试生产，凯旋重工、沈特电缆等即将试生产，大船重工拆船基地具备投产条件、修船基地运行良好，万阳重工一期投产。化物所园区配套工程、瓦房店至五岛铁路升级改造、公共港区0号通用泊位

和10万吨原油码头，以及公共港区至北港区铁路基本完工。

现代服务业初具规模。衡逸时尚购物中心、商业步行街、友谊集团五星级酒店封顶，友谊综合商业项目开工建设、酒店式公寓及沿街商铺基础工程完工，万融家居广场招商工作取得进展。奥纳影城正式开业，填补全区文化旅游项目空白。出台房地产激励政策和动迁安置奖励办法，采取积极的措施，盘活二手房存量市场。

2. 人民群众生活进一步改善

教育事业创新发展。建立骨干教师定期教研、优秀课观摩、课堂教学诊断等系统，高中“志趣教育”、新港小学“创新教育”、三堂小学“自主教育”被评为市特色目录学校。

加强就业和社会保障。组织各类招聘活动38场，提供就业岗位7900个，引导式培训失地失海人员2182名、职业技能培训企业员工430名。提高低保和农村分散供养五保标准，发放城乡低保五保金及各类抚恤优待金，为770名重度残疾人发放护理费，60周岁以上老人和残疾人减免费乘坐公交车。

提高公共卫生服务水平。组建区疾控中心，中心医院部分主体工程完工，街道和村卫生服务能力有新的加强。推进基本公共服务均等化，免费为5181名65岁以上老人、248名贫困残疾人体检，为3125名适龄妇女“两癌”筛查。调整新农合政策，参合农民达2.13万人。

广泛开展文化惠民活动。举办“中国梦•劳动美”书画展和系列文体比赛，开展“送图书进企业”、“送工具书进校园”等活动，活跃群众文化生活。长兴艺术团成功申报为市级非物质文化遗产传承基地。

3. 改革创新和要素保障效应进一步显现

深化体制机制改革。坚持以深化改革激发活力，以创新驱动提升竞争力。实施行政审批制度改革，制定投资项目行政审批流程图，完成行政审批电子系统测试。实施公共行政服务管理体制改革，区公共行政服务中心建成并试运行，两个街道公共行政服务中心投入使用。完成向西中岛下放100多项经济事权，为园区发展注入了活力。成立市场监管局，承接工商、药品监管权力下放，工商登记制度改革全面实行认缴制。综合保税区申办和配套基础设施加快建设。

扎实推进科技创新。出台《关于加快推进科技创新的若干意见》，对益多管道、百孚特线缆两家高新技术企业授牌，组织区内150户工业企业与金融机构、高校对接，省精细化工共性创新平台落户。鼓励企业开展资本运作，长兴岛冰洋食品集团“新三板”成功上市，实现中小企业上市零的突破。

提升要素保障能力。挖掘税源和收入增长点，加强税收征管、预算管理和资金调度，多渠道融资，争取上级各类补助资金。严格建设用地审批、供应和监管，通过了国家审计署的土地审计。调整征地征海补偿安置办法，推进西中岛整体动迁，较好地保障了项目用地、用海需求。水、电、气、通讯等服务能力有新提升。

注：摘自发改委《2014年大连市国民经济和社会发展报告》。

附录六

大连花园口经济区2014年国民经济和社会发展情况

2014年，面对我国经济发展进入新常态，经济下行趋势明显的压力，花园口经济区在市委市政府的正确领导下，克服困难，创新思路，谋求发展，坚持“产业立区”指导思想，集中精力抓项目、优环境、惠民生、促和谐，各项工作取得新成果，全年任务指标完成良好。

一、2014年主要经济指标完成情况

2014年全年完成地区生产总值39.1亿元，可比下降3.3%；固定资产投资76亿元，同比增长19.6%；规上工业总产值37.6亿元，同比增长10.1%；公共财政收入8.4亿元，同比下降40%；实际利用内资162.1亿元，同比增长 15.37%。

二、2014年经济社会发展特点

1. 产业发展蒸蒸日上。一是新兴产业加速集聚。全区在建项目77个，投资全部达到千万以上，其中，超过10亿的8个、超过亿元的36个。这其中，新材料类15个、新能源类2个、生物医药类11个、节能环保类12个，战略性新兴产业集聚效应进一步凸显。二是项目建设亮点纷呈。今年新开工的重点项目中，比亚迪项目被列为省重点项目，是东北地区唯一的纯电动大巴生产基地，实现了当年签约、当年建设、当年投产；比克电池是锂电池行业的龙头企业；金玛硼业是目前亚洲规模最大、产业链最完整的硼业深加工企业；宏光锂业是我国锂离子电池负极材料领军企业。三是三次产业联动发展。首个城市综合体项目金玛广场投入运营，成为区域商业地标性建筑。圣龙商贸、润安配套等一批综合性服务业项目相继签约入驻，城市功能进一步完善。悦纳未来一期、大农育种建成投产，乾豪现代农业、水木良园等农业示范项目加快建设，提升了农业产业化、规模化水平。

2. 城市功能日臻完善。规划引领作用突出。区域总规修编完成、正式报批，编制水系景观设计等12项专项规划，启动镇区改造等9项规划研究，实现了规划指导区域发展的目标。发展空间得到拓展。推进4村8屯征地动迁，形成净地4660亩，高铁动迁进入收尾阶段，实现了依法和谐动迁。基础设施提档升级。201国道拓宽改造等路网工程有序推进；自来水厂、污水处理厂、垃圾中转站投入使用；三号热源厂、燃气配套工程、电力配套工程等项目加快建设；孵化园三期、龙头河畔职工家园等公共服务平台功能不断完善。生态治理凸显特色。获批大连市生态文明建设示范区，实施三河水系综合治理工程。完成市民广场和银杏路升级改造，推进人民公园和体育公园建设，造林绿化7500亩。环保监测站建成并投入使用，实行24小时连续自动监测，空气优良率达87%，位列全市前茅。

3. 改革创新释放活力。机构改革有新成效。本着“一人多岗、一岗多能”的原则，将区直行政部门从21个减为16个，提前完成市编制任务。完善科级组织架构，选优配强各级干部，强化街道党工委职能，率先完成市场监管体制改革，进一步激发队伍活力。国资管理有新进展。成立大连海科控股有限公司，逐步完成区属国有企业脱钩改制，国有资本运营管理进一步规范，经营效益明显提升。金融创新有新突破。积极推进棚改融资、企业债券和中期票据发行，设立城乡一体化等5支基金募集资金30.9亿元，总部平台交易额突破千亿，增强了金融服务实体经济的能力。社会管理有新亮点。新的公共行政服务中心建成使用，将“政务服务、公共服务、便民服务”融于一体，推行“一村一站一助理”，让企业办事更便捷、群众办事更舒心。

4. 社会事业全面进步。投入1.2亿元实施16项为民办实事工程。新增就业4000人，帮助企业招工1200人，有效保障用工需求；新农保和城居保实现并轨，新农合和城乡低保实现全覆盖，新建敬老院投入使用，完成公墓选址，资助27名贫困大学生；新建农村路网57公里，改造农村危房124户，修建自来水管网20公里，结束了7千村民常年饮用苦咸水的历史；通过省级县域义务教育均衡发展评估，新中学投入使用，改扩建2所幼儿园，免费校车运行良好，精心设计的新校服已发放到位。建设17个文化广场，区图书馆投入使用，开展文化节、羽毛球赛等文体活动；推进“三甲”医院引进工作，16个村级卫生室投入使用，为5000名老年人免费体检、4000名妇女免费“两癌”筛查。

5. 自身建设不断加强。“工作落实年”活动高质量推进，完成了107项重点工作，群众满意率99%。出台党工委、管委会工作规则，清理规范性文件561份，加强对政府采购、工程招投标等规范管理，强化审计监察职能，开展机关全员培训。严格执行“八项规定”，一般性支出和“三公”经费各减少50%，清理超标办公用房600余平方米。门户网站升级改版，《花园口报》创刊发行，市级以上媒体发表新闻稿件140余篇，花园口知名度和美誉度进一步提升。教育实践活动中持续聚焦“四风”问题，制定制度56项，有效推进作风建设常态化、长效化，营造了风清气正的作风，和谐稳定的社会局面，信访工作接访人次下降21%。

注：摘自发改委《2014年大连市国民经济和社会发展报告》。

中国统计出版社最新图书简目

(仅供参考，以实际出版为准)

统计资料

中国统计年鉴　中国统计摘要　中国发展报告
中国经济普查年鉴2013　国际统计年鉴　金砖国家联合统计手册
中国-东盟国家统计手册　中国区域经济统计年鉴　中国县域统计年鉴
中国城市统计年鉴　中国农村统计年鉴　中国地区经济监测报告
中国贸易外经统计年鉴　中国对外直接投资统计公报　中国商品交易市场统计年鉴
大中型批发零售和住宿餐饮企业统计年鉴　中国零售和餐饮连锁企业统计年鉴　中国住户调查年鉴
中国价格统计年鉴　中国农产品价格调查年鉴　全国农产品成本收益资料汇编
中国环境统计年鉴　中国能源统计年鉴　国外资源、能源和环境统计资料汇编
中国工业统计年鉴　中国建筑业统计年鉴　中国房地产统计年鉴
中国城市建设统计年鉴　中国城乡建设统计年鉴　中国第三产业统计年鉴
中国证券期货统计年鉴　中国科技统计年鉴　中国高技术产业统计年鉴
工业企业科技活动资料　中国劳动统计年鉴　中国人口和就业统计年鉴
中国人才资源统计报告　中国社会统计年鉴　中国文化及相关产业统计年鉴
文化及相关产业统计概览　中国教育经费统计年鉴　中国民政统计年鉴
中国民族统计年鉴　中国工会统计年鉴　中国残疾人事业统计年鉴
中国妇女儿童状况统计资料（英）　中国乡镇街道行政区域简册

省级综合统计年鉴系列

北京 天津 河北 山西 内蒙古 辽宁 吉林 黑龙江 上海 江苏 浙江 安徽 福建 江西 山东 河南 湖北 湖南
广东 广西 海南 重庆 四川 贵州 云南 西藏 陕西 甘肃 青海 宁夏 新疆 新疆生产建设兵团

市(县)级综合统计年鉴系列

天津滨海新区 石家庄 唐山 邯郸 保定 沧州 邢台 廊坊 承德 衡水 秦皇岛 张家口 太原 大同 阳泉 长治 晋城
朔州 晋中 运城 忻州 临汾 呼和浩特 呼和浩特新城区 鄂尔多斯 包头 沈阳 大连 长春 四平 哈尔滨 齐齐哈尔
黑龙江垦区 上海浦东新区 南京 无锡 徐州 常州 苏州 南通 连云港 淮安 盐城 扬州 镇江 泰州 宿迁 江阴
丹阳 杭州 宁波 温州 嘉兴 绍兴 金华 衢州 舟山 台州 丽水 合肥 安庆 马鞍山 福州 厦门 宁德 南昌 九江
上饶 新余 抚州 济南 青岛 枣庄 滕州 郑州 洛阳 平顶山 三门峡 南阳 商丘 济源 武汉 十堰 荆州 宜昌 荆门
咸宁 长沙 广州 深圳 惠州 东莞 南宁 柳州 桂林 来宾 海口 三亚 成都 贵阳 昆明 西安 兰州 庆阳 银川
乌鲁木齐 兵团一师 兵团十师

调查年鉴系列

天津 山西 内蒙古 辽宁 吉林 上海　福建 河南 湖北 湖南 广西 重庆　四川 云南 甘肃 宁夏 新疆

“十二五”规划教材

统计学（经济管理类专业本科适用，单薇 等）　抽样调查理论与方法（冯士雍 等）
贝叶斯统计（茆诗松 等）　统计学（黄良文 等）　试验设计（茆诗松 等）
统计学：从数据到结论（吴喜之）　医学统计学（于浩）　统计学（经济、管理类专业基础教材，张小斐）
概率论与数理统计三十三讲（魏振军）　概率论与数理统计三十三：学习指导与习题解答（魏振军）
非参数统计（吴喜之 等）　统计学：经济与管理中的数据分析（李慧云 等）
卫生管理统计学（新编医学院校基础课教材，尚磊）　医院统计学（新编医学院校基础课教材，徐天和 等）
社会统计学（蒋萍 等）　现代金融投资统计分析（李腊生 等）
国民经济核算初级教程（经济类、统计类、管理类专业适用，蒋萍 等）

重点图书

图解中国经济2015　新编英汉汉英统计大词典　中华医学统计百科全书
挑大学选专业2016—考研择校指南　挑大学选专业2015—高考志愿填报指南